Die Rechtmäßigkeit des Sympathiestreiks

Studien zum Arbeitsrecht und zur Arbeitsrechtsvergleichung

Herausgegeben von Manfred Weiss und Spiros Simitis

Band 15

PETER LANG
Frankfurt am Main · Berlin · Bern · Bruxelles · New York · Oxford · Wien

Peter Gumnior

Die Rechtmäßigkeit des Sympathiestreiks

PETER LANG
Europäischer Verlag der Wissenschaften

Bibliografische Information der Deutschen Nationalbibliothek
Die Deutsche Nationalbibliothek verzeichnet diese Publikation in der Deutschen Nationalbibliografie; detaillierte bibliografische Daten sind im Internet über <http://www.d-nb.de> abrufbar.

Zugl.: Frankfurt (Main), Univ., Diss., 2006

D 30
ISSN 1615-4606
ISBN 978-3-631-56541-4

www.peterlang.de

Meinen Eltern

„Der Mensch für sich allein vermag gar wenig und ist ein verlassener Robinson; nur in der Gemeinschaft ist und vermag er viel."

Arthur Schopenhauer

Vorwort

Die vorliegende Arbeit wurde im Wintersemester 2006/2007 vom Fachbereich Rechtswissenschaft der Johann Wolfgang Goethe-Universität in Frankfurt am Main angenommen.

Mein besonderer Dank gilt Herrn Prof. Dr. Dr. h.c. Manfred Weiss, der die Anregung zu diesem Thema gab und die Arbeit stets wohlwollend begleitet hat. Seine wertvollen Anregungen haben die Arbeit in vielfältiger Weise gefördert. Danken möchte ich auch dem Zweitgutachter, Herrn Prof. Dr. Dr. h.c. mult. Spiros Simitis, für die zügige Erstellung des Zweitgutachtens.

Danken möchte ich ferner meiner Schwester Katharina, meiner Freundin Claudia Grüneberg sowie Herrn Tobias Pribramsky, für die Durchsicht des Manuskripts sowie die umfassenden Korrekturhilfen. Dank insbesondere an Dich, Claudia, ohne Deine Formatierungskünste wäre ich verloren gewesen.

Besonders herzlicher Dank gebührt meinen Eltern, die mich in meinem Tun auf alle erdenkliche Weise unterstützt und gefördert haben. Sie sind das Fundament, die meine Ausbildung und diese Arbeit erst möglich gemacht haben. Ihnen ist diese Arbeit gewidmet.

Darmstadt, im Januar 2007 *Peter Gumnior*

Inhaltsverzeichnis

Abkürzungsverzeichnis

a.A.	anderer Ansicht
Abs.	Absatz
AcP	Archiv für die civilistische Praxis
a.F.	alte Fassung
AFG	Arbeitsförderungsgesetz
AfP	Arbeitsrecht für die Praxis
AG	Amtsgericht
AiB	Arbeitsrecht im Betrieb
AP	Arbeitsrechtliche Praxis – Nachschlagewerk des Bundesarbeitsgerichts
Anm.	Anmerkung
ArbG	Arbeitsgericht
ArbGeb.	Der Arbeitgeber
ArbGG	Arbeitsgerichtsgesetz
Art.	Artikel
ARS	Arbeitsrechtssammlung
AuR	Arbeit und Recht
Az.	Aktenzeichen
BAG	Bundesarbeitsgericht
BAGE	Amtliche Sammlung der Entscheidungen des Bundesarbeitsgerichts
BB	Betriebs-Berater
BetrVG	Betriebsverfassungsgesetz
BGB	Bürgerliches Gesetzbuch
BGBl	Bundesgesetzblatt
BGH	Bundesgerichtshof
BGHZ	Entscheidungen des Bundesgerichtshofs in Zivilsachen
BSG	Bundessozialgericht
BT-Drucks.	Bundestags-Drucksache
BVerfG	Bundesverfassungsgericht
BVerwG	Bundesverwaltungsgericht
bzw.	beziehungsweise
ca.	circa
DAG	Deutsche Angestelltengewerkschaft
DB	Der Betrieb
ders.	derselbe
DGB	Deutscher Gewerkschaftsbund

d.h.	das heißt
DJV	Deutscher Journalisten Verband
Dpa	Deutsche Presse Agentur
DUR	Demokratie und Recht
DVBL	Deutsches Verwaltungsblatt
E	Entscheidung
EG	Europäische Gemeinschaft
EGBGB	Einführungsgesetz zum Bürgerlichen Gesetzbuch
EGMR	Europäischer Gerichtshof für Menschenrechte
EMRK	Europäische Menschenrechtskonvention
ESC	Europäische Sozialcharta
EU	Europäische Union
EuGH	Europäischer Gerichtshof
e.V.	eingetragener Verein
EwiR	Entscheidungen zum Wirtschaftsrecht
EzA	Entscheidungssammlung zum Arbeitsrecht
Erf-Komm	Erfurter Kommentar zum Arbeitsrecht
f.	folgend
ff.	folgende
FAG	Fischer Aktiengesellschaft
FAZ	Frankfurter Allgemeine Zeitung
FG	Festgabe
Fn.	Fußnote
FS	Festschrift
GG	Grundgesetz
GmbH	Gesellschaft mit beschränkter Haftung
HBV	Gewerkschaft Handel, Banken und Versicherungen
Hrsg.	Herausgeber
h.M.	herrschende Meinung
HV	Verfassung des Landes Hessen
IAO	Internationale Arbeitsorganisation
IG	Industriegewerkschaft
IGH	Internationaler Gerichtshof
ILO	International Labour Organisation
Insb.	insbesondere
IPBPR	Internationaler Pakt über bürgerliche und politische Rechte

JuS	Juristische Schulung
JZ	Juristenzeitung
Ka-Hb	Kasseler Handbuch zum Arbeitsrecht
KJ	Kritische Justiz
KSchG	Kündigungsschutzgesetz
LAG	Landesarbeitsgericht
LAGE	Entscheidungen der Landesarbeitsgerichte
m.w.N.	mit weiteren Nachweisen
Mü-Hb	Münchener Handbuch zum Arbeitsrecht
MüKo	Münchener Kommentar zum BGB
NJW	Neue Juristische Wochenschrift
Nr.	Nummer
n.v.	nicht veröffentlicht
NZA	Neue Zeitschrift für Arbeitsrecht
NZA-RR	Neue Zeitschrift für Arbeitsrecht-Rechtsprechungsreport
ÖTV	Öffentlicher Dienst, Transport und Verkehr
RdA	Recht der Arbeit
RG	Reichsgericht
RGZ	Amtliche Sammlung der Entscheidungen des Reichsgerichts in Zivilsachen
Rn.	Randnummer
Rspr.	Rechtsprechung
S.	Seite
SAE	Sammlung arbeitsrechtlicher Entscheidungen
SE	Societas Europaea
SEEG	Gesetz zur Einführung der Europäischen Aktiengesellschaft
SE-VO	Verordnung (EG) Nr. 2157/2001 des Rates vom 8. Oktober 2001 über das Statut der Europäischen Gesellschaft
SchwbG	Schwerbehindertengesetz
SGB	Sozialgesetzbuch
TVG	Tarifvertragsgesetz
TzBfG	Teilzeit- und Befristungsgesetz
u.a.	unter anderem

vgl.	vergleiche
Vor.	Vorbemerkung
WSI	Wirtschafts- und Sozialwissenschaftliches Institut der Gewerkschaften
z.B.	zum Beispiel
ZfA	Zeitschrift für Arbeitsrecht
ZGR	Zeitschrift für Unternehmens- und Gesellschaftsrecht
ZHR	Zeitschrift für das gesamte Handelsrecht und Wirtschaftsrecht
zit.	zitiert
ZTR	Zeitschrift für Tarifrecht

Einleitung

Gegenstand dieser Untersuchung ist der Sympathiestreik. Abhandlungen über das Arbeitskampfrecht, den Streik an sich oder die Aussperrung füllen ganze Bücher. Der Sympathiestreik allerdings wird in derartigen Schriften nur am Rande erwähnt und überwiegend oberflächlich behandelt. *Kissels* großes Werk zum Arbeitskampfrecht[1] mit 1.065 Seiten, welches schon eine ausführlichere Darstellung zum Sympathiestreik vornimmt, verwendet gerade mal zwölf Seiten zu diesem Thema. *Gamillschegs* Werk zum kollektiven Arbeitsrecht[2] begnügt sich sogar mit lediglich sechs Seiten zum Sympathiestreik. Ausführlichere Untersuchungen über diese Art des Arbeitskampfes hat es in letzter Zeit so gut wie nicht gegeben.[3] Andere Streikarten dagegen, wie z.B. der Warnstreik, haben in der juristischen Literatur wesentlich mehr Beachtung gefunden. Dies mag unterschiedliche Gründe haben. Möglicherweise misst man dem Sympathiestreik heutzutage keine große Bedeutung zu oder es fehlt einfach nur das Interesse an einer Auseinandersetzung mit einem derartigen Arbeitskampfmittel. Im Hinblick auf die große potentielle Bedeutung derartiger Aktionen erscheint jedoch eine vertiefte Auseinandersetzung mit diesem Thema geboten.

I. Problemdarstellung

Arbeitskämpfe gehören zu den gewohnten Erscheinungen des Arbeits- und Wirtschaftslebens. Gerade in letzter Zeit ist das Arbeitskampfrecht wieder in den Vordergrund des rechtlichen Interesses gerückt. Dies ist unter anderem bedingt durch die historische Niederlage der IG Metall im ostdeutschen Metall- und Elektroindustriestreik 2003, die Protestaktionen bei Daimler Chrysler 2004, die Arbeitsniederlegungen in den Opel Werken im Oktober 2004, die Streiks im AEG Werk in Nürnberg im Oktober 2005 und die Arbeitsniederlegungen im öffentlichen Dienst zu Beginn des Jahres 2006.
Unabhängig von einer rechtlichen Einordnung der eben genannten Fälle muss eine Gewerkschaft, die sich für einen Streik entscheidet, zahlreiche Faktoren berücksichtigen. Die Entscheidung, welche Strategie und welche Aktions- und Kampfmittel zur Durchsetzung gewerkschaftlicher Ziele und Forderungen erfolgversprechend und sinnvoll sind, ist immer von der konkreten Konfliktsituation, den jeweiligen Umständen, den gewerkschaftlichen, politischen und gesellschaftlichen Umfeldbedingungen und natürlich vom Wollen der Handelnden selbst abhängig. Ob eher traditionelle Arbeitskampfmittel zum Einsatz

---

[1] Kissel „Arbeitskampfrecht" München 2002.
[2] Gamillscheg „Kollektives Arbeitsrecht" München 1997.
[3] Lediglich eine Dissertation aus dem Jahre 2003 von Dietrich „Rechtliche Zulässigkeit von Solidaritätsstreiks" ist zu diesem Thema erschienen.

kommen, ob die Handelnden auf die Ausschöpfung rechtlicher Möglichkeiten setzen, rechtliche Möglichkeiten phantasievoll und aktionsbezogen eingesetzt werden und damit ebenfalls ein Druckpotential aufgebaut wird, oder ob neuere Formen auch unter Einbeziehung der Öffentlichkeit eher geeignet sind, Ziele und Forderungen durchzusetzen, ist nicht nach einem festen Schema zu beantworten.

Unter bestimmten Bedingungen kann ein Streik seine gewollte Wirkung nicht erzielen. Die Gründe dafür können unterschiedlichster Art sein. In diesem Zusammenhang muss dann die Frage aufgeworfen werden, ob die Gewerkschaften nicht auch alternative Kampfmittel einsetzen können, die über eine bloße Arbeitsniederlegung im Betrieb hinausgehen. Dies können Aktionen sein, die in engem Zusammenhang mit einem Streik stehen oder aber auch außerhalb des Streikgeschehens liegen.

Eine Möglichkeit, den Gewerkschaften eine erhöhte Schlagkraft zu verleihen, ist die Anerkennung des Sympathiestreiks. Unter einem Sympathiestreik versteht man ganz überwiegend die Unterstützung eines fremden Arbeitskampfes durch andere Arbeitnehmer.[4]
Die rechtliche Zulässigkeit des Sympathiestreiks ist umstritten. Es hat Zeiten in Deutschland gegeben, da sind Sympathiestreiks häufig vorgekommen. In Rechtsprechung und Literatur wurde überwiegend die Auffassung vertreten, dass derartige unterstützende Streiks zulässig seien. Es sei ein Ausfluss des anerkannten Rechts der Koalitionen, wenn Arbeitgeber oder Arbeitnehmer ohne unmittelbares eigenes Interesse in einen Kampf, der zwischen anderen Arbeitnehmern und Arbeitgebern entstanden ist, zur Unterstützung der einen oder anderen streikenden Parteien eingreifen. Insbesondere in der Weimarer Zeit, als Sympathiestreiks häufiger vorkamen, war deren rechtliche Zulässigkeit anerkannt. Erst Mitte der sechziger Jahre meldeten sich vereinzelt kritische Stimmen.[5] Das Bundesarbeitsgericht hat in zwei Entscheidungen[6] aus den Jahren 1985 und 1988 grundsätzliche Aussagen zu der Zulässigkeit von Sympathiestreiks gemacht. Beide Entscheidungen betreffen Sympathiestreiks, die Gewerkschaften zur Unterstützung anderer Gewerkschaften führten, an deren Arbeitskampf die vom Sympathiekampf beeinträchtigten Arbeitgeber jeweils nicht beteiligt waren. Das Bundesarbeitsgericht stellte ein Regel-Ausnahme-Verhältnis auf: Der Sympathiestreik sei in der Regel unzulässig, könne aber in Ausnahmetatbeständen gerechtfertigt sein.

---

[4] Zum Begriff und den Erscheinungsformen des Sympathiestreiks unten II und III.
[5] Die Diskussion wurde ausgelöst durch den Aufsatz von Rüthers, „Zur Rechtmäßigkeit von Sympathiearbeitskämpfen", BB 1964, 312.
[6] BAG 05.03.1985 AP Nr. 85 zu Art. 9 GG Arbeitskampf; BAG 12.01.1988 AP Nr. 90 zu Art. 9 GG Arbeitskampf.

Dem Verfasser der Arbeit geht es darum, zu untersuchen und zu klären, ob und inwieweit die Einbeziehung bislang nicht kämpfender Arbeitnehmer in einen Arbeitskampf durch einen Streik nach geltendem Recht zulässig ist. Ein positives Ergebnis für die Zulässigkeit von Sympathiestreiks könnte sich – unter anderem – aus deren Notwendigkeit für die Tarifautonomie ergeben. Bisher wurde im Grundsatz davon ausgegangen, dass die bloße Arbeitsniederlegung im jeweiligen Betrieb ausreicht, um die Tarifautonomie zu gewährleisten. Dies könnte allerdings auf Grund von ökonomischen Gegebenheiten, insbesondere der wirtschaftlichen Verflechtungen der Arbeitgeber und ihrer gegenseitigen Unterstützung, heutzutage nicht mehr der Fall sein. Der Arbeitgeberseite stehen viele alternative Möglichkeiten zur Seite, effektiv auf einen Streik zu reagieren, wie die Produktionsverlagerung, eine voraussehende Produktions- und Lagerhaltungspolitik, die Aufrechterhaltung der Produktion im Betrieb während eines Arbeitskampfes mit Arbeitswilligen usw.. Das Streikabwehrpotential der Arbeitgeberschaft ist durch technische, arbeits- und unternehmensorganisatorische Maßnahmen gewachsen, so dass dadurch die Fähigkeit der Gewerkschaften, einen Arbeitskampf zu führen, ernstlich bedroht erscheint. Neue Technologien sind in der Lage, menschliche Arbeitsplätze in erheblichem Umfang zu ersetzen. Bereits im Jahre 1962 hat *Herzog* die Frage nach dem *„unbestreikbaren Betrieb“* aufgeworfen.[7] Weiterhin ist darauf hinzuweisen, dass sich die Rahmenbedingungen für die Gewerkschaften in Zeiten von knapp 5 Millionen Arbeitslosen stark verändert haben. Die Angst vor dem Verlust des Arbeitsplatzes unter den Arbeitnehmern kann ganze Betriebe kampfunfähig machen. Durch diese Faktoren kann sich das Kräftegleichgewicht zum Nachteil der Arbeitnehmer und der Gewerkschaften verändert haben.

Bei Bejahung dessen könnte bzw. müsste es sogar notwendig sein, neue Arbeitskampfmittel unter dem Gesichtpunkt der Waffengleichheit und der Parität zuzulassen. Die Veränderungen der tatsächlichen oder normativen Verhältnisse könnten Neubewertungen für angemessen oder sogar für erforderlich erscheinen lassen. So hatte auch der Deutsche Gewerkschaftsbund (DGB) 1998 die Bundesregierung aufgefordert, dafür zu sorgen, dass das Streikrecht ausgeweitet werde, insbesondere dahingehend, dass die deutsche Rechtsprechung auch Protest- und Solidaritätsstreiks als rechtmäßig akzeptiere.[8] Der Deutsche Journalisten Verband (DJV) z.B. sieht in seiner Streikordnung ausdrücklich die Möglichkeit des Sympathiestreiks vor. § 1 Abs. 2 Satz 2 des Beschlusses des DJV Gesamtvorstandes vom 06/07.10.1999 bestimmt: *„Zur Unterstützung anderer Streikender kann zu einem Sympathiestreik aufgerufen werden.“*[9]

---

[7] Herzog Der ArbG 1962, 616.

[8] Dpa – Meldung vom 08.02.98 Nr. 080600 Feb 98; Kissel § 76 Rn. 8.

[9] Vgl. http://www.djv.de/aktuelles/streikordnung.shtml.

II. Der Begriff des Sympathie- oder Solidaritätsstreiks

Die traditionelle Form der Druckausübung der Arbeitnehmerseite war und ist der Streik. Streik ist die von einer größeren Anzahl von Arbeitnehmern planmäßig und gemeinschaftlich durchgeführte Arbeitseinstellung zur Erreichung eines bestimmten Ziels.[10] In der Regel sind die bestreikten Arbeitgeber diejenigen, gegen die sich der Streik seinem Ziel nach richtet. Auf sie soll Druck ausgeübt werden, damit sie die bei Verhandlungen bisher abgelehnten Forderungen doch noch bewilligen. Bei dieser typischen Form des Arbeitskampfes richten sich Druck und Forderung gegen dieselbe Person oder Vereinigung.
Druck und Forderung können sich aber auch gegen verschiedene Personen oder Kollektive richten. Die streikenden Arbeitnehmer wollen dann keine eigenen Forderungen gegen ihre Arbeitgeber durchsetzen, sondern durch Druck auf ihre Arbeitgeber die Forderungen anderer, schon im Arbeitskampf stehender Arbeitnehmer, unterstützen. Diese Form des Arbeitskampfes bezeichnet man als Sympathiestreik, Sympathiearbeitskampf oder auch Solidaritätsstreik.
Trotz der unterschiedlichen Begriffsbestimmungen kommt den Begriffen überwiegend dieselbe Bedeutung zu. Der Begriff des „Arbeitskampfes" bezeichnet ganz allgemein solche kollektiven Maßnahmen von Arbeitnehmern oder Arbeitgebern, durch welche mittels Störungen der vertraglichen Arbeitsbeziehungen bestimmte Kampfziele durchgesetzt werden sollen. Der Arbeitskampf ist folglich der Oberbegriff für die Kampfmittel der Arbeitnehmer und Arbeitgeber. Der Streik als Kampfmittel der Arbeitnehmerseite ist nur eine der Erscheinungsformen des Arbeitskampfes, allerdings der praktisch wichtigste Fall.[11]

Die Begriffe Sympathie- und Solidaritätsstreik werden in der Literatur und der Rechtsprechung vielfach gleichgesetzt.[12] Einige Autoren bevorzugen allerdings die Verwendung des Begriffs des Solidaritätsstreiks, da es bei diesen Streiks

---

[10] BAG 28.01.1955 AP Nr. 1 zu Art. 9 GG Arbeitskampf = BAGE 1, 291 (304).

[11] Hueck/Nipperdey II 2 S. 892; andere Kampfmittel der Arbeitnehmerseite sind z.B.: Gemeinsame Zurückhaltung der Arbeitsleistung, massenhafte Kündigungen, partielle Leistungsverweigerung, Boykott, Bummelstreik und Dienst nach Vorschrift, Betriebsblockade und Betriebsbesetzung; Kampfmittel der Arbeitgeberseite sind z.B.: die Aussperrung als wichtigstes Arbeitskampfmittel, suspendierende Betriebsstilllegung. Dies ist allerdings umstritten, das Bundesarbeitsgericht verneint die Qualität einer Kampfmaßnahme. Vgl. BAG 11.07.1995 AP Nr. 138 zu Art. 9 GG Arbeitskampf mit ablehnender Anm. Konzen AP Nr. 139 zu Art. 9 GG Arbeitskampf; zu den Kampfmitteln im Einzelnen Otto in Mü-Hb § 281 Rn. 9 bis Rn. 24.

[12] BAG 05.03.1985 AP Nr. 85 zu Art. 9 GG Arbeitskampf; BAG 12.01.1988 AP Nr. 90 zu Art. 9 GG Arbeitskampf; Bulla in FS Molitor 1962, 295 Fn. 5; Brox/Rüthers Rn. 44; Kissel § 24 Rn. 16; Hartje S. 144; Hueck/Nipperdey II 2 S. 1009 Fn. 35; Wintrich S. 5; Plander ZTR 1989, 135; v. Hoyningen-Huene JuS 1987, 510; Berger-Delhey Anm. zu ArbG Bonn 09.03.1989 AfP 1989, 785; Wohlgemuth AuR 1980, 33 ff.; Höfling in Sachs Art. 9 Rn. 105.

nicht nur um „Sympathie“, sondern auch um die gleichen materiellen Interessen und die gleiche materielle Lage geht.[13] Bezüglich der Voraussetzungen und der rechtlichen Behandlung ergeben sich in der Regel keine Abweichungen zum Begriff des Sympathiestreiks.

Bei der Begriffswahl ist allerdings auch Vorsicht geboten, da teilweise diesen Begriffen – vor allem in der älteren Literatur – ganz unterschiedliche Fallvarianten zugeordnet werden. *Geib*[14], *Birk*[15], *Haupt*[16] und *Hohenester*[17] beispielsweise differenzieren ausdrücklich zwischen Sympathie- und Solidaritätsstreiks. Die Autoren sind der Auffassung, dass ein Solidaritätsstreik immer dann vorliege, wenn lediglich die Unterstützung einer Streitigkeit eines oder mehrerer Arbeitnehmer bezweckt werde. Streikziel ist also eine Handlung oder Unterlassung des Arbeitgebers zu Gunsten einzelner oder mehrerer Arbeitnehmer.

Als Beispiele seien erwähnt: Ein einzelner Arbeitnehmer soll darin unterstützt werden, bestimmte persönliche Forderungen gegen seinen Arbeitgeber durchzusetzen oder die Belegschaft tritt in einen Streik, um die Kündigung eines beliebten Kollegen rückgängig zu machen.

In diesen Fällen wird nicht in einen Arbeitskampf eingegriffen, da es nicht um Vereinbarungen geht, an denen auf Arbeitnehmerseite eine Gesamtheit beteiligt ist. Ziel ist lediglich die Vornahme oder das Unterlassen einer Handlung des Arbeitgebers zu Gunsten eines Einzelnen oder mehrerer Arbeitnehmer als Einzelne, die dem individualarbeitsrechtlichen Bereich entstammen. Einen Sympathiestreik stellt diese Konstellation nicht dar, vielmehr handelt es sich um einen Hauptstreik.

Dem ist zuzustimmen, da es vorliegend bereits an einem Hauptstreik fehlt, der unterstützt werden soll. In diesen Fällen wird lediglich ein einzelner Arbeitnehmer in seiner Forderung unterstützt oder vor einer Maßregel des Arbeitgebers geschützt, der jedoch weder streiken noch ausgesperrt werden kann.

Ob die Begriffswahl des Solidaritätsstreiks für derartige Fälle glücklich gewählt ist, erscheint mehr als fraglich. Dies vor allem vor dem Hintergrund, dass Literatur und Rechtsprechung die Begriffe Sympathie und Solidarität weitgehend synonym verwenden. Eine Beschränkung des Solidaritätsstreiks auf derartige

---

[13] Z.B. Bieback in Däubler Rn. 369; Zachert Anm. zu BAG 12.01.88 AiB 1988, 182; Dietrich S. 6; Zachert/Metzke/Hamer S. 202; Hindrichs/Mäulen/Scharf S. 415 und S. 437; Berg/Platow/Schoff/Unterhinnighofen S. 323.

[14] Geib S. 47 f..

[15] Birk S. 49.

[16] Haupt S. 17 und S. 29.

[17] Hohenester S. 102.

Fallkonstellationen ist somit durchaus bedenklich. *Hartje*[18] schlägt daher den Begriff des *„Arbeitskameradenstreiks“* vor.[19]
Im Rahmen dieser Arbeit wird nur der Streik zu Gunsten der Gesamtheit einer Belegschaft behandelt. Die eben dargestellte Konstellation des „Solidaritätsstreiks“ soll nicht auf seine Rechtmäßigkeit hin untersucht werden. Zur Vermeidung von Missverständnissen wird daher im Folgenden der in Literatur und Rechtsprechung öfter gebrauchte Begriff des Sympathiestreiks verwendet.

III. Erscheinungsformen des Sympathiestreiks

Mit einem Sympathiestreik wollen Arbeitnehmer den Konflikt anderer Arbeitnehmer mit deren Arbeitgeber beeinflussen. Je nach Beteiligung der unterschiedlichen Parteien können mehrere Varianten des Sympathiestreiks auftreten, die jeweils eine gesonderte Betrachtung erforderlich machen.

Der „klassische“ Fall des Sympathiestreiks liegt vor, wenn Arbeitnehmer außerhalb des Kampfgebiets einen anderen Streik unterstützen, wobei auf der aktiven und passiven Seite des Arbeitskampfes andere Parteien beteiligt sind als im Hauptkampf.[20]
Beispiel: Die Gewerkschaft IG Metall ruft die Arbeitnehmer des Unternehmens A zu einem Sympathiestreik für einen Arbeitskampf auf, den die Gewerkschaft Handel, Banken und Versicherungen (HBV) gegen ein anderes Unternehmen B einer anderen Branche zwecks Abschlusses eines Firmentarifvertrages führt.
Eine derartige Fallkonstellation lag den beiden Entscheidungen des Bundesarbeitsgerichts aus den Jahren 1985 und 1988 zu Grunde. Derartige Sympathiestreiks sind dadurch gekennzeichnet, dass zwei Arbeitgeber bzw. Arbeitgeberverbände von zwei verschiedenen Gewerkschaften bestreikt werden.

Um einen Sympathiestreik handelt es sich auch, wenn dieselbe Gewerkschaft, die den Hauptkampf führt, einen mit dem Gegner des Hauptkampfes nicht identischen Arbeitgeber(-verband) bestreikt.[21]

---

[18] Hartje S. 144.
[19] Mayer-Maly Anm. zu BAG 12.01.1988 SAE 1988, 310 und Gamillscheg S. 1136 differenzieren ebenfalls und verwenden den Begriff des Solidaritätsstreiks für Konstellationen, in denen es um die Verweigerung von Streikarbeit geht.
[20] Kempen AuR 1990, 243; Birk S. 64; Gamillscheg S. 1137.
[21] Lieb „Arbeitsrecht“ S. 230; Konzen DB 1990, Beilage 6 S. 3; Bieback in Däubler Rn. 370; v. Hoyningen-Huene Jus 1987, 511; a.A. Birk S. 24 und S. 58, der hierin eine Frage der Arbeitskampfzuständigkeit sieht; Nach Birk sollte nur dann von einem Sympathiestreik gesprochen werden, wenn sich auf beiden Seiten des Haupt- und Sekundärkampfes verschiedene Parteien im Arbeitskampf befinden. Für derartige Fallkonstellationen benutzt er den weiteren Begriff des Unterstützungsstreiks.

Beispiel: Die IG Metall führt im gesamten Bereich der Metallindustrie Streiks durch, obwohl sie nur gegen die Arbeitgeberverbände der Eisen- und Stahlindustrie, nicht aber gegen die der Metallindustrie Tarifforderungen stellt.[22] In dieser Konstellation wird sowohl der Haupt- als auch der Sympathiestreik von derselben Gewerkschaft getragen, jedoch sind auf der Gegenseite zwei verschiedene Arbeitgeber betroffen.

Den beiden eben genannten Konstellationen liegt die Situation zu Grunde, dass die jeweiligen Arbeitgeber des Haupt- und des Sympathiestreiks zwei verschiedene Personen sind. In der Literatur wird dafür vielfach der Begriff des „*Betroffenen*" und des „*Adressaten*" bzw. des „*Gegners*" gebraucht.[23] Als Betroffener wird derjenige bezeichnet, der durch die Kampfmaßnahme der aus Sympathie Streikenden unmittelbar geschädigt wird. Adressat und Gegner der Forderungen sind der Arbeitgeber oder der Arbeitgeberverband des Hauptarbeitskampfes.
Nach Ansicht vieler Autoren ist der Sympathiestreik im Wesentlichen dadurch gekennzeichnet, dass Betroffener und Adressat nicht identisch sind.[24] Unterstützungsaktionen innerhalb eines Betriebs sind nach *Haupt* einheitliche Vorgänge, die zu den Haupt- und nicht zu den Sympathiestreiks zählen.[25] *Geib* bezeichnet derartige Streiks als „*Hilfsstreiks*".[26] *Gamillscheg* und *Birk* verwenden den weiten Begriff des „*Unterstützungsstreiks*".[27]
Fraglich ist, ob es für den Sympathiestreik tatsächlich erforderlich ist, dass Betroffener und Adressat auseinanderfallen. Es kann durchaus Fallkonstellationen geben, in denen zwar der Arbeitgeber identisch ist, die Streikenden aber durch ihre Arbeitsniederlegung keine Vorteile für sich selbst, sondern nur für Andere erstreben. Dies ist z.B. der Fall, wenn der bestreikte Betrieb in verschiedene Tarifzuständigkeiten fällt, wie dies zahlreich im Druck- und Verlagsgewerbe vorkommt.
Beispiel: Angestellte streiken um die Regelung eines Angestelltentarifvertrages und werden dabei von Arbeitern desselben Arbeitgebers unterstützt; die bei einem Zeitungsverleger beschäftigten Drucker streiken, um die gegen den gleichen Arbeitgeber streikenden Journalisten zu unterstützen.

---

[22] Beispiel nach BAG 21.12.1982 AP Nr. 76 zu Art. 9 GG Arbeitskampf; LAG Düsseldorf 11.12.1987 DB 1979, 167; LAG Hamm 24.04.1980 EzA Nr. 39 zu Art. 9 GG Arbeitskampf = DB 1980, 2345.
[23] Geib S. 28; Reinermann S. 13; Döhner S. 1; Rüthers BB 1964, 312; Brox/Rüthers Rn. 149; Haupt S. 25.
[24] Haupt S. 27 und S. 30; Geib S. 30 und S. 41 ff.; Brox/Rüthers Rn. 142; Birk S. 51 und S. 64; v. Hoyningen-Huene Jus 1987, 510; Rüthers BB 1964, 312.
[25] Haupt S. 28.
[26] Geib S. 41 und S. 125.
[27] Gamillscheg S. 1135; Birk S. 51 ff..

In diesen Fällen ist der bestreikte Arbeitgeber zugleich Betroffener und Gegner des Streiks und in der Lage, den Forderungen der Streikenden nachzukommen und diese zu erfüllen. Zu beachten ist jedoch, dass die aus Sympathie Streikenden keine Forderungen für sich selbst erheben. Der Tarifvertrag, der erkämpft werden soll, betrifft nur die Arbeitnehmer des Hauptstreiks. Die Arbeiter und Drucker aus eben genannten Beispielen streiken lediglich zur Unterstützung anderer bereits im Arbeitskampf stehender Beschäftigter. Dass hier unmittelbar Betroffener und Adressat zusammenfallen, ist bedeutungslos. Es ist für das Vorliegen eines Sympathiestreiks nicht zwingend erforderlich, dass Betroffener und Gegner nicht identisch sind. Voraussetzung ist lediglich, dass die Sympathisierenden kein unmittelbares eigenes Kampfziel – also den Abschluss eines Tarifvertrages – verfolgen und einen Hauptarbeitskampf unterstützen.[28] Das Auseinanderfallen von Kampfgegner und Forderungsadressat gehört nicht zu den unersetzlichen begriffsnotwendigen Tatbestandsvoraussetzungen eines Sympathiestreiks. Der Begriff des Sympathiestreiks ist daher auch auf die Fallkonstellationen anzuwenden, in denen zwar der Arbeitgeber derselbe ist, die Streikenden aber keinen eigenen Tarifabschluss anstreben. Die rechtliche Bewertung dieser Sympathiestreiks bleibt einem extra Abschnitt vorbehalten.[29]

Von den eben dargestellten Konstellationen sind spezielle Sympathie- und Solidaritätsmaßnahmen, wie z.B. der Boykott und die Verweigerung von Streikarbeit, zu trennen. Diese Arten des Arbeitskampfes und ihre Zulässigkeit sollen jedoch nicht näher im Rahmen dieser Arbeit behandelt werden. Auf sie wird lediglich insoweit eingegangen, als sie eine Rolle für die Bewertung des Sympathiestreiks spielen.

---

[28] So auch Hartje S. 111; Döhner S. 5; Reinermann S. 15; Bieback in Däubler Rn. 368; Kalb in Ka-Hb S. 1831; Dietrich S. 11; Bulla in FS Molitor 1962, 296; Nipperdey in FG Küchenhoff 1967, 141; LAG Köln 23.08.91 LAGE Nr. 45 zu Art. 9 GG Arbeitskampf; ArbG Bonn 09.03.1989 EzA Nr. 93 zu Art. 9 GG Arbeitskampf = AfP 1989, 783, das die Rechtmäßigkeit des Streiks offen lässt, ihn dennoch als Sympathiestreik bezeichnet; Hohenester S. 101 Fn. 4; RG 31.03.1931 RGZ 132, 249; RAG 15.02.1928 ARS 2, 128, wo auch Unterstützungsaktionen innerhalb eines Betriebs bzw. Konzerns als Sympathiestreiks bezeichnet werden; jetzt auch anders als noch 1964 Rüthers BB 1990, Beilage 25 S. 5; Dütz DB 1979, Beilage 14 S. 5; Kissel § 24 Rn. 50 sieht darin einen Unterfall des Sympathiestreiks, der jedoch der gleichen Bewertung unterliegen soll, wie der eigentliche Sympathiestreik.

[29] Dazu unten 2. Teil IV 4.

IV. Die Geschichte des Sympathiestreiks

Bevor der Sympathiestreik auf seine rechtliche Zulässigkeit hin untersucht werden soll, wird vorab ein historischer Überblick über einige bekannte Sympathiestreiks gegeben. Eine rechtliche Bewertung wird dabei noch nicht vorgenommen.

In Deutschland wurde der erste bekannte Sympathiestreik im Jahre 1873 durchgeführt, als in Berlin Maurer die Arbeit niederlegten, um einen Streik der Zimmerleute zu unterstützen.[30] Im Mai und Juni 1900 streikten die Nieter einer Hamburger Werft um eine Lohnerhöhung und um eine Verkürzung der Arbeitszeit. Die Werftleitung versuchte, die ausgefallenen Arbeiten durch die bei ihr selbst beschäftigten Schmiede und Schlosser ausführen zu lassen. Diese verweigerten aber die „Streikbrecherarbeit“ und wurden entlassen.[31] Im April 1913 traten sämtliche Hafenarbeiter und Rangierer auf Veranlassung ihres Verbandes lediglich zu dem Zweck in den Streik, um die damals streikenden Boots- und Deckmannschaften im Binnenschifffahrtsgewerbe zu unterstützen.[32] Im April 1927 wurde in mehreren Betrieben des Norddeutschen Wollkämmerei- und Kammgarnspinnereikonzerns gestreikt, um die Einführung eines Leistungslohnsystems zu verhindern. Eines der bestreikten Unternehmen wollte daraufhin Arbeiten von einem anderen Unternehmen desselben Konzerns durchführen lassen. Allerdings traten diese Arbeitnehmer ebenfalls in den Streik in der Absicht, die Streikenden in den anderen Betrieben zu unterstützen und die Streikarbeit unmöglich zu machen.[33] Sympathiestreiks kamen nicht nur in Deutschland vor. Auch im Ausland traten Arbeitnehmer in den Streik, um andere bereits kämpfende Arbeitnehmer zu unterstützen. 1903/04 streikten holländische Eisenbahner zur Unterstützung von Hafenarbeitern. Amerikanische Arbeiter der Schiffswerften legten 1916 die Arbeit nieder, um einen Streik der Metallarbeiter zu unterstützen.[34]

In der Diktaturzeit von 1933 bis 1945 wurden die Gewerkschaften und die Arbeitgeberverbände aufgelöst und verboten. An ihre Stelle trat die Deutsche Arbeitsfront als Organisation von Arbeitgebern und Arbeitnehmern gleichermaßen. An die Stelle der sozialen Selbstverwaltung durch die Sozialpartner trat die bindende Festsetzung der Arbeitsbedingungen durch den – mit hoheitlichen Funktionen ausgestatteten – Rechtstreuhänder der Arbeit. Arbeitskämpfe fanden

---

[30] Reinermann S. 1.
[31] RG 26.03.1903 RGZ 54, 255.
[32] RG 29.01.1915 RGZ 86, 152.
[33] RG ARS 7, 565.
[34] Reinermann S. 2.

so gut wie nicht mehr statt.[35] Die Löhne und Arbeitsbedingungen unterlagen der staatlichen Regelung.

Nach dem Zweiten Weltkrieg kam es nur selten zu Sympathiearbeitskämpfen. Im Juni 1959 ist es vorgekommen, dass ein ausländischer Streik durch einen Sympathiestreik deutscher Arbeitnehmer unterstützt wurde.[36] In England streikten die Arbeitnehmer des Druckereigewerbes in der Zeit vom 22.06. bis zur ersten Augustwoche 1959. Noch vor Ausbruch des Streiks erteilte eine britische Firma der Klägerin, einer deutschen Druckerei, zwei Aufträge, die auch von der Klägerin angenommen wurden. Nachdem die IG Druck und Papier aus Solidaritätsgründen ihre Mitglieder zum Streik aufgefordert hatte, lehnten die Drucker jede weitere Arbeit an den strittigen Druckaufträgen ab, erklärten sich jedoch bereit, andere Aufträge anzunehmen.[37]
Am 12.12.1978 rief die IG Metall in mehreren Orten ihre Mitglieder in der metallverarbeitenden Industrie zu Solidaritätsaktionen auf, um die im Streik stehenden Arbeitnehmer der Eisen- und Stahlindustrie zu unterstützen. Darin sollte zugleich auf die Aussperrungen reagiert werden, welche die Arbeitgeberseite der im Hauptkampf stehenden Arbeitnehmer durchführte.[38]

Der in der Rechtslehre wohl bekannteste Sympathiestreik, der auch das Bundesarbeitsgericht beschäftigte, fand am 01.12.1981 statt. Die Gewerkschaft HBV führte gegen das Handelsunternehmen B.AG einen Streik zur Erzwingung eines Firmentarifvertrages durch. Um diesen Streik zu unterstützen, forderte die IG Druck und Papier die Arbeitnehmer eines Druckunternehmens zu einem befristeten Sympathiestreik auf. Die Arbeitnehmer legten daraufhin für die Dauer von 2 Schichten die Arbeit nieder.[39]

---

[35] Zu den wenigen vereinzelten Streikaktionen während des Faschismus vgl. Däubler Rn. 27 ff. m.w.N..

[36] ArbG Wuppertal 24.11.1959 AP Nr. 20 zu Art. 9 GG Arbeitskampf = BB 1960, 443.

[37] Derartige Fallkonstellationen sind in der heutigen Zeit außerordentlich interessant. Im Zeitalter multinationaler Unternehmen, Europäischer Aktiengesellschaften, im Hinblick auf die zahlreichen Fusionen und Übernahmen, dem Aufbau paralleler Produktionsverfahren im In- und Ausland und der vermehrten Expansion der Unternehmen ins Ausland, könnten Sympathiestreiks, die über die Grenzen der Bundesrepublik Deutschland geführt werden, eine große Rolle spielen. Mit der Frage der Rechtmäßigkeit grenzüberschreitender drittbezogener Arbeitskampfmaßnahmen befasst sich der 4. Teil der Arbeit.

[38] Dieses Geschehen war Gegenstand mehrerer einstweiliger Verfügungen und zog sich durch mehrere Instanzen. Erste Instanz: ArbG Hagen 03.09.1979 DB 1979, 2088; Zweite Instanz: LAG Hamm 24.04.1980 EzA Nr. 39 zu Art. 9 GG Arbeitskampf; Dritte Instanz: BAG 21.12.1982 AP Nr. 76 zu Art. 9 GG Arbeitskampf.

[39] BAG 05.03.1985 AP Nr. 85 zu Art. 9 GG Arbeitskampf.

Im Jahre 1984 ist es erneut zu einem Sympathiestreik gekommen, mit dem sich das Bundesarbeitsgericht ebenfalls auseinandergesetzt hat.[40] Diesem Urteil lag die Klage einer Erzieherin auf Entfernung einer Abmahnung aus der Personalakte zu Grunde. Die Klägerin war als Erzieherin in einem psychiatrischen Landeskrankenhaus beschäftigt. Sie war Mitglied der Gewerkschaft Öffentlicher Dienst, Transport und Verkehr (ÖTV). Während des Arbeitskampfes in der Metallindustrie in Württemberg/Baden um die Einführung der 35-Stunden-Woche im Jahre 1984 rief der geschäftsführende Vorstand der Gewerkschaft ÖTV zu Sympathiestreiks auf. Die Klägerin legte daraufhin am 23.05.1984 in der Zeit von 14:00 Uhr bis 16:30 Uhr die Arbeit nieder und nahm an einer Solidaritätskundgebung teil.

Anfang der 90er Jahre ist es vereinzelt zu Sympathiestreiks im Druck- und Verlagsgewerbe gekommen. Der Landesbezirk Bayern der IG Medien rief zwischen dem 11.05.1990 und dem 28.05.1990 die gewerblichen Arbeitnehmer und Angestellten bei verschiedenen Zeitungsverlagen zu Solidaritätsstreiks auf, um die Redakteure bei ihrem Streik um einen neuen Tarifvertrag zu unterstützen.[41]

Einem Urteil des LAG Köln vom 23.08.1991[42] lag der Sachverhalt zu Grunde, dass die gewerblichen Arbeitnehmer der Druckindustrie ihre Arbeit niederlegten, um die beim selben Arbeitgeber beschäftigten Redakteure in ihren Tarifvertragsverhandlungen zu unterstützen. Eine vergleichbare Situation lag der Entscheidung des Arbeitsgerichts Bonn vom 09.03.1989[43] zu Grunde. Im Zuge der laufenden Tarifauseinandersetzungen zwischen der Industriegewerkschaft Druck und Papier und dem Bundesverband Druck e.V. zum Abschluss eines neuen Tarifvertrages für die gewerblichen Arbeiter der Druckindustrie legten insbesondere die Arbeiter der Zeitungsdruckereien die Arbeit nieder. Mehr als 25 Redakteure der Mainzer Allgemeinen Zeitung und der Hessisch-Niedersächsischen Allgemeinen legten zur Unterstützung der gewerblichen Arbeiter ebenfalls die Arbeit nieder und folgten damit dem Aufruf der streikenden Gewerkschaft.

Auch in jüngerer Zeit ist es stellenweise zu Arbeitsniederlegungen aus Sympathie und zur Unterstützung anderer Arbeitnehmer gekommen. Am 14.05.2002 sind die Redakteurinnen und Redakteure der Allgemeinen Zeitung (Mainz) sowie des Ringes Nordbayerischer Tageszeitung und des Nordbayerischen Kuriers (beide Bayreuth) in einen ganztägigen Sympathiestreik zu

---

[40] BAG 12.01.1988 AP Nr. 90 zu Art. 9 GG Arbeitskampf.

[41] ArbG München 14.12.1990 Az: 7 Ca 9484/89 n.v.; LAG München 22.09.1989 Az. 10 Ta 150/89 n.v.; Kämereit S. 9.

[42] LAG Köln 23.08.1991 LAGE Nr. 45 zu Art. 9 GG Arbeitskampf.

[43] ArbG Bonn 09.03.1989 EzA Nr. 93 zu Art. 9 GG Arbeitskampf = AfP 1989, 783.

Gunsten der laufenden Drucktarifverhandlungen getreten.[44] Am 05.02.2004 schlossen sich Arbeitnehmer/innen und Verlagsangestellte im Druckzentrum Mainz-Mombach den bereits streikenden Redakteur/innen im Verlag Rhein-Main an.[45]

Die angeführten Beispiele zeigen, dass Sympathiestreiks nicht an der Tagesordnung sind. Dies bezieht sich sowohl auf die Vergangenheit als auch auf die gegenwärtige Lage. Darüber hinaus waren die durchgeführten Sympathiestreiks lediglich von kurzer Dauer. Den Streik-Statistiken zu Folge handelt es sich bei der Bundesrepublik Deutschland im Vergleich zu anderen EU-Staaten generell um ein streikarmes Land, was sowohl Häufigkeit als auch Dauer der Arbeitskämpfe betrifft.

V. Gang der weiteren Untersuchung

Im Folgenden soll der Frage nachgegangen werden, ob Sympathiestreiks unter der das Streikrecht garantierenden Vorschrift des Art. 9 Abs. 3 GG zulässig sind. Die Untersuchung ist in fünf Kapitel untergliedert: Das erste Kapitel zeigt die Entwicklung des Arbeitskampfrechts anhand der Rechtsprechung des Bundesarbeitsgerichts auf und behandelt die Frage welchen Stellenwert hierbei der Sympathiestreik hat. In diesem Zusammenhang wird die vergangene und gegenwärtige Rechtsprechung zum Sympathiestreik dargestellt. Der zweite Teil der Arbeit bildet einen Schwerpunkt dieser Untersuchung. Hierbei geht es um die rechtliche Bewertung des Sympathiestreiks, wobei eine Auseinandersetzung mit der neueren Rechtsprechung des Bundesarbeitsgerichts stattfindet. Hinterfragt werden die vom Bundesarbeitsgericht verwendeten Argumente für eine Unzulässigkeit des Sympathiestreiks sowie die unterschiedlichsten und mannigfachen Ansichten in der Literatur. Einen weiteren Schwerpunkt bildet der dritte Teil der Arbeit, in dem der Frage nachgegangen wird, ob ein eventuell verschobenes Kräftegleichgewicht zu Lasten der Arbeitnehmer es erforderlich erscheinen lässt, die rechtliche Zulässigkeit von Sympathiestreiks anzuerkennen und den Gewerkschaften als Kampfmittel zur Verfügung zu stellen. Hier wird vor allem der Sympathiestreik unter dem Blickwinkel der Arbeitskampfparität beleuchtet. In diesem Zusammenhang stellt sich die Frage, wie die Arbeitskampfparität zu bestimmen ist, und welche Faktoren in die Paritätsbewertungen einzubeziehen sind. Im abschließenden inhaltlichen vierten Teil der Arbeit erscheint es von wesentlichem Interesse, wie die Zulässigkeit von Sympathie-

---

[44] Vgl. http://www.hjvonline.de/nachrichten_020512a.html.

[45] Vgl. http://www.verdi.de/0x0ac80f2b_0x0090f2c6; vgl. zu Aufrufen der Gewerkschaft Ver.di bezüglich Solidaritätsaktionen http://www.Labournet.de/diskussion/gewerkschaft/tarif04/verdi/ueberblick.html.

streiks auf grenzüberschreitende Sachverhalte zu beurteilen ist, z.B. die Arbeitsniederlegung aus Sympathie für Beschäftigte in einem anderen Land durch Beschäftigte im eigenen Land, die in Betrieben desselben und/oder eines anderen Unternehmens arbeiten. Dies ist vor allem vor dem Hintergrund der zahlreichen Fusionen und Übernahmen in den letzten Jahren von Interesse. Die Verflechtung der Volkswirtschaften, länder- und regionenübergreifend, sind in den letzten Jahren immer stärker geworden. Auch die seit dem 08.10.2004 bestehende Möglichkeit der Gründung einer Europäischen Aktiengesellschaft vermag grenzüberschreitende Sympathiestreiks möglicherweise für notwendig erscheinen zu lassen. Im fünften und letzten Teil der Arbeit erfolgen eine Zusammenfassung der wesentlichen Ergebnisse und ein kurzer Ausblick.

Erster Teil

Grundlagen, Rechtmäßigkeitsvoraussetzungen, historische Entwicklung und Grenzen des Streiks

I. Grundlagen des Arbeitskampfrechts

Der Sympathiestreik ist ein echter Streik und somit ein echtes Arbeitskampfmittel. Dementsprechend gelten für ihn grundsätzlich die gleichen Regeln und Grundsätze, die nach geltendem Recht für die Frage der Rechtmäßigkeit eines Streiks maßgeblich sind. Bevor die rechtliche Zulässigkeit des Sympathiestreiks untersucht wird, soll vorab in einem kurzen Überblick auf die allgemeinen Rechtmäßigkeitsvoraussetzungen des Streiks eingegangen werden.

1. Rechtsgrundlage des Streiks

Das geltende Arbeitskampfrecht entbehrt bis heute der gesetzlichen Regelung. Das bedeutet, zu einem ganzen Rechtsgebiet besteht kein Gesetzesrecht. Stattdessen wurde es durch eine Reihe von höchstrichterlichen Entscheidungen des Bundesarbeitsgerichts und des Bundesverfassungsgerichts Schritt für Schritt konkretisiert und ausgeformt. Zwar übernehmen einige Bundesgesetze den Begriff des Arbeitskampfes, des Streiks oder der Aussperrung, wie z.B. § 2 Abs. 1 Nr. 2 ArbGG, § 74 Abs. 2 BetrVG, 11 Abs. 5 AüG, § 25 KSchG, § 146 SGB III (früher § 116 AFG), § 91 Abs. 6 SGB IX (früher § 21 Abs. 6 SchwbG), nähere Definitionen oder Inhaltsregelungen bestehen jedoch nicht. Auf Grund der Vorschriften wird aber deutlich, dass der Gesetzgeber trotz der fehlenden unmittelbaren Regelung des Arbeitskampfes diesen als rechtliches Institut unserer Arbeits- und Rechtsordnung anerkennt.

1988 schufen die Professoren *Birk/Konzen/Löwisch/Raiser/Seiter* einen Gesetzesentwurf zur Regelung kollektiver Arbeitskonflikte, der aber nicht umgesetzt wurde. Dementsprechend ist das Arbeitskampfrecht weitgehend Richterrecht.[46] Das Bundesarbeitsgericht ist zum Ersatzgesetzgeber geworden; das von ihm entwickelte Arbeitskampfrecht fungierte als gesetzesvertretendes

---

[46] Dies ist immer wieder als unvereinbar mit den verfassungsrechtlichen Anforderungen der sogenannten Wesentlichkeitstheorie kritisiert worden. Nach der Wesentlichkeitslehre des Bundesverfassungsgerichts ist der Gesetzgeber verpflichtet, in grundlegenden normativen Bereichen alle wesentlichen Entscheidungen selbst zu treffen. Diese Kritik hat das Bundesverfassungsgericht in BVerfG 26.06.1991 E 84, 212 (226) = AP Nr. 117 zu Art. 9 GG Arbeitskampf und BVerfG 02.03.1993 E 88, 103 (105) = AP Nr. 126 zu Art. 9 GG Arbeitskampf zurückgewiesen.

Richterrecht.[47] *Gamillscheg* hat diesbezüglich ausgeführt: *„Der Richter ist der eigentliche Herr des Arbeitsrechts.“*[48] Dennoch führt kein Weg daran vorbei, dass der Richter nicht Recht setzt, sondern anwendet. Die Vorgaben des Gesetzgebers bilden die Grundlagen seiner Rechtsfortbildung, und er muss bei unzureichenden Vorgaben das materielle Recht mit den anerkannten Methoden der Rechtsfindung aus den Rechtsgrundlagen ableiten, die für das betreffende Rechtsverhältnis maßgeblich sind.[49]

Art. 9 Abs. 3 GG ist die zentrale Norm für die verfassungsrechtliche Verankerung des Arbeitskampfrechts. Allerdings nimmt die Grundrechtsbestimmung weder zur Gewährleistung des Arbeitskampfes ausdrücklich Stellung, noch erwähnt sie einzelne Kampfmittel. Erst seit der Einführung der grundgesetzändernden Notstandsnovelle im Jahre 1968 ist der Begriff des „Arbeitskampfes“ in Art. 9 Abs. 3 GG aufgenommen. Art. 9 Abs. 3 GG wurde ein Satz angefügt, aus dem folgt, dass sich Notstandsmaßnahmen nicht gegen Arbeitskämpfe richten dürfen, *„die zur Wahrung und Förderung der Arbeits- und Wirtschaftsbedingungen von Vereinigungen im Sinne des Satzes 1 geführt werden“*. Nach wohl herrschender Meinung enthält diese Vorschrift aber keine Verankerung eines Grundrechts auf Streik, sondern gewährleistet lediglich, dass die Arbeitskampffreiheit auch im Notstandsfalle nicht angetastet werden soll.[50]
Dennoch besteht heute in Rechtsprechung und Literatur weitgehend Einigkeit, dass das Streikrecht in Art. 9 Abs. 3 Satz 1 GG verankert ist.[51] Ausgangspunkt ist hierbei die in Art. 9 Abs. 3 GG verankerte Koalitionsfreiheit, wonach jedermann das Recht hat, zur Wahrung und Förderung der Arbeitsbedingungen Vereinigungen zu bilden. Neben der individuellen Freiheit des Einzelnen, eine derartige Vereinigung zu gründen, ihr beizutreten, fernzubleiben oder sie zu verlassen, schützt Art. 9 Abs. 3 GG ebenso die Koalition selbst in ihrem Bestand, ihrer organisatorischen Ausgestaltung und den Kernbereich ihrer Betätigungen. Zu diesem Kernbereich gehört insbesondere der Abschluss von Tarifverträgen einschließlich der Mittel, die zur Erreichung dieses Zwecks notwendig sind. Der Arbeitskampf ist ein notwendiges Mittel, mit dem der

---

[47] BAG 21.04.1971 AP Nr. 43 zu Art. 9 GG Arbeitskampf = BAGE 23, 292; Scholz/Konzen S. 65.
[48] Gamillscheg AcP 164 (1964), 388.
[49] BAG 10.06.1980 AP Nr. 64 zu Art. 9 GG Arbeitskampf = BAGE 33, 140.
[50] BAG 26.04.1988 AP Nr. 101 zu Art. 9 GG Arbeitskampf; Seiter S. 71 ff.; Brox/Rüthers Rn. 82; Otto in Mü-Hb § 284 Rn. 18.
[51] BVerfG 26.06.1991 E 84, 212 (224) = AP Nr. 117 zu Art. 9 GG Arbeitskampf; BVerfG 02.03.1993 E 88, 103 (114) = AP Nr. 126 zu Art. 9 GG Arbeitskampf; BVerfG 04.07.1995 E 92, 365 (393); BAG 26.04.1988 AP Nr. 101 zu Art. 9 GG Arbeitskampf; Professorenentwurf S. 14; Brox/Rüthers Rn. 85 f.; Däubler in Däubler Rn. 90 bis Rn. 93; Richardi in Staudinger Vor. § 611 Rn. 824; Otto in Mü-Hb § 284 Rn. 20; Scholz in Maunz-Düring Art. 9 Rn. 311; Berg/Platow/Schoof/Unterhinnighofen S. 295.

Abschluss von Tarifverträgen erreicht werden kann, so dass auch das Streikrecht durch Art. 9 Abs. 3 GG geschützt ist.[52] Dies bedeutet, dass sich zwar weder Koalitionsmitglieder noch Verbände auf ein Grundrecht auf Streik bzw. Aussperrung berufen können, dass aber der Arbeitskampf von der Verfassung als Rechtseinrichtung anerkannt und geschützt ist. Der Streik wird insoweit von der Koalitionsfreiheit erfasst, *„als er allgemein erforderlich ist, um eine funktionierende Tarifautonomie sicherzustellen“*.[53]

Neben Art. 9 Abs. 3 GG kommen auch Vorschriften der Landesverfassungen als Rechtsgrundlage für Arbeitskämpfe in Betracht. Im Unterschied zum Grundgesetz enthalten die Verfassungen einiger Bundesländer ausdrückliche Vorschriften über den Arbeitskampf. Der Begriff „Arbeitskampf“ wird – bis auf die Verfassung in Thüringen – aber nicht verwendet. Es wird lediglich vom Streik bzw. Aussperrungsrecht gesprochen; vgl. Berlin Art. 18 Abs. 3[54]; Brandenburg Art. 51 Abs. 2 Satz 3[55]; Bremen Art. 51 Abs. 3[56]; Hessen Art. 29 Abs. 4[57]; Rheinland-Pfalz Art. 66 Abs. 2[58]; Saarland Art. 56 Abs. 2[59]; Thüringen Art. 37 Abs. 2.[60]
Die Bestimmungen der Landesverfassungen haben jedoch nach überwiegender Ansicht keine über die sich aus Art. 9 Abs. 3 GG ergebende Gewährleistung des Streikrechts hinausgehende Bedeutung.[61] Nach Ansicht des Bundesarbeitsgerichts untersagen diese Landesgarantien lediglich die Einschränkung oder Abschaffung der Arbeitskampfmaßnahmen und können von daher gleichfalls nicht zur Auslegung von Inhalt und Grenzen herangezogen werden.[62] Soweit das Landesrecht mit den Grundsätzen der höchstrichterlichen Rechtsprechung zum Arbeitskampfrecht kollidiert, werde es auf Grund von Art. 31 GG verdrängt. Der Satz *„Bundesrecht bricht Landesrecht“* gelte auch im Bereich des Arbeitskampfrechts.[63]

---

[52] BVerfG 26.06.1991 E 84, 212 = AP Nr. 117 zu Art. 9 GG Arbeitskampf.
[53] BVerfG 26.06.1991 E 84, 212 = AP Nr. 117 zu Art. 9 GG Arbeitskampf.
[54] *„Das Streikrecht ist gewährleistet.“*
[55] *„Das Streikrecht wird gewährleistet.“*
[56] *„Das Streikrecht der wirtschaftlichen Vereinigungen wird anerkannt.“*
[57] *„Das Streikrecht wird anerkannt, wenn die Gewerkschaften den Streik erklären.“*
[58] *„Das Streikrecht der Gewerkschaften im Rahmen der Gesetze wird anerkannt.“*
[59] *„Das Streikrecht der Gewerkschaften ist im Rahmen der Gesetze anerkannt. Streiks dürfen erst dann anerkannt werden, wenn alle Schlichtungs- und Verhandlungsmöglichkeiten erschöpft sind.“*
[60] *„Das Recht, Arbeitskämpfe zu führen, insbesondere das Streikrecht, ist gewährleistet.“*
[61] BAG 28.01.1955 AP Nr. 1 zu Art. 9 GG Arbeitskampf = BAGE 1, 291 (298); Brox/Rüthers Rn. 99.
[62] BAG 28.01.1955 AP Nr. 1 zu Art. 9 GG Arbeitskampf = BAGE 1, 291 (298).
[63] Grundlegend diskutiert wird diese Ansicht in Bezug auf das Aussperrungsverbot in der Hessischen Verfassung. Art. 29 Abs. 5 der HV bestimmt: *„Die Aussperrung ist rechtswidrig“*.

Das Arbeitskampfrecht ist ferner Gegenstand internationaler Vereinbarungen.[64] Hervorzuheben ist das Übereinkommen Nr. 87 der Internationalen Arbeitsorganisation (IAO)[65] und Art. 6 Nr. 4 der Europäischen Sozialcharta (ESC). Art 6 Nr. 4 ESC erwähnt das Streikrecht wörtlich: „*Um die wirksame Ausübung des Rechtes auf Kollektivverhandlungen zu gewährleisten, verpflichten sich die Vertragsparteien, [...] und anerkennen [...] 4. das Recht der Arbeitnehmer und der Arbeitgeber auf kollektive Maßnahmen einschließlich des Streikrechts im Falle von Interessenkonflikten, vorbehaltlich etwaiger Verpflichtungen aus geltenden Gesamtarbeitsverträgen.*“[66]
Die ESC ist von der Bundesrepublik Deutschland durch das Zustimmungsgesetz vom 19.09.1964 ratifiziert[67] worden und am 26.02.1965 in Kraft getreten.[68] Zahlreiche Aussagen der herrschenden Meinung zum Arbeitskampfrecht werden unter Bezugnahme auf die ESC bestritten. Dazu gehören die Unzulässigkeit des wilden Streiks sowie der ausnahmslose Tarifbezug jedes Arbeitskampfes.
Ein großer Streit besteht darüber, ob die Vorschrift des Art. 6 Nr. 4 ESC unmittelbar anwendbar und damit unmittelbar geltendes innerstaatliches Recht (self executing) ist oder nicht. Höchstrichterlich ist diese Frage bisher noch nicht eindeutig entschieden worden. Die überwiegende Ansicht in der Literatur verneint die unmittelbare Anwendbarkeit der ESC. Die Frage der Anwendbarkeit und Reichweite der ESC für das deutsche Arbeitskampfrecht soll an dieser Stelle nicht weiter vertieft werden. Auf die Bedeutung der ESC und des Abkommens Nr. 87 der IAO für das Arbeitskampfrecht und insbesondere für den Sympathiestreik wird weiter unten noch einzugehen sein.[69]

Nach h.M. ist dieses Verbot nach Art. 31 GG nichtig. Die Vertreter dieser Ansicht gehen davon aus, dass das Arbeitskampfrecht Bundesrecht ist, welches entgegenstehendes Landesrecht verdrängt. Hierbei wird aber übersehen, dass die Rechtmäßigkeit der Aussperrung nur auf Richterrecht beruht. Der Begriff des Bundesrechts im Sinne des Art. 31 GG meint allein das Gesetzesrecht. Die Bezeichnung Richterrecht darf nicht zu dem Trugschluss führen, dass die Richter Normen setzen können. Grundsatzentscheidungen bilden zwar eine Rechtserkenntnisquelle, begründen aber keine Normen. Hat die Judikatur damit nicht die Qualität von Rechtsnormen, dann kann sie auch nicht Landesrecht im Sinne des Art. 31 GG verdrängen. Vgl. zu diesem Problem die Nachweise bei Gamillscheg S. 960.

[64] Art. 11 EMRK; IAO Übereinkommen Nr. 87; Art. 6 Nr. 4 ESC; Art. 28 Europäische Grundrechte Charta.

[65] Nach dem englischen Text: International Labour Organisation (ILO).

[66] Abgedruckt bei Nipperdey Arbeitsgesetze Nr. 1152.

[67] Als Ratifikation bezeichnet man die amtliche Erklärung, mit der sich ein Staat verpflichtet, die Bestimmungen eines Übereinkommens in seinem Hoheitsgebiet durchzuführen.

[68] BGBl. II 1964, 1251 (1262); 1965, 1122.

[69] Dazu unten 2. Teil II 4 und 5.

2. Eingriff in den eingerichteten und ausgeübten Gewerbebetrieb

Durch einen Streik beabsichtigen die Arbeitnehmer, den Betrieb lahm zu legen und den Unternehmensablauf zu beeinträchtigen. Auf diesem Weg können sie Einfluss auf den Arbeitgeber ausüben. Der Beweggrund und das Interesse der Streikenden sind darauf gerichtet, durch einen Eingriff unmittelbar Störungen im Unternehmen auszulösen. Dem Unternehmer können dadurch Ausfälle an Gewinn und Ertrag entstehen und dazu führen, dass Kunden und Lieferanten verloren gehen. Der Streik beschränkt den Unternehmer in seiner gewerblichen Betätigung und greift somit unmittelbar in die wirtschaftliche und gewerbliche Tätigkeit ein. Aus diesen Gründen ist der Streik nach § 823 Abs. 1 BGB als zum Schadensersatz verpflichtend anzusehen, sofern er die Grenzen der Streikfreiheit überschreitet.[70]

Reichsgericht und Reichsarbeitsgericht beurteilten jahrzehntelang Arbeitskämpfe nur nach § 826 BGB. Aus Anlass des sogenannten Zeitungsstreiks im Jahre 1952 trat eine Wandlung der Rechtsprechung ein. *Hueck* und *Nipperdey* hatten in Gutachten zur Frage der Schadensersatzansprüche der Unternehmer gegen die betreffende Gewerkschaft die Ansicht vertreten, der Streik sei nach § 823 Abs. 1 BGB zu beurteilen, denn er stelle einen Eingriff in den eingerichteten und ausgeübten Gewerbebetrieb dar. *Nipperdey* hat in diesem Zusammenhang den Begriff der *„sozialen Adäquanz“* aus dem Strafrecht herangezogen. Ein Streik sei dann nicht mehr rechtswidrig, wenn er sozialadäquat sei. Dazu hat er mehrere Kriterien entwickelt, die erfüllt sein müssen, damit ein Streik diese Voraussetzung erfüllt.

Der Große Senat des Bundesarbeitsgerichts hat sich in seinem Beschluss vom 28.01.1955[71] dieser Auffassung angeschlossen. Seither beurteilen Rechtsprechung und herrschende Lehre den Arbeitskampf nach § 823 Abs. 1 BGB. Der eingerichtete und ausgeübte Gewerbebetrieb gehört zu den geschützten Rechtsgütern des § 823 Abs. 1 BGB, der seit langem anerkannt und möglicherweise schon Gewohnheitsrecht geworden ist.[72] Der Grund für diesen Wandel liegt in der Erkenntnis, dass die Bewertung des Streiks allein nach § 826 BGB in mehrfacher Hinsicht unbefriedigend ist.[73] Der Streik wurde damit vom Makel des Verwerflichen befreit, was jedoch auch dazu führte, dass die Hemm-

---

[70] BAG 04.05.1955 AP Nr. 2 zu Art. 9 GG Arbeitskampf; BAG 20.12.1963 AP Nr. 32 zu Art. 9 GG Arbeitskampf; BAG 20.12.1963 AP Nr. 33 zu Art. 9 GG Arbeitskampf; BAG 05.03.1985 AP Nr. 85 zu Art. 9 GG Arbeitskampf; BAG 07.06.1988 AP Nr. 106 zu Art. 9 GG Arbeitskampf; Gamillscheg S. 1217; Dieterich in ErfK Art. 9 GG Rn. 218; Hueck/Nipperdey II 2 S. 995.

[71] BAG 28.01.1955 AP Nr. 1 zu Art. 9 GG Arbeitskampf = BAGE 1, 291.

[72] BAG 04.05.1955 AP Nr. 2 zu Art. 9 GG Arbeitskampf; Sprau in Palandt § 823 Rn. 20; Mertens in MüKo § 823 Rn. 481 ff.; Gamillscheg S. 1217; Hueck/Nipperdey II 2 S. 995; Brox/Rüthers Rn. 335; Otto in Mü-Hb § 287 Rn. 18; Haupt S. 96.

[73] Hueck/Nipperdey II 2 S. 992 f..

schwelle, einen Streik für unzulässig zu erklären, um einiges heruntergesetzt wurde.[74]

Dessen ungeachtet kann ein Streik auch gegen die Vorschriften des § 823 Abs. 2 BGB oder § 826 BGB verstoßen, wenn deren Tatbestandsmerkmale erfüllt sind. Diese Vorschriften sind nicht etwa spezieller gegenüber § 823 Abs. 1 BGB sondern stehen gleichberechtigt nebeneinander.

3. Rechtmäßigkeitsvoraussetzungen eines Streiks

Auf Grund der Tatsache, dass Streiks beim betroffenen Arbeitgeber und auch bei der Allgemeinheit Schäden hervorrufen können, ist der Streik nach Rechtsprechung und überwiegender Literaturmeinung nur unter bestimmten Voraussetzungen zulässig und rechtmäßig. Vor diesem Hintergrund sind mehrere Rechtmäßigkeitskriterien entwickelt worden:

- Rechtsprechung[75] und herrschende Lehre[76] gehen überwiegend davon aus, dass der Streik von einer Gewerkschaft organisiert und getragen werden muss, der Tariffähigkeit zukommt. Legen die Arbeitnehmer die Arbeit ohne Zutun der Gewerkschaft nieder, so spricht man von einem „wilden" oder nicht gewerkschaftlichen Streik, der nicht durch Art. 9 Abs. 3 GG geschützt ist. Ein ursprünglich „wilder" Streik kann allerdings von der Gewerkschaft nachträglich gebilligt und weitergeführt werden.[77] Eine

[74] Bis heute wird noch Kritik laut an einer Bewertung des Arbeitskampfes nach § 823 Abs. 1 BGB und dem Recht am eingerichteten und ausgeübten Gewerbebetrieb. Vgl. Söllner/Waltermann Rn. 280 Fn. 76 m.w.N..

[75] BAG 20.12.1963 AP Nr. 32 zu Art. 9 GG Arbeitskampf = BAGE 15, 174; BAG 21.10.1969 AP Nr. 41 zu Art. 9 GG Arbeitskampf = BAGE 22, 162; BAG 14.02.1978 AP Nr. 58 zu Art. 9 GG Arbeitskampf = BAGE 30, 50; BAG 07.06.1988 AP Nr. 106 zu Art. 9 GG Arbeitskampf = BAGE 58, 343; zur wilden Aussperrung vgl. BAG 31.10.1995 AP Nr. 140 zu Art. 9 GG Arbeitskampf.

[76] Gamillscheg S. 1087; Richardi in Staudinger Vor. § 611 Rn. 858; Kissel § 25 Rn. 1 ff.; Hueck/Nipperdey II 2 S. 1005; Brox/Rüthers Rn. 133; Lieb „Arbeitsrecht" Rn. 581; Zöllner/Loritz S. 467; Otto in Mü-Hb § 285 Rn. 69; Kalb in Ka-Hb S. 1053; Löwisch 170.2 Rn. 65 ff.; Auffarth RdA 1977, 134; Söllner/Waltermann Rn. 250; Hanau/Adomeit Rn. 282; Schaub § 193 Rn. 13.

[77] Unklar ist, welche Auswirkungen die Übernahme für den zunächst wilden Streik hat. Ab dem Zeitpunkt der Übernahme wird der Streik von einer Gewerkschaft getragen und ist zumindest aus diesem Grunde nicht mehr rechtswidrig. Umstritten ist jedoch, ob der wilde Streik durch die Übernahme auch rückwirkend geheilt wird. Dies verneinen Konzen ZfA 1970, 159; Zöllner/Loritz S. 459; Lieb „Arbeitsrecht" Rn. 582; Otto in Mü-Hb § 285 Rn. 76; Hueck/Nipperdey II 2 S. 1008; Bejahend aber BAG 05.09.1955 AP Nr. 3 zu Art. 9 GG Arbeitskampf; BAG 20.12.1963 AP Nr. 32 zu Art. 9 GG Arbeitskampf; BAG 20.12.1963 AP Nr. 33 zu Art. 9 GG Arbeitskampf; Seiter S. 254; Däubler in Däubler Rn. 116 f.; Gamillscheg

verbreitete Mindermeinung stellt auch den „wilden“ Streik dem gewerkschaftlichen gleich.[78] Die Richtigkeit dieser Ansicht soll jedoch nicht im Rahmen dieser Arbeit untersucht werden. Es wird davon ausgegangen, dass Haupt- und Sympathiestreik von einer Gewerkschaft getragen werden.

- Der Streik ist Ausfluss der in Art. 9 Abs. 3 GG gewährleisteten und durch das Tarifvertragsgesetz konkretisierten Tarifautonomie. Er dient dem Ausgleich sonst nicht lösbarer Interessenkonflikte auf dem Gebiet der Wirtschafts- und Arbeitsbedingungen und der Sicherung der Tarifautonomie. Aus diesem verfassungsrechtlichen Schutz ergeben sich aber auch zugleich die Grenzen für dessen Zulässigkeit. Ein Arbeitskampf ist nach herrschender Meinung nur dann rechtmäßig, wenn er zur Durchsetzung solcher Ziele und Forderungen eingesetzt wird, die Gegenstand eines Tarifvertrages sein können und sollen. Daraus folgt, dass nur der Arbeitskampf rechtmäßig ist, der mit dem Ziel geführt wird, die Gegenseite zum Abschluss einer tarifvertraglichen Regelung zu zwingen. Ein Recht zu streiken, um nichttarifliche Arbeitnehmerinteressen durchzusetzen, ist nicht anerkannt.[79]

S. 1092; Löwisch 170.2 Rn. 71 ff.; Brox/Rüthers Rn. 134; Kalb in Ka-Hb S. 105; Hanau/Adomeit Rn. 283.

[78] Däubler ZfA 1973, 219; Ramm S. 189; ders. AuR 1971, 97; LAG Frankfurt a.M. 18.09.1950 RdA 1950, 427; Däubler in Däubler Rn. 123; Zachert AuR 2001, 401; Wohlgemuth AuR 1991, 110; Mitscherlich S. 119 ff.; kritisch unter besonderer Berücksichtigung der ESC ArbG Gelsenkirchen 13.03.1998 AuR 1998, 427. Der Sachverständigenausschuss der ESC hat in seinen Schlussfolgerungen mehrfach darauf hingewiesen, dass die Bundesrepublik Deutschland gegen Art. 6 Nr. 4 ESC verstößt, indem es den „wilden“ Streik nicht als rechtmäßig ansieht. Vgl. z.B. Conclusion-13-4, S. 361: *„On the second point, the Committee referred to the wording of Article 6 para. 4 itself, which recognised the right of "workers and employers to collective action in cases of conflicts of interest, including the right to strike. However, it had again come to its notice that in Germany only trade unions could call and conduct strikes, and that wildcat strikes by groups of workers were therefore illegal unless they were endorsed and taken up by a trade union. The Committee reiterated its case law, according to which the trade union monopoly of the right to strike action was contrary to Article 6 para 4.*" Vgl. ferner Conclusion-14-1, S. 301-302; Conclusion-15-1, S. 27-30; Conclusion-16-1, S. 248-251.

[79] BAG 05.03.1985 AP Nr. 85 zu Art. 9 GG Arbeitskampf; BAG 07.06.1988 AP Nr. 106 zu Art. 9 GG Arbeitskampf; BAG 27.06.1989 AP Nr. 113 zu Art. 9 GG Arbeitskampf. Diese Rechtsprechung zur Tarifbezogenheit des Arbeitskampfrechts steht in Einklang mit der überwiegenden Meinung im Schrifttum. Vgl. Schaub § 193 Rn. 8; Gamillscheg S. 1071 m.w.N. in Fn. 34; Kissel § 24 Rn. 1 ff.; Hromadka/Maschmann § 14 Rn. 42; Dieterich in Erf-Komm Art. 9 GG Rn. 111; Löwisch 170.1 Rn. 37 und 170.2 Rn. 3; Brox/Rüthers Rn.138; Otto in Mü-Hb § 285 Rn. 2; Lieb „Arbeitsrecht“ Rn. 583; Rüthers/Berghaus Anm. zu BAG 12.01.1988 AP Nr. 90 zu Art. 9 GG Arbeitskampf; Hanau/Adomeit Rn. 286; Richardi in Staudinger Vor. § 611 Rn. 918; Professorenentwurf § 1.

Fraglich ist, ob es sachgerecht ist, das Recht zum Streik ausschließlich auf die Erzwingung von Tarifverträgen zu beschränken. Diese Frage spielt für die Bewertung des Sympathiestreiks eine große Rolle. Die aus Sympathie Streikenden erstreben für sich keine tariflichen Forderungen und damit auch nicht den Abschluss eines sie unmittelbar betreffenden Tarifvertrages. Vielmehr wird nur zur Unterstützung anderer, bereits streikender Arbeitnehmer, die Arbeit niedergelegt. An dieser Stelle soll das Problem nicht weiter behandelt werden. Im Rahmen der Rechtmäßigkeitsprüfung des Sympathiestreiks wird ausführlich hierzu Stellung genommen.[80]

- Eine weitere Rechtmäßigkeitsvoraussetzung ergibt sich aus dem Tarifvertrag selbst. Ein Streik darf nicht gegen die Friedenspflicht des Tarifvertrages verstoßen. Die Friedenspflicht beinhaltet das Verbot von Kampfmaßnahmen während der Laufzeit des Tarifvertrages.[81] Dieses Verbot enthält die Verpflichtung der Tarifvertragsparteien, in bestimmten Situationen keine Arbeitskämpfe zu führen und ihre Mitglieder von Kampfmaßnahmen abzuhalten. Man unterscheidet zwischen der relativen und der absoluten Friedenspflicht. Die absolute Friedenspflicht untersagt jegliche Kampfmaßnahmen während der Laufzeit eines Tarifvertrages und zwar auch dann, wenn sich die konkrete Regelungsstreitigkeit auf Punkte bezieht, die im Tarifvertrag nicht geregelt sind. Die relative Friedenspflicht verbietet Arbeitskämpfe, die sich gegen den bestehenden Tarifvertrag oder einzelne Regelungen des Tarifvertrages richten. Soweit die Tarifvertragsparteien eine bestimmte Sachmaterie erkennbar und umfassend geregelt haben, ist davon auszugehen, dass sie diesen Bereich der Friedenspflicht unterwerfen und für die Laufzeit des Tarifvertrages die kampfweise Durchsetzung weiterer Regelungen unterbinden wollen, die in einem sachlichen inneren Zusammenhang mit dem befriedeten Bereich stehen. Die relative Friedenspflicht ist jedem Tarifvertrag immanent und bedarf daher keiner besonderen Vereinbarung.[82] Die absolute Friedenspflicht dagegen muss besonders vereinbart werden.[83]

- Nicht jeder Arbeitskampf steht unter dem Schutz des Art. 9 Abs. 3 GG. Arbeitskämpfe dürfen vielmehr, auch wenn sie ein zulässiges Kampfziel verfolgen, nicht willkürlich und nach freiem Belieben durchgeführt werden. Sie unterliegen inneren Schranken, die mit dem Gebot der

---

[80] Dazu unten 2. Teil II.

[81] Lieb „Arbeitsrecht“ Rn. 588; Hanau/Adomeit Rn. 290.

[82] BAG 21.12.1982 AP Nr. 76 zu Art. 9 GG Arbeitskampf; BAG 27.06.1989 AP Nr. 113 zu Art. 9 GG Arbeitskampf; BAG 10.12.2002 AP Nr. 162 zu Art. 9 GG Arbeitskampf.

[83] BAG 31.10.1985 AP Nr. 2 zu § 1 TVG Friedenspflicht = BAGE 6, 321; BAG 10.12.2002 AP Nr. 162 zu Art. 9 GG Arbeitskampf.

Verhältnismäßigkeit umschrieben werden.[84] Ein Arbeitskampf muss geeignet, erforderlich und verhältnismäßig im engeren Sinne sein, um seinen Zweck zu erreichen. Es darf also kein gleichermaßen erfolgsversprechendes aber schonenderes Mittel zur Verfügung stehen. Der Arbeitskampf darf nur als letztes Mittel (ultima-ratio) eingesetzt werden. Die erforderlichen Kampfmaßnahmen dürfen auch nicht außer Verhältnis zum angestrebten Ziel stehen. Der Begriff der Verhältnismäßigkeit umfasst ebenfalls das Gebot fairer Kampfführung. Dadurch soll zum Ausdruck gebracht werden, dass der Streik nicht die Vernichtung des Gegners bezwecken darf. Damit einher geht zum Beispiel die Verpflichtung der Streikenden, Not- und Erhaltungsarbeiten auszuführen sowie das Gemeinwohl offensichtlich nicht über Gebühr zu verletzen. Beide Parteien müssen den Arbeitsfrieden sobald wie möglich und in größtmöglichem Umfang wieder herstellen.[85]

4. Zusammenfassung

Das Arbeitskampfrecht ist gesetzlich nicht geregelt, sondern wird durch eine Reihe von höchstrichterlichen Grundsatzentscheidungen bestimmt. Es ist jedoch allgemein anerkannt, dass das Streikrecht verfassungsrechtlich anerkannt ist. Ausgangspunkt ist die in Art. 9 Abs. 3 GG verankerte Koalitionsfreiheit, wonach jedermann das Recht hat, zur Wahrung und Förderung der Arbeits- und Wirtschaftsbedingungen Vereinigungen zu bilden. Art. 9 Abs. 3 GG schützt auch die Mittel und Betätigungen der Koalitionen. Arbeitskampfmaßnahmen werden jedenfalls insoweit von Art. 9 Abs. 3 GG erfasst, als sie allgemein erforderlich sind, um eine funktionierende Tarifautonomie sicherzustellen.
Die Rechtsprechung formulierte eine Reihe von Bedingungen für die Rechtmäßigkeit eines Streiks. Der Streik muss im Wesentlichen von einer Gewerkschaft getragen werden, er muss um ein tariflich regelbares Ziel geführt werden, der Zeitpunkt und die Art der Durchführung unterliegen dem Grundsatz der Verhältnismäßigkeit und die Friedenspflicht aus dem Tarifvertrag darf nicht verletzt sein. Ein Streik, der gegen diese Grundsätze verstößt ist rechtswidrig und stellt einen Eingriff in den eingerichteten und ausgeübten Gewerbebetrieb des Arbeitgebers dar.

---

[84] BAG 21.04.1971 AP Nr. 43 zu Art. 9 GG Arbeitskampf = BAGE 23, 292; teilweise wird synonym der Begriff „Übermaßverbot" verwendet. Vgl. v. Hoyningen-Huene JuS 1987, 507; BAG 10.06.1980 AP Nr. 64, 65 zu Art. 9 GG Arbeitskampf.

[85] Weiterhin dürfen Arbeitskämpfe nicht gegen zwingendes Gesetzesrecht, insbesondere nicht gegen Strafgesetze verstoßen. Dabei verwirklicht der Streik an sich noch nicht den Tatbestand der Nötigung oder der Erpressung nach §§ 240, 253 StGB. Vgl. Schumann in Däubler Rn. 245.

II. Die historische Entwicklung des Arbeitsrechts durch die Rechtsprechung

Wurden soeben die Grundlagen und Voraussetzungen eines Arbeitskampfes dargestellt, soll im Folgenden die historische Entwicklung des Arbeitsrechts durch die Rechtsprechung dargestellt werden. Der Kampf der Arbeitnehmer um Arbeits- und Lohnbedingungen kann auf eine lange Tradition zurückblicken. Im Laufe der Zeit hat sich das Arbeitskampfrecht immer wieder weiterentwickelt und es wurde durch zahlreiche Entscheidungen des Bundesarbeitsgerichts neu geregelt. Das Bundesarbeitsgericht hat Regeln und Richtlinien für Arbeitskämpfe aufgestellt, die den tatsächlichen Gegebenheiten der wirtschaftlichen und sozialen Entwicklung Rechnung tragen. Bei der Bewertung des Sympathiestreiks ist daher auch die rechtliche und tatsächliche Entwicklung des Arbeitsrechts und insbesondere des Arbeitskampfrechts zu berücksichtigen.

1. Die Beurteilung des Arbeitskampfes in der Weimarer Zeit

Legte in der Weimarer Zeit ein Arbeitnehmer seine Arbeit nieder, um sich an einem – auch gewerkschaftlichen – Streik zu beteiligen, so stellte dies einen Vertragsbruch dar, auf den der Arbeitgeber mit einer Kündigung und Schadensersatzansprüchen reagieren konnte. Um ohne Vertragsverletzung streiken zu können, mussten die Arbeitnehmer vor Streikbeginn ihr Arbeitsverhältnis ordentlich kündigen.[86] Die Wiedereinstellung lag im Belieben des Arbeitgebers. Auf Grund der unterschiedlich langen Kündigungsfristen war die Schlagkraft der Gewerkschaften gedämpft, da ein einheitlicher Streikbeginn in der Regel nicht erreicht werden konnte. Zudem wurde der einzelne Arbeitnehmer mit dem unverhältnismäßigen Risiko der dauerhaften Lösung seines Arbeitsverhältnisses belastet.[87] Entsprechendes galt für die Aussperrung. Wollte der Arbeitgeber den Kampfrahmen erweitern, musste er zuvor die Arbeitsverhältnisse der Arbeitnehmer ordnungsgemäß kündigen, um nicht in Annahmeverzug gemäß § 615 BGB zu geraten, mit der Folge, dass er lohnzahlungspflichtig blieb. Dies brachte wiederum Probleme auf Grund der unterschiedlichen Kündigungsfristen mit sich.[88]

Die herrschende Meinung in Rechtsprechung und Lehre[89] differenzierte dabei zwischen dem Kollektivakt Streik und der Streikbeteiligung des einzelnen Arbeitnehmers. Die Rechtmäßigkeit eines Streiks hatte folglich nicht automatisch die Rechtmäßigkeit der Streikbeteiligung des einzelnen Arbeitnehmers zur

---

[86] Richardi in Staudinger Vor. § 611 Rn. 843.

[87] Seiter S. 8.

[88] Seiter S. 8.

[89] Vgl. Nachweise in BAG 28.01.1955 AP Nr. 1 zu Art. 9 GG Arbeitskampf = BAGE 1, 291 (295).

Folge. Hier war auf individualrechtlicher Ebene zu prüfen, ob eine Verletzung des Arbeitsvertrages vorlag.
Rechtlich bewertet wurde der Streik nur nach § 826 BGB.[90] Die Verleitung zum Vertragsbruch wurde aber nicht schlechthin § 826 BGB unterworfen, sondern galt nach damaligem Verständnis nur bei Vorliegen besonderer Umstände als sittenwidrig. Vor diesem Hintergrund ist es durchaus folgerichtig, dass Sympathiestreiks damals als rechtmäßig angesehen wurden soweit nicht besondere Umstände die Sittenwidrigkeit begründeten. Sittlich war der Sympathiestreik nicht zu beanstanden, da beim Sympathiestreik grundsätzlich weder der Zweck noch das Mittel sittenwidrig sind. In der Weimarer Zeit galt weiterhin der einfache Grundsatz, dass der Sympathiestreik bereits dann rechtmäßig war, wenn der Hauptstreik rechtmäßig war. Eine eigenständige Überprüfung des Sympathiestreiks fand nicht statt.

2. Die Entwicklung des Arbeitsrechts unter der Rechtsprechung des Bundesarbeitsgerichts

Durch den Beschluss des Bundesarbeitsgerichts vom 28.01.1955[91] wurde diese rechtliche Bewertung des Streiks aufgegeben. Dieser Beschluss ist als die „*Fundamentalentscheidung*“[92] des Arbeitskampfrechts bezeichnet worden. Erst diese Entscheidung hat die Voraussetzungen und Grundlagen für das heute bestehende Arbeitskampfrecht geschaffen. Das Gericht verabschiedete die ausschließlich individualrechtliche Betrachtung und verlangte, dass der Arbeitskampf als kollektives Geschehen auch kollektivrechtlich beurteilt werden müsse. Streiks durften demnach nicht mehr als individualrechtliche Verletzung des Arbeitsvertrages bewertet werden. Die Streikbeteiligung führte lediglich zu einer Suspendierung der Arbeitsverhältnisse. Der gewerkschaftliche Tarifstreik bedeutete für die Arbeitnehmer bei Einhaltung gewisser Vorgaben keinen Vertragsbruch mehr. Die streikenden Arbeitnehmer handelten nicht vertrags- und rechtswidrig. Der Streik wird einheitlich bewertet und die Gewerkschaft haftet nicht. Nunmehr konnten Gewerkschaften und Arbeitgeber ohne Kündigung zum Streik und zur lösenden Aussperrung aufrufen, und dies vor allem ohne die unterschiedlichen Kündigungsfristen einhalten zu müssen. Seitdem ist in der Rechtsprechung für die Zulässigkeit der Streikbeteiligung alleine maßgebend, ob der Streik als Kollektivakt rechtmäßig ist. Ist der Arbeitskampf kollektivrechtlich rechtmäßig, so ist auch das individualrechtliche Handeln des Arbeitnehmers rechtmäßig. Dies hat der Auffassung die Bezeichnung kollektivrechtliche Einheitstheorie gegeben.[93]

---

[90] RG 30.03.1926 RGZ 113, 197 (201); Richardi in Staudinger Vor. § 611 Rn. 843.
[91] BAG 28.01.1955 AP Nr. 1 zu Art. 9 GG Arbeitskampf = BAGE 1, 291.
[92] Zöllner DB 1985, 2450.
[93] Richardi in Staudinger Vor. § 611 Rn. 843 ff.; Seiter S. 7 ff..

Das Bundesarbeitsgericht stellte in diesem Beschluss weiterhin fest, dass der Streik einen Eingriff in den eingerichteten und ausgeübten Gewerbebetrieb darstelle und nach § 823 Abs. 1 BGB am Maßstab der sozialen Adäquanz zu bewerten sei.[94]
In zwei weiteren Grundsatzentscheidungen aus den Jahren 1971 und 1980 hat das Bundesarbeitsgericht die Arbeitskampfordnung grundlegend verändert. In dem Beschluss des Bundesarbeitsgerichts vom 21.04.1971[95] wurde der Rückgriff auf die Lehre der Sozialadäquanz stillschweigend aufgegeben. Streik und Aussperrung wurden als Teil der freiheitlichen und sozialen Grundordnung anerkannt. Gleichzeitig wurden sie unter den Vorbehalt der Verhältnismäßigkeit gestellt, d.h. der Arbeitskampf muss erforderlich, geeignet und proportional sein. Unzulässig sind danach Maßnahmen, die zur Erreichung des Ziels ungeeignet sind. Der Grundsatz der Erforderlichkeit setzt voraus, dass von mehreren geeigneten Maßnahmen diejenige zu wählen ist, die den wenigsten Schaden anrichtet. Schließlich darf eine geeignete und erforderliche Maßnahme zum angestrebten Ziel nicht außer Verhältnis stehen. Für die Zulässigkeit der Aussperrung ergebe sich hieraus, dass sie grundsätzlich nur suspendierende Wirkung entfalte. Nach der Entscheidung aus dem Jahre 1955 war noch die lösende Aussperrung zulässig, was bedeutet, dass die Arbeitsverhältnisse der ausgesperrten Arbeitnehmer aufgelöst wurden, ohne dass es einer ausdrücklichen Kündigung bedurfte. Dies sollte unverständlicherweise auch wegen der Beteiligung an einem rechtmäßigen Streik gelten. „*Wer sich zum Streik entschließt, muss auch das Risiko des Streiks tragen*", lautete die Begründung des Bundesarbeitsgerichts.[96]
Weiterhin hat das Bundesarbeitsgericht das Paritätsprinzip weiterentwickelt. Für beide Seiten des Arbeitskampfes müssten im Interesse der Tarifautonomie möglichst gleiche Verhandlungschancen bestehen, da innerer Grund des Tarifvertragssystems die Regelung der Arbeitsbedingungen durch freie Vereinbarungen der Koalitionen sei. Keine Seite dürfte in der Lage sein, allein das Kampfgeschehen zu bestimmen und den Gegner auf ein Dulden und Durchstehen des Arbeitskampfes zu beschränken. Hierbei rückte die Aussperrung als wichtigstes arbeitgeberseitiges Arbeitskampfmittel in den Vordergrund. Könnte nämlich die Arbeitnehmerschaft allein das Kampfgeschehen bestimmen, so bestünde die Gefahr, dass die Regelungen der Arbeitsbedingungen nicht mehr auf dem System freier Vereinbarungen beruhen, das Voraussetzung für ein Funktionieren und innerer Grund des Tarifvertragssystems sei.

---

94 Das Bundesarbeitsgericht schloss sich mit dieser Rechtsprechung den Ausführungen Nipperdeys in dem Gutachten zum Zeitungsstreik 1952 an; ausführlich Seiter S. 443 ff.. Vgl. zu den Voraussetzungen, unter denen ein Streik für sozialadäquat anzusehen war, Hueck/Nipperdey II 2 S. 1005 ff..
95 BAG 21.04.1971 AP Nr. 43 zu Art. 9 GG Arbeitskampf = BAGE 23, 292.
96 BAG 28.01.1955 AP Nr. 1 zu Art. 9 GG Arbeitskampf = BAGE 1, 291 (311).

In den Aussperrungsentscheidungen vom 10.06.1980[97] hat das Bundesarbeitsgericht die verfassungsrechtliche Gewährleistung des Streikrechts ausdrücklich ausgesprochen. Es *„besteht Einigkeit darüber, dass das Streikrecht einen notwendigen Bestandteil der freiheitlichen Kampf- und Ausgleichsordnung darstellt, die durch Art. 9 Abs. 3 GG im Kern gewährleistet ist*“. Weiterhin wurde das Streikrecht als Institution der Tarifautonomie installiert. *„Der Arbeitskampf wird als Institution der Tarifautonomie vorausgesetzt, weil sonst weder das Zustandekommen noch die inhaltliche Sachgerechtigkeit tariflicher Regelungen gewährleistet wäre. Der Arbeitskampf muss in unserem freiheitlichen Tarifvertragssystem als ultima ratio zum Ausgleich sonst nicht lösbarer Interessenkonflikte möglich sein.*“
Ferner rückte das Bundesarbeitsgericht in dieser Entscheidung von einer formalen Gleichbehandlung von Streik und Aussperrung ab. Insbesondere hat das Gericht es abgelehnt, bei der Beurteilung der Kräfteverhältnisse der Kampfparteien auf eine Gesamtparität abzustellen. Entscheidend sei vielmehr eine typisierende Bewertung der tatsächlichen, sozialen und wirtschaftlichen Gegebenheiten der Sozialpartner (sog. materielle Paritätsbetrachtung). Hierbei seien aber nicht alle Besonderheiten des Arbeitskampfes zu berücksichtigen. Es komme nicht auf eine paritätische Betrachtung im Einzelfall an, und es seien auch nicht alle denkbaren Kriterien in die Betrachtung mit einzubeziehen. Mit der Bestimmung einer Gesamtparität sei das Gericht überfordert und lehnte diese ab. Damit würde von Gesetzgebung und Rechtsprechung schlechthin Unmögliches verlangt. Vielmehr gehe es nur um eine tarifbezogene Parität, d.h. um diejenigen Momente, die sich konkret auf die Tarifverhandlungen auswirken können.
Darüber hinaus hat das Bundesarbeitsgericht die Aussperrungsbefugnis der Arbeitgeber umfassend neu geregelt. Ausgehend von der Überlegung, dass die Gewerkschaften bei Arbeitskämpfen immer noch die Angreiferrolle innehaben, und die Arbeitgeber und ihre Verbände weitaus weniger darauf angewiesen sind, durch Arbeitskämpfe ihren Interessen und Forderungen Nachdruck zu verleihen, wurde die sogenannte Arbeitskampfarithmetik entwickelt. Demnach ist bei einer Streikbeteiligung von 25 % die Aussperrung von weiteren 25 % der Arbeitnehmer zulässig. Geht die Streikbeteiligung über 25 % hinaus, darf der Arbeitgeber bis zur Erreichung der 50 % Grenze aussperren. Ist die Grenze von 50 % erreicht, ist jede weitere Aussperrung unzulässig, weil diese dann paritätsstörend wirkt.
Der Bezug zum Tarifvertrag wurde nach und nach verdeutlicht und verstärkt. Im Warnstreikurteil führte das Bundesarbeitsgericht die verfassungsrechtliche Verankerung des Streiks in Art. 9 Abs. 3 GG durch. Danach gehört zu den geschützten koalitionsspezifischen Betätigungen auch der Abschluss von Tarif-

[97] BAG 10.06.1980 AP Nr. 64 bis 66 zu Art. 9 GG Arbeitskampf.

verträgen und der Streik dafür.[98] Nach den beiden Sympathiestreikentscheidungen aus den Jahren 1985 und 1988 wurde das Streikrecht dergestalt eingeschränkt, dass der Streik nur dann verfassungsrechtlich geschützt sein soll, der selbst und unmittelbar dem Abschluss eines Tarifvertrages dient.[99]

Auch das Bundesverfassungsgericht hat schon früh festgestellt, dass das Grundrecht der Koalitionsfreiheit nicht nur die Koalitionsgründung, sondern mittelbar auch deren spezifische Betätigung im Rahmen des Koalitionszwecks umfassen muss.[100] Mit seiner Entscheidung vom 26.06.1991[101] hat das Bundesverfassungsgericht ausdrücklich den Arbeitskampf als von Art. 9 Abs. 3 GG geschützt angesehen. Darin rechnet das Gericht Arbeitskampfmaßnahmen, die auf den Abschluss von Tarifverträgen gerichtet sind, zu den geschützten Arten der Koalitionsbetätigung. Sie werden insoweit von der Koalitionsfreiheit erfasst, als sie allgemein erforderlich sind, um eine funktionierende Tarifautonomie sicherzustellen. Ob Arbeitskampfmaßnahmen in jedem Fall von Art. 9 Abs. 3 GG geschützt sind oder nur insoweit, als sie *„allgemein erforderlich"* sind, um eine funktionierende Tarifautonomie sicherzustellen, bleibt allerdings unklar.

3. Zusammenfassung

Durch diese rechtliche Entwicklung sollte der Arbeitskampf als Institut der Tarifautonomie installiert werden. Die Tarifautonomie – verankert in Art. 9 Abs. 3 GG – ist darauf angelegt, *„die strukturelle Unterlegenheit der einzelnen Arbeitnehmer beim Abschluss von Arbeitsverträgen durch kollektives Handeln auszugleichen und damit ein annähernd gleichgewichtiges Aushandeln der Löhne und Arbeitsbedingungen zu ermöglichen. Soweit Arbeitskämpfe zu einem Ungleichgewicht führen, wird die Funktionsfähigkeit der Tarifautonomie beeinträchtigt."*[102] Von der Tarifautonomie umfasst ist insbesondere der Abschluss von Tarifverträgen zwischen Gewerkschaften und Arbeitgeber bzw. Arbeitgeberverbänden. Durch Tarifverträge werden die Inhalte von Arbeitsverhältnissen unmittelbar und zwingend gestaltet.
Zur Zeit der Weimarer Republik bestand keine derart enge Verbindung zwischen der Tarifautonomie und dem Arbeitskampf. Dies kam dadurch zum

---

[98] BAG 12.09.1984 AP Nr. 81 zu Art. 9 GG Arbeitskampf.
[99] BAG 05.03.1985 AP Nr. 85 zu Art. 9 GG Arbeitskampf; BAG 12.01.1988 AP Nr. 90 zu Art. 9 GG Arbeitskampf.
[100] BVerfG 18.11.1954 E 4, 96 (106 ff.); BVerfG 14.04.1964 E 17, 319 (333); BVerfG 06.05.1964 E 18, 18 (26); BVerfG 26.05.1970 E 28, 295 (304); BVerfG 01.03.1979 E 50, 290 (367).
[101] BVerfG 26.06.1991 E 84, 212 = AP Nr. 117 zu Art. 9 GG Arbeitskampf.
[102] BVerfG 26.06.1991 E 84, 212 (229) = AP Nr. 117 zu Art. 9 GG Arbeitskampf.

Ausdruck, dass lediglich die Tarifautonomie von der Verfassung geschützt sein sollte, nicht aber der Arbeitskampf. Arbeitskämpfe waren nur innerhalb der allgemeinen Handlungsfreiheit zulässig.[103] Erst im Laufe der Zeit wurde das Arbeitskampfrecht der Vorschrift des Art. 9 Abs. 3 GG zugeordnet. Art. 9 Abs. 3 GG bezweckt die wirksame Koalitionszweckverfolgung. Die Streikgarantie wurde aus dem Grundrecht der Koalitionsfreiheit hergeleitet. Das Bundesarbeitsgericht führt aus, dass die Tarifautonomie den Arbeitskampf voraussetzt, weil sonst weder das Zustandekommen noch die inhaltliche Sachgerechtigkeit tariflicher Regelungen gewährleistet wären.[104] Ohne das Druckmittel des Streiks könnte die Tarifautonomie nicht wirksam werden. Tarifverhandlungen wären ohne das Recht zum Streik nicht mehr als *„kollektives Betteln"*.[105] Tarifvertrag und Streik wurden immer weiter einander zugeordnet. Der Arbeitskampf ist als Hilfsfunktion für die Tarifautonomie nach Ansicht des Bundesarbeitsgerichts dementsprechend nur zum Abschluss eines Tarifvertrages zulässig.

III. Konsequenzen dieser Entwicklung für den politischen Streik und den Demonstrationsstreik

Die enge Verknüpfung zwischen Arbeitskampf und Tarifvertrag veranlasst die Rechtsprechung und herrschende Lehre den politischen Streik und den Demonstrationsstreik für rechtswidrig anzusehen. Beide Streikarten würden nicht zur Durchsetzung eines tariflich regelbaren Ziels geführt und seien daher nicht mit Art. 9 Abs. 3 GG vereinbar. Bei der Frage der Rechtmäßigkeit des Sympathiestreiks wird in der Literatur teilweise auf Gemeinsamkeiten mit diesen beiden Streikformen eingegangen. Auch der Sympathiestreik als unterstützender Streik erstrebt – zumindest nicht unmittelbar – den Abschluss eines Tarifvertrages für die sich am Sympathiestreik beteiligenden Arbeitnehmer. Es ist fraglich, ob die Argumente, die gegen die Zulässigkeit dieser beiden Streikformen sprechen, auch auf den Sympathiearbeitskampf Anwendung finden. Bevor weiter unten auf dieses Problem eingegangen wird, soll an dieser Stelle kurz auf den politischen Streik und den Demonstrationsstreik eingegangen werden. Die Problematik des Sympathiestreiks wird dabei außen vor gelassen.

---

[103] Bunge S. 173 ff..
[104] BAG 10.06.1980 AP Nr. 64 zu Art. 9 GG Arbeitskampf; BAG 12.09.1984 AP Nr. 81 zu Art. 9 GG Arbeitskampf; so auch BVerfG 06.05.1964 E 18, 18 (30); BVerfG 26.06.1991 E 84, 212 (225); BVerfG 02.03.1994 E 88, 103 (114).
[105] BAG 10.06.1980 AP Nr. 64, 65 zu Art. 9 GG Arbeitskampf.

1. Der politische Streik

Kampfmaßnahmen von Arbeitnehmern oder Gewerkschaften, die gegen den Staat, die Staatsgewalt oder deren Organe gerichtet sind, gelten als politischer Streik. Der politische Streik wird geführt, um einen Hoheitsträger (Staat, Gemeinde oder öffentlich-rechtliche Körperschaft) zu einem hoheitlichen Handeln zu veranlassen. Die Besonderheit besteht darin, dass er nicht auf den Abschluss eines Tarifvertrages gerichtet ist, sondern auf eine allgemeinpolitische Bildung. Nach herrschender Meinung ist der politische Streik im Wesentlichen aus zwei Gründen rechtswidrig.

Erstens wird angeführt, dass mit dem politischen Streik ein bestimmtes Verhalten staatlicher Organe erreicht werden soll, auf das kein Rechtsanspruch besteht. Diese Institutionen dürfen nicht unter Druck gesetzt werden. Die Einwirkung von Kampfdruck auf Gesetzgebung, Rechtsprechung, Regierung oder Verwaltung ist mit den Grundsätzen der Volkssouveränität, dem Demokratieprinzip, der Bindung staatlichen Handelns an Recht und Gesetz und der richterlichen Unabhängigkeit nicht vereinbar.[106] Bei der Darstellung des politischen Streiks wird teilweise differenziert nach einem politischen Erzwingungsstreik, der den Willen eines staatlichen Organs beugen soll, und einem bloßen politischen Demonstrationsstreik, mit dem lediglich ein politischer Wille zum Ausdruck gebracht werden soll. Für die rechtliche Bewertung wird aber kein Unterschied gemacht.[107] Entscheidend ist weiterhin, dass der politische Streik nicht geführt wird, um die Gegenseite zum Abschluss eines Tarifvertrages zu bewegen, sondern er ist auf eine allgemeinpolitische Gestaltung im weitesten Sinne gerichtet, z.B. gesetzliche Regelung, gerichtliche Entscheidung usw., und der vom Streik unmittelbar betroffene Arbeitgeber kann die politische Streikforderung nicht erfüllen. Kampfgegner ist keine Partei aus dem Arbeitsleben, sondern der Staat. Der Arbeitskampf richtet sich gegen den Staat und seine Organe und findet außerhalb des Rahmens des Art. 9 Abs. 3 GG statt. Der politische Streik verstößt somit gegen die verfassungsmäßige Ordnung.[108]

---

106 Brox/Rüthers Rn. 104 ff..

107 So z.B. Hoyningen-Huene JuS 1987, 511; Krichel NZA 1987, 298.

108 Die Rechtswidrigkeit des politischen Streiks ist in Rechtsprechung und Literatur herrschende Meinung. Vgl. BAG 23.10.1985 AP Nr. 82 zu Art. 9 GG Arbeitskampf; BAG 27.06.1989 AP Nr. 113 zu Art. 9 GG Arbeitskampf; ArbG Lörrach 02.12.1996 NZA-RR 1997, 262; ArbG Osnabrück 04.06.1996 NZA-RR 1996, 341; Zöllner/Loritz S. 473; Brox/Rüthers Rn. 104 ff.; Lieb „Arbeitsrecht" Rn. 584; v. Hoyningen-Huene JuS 1987, 512; Nikisch II S. 137: Kissel § 24 Rn. 51 ff.; Otto in Mü-Hb 285 Rn. 37 ff.; Gamillscheg S. 1097; Krichel NZA 1987, 297 ff.; Franke/Geraats NZA 1986, 966; Schaub S. 2001; Hanau/Adomeit Rn. 289; Söllner/Waltermann Rn. 248; Hromadka/Maschmann § 14 Rn. 42; a.A. Schumann in Däubler Rn. 190 ff., Mückenberger KJ 1980, 264 ff..

Bei einer derartigen undifferenzierten Bewertung des politischen Streiks wird nicht berücksichtigt, dass das erstrebte Ziel meistens im Bereich der Arbeits- und Wirtschaftsbedingungen liegen wird.
In der Geschichte des Arbeitskampfes finden sich zahlreiche Fälle, in denen Arbeitnehmer die Arbeit niederlegten, um Forderungen und Wünsche zu erkämpfen, die nicht von dem eigenen Arbeitgeber, sondern nur von staatlichen Institutionen erfüllt werden konnten. 1948 legten 9 Millionen Arbeitnehmer die Arbeit nieder, um gegen die wirtschaftliche Not in den Westzonen zu protestieren, 1951 erfolgte ein Streikaufruf der Beschäftigten der Eisen- und Stahlindustrie sowie des Bergbaus für eine paritätische Mitbestimmung, 1952 wurde gegen das geplante Betriebsverfassungsgesetz gestreikt, 1983 gegen die Stationierung neuer Atomwaffen in der Bundesrepublik. Im Frühjahr 1986 forderte der DGB seine Mitgliedergewerkschaften zu Protestaktionen gegen eine geplante Änderung des § 116 AFG auf. Mit Schreiben vom 22.05.1996 wurde in einem Unternehmen der Metallindustrie zu einer Demonstration während der Arbeitszeit gegen das Bonner „Sparpaket" aufgerufen. Am 11.06.1996 legten Arbeitnehmer auf Grund eines Flugblattes der IG Metall die Arbeit zeitweise nieder, um gegen realisierte Gesetzesvorhaben zu demonstrieren.[109] Diese Beispiele zeigen, dass die Forderungen der Arbeitnehmer auch zum Bereich der Arbeits- und Wirtschaftsbedingungen gehören. Letztlich werden Arbeits- und Wirtschaftsbedingungen nicht nur durch den Arbeitgeber, sondern auch durch den Staat festgelegt.[110] Erwähnt sei hier lediglich die Kürzung der Lohnfortzahlung im Krankheitsfall oder die Änderung des Kündigungsschutzgesetz.
Nach herrschender Auffassung macht es aber keinen Unterschied, ob das mit dem politischen Streik erstrebte Ziel im Bereich der Arbeits- und Wirtschaftbedingungen liegt. Das Bundesarbeitsgericht hat ausgeführt, dass neben dem Recht, zur Durchsetzung von Tarifforderungen streiken zu können, ein weiteres Recht, der Arbeit schon dann fernbleiben zu dürfen, wenn dies allgemein der Durchsetzung von Arbeitnehmerinteressen dient, nicht anerkannt werden könne.[111] Entscheidend sei die Tatsache, dass das Ziel des Streiks nicht der Abschluss eines Tarifvertrages sei, und der Arbeitgeber die gestellten Forderungen nicht erfüllen könne.[112] Nur in derartigen Fällen bestehe ein unmittelbarer Zusammenhang zwischen Tarifautonomie, Tarifvertrag und Arbeitskampf. Gerechtfertigt sei ein politischer Streik nur im Rahmen des Widerstandsrechts

[109] Vgl. zu den hier genannten politischen Streiks und den weiteren in der Geschichte stattgefundenen Schumann in Däubler Rn. 188; Kissel § 24 Rn. 52; Gamillscheg S. 922.
[110] So insbesondere Schumann in Däubler Rn. 190.
[111] BAG 23.10.1984 AP Nr. 82 zu Art. 9 GG Arbeitskampf.
[112] Etwas anderes gilt aber dann, wenn mit der Kampfmaßnahme der Abschluss eines Tarifvertrages begehrt wird, wie es beispielsweise im Bereich des öffentlichen Diensts vorkommen kann. In diesen Fällen liegt kein unzulässiger politischer Streik vor, sondern ein Arbeitskampf, der den allgemeinen Zulässigkeitsvoraussetzungen unterliegt.

nach Art. 20 Abs. 4 GG gegen den Versuch, die verfassungsmäßige Ordnung zu beseitigen.[113]

Im Rahmen dieser Arbeit kann der politische Streik nicht in aller Ausführlichkeit behandelt werden. Dennoch sei angemerkt, dass die herrschende Meinung übersieht, dass der Wortlaut des Art. 9 Abs. 3 GG eine umfassende Garantie für die Betätigung der Koalitionen zur „Wahrung und Förderung der Arbeits- und Wirtschaftsbedingungen" enthält. Bei dieser Betätigungsfreiheit kommt es nicht auf den Adressaten an, solange es sich bei den Forderungen um Arbeits- und Wirtschaftsbedingungen handelt. Dies gilt vor allem in den Bereichen, in denen der Staat interveniert und Arbeits- und Wirtschaftsbedingungen gestaltet. Außerdem trifft Art. 9 Abs. 3 GG keine Aussage über den „richtigen" Adressaten.[114] Der Frage der Tarifbezogenheit des Arbeitskampfes soll an dieser Stelle nicht weiter nachgegangen werden. Eine ausführliche Darstellung erfolgt im Zusammenhang mit der Prüfung des Sympathiestreiks, für den dieses Problem in gleichem Maße gilt.[115]

Hervorzuheben ist in diesem Zusammenhang, dass nicht von einem politischen Streik die Rede sein kann, wenn der Staat in seiner Rolle als Arbeitgeber betroffen ist oder sich ein Streik gegen ein Unternehmen wenden, dass staatliche Hilfe aus dem Steuervorkommen beansprucht.[116]

2. Der Demonstrationsstreik

Während der politische Streik zur Erreichung eines bestimmten Ziels geführt wird, soll beim Demonstrationsstreik lediglich die Ansicht zu einem bestimmten Problem dargestellt werden. Die streikenden Arbeitnehmer wollen ihre Meinung zu bestimmten wirtschaftlichen, politischen oder sozialen Fragen nachhaltig und kollektiv zum Ausdruck bringen, ohne unmittelbar eine Maßnahme zu erzwingen.[117] Genannt seien hier beispielhaft der 5-minütige Gedenkstreik anlässlich des Todes von Hans Böckler im Jahre 1951 und der Aufruf des DGB am 05.10.1983 „5 Mahnminuten für den Frieden" wegen der geplanten Raketenstationierung in der Bundesrepublik.[118]

---

[113] Kissel § 24 Rn. 59; Krichel NZA 1987, 299.
[114] So Schumann in Däubler Rn. 190 ff.; Mückenberger KJ 1980, 258 ff..
[115] Dazu unten Zweiter Teil II.
[116] Gamillscheg S. 1098.
[117] Brox/Rüthers Rn. 141; Kissel § 24 Rn. 68; Hueck in FS Herschel 1955, 43.
[118] Vgl. Kissel § 24 Rn. 66; teilweise werden diese Arbeitsniederlegungen auch als politische Streiks gewertet. Vgl. Schumann in Däubler Rn. 188; Krichel NZA 1987, 297; Franke/Geraats NZA 1986, 965. Die Grenze zum politischen Streik ist oft fließend, weil auch eine Demonstration eine politische Zielrichtung haben kann. Genauer erscheint hier jedoch die

Genau wie der politische Streik ist auch der Demonstrationsstreik nicht auf den Abschluss eines Tarifvertrages gerichtet und daher nach überwiegender Auffassung rechtswidrig. Proteste und Demonstrationen allein können es nach herrschender Meinung jedoch nicht rechtfertigen, der Arbeit fernzubleiben oder die Arbeit niederzulegen, um damit auf allgemeine Missstände oder soziale Unzuträglichkeiten hinzuweisen. Auch die Berufung auf die Grundrechte der Meinungs- und Versammlungsfreiheit führen nicht zur Zulässigkeit des Demonstrationsstreiks. Art. 5 Abs. 1 GG und Art. 8 GG geben kein Recht zur Demonstration auf Kosten Anderer. Außerdem ist die vertragliche Leistungspflicht des Arbeitnehmers nach § 611 BGB zu beachten, dessen Nichterfüllung nur dann rechtmäßig sein kann, wenn sie im Zusammenhang mit Tarifauseinandersetzungen erfolgt. Der Demonstrationsstreik hat aber nicht das Ziel einen Tarifvertrag zu erlangen. Er ist somit durch das Streikrecht nicht gedeckt und unzulässig.[119]

3. Zusammenfassung

Die ganz herrschende Meinung erachtet Streiks, die darauf gerichtet sind, den Staat zu einem Tun oder Unterlassen zu drängen als verfassungswidrig. Dies sei weder mit den Grundsätzen der Verfassung vereinbar, noch dienen derartige Arbeitskämpfe dem Abschluss eines Tarifvertrages. Die enge Verzahnung zwischen Tarifautonomie und Arbeitskampf steht einem Streik ohne Abschluss eines Tarifvertrages entgegen. Dieselbe Argumentation wird beim Demonstrationsstreik angeführt. Sowohl beim politischen Streik als auch beim Demonstrationsstreik ist gerade unter dem Blickwinkel des Grundrechts der Koalitionsfreiheit in Art. 9 Abs. 3 GG der Tarifbezug des Streiks immer wieder in Frage gestellt worden. Die Kritik sieht in Art. 9 Abs. 3 GG eine umfassende Garantie für die gewerkschaftliche Betätigung. Sie will den Begriff der Arbeits- und Wirtschaftsbedingungen weit verstehen. Soweit gerade die Arbeit niedergelegt wird, um eine Gestaltung der Arbeits- und Wirtschaftsbedingungen zu erreichen, kann nicht bestritten werden, dass die Arbeitnehmer damit von ihrem aus Art. 9 Abs. 3 GG fließenden Grundrecht Gebrauch machen.

Einordnung als Demonstrationsstreiks, da es sich im Ergebnis um reine appellative, demonstrative Arbeitsniederlegungen handelt.

[119] BAG 23.10.1984 AP Nr. 82 zu Art. 9 GG Arbeitskampf; Zöllner/Loritz S. 473; Hanau/Adomeit Rn. 288; Lieb „Arbeitsrecht" Rn. 584; Brox/Rüthers Rn. 112 und Rn. 141; Schaub S. 2005; Hromadka/Maschmann § 14 Rn. 42; Kissel § 24 Rn. 70; Krichel NZA 1987, 299.

IV. Bewertung und Notwendigkeit des Sympathiestreiks nach älterer Rechtsprechung und Literatur

Bevor auf die Frage eingegangen wird, welchen Stellenwert der Sympathiestreik im Rahmen der von der Rechtsprechung aufgestellten engen Verknüpfung zwischen Tarifvertrag und Arbeitskampf hat, sollen zunächst die Begründungsansätze der älteren Rechtsprechung und Literatur zur Zulässigkeit des Sympathiestreiks dargestellt werden.
Bis zu der Entscheidung des Bundesarbeitsgerichts im Jahre 1985 zum Sympathiestreik bestand in Literatur und Rechtsprechung überwiegend die Auffassung, der Sympathiestreik sei zulässig. Zwar mehrten sich nach dem Aufsatz von *Rüthers* im Jahre 1964[120] die ablehnenden Stimmen, dennoch ging die überwiegende Meinung von einer Rechtmäßigkeit des Sympathiestreiks aus. Die Begründungsansätze, die hierzu in Rechtsprechung und Literatur verwendet wurden, waren unterschiedlichster Art. Überwiegend wurde auf die Solidarität der Arbeitnehmer einerseits und der Arbeitgeber andererseits untereinander abgestellt und auf die Möglichkeit der Einwirkung auf den Hauptarbeitskampf.

1. Begründungsansätze

Die ältere Rechtsprechung des Reichsgerichts hielt Sympathiestreiks für zulässig. In einem Urteil des Reichsgerichts vom 26.03.1903[121] heißt es: *„[...] ein Ausfluss des anerkannten Rechts der Koalitionen ist es vielmehr auch, wenn Arbeitgeber oder Arbeitnehmer ohne unmittelbares eigenes Interesse in einem Kampf, der zwischen anderen Arbeitgebern und Arbeitnehmern entstanden ist, zur Unterstützung der einen oder anderen Partei eingreifen."* Auch andere Urteile gingen von der Zulässigkeit des Sympathiestreiks aus.[122] In seinem Urteil vom 31.03.1931 stellte das Reichsgericht auf die Unterstützungsfunktion ab.[123] Der Sympathiestreik sei nur dann rechtmäßig, wenn die Sympathisierenden den Willen und die Absicht haben, durch ihren Streik Arbeitnehmer in der Erreichung ihrer berechtigten wirtschaftlichen Ziele zu unterstützen. Daraus folgt zugleich, dass die Berechtigung des Sympathiestreiks zugleich mit dem Unterstützungszweck und der Unterstützungsmöglichkeit entfällt. Auf Grund der Akzessorietät des Sympathiestreiks zum Hauptstreik wurde die Ansicht vertreten, dass für die Rechtmäßigkeit des Sympathiestreiks die Rechtmäßigkeit des Hauptstreiks entscheidend sei. Wenn der Hauptstreik rechtmäßig sei, dann gelte dies auch für den Sympathiestreik.[124] Nach dem Zweiten Weltkrieg wurde

---

[120] Rüthers „Zur Rechtmäßigkeit von Sympathie-Arbeitskämpfen" BB 1964, 312.
[121] RG 26.03.1903 RGZ 54, 225 (259).
[122] RG 29.01.1915 RGZ 86, 152 (154); RG 31.03.1931 RGZ 132, 249 (251).
[123] RG 31.03.1931 RGZ 132, 249 (254).
[124] Bora S. 71.

die Zulässigkeit des Sympathiestreiks in den Instanzgerichten beibehalten.[125] Vielfach wurde der Sympathiestreik unter dem Gesichtspunkt der Arbeitnehmersolidarität gerechtfertigt. Alle Arbeitnehmer einerseits und alle Arbeitgeber andererseits seien solidarisch untereinander. Wegen der zwischen ihnen bestehenden Solidarität bildeten sie eine einheitliche Front. Der Sympathiestreik sei Ausdruck der Berufssolidarität der Arbeitnehmer, Sympathieaussperrungen der der Arbeitgeber.[126] Mit einer derartigen Begründung hat auch das LAG Frankfurt in einer Entscheidung vom 20.02.1953[127] die grundsätzliche Zulässigkeit des Sympathiearbeitskampfes anerkannt und diesen für sozialadäquat erklärt. Es führt dazu aus: *„Seine Sozialadäquanz entspringt der Solidarität der Sozialpartner auf beiden Seiten unter sich sowie daraus, dass es auch beim Sympathiestreik dem bestreikten Arbeitgeber möglich ist, den Streik von sich aus abzuwenden, nämlich durch Einwirkung auf den vom Hauptstreik bestreikten Arbeitgeber innerhalb ihrer Solidarität.“*
Hueck und *Nipperdey* begründen die Rechtmäßigkeit des Sympathiestreiks damit, dass sowohl Kampfgegner als auch unmittelbar Betroffener jeweils Sozialpartner im Arbeitsleben seien, und der Arbeitskampf sich deshalb im Rahmen dessen halte, was sozialethisch vertretbar sei. Weiterhin weisen sie darauf hin, dass die unmittelbar Betroffenen vielfach die Möglichkeit hätten, auf ihre Gesinnungsgenossen im Sinne der Bewilligung der gestellten Forderungen einzuwirken.[128] Von einem Teil der Literatur wurde gefordert, dass die Rechtmäßigkeit des Sympathiestreiks davon abhängt, dass der bestreikte Arbeitgeber im Stande ist, auf den im Hauptarbeitskampf stehenden Arbeitgeber einzuwirken. Der Sympathiestreik müsse folglich bestimmt und geeignet sein, den fremden Streik objektiv zu unterstützen.[129] Dies sei z.B. der Fall, wenn es sich um zwei betroffene Unternehmen handele, die in produktionstechnischer oder geschäftlicher Verbindung stünden.

Das Bundesarbeitsgericht hat sich in der Vergangenheit selten mit der Frage der Zulässigkeit von Sympathiestreiks befasst. Bereits in seiner ersten Entscheidung zum Arbeitskampf vom 28.01.1955 erwähnte das Bundesarbeitsgericht zwar die Sympathieaussperrung, ohne dass diese aber dem damals zu entscheidenden

---

[125] LAG Frankfurt a.M. 20.02.1953 RdA 1953, 195; LAG Freiburg 13.04.1953 NJW 1953, 1278; ArbG Wuppertal 24.11.1959 AP Nr. 20 zu Art. 9 GG Arbeitskampf = BB 1960, 443, dass den Sympathiestreik allerdings für unzulässig hielt, da er zur Unterstützung eines ausländischen Arbeitskampfes geführt wurde.
[126] RG 26.03.1903 RGZ 54, 255 (259); RG 06.12.1923 RGZ 106, 272; LAG Frankfurt a.M. 20.02.1953 RdA 1953, 197; BAG 19.01.1978 AP Nr. 56 zu Art. 9 GG Arbeitskampf; Freund S. 65; Oertmann ZHR 1928, 51; Stadler BB 1967, 720.
[127] LAG Frankfurt a.M. 20.02.1953 RdA 1953, 195.
[128] Hueck/Nipperdey II 2 S. 1009 Fn. 35; so auch Nikisch II S. 88.
[129] Löwisch RdA 1962, 315; Bulla in FS Molitor 1962, 300; Hohenester S. 106; Siebrecht S. 62; Stadler BB 1967, 732; vgl. auch die weiteren Nachweise bei Birk S. 80 Fn. 320.

Sachverhalt zu Grunde lag. Teilweise wird aus diesem Beschluss des Bundesarbeitsgerichts vom 28.01.1955[130] gefolgert, dass das Bundesarbeitsgericht Sympathiestreiks als zulässig erachte.[131] In dem Beschluss heißt es, dass es auch bei der Sympathieaussperrung der Arbeitswilligen einen erheblichen Unterschied mache, ob die Aussperrung als Suspendierung oder als Lösung erfolge. Das Bundesarbeitsgericht erwähnt hierin lediglich die Sympathieaussperrung, ohne jedoch etwas über ihre Zulässigkeit bzw. Rechtmäßigkeit zu sagen. Allein aus dieser Randbemerkung den Schluss zu ziehen, dass Bundesarbeitsgericht sehe Sympathiestreiks als rechtmäßig an führt zu einer Überinterpretation der Textstelle und geht zu weit.[132] In einer Entscheidung vom 25.07.1957 sprach sich das Bundesarbeitsgericht für die Rechtmäßigkeit der Verweigerung von direkter Streikarbeit durch einen einzelnen Arbeitnehmer aus.[133] Im Jahre 1963 beschäftigte sich das Bundesarbeitsgericht zum ersten mal mit einer Fallkonstellation, die zumindest Berührungspunkte zum Sympathiestreik aufweist.[134] Gleichwohl ließ das Bundesarbeitsgericht die Frage der Rechtmäßigkeit von Sympathiestreiks ausdrücklich offen. In dieser Entscheidung erkannte das Bundesarbeitsgericht die Ausdehnung eines rechtmäßigen Streiks um einen Firmentarifvertrag auf ein drittes Unternehmen als rechtmäßig an, wenn dieses Drittunternehmen trotz seiner rechtlichen Selbständigkeit bei wirtschaftlicher Betrachtung einen Teil des bestreikten Unternehmens darstellt. Der Entscheidung lag folgender Sachverhalt zu Grunde: Die Firma G.KG, eine Porzellanfabrik, wurde von der Beklagten, einer Gewerkschaft des DGB, bestreikt. Einzig persönlich haftende Gesellschafterin der G.KG ist Frau G.. Deren Tochter, die Klägerin, betreibt einen Großhandel, in dem sie ausschließlich die Erzeugnisse der Firma ihrer Mutter vertreibt. Nachdem die Firma G.KG auf Grund des Streiks nicht mehr produzieren konnte, übernahm die Klägerin die Produktion von Porzellanwaren. Die Beklagte dehnte deshalb den Arbeitskampf gegen die G.KG auf die Produktion der Klägerin aus. Das Bundesarbeitsgericht zählte in dieser Entscheidung eine Zuzugssperre zum Streik (nicht jedoch als Sympathiestreik) und sah die Ausweitung des Streiks als rechtmäßig an, weil die Klägerin praktisch als Teil des ursprünglich allein bestreikten Unternehmens gelten müsse.

---

[130] BAG 28.01.1955 AP Nr. 1 zu Art. 9 GG Arbeitskampf = BAGE 1, 291 (310).

[131] Wohlgemuth AuR 1980, 34; Plander AuR 1986, 194; Raiser S. 93; LAG Düsseldorf 11.12.1978 DB 1979, 167; wohl auch LAG Hamm 24.04.1980 EzA Nr. 39 zu Art. 9 GG Arbeitskampf.

[132] So auch Haupt S. 105; leicht einschränkend Birk S. 14; ArbG Hagen 03.09.1979 DB 1979, 2089.

[133] BAG 25.07.1957 AP Nr. 3 zu § 615 BGB Betriebsrisiko = DB 1957, 922.

[134] BAG 20.12.1963 AP Nr. 34 zu Art. 9 GG Arbeitskampf = BAGE 15, 211.

Das Bundessozialgericht hat den Sympathiestreik in einer Entscheidung zum Ruhen von Leistungen nach § 116 AFG erwähnt.[135] Teilweise wird auch aus dieser Erwähnung darauf geschlossen, dass das Bundessozialgericht Sympathiestreiks als rechtmäßig ansieht.[136] Diese Sichtweise erscheint jedoch nicht zwingend. Das Bundessozialgericht hat den Sympathiestreik lediglich als Beispielsfall für eine bestimmte Konstellation angeführt. Es ist in keinerlei Weise auf die Rechtmäßigkeitsvoraussetzungen eingegangen, sondern geht nur davon aus, dass der Sympathiestreik existent ist. Über seine rechtliche Zulässigkeit sagt das aber noch nichts aus.[137] Daraus die rechtliche Anerkennung von Sympathiestreiks herzuleiten, geht zu weit. Eine weitaus wichtigere Bedeutung kommt dem Urteil des Bundesgerichtshofs vom 19.01.1978[138] zu. Der Bundesgerichtshof hatte in diesem Urteil festgestellt, dass es unerheblich sei, ob der direkte soziale Gegenspieler tatsächlich zum Abschluss eines Tarifvertrages gezwungen werden solle oder ob ein nicht verbandszugehöriger Arbeitgeber nur bestreikt werde, um auch hierdurch wirtschaftlichen Druck auf die Branche und ihren Arbeitgeberverband auszuüben. Ob derartige Fälle allerdings als Sympathiestreik anzusehen sind, ist fraglich. Vielfach wird die Entscheidung des Bundesgerichtshofs im Zusammenhang mit der Frage diskutiert, ob ein Streik um einen Verbandstarifvertrag gegen einen Außenseiter-Arbeitgeber zulässig ist. Dennoch kommt dieser Entscheidung auch für die Frage der Rechtmäßigkeit von Sympathiestreiks eine gewisse Bedeutung zu. In seiner Aussperrungsentscheidung aus dem Jahre 1980 hat das Bundesarbeitsgericht die Sympathieaussperrung kurz erwähnt, ohne jedoch was zu ihrer Rechtmäßigkeit zu sagen.[139] Auch in seiner Entscheidung vom 21.12.1982[140] hat das Bundesarbeitsgericht die Rechtmäßigkeit von Sympathiestreiks noch offen gelassen. Es hat sich hier darauf beschränkt festzustellen, dass ein Sympathiestreik nicht gegen die relative Friedenspflicht verstößt.

Das LAG Düsseldorf hat mit Beschluss vom 11.12.1978[141] festgestellt, dass Sympathiearbeitskampfmaßnahmen grundsätzlich zulässig sind. Das Arbeitsgericht Hagen[142] dagegen hat Sympathiestreiks für in der Regel rechtswidrig erklärt. Diese Entscheidung wurde aber in der nächsten Instanz aufgehoben. Das LAG Hamm hat in seiner Entscheidung vom 24.04.1980 den Sympathiestreik

---

[135] BSG 09.09.1975 AuR 1976, 315.

[136] So zumindest Wohlgemuth AuR 1980, 34, Plander AuR 1986, 194; Birk S. 14; Bieback in Däubler Rn. 374 b; LAG Hamm 24.04.1980 EzA Nr. 39 zu Art. 9 GG Arbeitskampf.

[137] Kissel § 24 Rn. 30; BAG 05.03.1985 AP Nr. 85 zu Art. 9 GG Arbeitskampf.

[138] BGH 19.01.1987 AP Nr. 56 zu Art. 9 GG Arbeitskampf = EzA Nr. 21 zu Art. 9 GG Arbeitskampf mit Anm. Seiter.

[139] BAG 10.06.1980 AP Nr. 64 zu Art. 9 GG Arbeitskampf.

[140] BAG 21.12.1982 AP Nr. 76 zu Art. 9 GG Arbeitskampf.

[141] LAG Düsseldorf 11.12.1978 DB 1979, 167.

[142] ArbG Hagen 03.09.1979 DB 1979, 2088.

als rechtmäßig anerkannt und dies damit begründet, dass es sich um ein historisch überkommenes Arbeitskampfmittel handele.[143] Dazu führt es aus: *„Der Sympathiestreik gehöre zu den historisch gewachsenen Arbeitskampfmitteln. Seine Zulässigkeit hängt im einzelnen davon ab, dass er der Unterstützung eines rechtmäßigen Hauptarbeitskampfes dient, dass er potentielle Einwirkungsmöglichkeiten – auch ideeller Art – auf den sozialen Gegenspieler wahrnimmt und dass er den Grundsatz der Verhältnismäßigkeit wahrt*".

Mit derselben Begründung hat das Bundesarbeitsgericht den Boykott als grundsätzlich zulässig anerkannt. In dem Urteil vom 19.10.1976 heißt es:[144] *„Der vom Amtsgericht vertretenen Ansicht, ein Boykottaufruf sei von vornherein und in jedem Fall eine rechtswidrige Kampfmaßnahme, weil der Boykottierte keine Möglichkeit der Gegenwehr und damit des Verhandelns habe, folgt der Senat nicht. [...] Der Boykott und damit auch der Boykottaufruf gehören neben Streik und Aussperrung zu den geschichtlich überkommenen Arbeitskampfmaßnahmen der Arbeitgeberseite und der Arbeitnehmerseite"*.

Der Boykott weist Ähnlichkeiten mit dem Sympathiestreik auf, so dass er hier erwähnt wird. Aus der Boykott-Entscheidung des Bundesarbeitsgerichts wurde im Schrifttum teilweise auf die generelle Zulässigkeit von Sympathiekampfmaßnahmen geschlossen; denn wer den Boykott als Kampfmaßnahme zulässt, der erkennt damit auch gleichzeitig die Möglichkeit solidarischer Kampfmaßnahmen an.[145] Vorweggenommen wird, dass es überrascht, dass das Bundesarbeitsgericht in seinen beiden Entscheidungen zum Sympathiestreik aus den Jahren 1985 und 1988, in denen es Sympathiestreiks für grundsätzlich unzulässig erklärt, nicht auch eine historische Betrachtungsweise herangezogen hat. Dies erstaunt umso mehr, als es die Entscheidung des LAG Hamm aus dem Jahre 1980 in den Entscheidungsgründen erwähnt.

Mit Urteil vom 06.11.1984 stellte das Arbeitsgericht München[146] fest, dass die Teilnahme an einem von der Gewerkschaft getragenen Sympathiestreik keine Pflichtverletzung darstelle, welche eine Abmahnung rechtfertige. Dem Urteil lag der Sachverhalt zu Grunde, dass sich ein Arbeitnehmer an einem Sympathiewarnstreik beteiligt hatte und dafür von seinem Arbeitgeber abgemahnt wurde. Die Klage des Arbeitnehmers auf Entfernung der Abmahnung aus der Personalakte hatte vor dem Arbeitsgericht München Erfolg. Das Gericht ließ im konkreten Fall die Frage nach der rechtlichen Zulässigkeit von Sympathiearbeitskämp-

---

[143] LAG Hamm 24.04.1980 EzA Nr. 39 zu Art. 9 GG Arbeitskampf.

[144] BAG 19.10.1976 AP Nr. 6 zu § 1 TVG Form = AuR 1977, 254.

[145] Wohlgemuth AuR 1980, 34 Fn. 21 und Fn. 22 m.w.N.; auch das LAG Hamm EzA Nr. 39 zu Art. 9 GG Arbeitskampf misst der Boykott Entscheidung des Bundesarbeitsgerichts weitergehende Bedeutung in Bezug auf Sympathiestreiks zu.

[146] ArbG München 06.11.1984 DB 1985, 818.

fen offen,[147] stellte aber fest, dass ein pflichtwidriges Verhalten nur dann vorliege, wenn für den Arbeitnehmer klar erkennbar sei, dass die Teilnahme an einer Arbeitskampfmaßnahme rechtswidrig sei. Davon könne bei einem Sympathiestreik nicht ausgegangen werden, zumal Rechtsprechung und herrschende Lehre von der Zulässigkeit derartiger Kampfmaßnahmen ausgehen. Im Zusammenhang mit den Streiks bei der Herweg Busbetriebs GmbH (HBB) erklärte das Arbeitsgericht Opladen[148] einen Sympathiestreik bei der Muttergesellschaft Kraftverkehr-Wupper-Sieg GmbH für zulässig. Das Gericht hält einen Sympathiestreik dann für zulässig, wenn die Muttergesellschaft auf die Tochtergesellschaft einwirken kann.

2. Die Notwendigkeit des Sympathiestreiks auf Grund der Organisation der Gewerkschaften

Auch die Notwendigkeit von Sympathiestreiks für erfolgreiche Tarifverhandlungen hat in der Vergangenheit eine große Rolle gespielt. Die Gewerkschaften haben sich bereits Mitte des 19. Jahrhunderts als Reaktion auf offensichtliche Missstände im Arbeits- und Wirtschaftsleben als Interessenvertretung der Arbeiterschaft gebildet.[149] In der Weimarer Zeit waren die Gewerkschaften im Wesentlichen in Berufsverbänden organisiert, so dass in den einzelnen Betrieben entsprechend den verschiedenen Berufen auch verschiedene Berufsgewerkschaften vertreten waren.[150] Arbeiter, Angestellte und Beamte gehörten verschiedenen Gewerkschaften an.[151] Wenn eine Gewerkschaft in einem Betrieb zum Streik aufrief, reichte die Arbeitsniederlegung der ihr angehörenden Arbeitnehmer häufig nicht aus, um die Produktion der Unternehmen stillzulegen. Der gewünschte Druck auf die Arbeitgeberseite war nicht ausreichend vorhanden. Die Gewerkschaften waren nicht in der Lage, den erforderlichen Druck auf die Arbeitgeber auszuüben, zumal die Arbeitgeber durch die Organisation in den Arbeitgeberverbänden immer stärker wurden.[152] Dieses Ziel konnte häufig nur mit der Hilfe von anderen Arbeitnehmern erreicht werden. Erst die Unterstützung eines oder mehrerer anderer Berufsverbände konnte die fehlende Kampfbreite und schwache Durchschlagskraft des einzelnen Berufsverbandes ausgleichen. Auch die damalige wirtschaftliche Entwicklung führte teilweise zur Streikunfähigkeit der Gewerkschaften. Insbesondere während der großen Infla-

---

[147] Das Gericht erwähnte dennoch, dass alles dafür spreche, dass Sympathiestreiks zulässig seien.

[148] Soweit ersichtlich ist diese Entscheidung nicht veröffentlicht. Vgl. www.verdi.de/0x0ac80f2b_0x007 330cf.

[149] Löwisch/Rieble in Mü-Hb § 248 Rn. 1 ff..

[150] Schaub § 189 Rn. 1 ff..

[151] Löwisch/Rieble in Mü-Hb § 248 Rn. 1.

[152] Chaldoupis S. 216 f..

tion im Jahre 1923/1924 sowie der Massenarbeitslosigkeit in den Jahren 1930 bis 1933 waren die Gewerkschaften den Arbeitgebern weitaus unterlegen.[153]
Während des nationalsozialistischen Regimes wurden die Gewerkschaften zerschlagen und durch die Deutsche Arbeitsfront ersetzt, die sowohl aus Arbeitnehmern als auch aus Arbeitgebern bestand. Nach dem Ende des Zweiten Weltkriegs konnte mit der Neugründung der Gewerkschaften begonnen werden. An die Stelle von Berufsverbänden sollten Industriegewerkschaften treten mit dem Ziel, Zersplitterungen zu vermeiden und eine größere Durchschlagskraft zu erzielen.[154] Auf Bundesebene wurde im Oktober 1949 der Deutsche Gewerkschaftsbund (DGB)[155] gegründet, der sich damals aus 16 Einzelgewerkschaften zusammensetzte. Seit 2002 umfasst der DGB nur noch 8 Gewerkschaften.[156]
Die DGB Gewerkschaften folgen weitgehend dem Industrieverbandsprinzip. Das Industrieverbandsprinzip bedeutet, dass sich die Zuständigkeit einer Gewerkschaft für einen bestimmten Arbeitnehmer nicht nach dem von diesem ausgeübten Beruf richtet sondern danach, in welchem Wirtschaftszweig er beschäftigt ist. So sind in der IG Metall nicht nur die in Metallberufen tätigen Arbeitnehmer organisiert sondern alle in der Metallbranche Tätigen, selbst wenn sie dort z.B. als Maurer oder Schreibkraft beschäftigt sind.[157]
Das Industrieverbandsprinzip hat den Vorteil, dass für einen Betrieb immer nur eine Gewerkschaft zuständig ist. Jede Industriegewerkschaft hat somit die Möglichkeit, durch einen Streikaufruf die Produktion in allen zu demselben Industriezweig gehörenden Unternehmen schlagartig stillzulegen und so das ganze Gebiet mit einem Streik zu überziehen. Dadurch wird der Gewerkschaft eine erhöhte Schlagkraft verliehen.[158] Dies kam vor allem auch kleinen Arbeitsgruppen zugute, da diese nunmehr auf Grund der einheitlichen Interessenvertretung und Durchsetzung unter den Schutz der Gemeinschaft fielen. Die Gewerkschaften sind in diesen Fällen nicht mehr derart stark auf die Unterstützung anderer Arbeitnehmer angewiesen, um einem Streik den nötigen wirtschaftlichen Druck zu verleihen.

---

[153] Hartwich in Muhr S. 26 f..
[154] Löwisch/Rieble in Mü-Hb § 248 Rn. 10 f.; Chaldoupis S. 217.
[155] Sitz des DGB ist Henriette – Platz 2, 10178 Berlin.
[156] Zu den Mitgliedsgewerkschaften und den Mitgliederzahlen des DGB vgl. Schaub § 189 Rn. 5 sowie „Der Spiegel" Heft Nr. 7/2005 S. 92.
[157] Das Industrieverbandsprinzip wird häufig gekennzeichnet durch das Schlagwort „ein Betrieb, eine Gewerkschaft". Vgl. Hueck/Nipperdey II 1 S. 179. Das Industrieverbandsprinzip wurde nicht überall verwirklicht. Das Berufsverbandsprinzip besteht z.B. immer noch bei der DAG und teilweise bei den im CGB zusammengeschlossenen Gewerkschaften. Dazu näher Löwisch/Rieble in Mü-Hb § 248 Rn. 31 ff..
[158] Löwisch/Rieble in Mü-Hb § 248 Rn. 30.

3. Zusammenfassung

Als Ergebnis der Übersicht über die Vielfalt der Meinungen in der Rechtsprechung und Literatur kann festgehalten werden, dass eine überzeugende Lösung der Problematik noch aussteht. Dies liegt vor allem daran, dass die vorgeschlagenen Anknüpfungsgesichtspunkte das Problem nicht unter dem Blickwinkel der angenommenen Verzahnung von Tarifvertrag und Arbeitskampf betrachten. Darüber hinaus erfolgt die Argumentation überwiegend zu pauschal und ohne nähere Begründung. Der Verweis auf die ältere Rechtsprechung und Literatur und die dort aufgeführten Begründungsansätze vermögen eine Rechtfertigung des Sympathiestreiks in der heutigen Zeit nicht mehr zu tragen. Nicht bestritten werden soll, dass sie für eine Zulässigkeit des Sympathiestreiks sprechen. Sie erscheinen aber nicht als ausreichend, um einen unbeteiligten Arbeitgeber mit den Folgen und Risiken eines Arbeitskampfes zu überziehen. Die Kritik von *Rüthers*[159] ist demnach nicht ganz unberechtigt, wenn er den Vertretern, welche Sympathiestreiks als rechtmäßig anerkennen, vorwirft, sie verfahren bei der Bewertung des Sympathiestreiks zu großzügig. Auf die eben dargestellten Begründungsansätze, die bis in die heutige Zeit für eine Zulässigkeit des Sympathiestreiks herangezogen werden, wird weiter unten detaillierter einzugehen sein.[160]

Wegen der unmittelbaren Verzahnung von Tarifvertrag und Arbeitskampf und die Eingliederung des Arbeitskampfes in die Vorschrift des Art. 9 Abs. 3 GG kann jedoch das einfache Schema, wie es noch in der Weimarer Republik Anwendung fand, bei der Beurteilung des Sympathiestreiks keine Berücksichtigung mehr finden. Allein aus der Rechtmäßigkeit des Hauptstreiks kann nicht mehr auf die Rechtmäßigkeit des Sympathiestreiks geschlossen werden. Der Arbeitskampf und damit auch der Sympathiestreik unterliegen nunmehr einer ganz anderen rechtlichen Bewertung.[161]

---

[159] Rüthers BB 1964, 313.

[160] Dazu unten 2. Teil V, VII und IX.

[161] Mit der Einbindung des Arbeitskampfrechts unter die Herrschaft des Art. 9 Abs. 3 GG mehrten sich die Stimmen, welche Sympathiestreiks für unzulässig und damit rechtswidrig halten.

V. Die Entscheidungen des Bundesarbeitsgerichts aus den Jahren 1985 und 1988

Eine eindeutige Stellungnahme des Bundesarbeitsgerichts zum Sympathiestreik erfolgte erst durch das Urteil vom 05.03.1985.[162] Das Bundesarbeitsgericht stellte fest: *„Der Sympathiestreik einer Gewerkschaft, mit der sie zu Gunsten einer anderen Gewerkschaft in einen Tarifkonflikt dieser Gewerkschaft mit einem einzelnen Unternehmen um den Abschluss eines Firmentarifvertrags eingreift, ist in der Regel rechtswidrig"*.[163] Das Bundesarbeitsgericht bestätigte seine Rechtsprechung in einem weiteren Urteil vom 12.01.1988. *„Der Senat hält an seiner Entscheidung fest, wonach ein Sympathie- oder Solidaritätsstreik in der Regel rechtswidrig ist"*.[164]
Nach Auffassung des Bundesarbeitsgerichts ist dem Sympathiestreik folglich seine rechtliche Zulässigkeit in der Regel abzusprechen.[165] Der Senat betont in seinen beiden Entscheidungen, dass die Funktion des Arbeitskampfes die Grenzen seiner Zulässigkeit bestimme. Der Arbeitskampf sei bloßes Hilfsmittel für die Tarifautonomie und dürfe nur zur Durchsetzung tariflich regelbarer Kampfziele eingesetzt werden. Der Sympathiestreik diene aber nicht *„unmittelbar"* dieser Hilfsfunktion und sei deshalb verfassungsrechtlich in der Regel nicht geschützt. Er richte sich nicht gegen einen Tarifpartner, mit dem ein Tarifvertrag abgeschlossen werden solle. Der vom Sympathiestreik betroffene Unternehmer könne die gewerkschaftlichen Forderungen nicht erfüllen und bedürfe daher eines größeren Schutzes als ein unmittelbar von einem Arbeitskampf betroffener Arbeitgeber. Vom bestreikten Arbeitgeber werde kein eigener Tarifabschluss verlangt; er könne den Arbeitskampf nicht durch Nachgeben vermeiden oder zwischen Kampf und Nachgeben wählen. Auch aus Art. 6 Nr. 2 und Nr. 4 ESC ergebe sich die Zulässigkeit des Sympathiestreiks nicht.[166]

---

[162] BAG 05.03.1985 AP Nr. 85 zu Art. 9 GG Arbeitskampf.

[163] Leitsatz 1 zu BAG 05.03.1985 AP Nr. 85 zu Art. 9 GG Arbeitskampf.

[164] Leitsatz zu BAG 12.01.1988 AP Nr. 90 zu Art. 9 GG Arbeitskampf.

[165] Nach der ersten Sympathiestreikentscheidung des Bundesarbeitsgerichts aus dem Jahre 1985 hat sich das Arbeitsgericht Heilbronn mit Urteil vom 15.08.1985 (AuR 1986, 247) der Argumentation des Bundesarbeitsgerichts nicht angeschlossen. Das Arbeitsgericht sieht Sympathiestreiks als vom Arbeitnehmer-Koalitionsrecht des Art. 9 Abs. 3 GG umfasst an. Eine Abmahnung von Teilnehmern an einem Sympathiestreik sei nicht gerechtfertigt.

[166] Plander AuR 1986, 193 führt an, dass ein weiterer Grund für die Entscheidung des Bundesarbeitsgerichts zur Unzulässigkeit des Sympathiestreiks darin liegen könnte, dass das Gericht in anderen Entscheidungen die Stellung der Gewerkschaften gestärkt hat und somit die Möglichkeit der Gewerkschaften zum Führen von Arbeitskämpfen verbessert hat. Die Aussperrung als wichtigstes Kampfmittel der Arbeitgeber wurde beschränkt, Warnstreiks wurden für zulässig erklärt, und die Gewerkschaften hatten auf Grund der Strategie der sogenannten neuen Beweglichkeit die Möglichkeit, erhöhten Druck auf die Arbeitgeber auszuüben. Außerdem hat das Bundesarbeitsgericht mit Urteil vom 12.09.1984 AP Nr. 81 zu

Das Bundesarbeitsgericht hat dem Sympathiestreik aber keine grundsätzliche Absage erteilt. In seiner ersten Entscheidung zum Sympathiestreik hat es nebenbei bemerkt, dass es durchaus Fallkonstellationen geben könnte, in denen derartige Arbeitsniederlegungen zulässig sein könnten. *„So ließe sich ein Sympathiestreik rechtfertigen, wenn der von dieser Kampfmaßnahme betroffene Arbeitgeber zuvor seine „Neutralität" im Hauptarbeitskampf verletzt hätte, etwa durch Übernahme der Produktion. Die Rechtmäßigkeit des Sympathiestreiks könnte auch anders zu beurteilen sein, wenn der betroffene Arbeitgeber zwar rechtlich selbständig wäre, wenn aber wirtschaftlich betrachtet nur ein Betriebsteil des im Arbeitskampf befindlichen Unternehmens betroffen wäre. Auf der Gegenseite könnte eine so enge wirtschaftliche Verflechtung bestehen, dass es sich um ein und denselben Gegenspieler handelt, wenn also das bestreikte Unternehmen*

Art. 9 GG Arbeitskampf die Kampfmöglichkeiten der Gewerkschaften erweitert, indem es Auszubildenden das Recht zugebilligt hat, sich an stattfindenden Streiks der ausbildenden Unternehmen zu beteiligen, wenn über die Ausbildungsvergütung verhandelt wird. Zweifellos wurden damit die Möglichkeiten der Gewerkschaften, einen effektiven Arbeitskampf zu führen, gestärkt bzw. verbessert. Die Rechtsprechung des Bundesarbeitsgerichts zum Arbeitskampfrecht ist aber nicht lediglich von Entscheidungen zu Gunsten der Gewerkschaften bestimmt. In seiner Entscheidung zum Arbeitskampfrisiko BAG 22.12.1980 AP Nr. 70 zu Art. 9 GG Arbeitskampf bürdet das Gericht mittelbar betroffenen Arbeitnehmern den Verlust der Lohnfortzahlung auf. Auch die Möglichkeit, Beamte zu Streikarbeiten anzuweisen, sofern Arbeitnehmer des öffentlichen Dienstes zur Durchführung tariflicher Forderungen streiken, stärkt nicht die Position der Gewerkschaften, BAG 10.09.1985 AP Nr. 86 zu Art. 9 GG Arbeitskampf. Das Bundesverfassungsgericht hat mit Urteil vom 02.03.1993 AP Nr. 126 zu Art. 9 GG Arbeitskampf festgestellt, dass der Beamteneinsatz auf bestreikten Arbeitsplätzen rechtswidrig sei, solange keine gesetzliche Regelung dafür vorhanden sei. Die Frage, ob Beamte für notwendige und erforderliche Not- und Erhaltungsarbeiten eingesetzt werden dürfen, hat es offen gelassen, da dies nicht Entscheidungsgegenstand der Verfassungsbeschwerde war.
Die Entscheidungen des Bundesarbeitsgerichts sind vielfältiger Art. Mal gehen sie zu Gunsten der Gewerkschaften aus, mal zu Gunsten der Arbeitgeber. Nahezu jede Entscheidung des Bundesarbeitsgerichts kann je nach Interessenstandpunkt für positiv oder negativ empfunden und bewertet werden. Daher verwundert es auch nicht, dass fast alle eben dargestellten Entscheidungen in der Literatur auf Kritik gestoßen sind. Das Arbeitskampfrecht ist nun einmal stark interessenorientiert. Die Aussperrungsentscheidungen des Bundesarbeitsgerichts wurden sogar von beiden Seiten kritisiert. Die Gewerkschaften strebten einen völligen Ausschluss der Aussperrung an, während die Arbeitgeberseite der Auffassung war, ihnen seien dadurch zu enge Grenzen gesetzt worden.
Es kann nicht angenommen werden, dass das Bundesarbeitsgericht sich von der Kritik hat beeindrucken lassen, die auf seine arbeitnehmerfreundliche Rechtsprechung hin erfolgt ist. Dafür gibt es keinerlei Anhaltspunkte. Eine derartige Annahme wäre bloße Spekulation und würde der Autorität des Bundesarbeitsgerichts widersprechen. Dies zumal die Argumentation in seinen Entscheidungen – ausgenommen der Entscheidung zum Sympathiestreik – in vorbildhafter Weise vorgenommen wurde.

nicht mehr als außenstehender Dritter angesehen werden kann". Das Bundesarbeitsgericht betont, dass diese Aufzählung nicht abschließend sei.
Näher gehende Ausführungen hat das Bundesarbeitsgericht zu den Sonderfällen nicht gemacht. In seiner zweiten Sympathiestreikentscheidung hat das Gericht sich bezüglich der Ausnahmetatbestände mit der Aussage begnügt, dass ein Fall, in dem ausnahmsweise auch nach der Entscheidung des Senats vom 05.03.1985 ein Sympathiestreik zulässig sein könne, vorliegend nicht gegeben sei. Jedoch ist davon auszugehen, dass das Bundesarbeitsgericht weiterhin an den Ausnahmetatbeständen festhält.

Die Ausnahmetatbestände mit ihren Anwendungsbereichen, Folgen und Auswirkungen bleiben im Dunkeln. Das Bundesarbeitsgericht hat nicht dargelegt, warum gerade diese Konstellationen eine Ausnahme rechtfertigen, und mit welcher rechtlichen Begründung und Argumentation dies geschehen soll. Genauso wenig wurde versucht, die Abweichungen, Unterschiede und Besonderheiten der Ausnahmetatbestände im Verhältnis zu der Regel, nämlich der Unzulässigkeit des Sympathiestreiks, aufzuzeigen und in Einklang zu bringen. Die Rechtsunsicherheit wird weiter dadurch verstärkt, dass das Bundesarbeitsgericht ausdrücklich darauf verweist, dass seine Aufzählung bezüglich der Ausnahmen nicht abschließend sei. Insoweit hätte man sich eine ausführlichere Begründung gewünscht. Durch die Erwähnung der Ausnahmetatbestände hat sich das Bundesarbeitsgericht für die Bewertung von zukünftigen Arbeitskämpfen alle Türen offen gehalten. Die Ausnahmetatbestände sind weit gefasst und nicht abschließend, so dass eine künftige Entwicklung nicht auszumachen ist. Erfreulich ist, dass das Bundesarbeitsgericht keine abschließende Bewertung vorgenommen hat, sondern dem Sympathiestreik unter gewissen Umständen und Gegebenheiten doch noch Bedeutung zumisst.[167]

[167] Bis zum heutigen Tage sind diese Ausnahmefälle höchstrichterlich nicht entschieden worden. Lediglich vereinzelt haben sich einige Arbeitsgerichte damit auseinandergesetzt. Vgl. LAG Köln 23.08.1991 LAGE Nr. 45 zu Art. 9 GG Arbeitskampf, offen gelassen mangels Verschuldens; ArbG Köln 27.05.1990 – 13 Ga 73/90 – und LAG München 22.09.1989 – 10 Ta 150/89 – soweit ersichtlich sind beide Entscheidungen nicht veröffentlicht, jedoch wurde das Vorliegen eines Ausnahmetatbestandes anerkannt; ArbG Bonn 09.03.1989 EzA Nr. 93 zu Art. 9 GG Arbeitskampf, offen gelassen mangels Unterlassungsanspruchs des Antragstellers. In der Literatur werden die Ausnahmetatbestände kontrovers behandelt. Teilweise wird ein generelles Verbot des Sympathiestreiks ohne mögliche Ausnahmefälle gefordert, z.B. Kissel § 24 Rn. 48; Lieb „Arbeitsrecht" Rn. 689; ders. Anm. zu BAG 05.03.1985 SAE 1986, 66; Rüthers/Berghaus Anm. zu BAG 12.01.1988 AP Nr. 90 zu Art. 9 GG Arbeitskampf, teilweise wird den Ausnahmetatbeständen große Bedeutung zugesprochen, z.B. Bieback in Däubler Rn. 378 ff.; Für den Fall der Produktionsübernahme zustimmend Gamillscheg S. 1136.

Zweiter Teil

Die Zulässigkeit des Sympathiestreiks im Rechtssystem der Bundesrepublik Deutschland

Das Bundesarbeitsgericht anerkennt einerseits, dass die Gewerkschaften auf das Streikrecht angewiesen sind, um ein annäherndes Gleichgewicht gegenüber den Unternehmen herzustellen. Andererseits sieht es aber nur Arbeitskämpfe mit dem Ziel eines Tarifvertrages als durch Art. 9 Abs. 3 GG gerechtfertigt an: „*Die Funktion des Arbeitskampfes bestimmt die Grenzen seiner Zulässigkeit. Der Arbeitskampf ist wegen seiner Hilfsfunktion für die Tarifautonomie gewährleistet und zulässig. Er dient dem Ausgleich sonst nicht lösbarer tariflicher Interessenkonflikte. Er ist ein Hilfsinstrument zur Sicherung der Tarifautonomie. Deshalb darf er auch nur als Instrument zur Durchsetzung tariflicher Regelungen eingesetzt werden.*“[168] Aus dieser Auffassung folgt nach herrschender Meinung das Verbot des politischen Streiks und des Sympathiestreiks. Obgleich der Zusammenhang zwischen Tarifautonomie und Arbeitskampf grundsätzlich nicht in Frage gestellt werden soll, erscheint eine Begrenzung der zulässigen Arbeitskampfziele auf einen unmittelbaren Tarifvertrag zu eng.

Bevor der Sympathiestreik auf seine Rechtmäßigkeit hin untersucht wird, erscheint es erforderlich darzustellen, durch welche begriffswesentlichen Voraussetzungen und Merkmale er sich kennzeichnet und von einem herkömmlichen Streik abgrenzt.

I. Charakteristika des Sympathiestreiks

Der Arbeitskampf und die damit rechtlich zusammenhängenden Fragen entbehren bis heute der gesetzlichen Regelung. Daher gibt es auch keine gesetzliche Definition für den Begriff des Sympathiestreiks. Nachfolgend soll aufgezeigt werden, welche notwendigen Merkmale ein Streik aufweisen muss, damit es sich tatsächlich um einen Sympathiestreik handelt.[169]

---

[168] BAG 05.03.1985 AP Nr. 85 zu Art. 9 GG Arbeitskampf.

[169] Der Begriff des Sympathiestreiks hat seinen Ursprung in der englischen Sprache. In England wurden bestimmte Vorgänge im Arbeitsleben als „sympathetic strikes“ bezeichnet. Überwiegend waren das Fälle, in denen Arbeitnehmer zur Unterstützung anderer sich bereits im Streik befindenden Arbeitnehmer ebenfalls ihre Arbeit niederlegten. Vgl. Haupt S. 13.

1. Die Akzessorietät des Sympathiestreiks zum Hauptstreik

Sympathiestreiks sind ihrem Ziel nach Streiks, die der Unterstützung bereits im Arbeitskampf stehender Arbeitnehmer dienen sollen. Durch eine Verbreiterung der Kampffront soll der Druck auf die Gegenseite verstärkt und damit die Kampfposition der eigenen, bereits im Kampf stehenden Gruppe, gestärkt bzw. unterstützt werden.
Begriffswesentlich für den Sympathiestreik ist, dass bereits ein Streik anderer Arbeitnehmer vorliegt[170], der unterstützt werden soll. Ohne einen Hauptstreik ist ein Sympathiestreik nicht möglich. Der Sympathiestreik ist folglich akzessorisch zum Hauptstreik.[171] Lehnt sich der Sympathiestreik nicht an einen Hauptstreik an, so handelt es um einen selbständigen Hauptstreik.
Damit einher geht auch die zeitliche Begrenzung des Sympathiestreiks. Er kann frühestens in dem Zeitpunkt beginnen, in dem bereits ein Hauptstreik vorliegt, und er kann nicht nach Beendigung des Hauptstreiks andauern. Dagegen ist es nicht erforderlich, dass er genauso lange andauert wie der Hauptstreik.[172] Wird allerdings der Sympathiestreik über die Dauer des Hauptarbeitskampfes hinaus ausgedehnt, weil die ursprünglich aus Sympathie Streikenden nun doch eigene Forderungen gegen ihren Arbeitgeber anstreben, so handelt es sich nicht mehr um einen Sympathiestreik, sondern ab diesem Zeitpunkt um einen Hauptstreik.[173]
Unabhängig von den Rechtmäßigkeitsvoraussetzungen, die an einen Streik und auch an einen Sympathiestreik zu stellen sind, ergibt sich beim Sympathiestreik bereits aus der Akzessorietät zum Hauptstreik Folgendes: Ist der Hauptarbeitskampf unzulässig, so ist auch der Sympathiestreik nicht erlaubt. Eine Aktion, die der Unterstützung einer rechtswidrigen Verhaltensweise dient, kann nicht als rechtmäßig angesehen werden.[174] Soweit in dieser Untersuchung Beispiele aufgeführt werden, ist zu unterstellen, dass der Hauptstreik die von der Rechtsprechung aufgestellten Anforderungen an einen rechtmäßigen Streik erfüllt.

---

[170] Dieser Streik wird Hauptstreik, Urstreik oder Primärstreik genannt. Im Rahmen der Arbeit wird der Begriff Hauptstreik verwendet.
[171] LAG Frankfurt a.M. 20.02.1953 RdA 1953, 197; Geib S. 24; Haupt S. 16; Döhner S. 3; Reinermann S. 12; Hartje S. 153; Bieback in Däubler Rn. 326; Bulla in FS Molitor 1962, 297.
[172] Geib S. 24; Haupt S. 16; Hartje S. 153; Bieback in Däubler Rn. 377.
[173] Döhner S. 13.
[174] Geib S. 59; Hartje S. 232; Haupt S. 100; Birk S. 80; Bulla in FS Molitor 1962, 299; Wohlgemuth AuR 1980, 40; LAG Frankfurt a.M. 20.02.1953 RdA 1953, 197; Bieback in Däubler Rn. 377; Löwisch 170.2 Rn. 170; bezüglich der Sympathieaussperrung Freund S. 69. Probleme ergeben sich mit dem Tatbestandsmerkmal des akzessorischen Hauptstreiks aber bei grenzüberschreitenden Sympathiestreiks. Hier ist fraglich, wie die Rechtslage zu beurteilen ist, wenn der im Ausland geführte Hauptstreik nach ausländischem Recht rechtswidrig ist, nicht aber nach der deutschen Rechtsordnung. Die Fragen und Problem, die mit grenzüberschreitenden Streiks zusammenhängen, werden im 4. Teil der Arbeit behandelt.

Auf der anderen Seite ist aber aus der Rechtmäßigkeit des Hauptstreiks nicht unmittelbar auf die Rechtmäßigkeit des Sympathiestreiks zu schließen. Der akzessorische Charakter kann für sich allein gesehen nicht die Rechtmäßigkeit des Sympathiestreiks begründen, da die Unterstützung eines zulässigen Streiks nicht automatisch auch zulässig sein muss. Der Sympathiestreik ist eigenständig auf seine Rechtmäßigkeit hin zu untersuchen.

2. Der Unterstützungswille der aus Sympathie Streikenden

Weitere Voraussetzung für das Vorliegen eines Sympathiestreiks ist der Unterstützungswille der aus Sympathie Streikenden, d.h. es muss der Wille und die Absicht der Streikenden bestehen, den Hauptstreik zu fördern.[175]
Die Ziele und Beweggründe, welche die Streikenden mit ihren Aktionen verfolgen, können unterschiedlichster Art sein. Oft werden die aus Sympathie streikenden Arbeitnehmer die Absicht haben, den eigenen Arbeitgeber zu einer Einwirkung auf den Arbeitgeber des Hauptstreiks zu veranlassen. Diese Möglichkeit besteht vor allem dann, wenn beide Unternehmer demselben Unternehmerverband angehören oder wenn die Werke geschäftlich miteinander in Verbindung stehen. In diesen Fällen werden die Unternehmen einen engen wirtschaftlichen oder persönlichen Kontakt haben. Durch Ausweitung der Kampffront kann der Druck auf die Gegenseite verstärkt und zugleich die Kampfposition der im Hauptkampf stehenden Arbeitnehmer verbessert werden. Weiterhin können die Arbeitnehmer durch einen Sympathiestreik ihre Solidarität zum Ausdruck bringen und die Öffentlichkeit hierdurch auf die Forderungen ihrer Kollegen aufmerksam machen.[176] Neben der bloßen Verstärkung des Drucks auf die Gegenpartei könnten erst Sympathiestreiks in der Lage sein, die Möglichkeit herzustellen, spürbaren Druck auf die Gegenseite auszuüben und damit das notwendige Kräftegleichgewicht im Arbeitskampf für die Arbeitnehmer zu gewährleisten.[177] Gerade der letzte Punkt erscheint äußerst relevant. An dieser Stelle soll auf diese Problematik nicht näher eingegangen werden. Diesbezüglich wird auf die weiter unten vorgenommenen Ausführungen zur Arbeitskampfparität und die damit einhergehende eventuelle Notwendigkeit für die rechtliche Zulässigkeit von Sympathiestreiks verwiesen.[178]

---

[175] Haupt S. 17.
[176] Hueck/Nipperdey II 2 S. 899; Kissel § 24 Rn. 16.
[177] Haupt S. 74; Birk S. 10.
[178] Dazu unten 3. Teil.

3. Das Fehlen eines unmittelbaren eigenen Interesses

Im Zusammenhang mit dem Unterstützungswillen ist fraglich, inwiefern die Sympathisierenden um eigene Ziele und Forderungen streiken dürfen. So erscheint es möglich, dass der Sympathiestreik mit dem Hintergedanken durchgeführt wird, dass die Forderungen im Hauptstreik auch den Sympathisierenden in irgendeiner Weise zu Gute kommen. Die Interessen der Arbeitnehmer sind heute so eng miteinander verbunden, dass die Unterstützung eines fremden Streiks regelmäßig auch den eigenen Interessen dient bzw. dienen könnte. Von einem erfolgreichen Streik können ganze Wirtschaftszweige profitieren, weil die Verbesserung der Arbeitsbedingungen in den Streikbetrieben auch zu einer Angleichung in anderen Betrieben führen kann.[179] Womöglich wollen sich die aus Sympathie Streikenden nur die Rückendeckung der anderen Arbeitnehmer sichern. Wer jemandem in einer Sache hilft, wird in der Regel die Erwartung haben, dass dieser jemand ihm ebenfalls in einer anderen Sache beisteht und unterstützt. Ein gewisses eigenes Interesse lässt sich folglich nicht ausschließen und wird in der Regel vorhanden sein. Darin sind aber lediglich mittelbare Vorteile der aus Sympathie Streikenden zu sehen. Diese mittelbaren Vorteile stehen dem Charakter des Sympathiestreiks nicht entgegen. Für das Vorliegen eines Sympathiestreiks ist aber erforderlich, dass die Kämpfenden kein eigenes unmittelbares Interesse am Ausgang des Hauptarbeitskampfes haben.[180] Eine Arbeitsniederlegung zur Erlangung von eigenen Vorteilen rechtfertigt nicht die Bezeichnung als Sympathiestreik. Vielmehr handelt es sich dann um einen Hauptstreik.

Ein unmittelbares eigenes Interesse liegt immer dann vor, wenn den aus Sympathie Streikenden aus dem Sieg des Hauptstreiks unmittelbare Vorteile erwachsen.[181] Dies ist nur dann der Fall, wenn die Sympathisierenden vom Kampfgegenstand betroffen sind, d.h. der im Hauptstreik erstrebte Tarifvertrag auch für die Sympathisierenden gilt.[182] Charakteristisch und erforderlich für das Vorliegen eines Sympathiestreiks ist somit, dass er ohne unmittelbares eigenes Interesse geführt wird. Ein mittelbares Interesse steht ihm jedoch nicht entgegen.[183]

Davon zu trennen ist aber die Konstellation, wenn lediglich nach außen hin scheinbar ein fremdes Kampfziel gefördert werden soll, in Wirklichkeit aber ein

---

179 Nikisch S. 130; Siebrecht S. 119; Hueck/Nipperdey II 2 S. 898 Fn. 19 i; Zachert/Metzke/Hamer S. 203; Kissel § 3 Rn. 4.

180 Döhner S. 4; Geib S. 28; Reinermann S. 16; Siebrecht S. 60 f.; ausführlich Hartje S. 114 bis S. 141.

181 Geib S. 28.

182 Siebrecht S. 61; Bulla in FS Molitor 1962, 297.

183 Ausführlich zur Abgrenzung von mittelbarem und unmittelbarem Interesse Hartje S. 157 bis S. 212.

unmittelbares Eigeninteresse verfolgt wird. *Hueck* und *Nipperdey*[184] führen das Beispiel an, dass Arbeitnehmer eines anderen Tarifgebietes einen Streik unterstützen, obwohl ihre eigenen Tarifverträge selbst abgelaufen sind und feststeht, dass das mit dem Hauptkampf verfolgte Ziel gleichzeitig ihrem Eigenen entspricht und der Erfolg des Hauptstreiks auch ihnen unmittelbar zu Gute kommt. Die aus Sympathie Streikenden haben hier ein unmittelbares Eigeninteresse am Ausgang des Hauptstreiks. Eine solche Aktion als Sympathiestreik zu bezeichnen, wäre unzutreffend. In diesen Fällen handelt es sich um einen Hauptstreik und nicht um einen Sympathiestreik.
Teilweise wird in der Literatur von einigen Autoren aber gefordert, dass zum Mittel des Sympathiestreiks nur dann gegriffen werden dürfe, wenn sie selbst auch ein bestimmtes Interesse mit ihrem Streik verfolgen.[185] Darin liegt zunächst ein Widerspruch zu der Begriffsbestimmung des Sympathiestreiks als fremdnützige Aktion. Jedoch kann es sich bei dem Interesse nur um ein mittelbares handeln. Würden eigene unmittelbare Interessen verfolgt, so würde es sich nicht mehr um einen unterstützenden Streik handeln, sondern um einen Hauptstreik. Ein mittelbares Interesse der Arbeitnehmer wird dem Sympathiestreik, wie bereits dargelegt, in der Regel zu Grunde liegen. Die am Sympathiestreik beteiligten Arbeitnehmer werden ein Ziel vor Augen und ein Interesse am positiven Ausgang des Hauptstreiks haben. Dieses besteht zumindest darin, anderen streikenden Kollegen in deren Kampf um verbesserte Arbeits- und Wirtschaftsbeziehungen beizustehen. Sie wollen fremde Interessen unterstützen und verfolgen bereits damit ein mittelbares Interesse. Ferner kann die Erwartung bestehen, dass die Hauptstreikenden in einem späteren Streik der Sympathisierenden diese ebenfalls unterstützen. Auch ist es nicht unwahrscheinlich, dass sich auf Grund der wirtschaftlichen Verbindungen die Erfolge der Hauptstreikenden in irgendeiner Weise auf die Arbeitsverhältnisse der aus Sympathie Streikenden auswirken.
Festzuhalten ist, dass sich die Frage des warum und nach den konkreten Motiven der Streikenden so gut wie nicht feststellen lässt. Es gibt keine praktikablen Maßstäbe zur Beurteilung eines geeigneten mittelbaren Interesses. Es ist aber davon auszugehen, dass immer bestimmte Motive bei den aus Sympathie Streikenden vorhanden sein werden. Anderenfalls fiele es schwer, die Arbeitnehmer anderer Betriebe und sogar anderer Tarifgebiete zu einem Streik zu mobilisieren, der nicht um ihre eigenen Forderungen geführt wird. Die rechtliche Zulässigkeit des Sympathiestreiks davon abhängig zu machen, dass ein mittelbares Interesse erkennbar und tatsächlich feststellbar ist, ist daher rechtlich nicht haltbar und verfehlt.[186]

---

[184] Hueck/Nipperdey II 2 S. 898 Fn. 19 i.
[185] Bulla in FS Molitor 1962, 300; Siebrecht S. 60.
[186] So auch Birk S. 82 f.; Wohlgemuth AuR 1980, 41; Hueck/Nipperdey II 2 S. 1009 Fn. 35.

4. Die Friedenspflicht des Tarifvertrages

Unabhängig von einer rechtlichen Bewertung des Sympathiestreiks darf ein solcher Streik nicht gegen die Friedenspflicht aus einem bestehenden Verbands- oder Firmentarifvertrag verstoßen. Die Friedenspflicht gebietet es den Tarifparteien, Arbeitskämpfe um den Inhalt des Tarifvertrages zu unterlassen. Zu unterscheiden ist zwischen der relativen und der absoluten Friedenspflicht. Nach einhelliger Auffassung verstößt der Sympathiestreik nicht gegen die relative Friedenspflicht aus einem bestehenden Verbands- oder Firmentarifvertrag.[187] Die relative Friedenspflicht verbietet lediglich Arbeitskämpfe um eigene tarifliche Regelungen. Ein Sympathiestreik wird aber gerade nicht zur Änderung der eigenen durch den Tarifvertrag festgelegten Arbeitsbedingungen geführt. Anderenfalls wäre er Hauptstreik. Der Sympathiestreik unterstützt vielmehr einen fremden Arbeitskampf. Sollte der Sympathiestreik auch wegen der Erfüllung eigener tariflicher Ziele geführt werden, und mag dies auch verdeckt sein, dann stellt dies eine Verletzung der relativen Friedenspflicht dar. Zu beachten ist jedoch, dass es sich in diesen Fällen nicht mehr um einen Sympathiestreik handeln würde, sondern um einen Hauptstreik. Folglich stellt dies kein Problem dar, welches in unmittelbaren Zusammenhang mit der Rechtmäßigkeit von Sympathiestreiks steht. Enthält der Tarifvertrag, dem die Sympathisierenden unterliegen, dagegen ein absolutes Kampfverbot, so verstößt der Sympathiestreik gegen diese erweiterte Friedenspflicht und ist tarifwidrig. Unter das absolute Kampfverbot fallen auch Sympathiearbeitskämpfe. Das gleiche gilt für Tarifverträge, die zwar kein absolutes Kampfverbot enthalten, aber ausdrücklich klarstellen, dass ein Sympathiestreik verboten ist.[188]

II. Der Tarifvertrag als Ziel jedes Arbeitskampfes

Bereits von der Begriffsbestimmung her ist der Sympathiestreik nicht darauf gerichtet, für die aus Sympathie Streikenden einen Tarifvertrag zu erzielen. Vielmehr werden mit einem Sympathiestreik fremde Streikziele unterstützt. Damit steht der Sympathiestreik im Widerspruch zu der von der Rechtsprechung und herrschenden Meinung angenommenen unmittelbaren Verzahnung von Arbeitskampf und Tarifvertrag. Wegen der Hilfsfunktion für die Tarifautonomie

---

[187] RG 29.01.1915 RGZ 86, 152; BAG 21.12.1982 AP Nr. 76 zu Art. 9 GG Arbeitskampf; BAG 05.03.1985 AP Nr. 85 zu Art. 9 GG Arbeitskampf; Bulla in FS Molitor 1962, 298; Siebrecht S. 58; Löwisch RdA 1962, 316; Rüthers BB 1964, 315; Hartje S. 267; Bora S. 69; Haupt S. 85; Wintrich 145; Döhner S. 45; Nikisch II S. 334; Wohlgemuth AuR 1980, 41; Brox/ Rüthers Rn. 238; Plander AuR 1986, 197; Rüthers/Berghaus Anm. zu BAG 12.01.1988 AP Nr. 90 zu Art. 9 GG Arbeitskampf; Dietrich S. 48; Bieback in Däubler Rn. 381.

[188] Haupt S. 84; Hartje S. 269; Döhner S. 39.

wird der Arbeitskampf nur durch Art. 9 Abs. 3 GG gerechtfertigt angesehen, wenn er dem Abschluss eines Tarifvertrages dient. Diese Mittel-Zweck-Relation stellt für die Rechtsprechung und überwiegende Literatur eine entscheidende Vorgabe für die Bewertung aller Arbeitskampfmaßnahmen dar.[189] Der Sympathiearbeitskampf aber diene gerade nicht unmittelbar dem Abschluss eines Tarifvertrages und sei folglich nicht durch Art. 9 Abs. 3 GG gedeckt.

Eine Beschränkung des Streikrechts auf den unmittelbaren Abschluss eines Tarifvertrages kann nicht mit überzeugenden Argumenten belegt werden und ist – wie folgt zu zeigen sein wird – abzulehnen. Auch der nichttarifliche Streik fällt unter den Schutz des Art. 9 Abs. 3 GG. Folglich sind auch Arbeitskämpfe zulässig, die keinen Tarifvertrag anstreben.[190]
Dieser Sichtweise hat sich auch das Bundesarbeitsgericht in einer früheren grundlegenden Entscheidung nicht ganz verschlossen. Es hat zwar betont, dass der Arbeitskampf eng mit der Tarifautonomie verbunden ist, sich aber nicht darauf festgelegt, dass er immer dem Abschluss eines Tarifvertrages dienen muss. In seinem Beschluss vom 21.04.1971 heißt es: *„Der Arbeitskampf dient der Erreichung bestimmter Kampfziele, regelmäßig dem Abschluss eines Tarifvertrages."*[191] Das vom Bundesarbeitsgericht verwendete Wort „regelmäßig" bringt zum Ausdruck, dass ein Tarifvertrag lediglich überwiegendes Ziel eines Arbeitskampfes sein muss. Eine Ausschließlichkeit ist damit aber nicht verbunden. Die Wortwahl lässt Ausnahmen eindeutig zu.

1. Die Beziehung zwischen Arbeitskampf und Kollektivakt

Aus dem Wesen des Streiks an sich ist es nicht zwingend geboten, diesen lediglich zur Durchsetzung von Tarifverträgen anzuerkennen. Keineswegs wird verkannt, dass der Streik ein kollektives Instrument in unserer Arbeits- und Rechtsordnung ist. Aus dem Wesen des Streiks als Kollektivakt ist zwar davon auszugehen, dass der Streik auch kollektivrechtliche Ziele verfolgen muss.

---

[189] Bezüglich der Tarifgebundenheit des Arbeitskampfes vgl. Nachweise 1. Teil 3 b.

[190] So auch Hueck in FS Herschel 1955, 42; Schumann in Däubler Rn. 147; ders. in Däubler Rn. 194; Däubler in Däubler Rn. 90 t; ders. AuR 1998, 145; Scholz in Maunz-Düring Art. 9 GG Rn. 316; Haßkamp S. 58 f.; Birk S. 29 und S. 68; Seiter S. 123; Nikisch II S. 120; Zechlin S. 22; Mückenberger KJ 1980, 270; Wohlgemuth AuR 1991, 110; Kempen AuR 1990, 243; Berg/Platow/Schoof/Unterhinninghofen S. 313 ff.; Lorenz Anm. zu ArbG Gelsenkirchen 13.03.1998 AiB 1998, 656; Mitscherlich S. 138; auch der Sachverständigenausschuss geht davon aus, dass die Bundesrepublik Deutschland gegen die ESC verstößt, indem sie den Streik nur auf tarifliche Ziele beschränkt. Vgl. Bericht des Regierungsausschusses der Europäischen Sozialcharta an das Ministerkomitee, auszugsweise abgedruckt in AuR 1998, 154; so auch ArbG Gelsenkirchen 13.03.1998 AuR 1998, 427.

[191] BAG 21.04.1971 AP Nr. 43 zu Art. 9 GG Arbeitskampf = BAGE 23, 292 (304).

Damit ist aber noch nicht gesagt, dass die Regelung auch in den Formen des Kollektivrechts zu erfolgen hat.
Unbestritten kommt dem Tarifvertrag in der heutigen Arbeitsrechtsordnung ein hoher Stellenwert zu. Der Tarifvertrag ist die wohl wichtigste und am häufigsten genutzte Form des Kollektivvertrages, der die Arbeitsbedingungen für den größten Teil der Arbeitsverhältnisse bestimmt.[192] Wie viele Arbeitnehmer unter den Geltungsbereich eines Tarifvertrages fallen, lässt sich nicht genau sagen. Bei der Analyse der Tarifbindung ist zu beachten, dass Tarifverträge nicht nur für die beiderseitigen Tarifgebundenen gelten.[193] In der Praxis erhalten häufig auch nicht gewerkschaftlich organisierte Arbeitnehmer einen Anspruch auf tarifvertraglich vereinbarte Leistungen. Dies kann in der Art und Weise geschehen, dass Tarifverträge für allgemeinverbindlich erklärt werden oder dass in Einzelarbeitsverträgen auf Tarifverträge Bezug genommen wird.
Nach Abgaben des Bundesarbeitsministeriums waren im Jahre 2004 insgesamt 59.600 Tarifverträge im Tarifregister eingetragen und davon sind 471 für allgemeinverbindlich erklärt worden. Das Bundesarbeitsministerium geht davon aus, dass insgesamt ca. 84 % aller Beschäftigungsverhältnisse vollständig oder überwiegend von Tarifverträgen bestimmt werden.[194]
Aus der Geläufigkeit des Tarifvertrages in der Arbeitsordnung spricht aber noch keineswegs, dass ein Streik immer in einem Tarifvertrag enden muss. Es gibt Betriebe, die nicht unter den Geltungsbereich eines Tarifvertrages fallen und für die folglich kein Tarifvertrag besteht. Diesen Arbeitnehmern würde man das Streikrecht zur Verbesserung der eigenen Arbeitsbedingungen versagen, nur weil sie keinen Tarifvertrag anstreben. Ihnen wird das Recht genommen, durch gemeinsames Handeln auf ihre Arbeitsbedingungen einzuwirken. Sie bekleiden damit gegenüber ihrem Arbeitgeber eine schwache Position. „Kollektives Betteln" führt aber nirgends zum Ziel.[195] Ferner lässt es sich nicht begründen, warum die Regelung der Arbeitsbedingungen nur durch Tarifverträge erzwingbar sein soll. Zu Recht weist *Haßkamp*[196] darauf hin, dass die Arbeitsbedingungen verschiedenartig gestaltet werden können. Der Tarifvertrag ist nicht das einzige Mittel dafür. Als anderes Regelungsinstrument kommt vor allem der Arbeitsvertrag in Betracht.[197] Durch den Massenabschluss von Einzelarbeitsverträgen könnte dasselbe Ergebnis erzielt werden wie durch eine

[192] Schumann in Däubler Rn. 152; Konzen DB 1990, Beilage Nr. 6 S. 8.
[193] Hierbei ist anzumerken, dass der Organisationsgrad der Arbeitnehmer in Deutschland relativ niedrig ist und sich bei ca. 30 % bewegt. Damit liegt Deutschland im Internationalen Vergleich im unteren Mittelfeld. Erschwerend kommt hinzu, dass die Gewerkschaften weiterhin an Zulauf verlieren. Dazu ausführlich unten 3. Teil II 1.
[194] Vgl. www.bma.de.
[195] Däubler in Däubler Rn. 90 t.
[196] Haßkamp S. 59.
[197] So auch Seiter S. 123.

Kollektivvereinbarung. Auch sei darauf aufmerksam gemacht, dass in Betrieben zunehmend Betriebsvereinbarungen zur Anwendung kommen, deren Inhalte sich auch auf „klassische“ Regelungsgegenstände des Tarifvertrages beziehen. Tarifverträge werden durch Öffnungsklauseln aufgeweicht und verlieren damit an Bedeutung.
Dementsprechend lässt sich der legitime Funktionskreis der Arbeitskampfparteien nicht lediglich darauf beschränken, nur Tarifverträge abzuschließen. Ausreichend ist es, wenn der Streik generell darauf abzielt, eine kollektive Vereinbarung aus dem Bereich der Arbeits- und Wirtschaftsbedingungen zu erzielen.

2. Wortlaut des Art. 9 Abs. 3 GG

Auch der Wortlaut des Art. 9 Abs. 3 GG bietet keine Anhaltspunkte dafür, dass das Streikrecht lediglich auf tariflich regelbare Ziele gerichtet sein muss.[198] Art. 9 Abs. 3 GG spricht von der Wahrung und Förderung der Arbeits- und Wirtschaftbedingungen, ohne eine Einschränkung hinsichtlich der Regelungsebene zu machen. Dass den Koalitionen zur Erreichung dieses Ziels nur der Tarifvertrag zur Verfügung stehen soll, ist nicht ersichtlich.
Zweifelsohne ist der Gesetzeswortlaut ein wichtiges Erkenntnismittel, um den Willen des Gesetzgebers zu ergründen. Es gibt eine Reihe von Auslegungselementen, die bei der Ermittlung des Sinnes einer gesetzlichen Vorschrift bedeutsam sind. Dem Wortlautargument kommt bezüglich der Auslegung von rechtlichen Normen zwar nicht die einzige, aber gleichwohl eine große Bedeutung zu. Der Wortlaut des Art. 9 Abs. 3 GG spricht eindeutig nicht davon, dass die Arbeits- und Wirtschaftbedingungen ausschließlich durch Tarifverträge zu verwirklichen sind. Art. 9 Abs. 3 GG trifft keine Aussage, welche Mittel den Koalitionen zur Verwirklichung ihrer Zwecke anzuwenden haben. Diese Annahme beruht auf einer Rechtsentwicklung der arbeitsrechtlichen Rechtsprechung und ist nicht vom Gesetzgeber aufgestellt worden. Auf Grund der Tatsache, dass der Wortlaut nichts zu den verwendbaren Mitteln sagt, obliegt es letztlich doch wieder den Gerichten zu entscheiden, welche Mittel zur Wahrung der Arbeits- und Wirtschaftsbedingungen geeignet erscheinen und welche nicht.
Zur Wahrung und Förderung der Arbeits- und Wirtschaftsbedingungen zählt, entgegen der Rechtsauffassung des Bundesarbeitsgerichts, nicht nur der Abschluss von Tarifverträgen. Selbst das Bundesverfassungsgericht hat anerkannt, dass die Wahrung und Förderung der Arbeits- und Wirtschaftsbedin-

[198] Darauf weisen insb. Seiter S. 123; Wohlgemuth AuR 1991, 110; Birk S. 29, Schumann in Däubler Rn. 149; Zechlin S. 22 hin.

gungen auf unterschiedlichen Wegen erfolgen kann.[199] Dies wird insbesondere in der Entscheidung des Bundesverfassungsgerichts vom 01.03.1979[200] deutlich. Darin heißt es: „*Art. 9 Abs. 3 GG lässt sich auch nicht dahin auslegen, dass er ein Tarifsystem als ausschließliche Form der Förderung der Arbeits- und Wirtschaftsbedingungen gewährleiste. [...] Als Freiheitsrecht will Art. 9 Abs. 3 GG in dem von staatlicher Regelung freigelassenen Raum gewährleisten, dass die Beteiligten selbst eigenverantwortlich bestimmen können, wie sie die Arbeits- und Wirtschaftsbedingungen fördern wollen. Dass dies nur im Wege von Tarifverträgen möglich sein soll, ist nicht zu erkennen, zumal eine solche Lösung auf eine Einschränkung der gewährleisteten Freiheit hinausliefe.*"

3. Arbeitskampf und Tarifvertragsgesetz

Immer wieder wird die unmittelbare Verzahnung des Arbeitskampfes an die Tarifautonomie hervorgehoben, folglich das Streikrecht auf den Abschluss von Tarifverträgen beschränkt.

Das Bundesarbeitsgericht versucht in seiner ersten Entscheidung zum Sympathiestreik die Beschränkung des Streikrechts auf die Durchsetzung tariflicher Forderungen zu begründen. Die Begründung, welche zur Bestätigung dieser Ansicht vorgebracht wird, ist allerdings alles andere als überzeugend. Dort heißt es: „*Der Gesetzgeber hat den Arbeitskampf über die Vorschriften des TVG bisher nur im Zusammenhang mit der Tarifautonomie geregelt. Er hat Streik und Aussperrung als Kampfmittel in einem Tarifkonflikt zugelassen. Streiks – und in begrenztem Umfang auch eine Abwehraussperrung – müssen zum Ausgleich sonst nicht lösbarer Interessenkonflikte bei Tarifverhandlungen möglich sein.*"[201] Unabhängig von der Frage, ob das Ziel eines Streiks ein Tarifvertrag sein muss oder nicht, kann zumindest die Begründung des Bundesarbeitsgerichts in diesem Punkt nicht überzeugen. Dies betrifft vor allem die Behauptung, der Gesetzgeber habe den Arbeitskampf über die Vorschriften des Tarifvertragsgesetzes nur im Zusammenhang mit der Tarifautonomie geregelt. Bei Durchsicht des Tarifvertragsgesetzes wird man feststellen, dass sich eine derartige Aussage dort nicht findet. Dies gilt entsprechend für andere Bundesgesetze. In seinem Aussperrungsurteil vom 10.06.1980[202] hat das Bundesarbeitsgericht selbst noch ausgeführt, dass im Tarifvertragsgesetz vom Arbeitskampf nicht die Rede ist. Der Gesetzgeber hat folglich keineswegs geregelt, dass

---

[199] BVerfG 30.11.1965 E 19, 303 (314); BVerfG 28.04.1976 E 42, 133 (138); BVerfG 01.03.1979 E 50, 290 (371); BVerfG 20.10.1981 E 58, 233 (247); BVerfG 26.06.1991 E 84, 212 (224).
[200] BVerfG 01.03.1979 E 50, 290 (371).
[201] BAG 05.03.1985 AP Nr. 85 zu Art. 9 GG Arbeitskampf.
[202] BAG 10.06.1980 AP Nr. 64 zu Art. 9 GG Arbeitskampf.

Arbeitskämpfe nur zum Abschluss von Tarifverträgen zulässig sind. Diese Tatsache beruht auf einer Rechtsentwicklung, die das Bundesarbeitsgericht selbst vorgenommen hat.[203]

4. Die Berücksichtigung des Art. 6 Nr. 4 ESC

Eine Beschränkung des Streikrechts auf tariflich regelbare Ziele – und somit auch eine Einschränkung des Sympathiestreiks – verstößt ferner gegen Art. 6 Nr. 4 der ESC.[204]

Die am 18.10.1961 unterzeichnete ESC ist für die Bundesrepublik Deutschland 1965 verbindlich geworden. Kontrollorgan für die Einhaltung der in der ESC festgelegten Rechte durch die Mitgliedstaaten ist der Europäische Ausschuss für soziale Recht (European Committee of Social Rights). Dieser Sachverständigenausschuss setzt sich aus fünfzehn unabhängigen und unparteiischen Mitgliedern zusammen, welche für eine Amtszeit von sechs Jahren durch das Ministerkomitee des Europarates ernannt werden. Der Ausschuss entscheidet, ob die rechtliche und tatsächliche Situation in den Vertragsstaaten mit der ESC übereinstimmt. Dazu haben die Vertragsstaaten jedes Jahr einen Bericht vorzulegen, in welchem die Bemühungen zur Umsetzung der Sozialcharta dargestellt werden. Jeder Bericht betrifft einen Teil der akzeptierten Bestimmungen der ESC. Der Ausschuss prüft die Berichte und entscheidet darüber, ob die Situation in den Vertragsstaaten mit der ESC übereinstimmen oder nicht. Diese Schlussfolgerungen genannten Entscheidungen werden alljährlich veröffentlicht. Wenn ein Staat einer durch den Ausschuss festgestellten Nichtkonformität mit der Charta keine Maßnahmen folgen lässt, richtet das Ministerkomitee eine Empfehlung an diesen Staat mit der Aufforderung, die rechtliche oder tatsächliche Situation zu ändern.

Der Sachverständigenausschuss hat in seinen Schlussfolgerungen mehrfach festgestellt, dass die Bundesregierung gegen Art. 6 Nr. 4 ESC verstoße, indem sie nur den Streik um einen Tarifvertrag als rechtmäßig ansehe.[205] Die Aussagen des Sachverständigenausschusses haben allerdings keine bindende Wirkung und

---

[203] So auch Schumann in Däubler Rn. 149; Weiss Anm. zu BAG 05.03.1985 EzA Nr. 57 zu Art. 9 GG Arbeitskampf; Plander AuR 1986, 197. Letzterer weist darauf hin, dass das Bundesarbeitsgericht sich in diesem Punkt auf dem Weg vom Ersatzgesetzgeber zum Gesetzgeber begibt. Dies könnte angesichts der Argumentation des Bundesarbeitsgerichts durchaus bejaht werden.

[204] Däubler AuR 1998, 145; Kittner AuR 1981, 297; Klimpe-Auerbach DuR 1986, 205; Wohlgemuth AuR 1991, 110; Birk S. 30.

[205] Conclusion-1, S. 184-185; Conclusion-2, S. 28; Conclusion-3, S. 37; Conclusion-4, S. 48-50; Conclusion-6, S. 38; Conclusion-7, S. 37; Conclusion-12-2, S. 113-114; Conclusion-13-2, S. 282; Conclusion-13-4, S. 361-362; Conclusion-14-1, S. 301-302; Conclusion-15-1, S. 27-30; Conclusion-16-1, S. 248-251; Conclusion-17-1, S. 204; Conclusion-18-1, S. 12-13.

sind nicht geeignet, den Vertragspartnern verbindliche Vorgaben zu machen.[206] Eine neue Qualität hat die Kritik des Sachverständigenausschusses jedoch dadurch gewonnen, dass das Ministerkomitee des Europarats als höchstes Überwachungsorgan entschieden hat, die Bundesregierung solle in geeigneter Weise den Schlussfolgerungen des Sachverständigenausschusses Rechnung tragen.[207] In der Empfehlung heißt es: „*Das Ministerkomitee [...] empfiehlt der Regierung Deutschlands, in angemessener Weise die negative Schlussfolgerung des Ausschusses unabhängiger Experten zu berücksichtigen, und fordert sie auf, in ihrem nächsten Bericht, Informationen über die Maßnahmen zur Verfügung zu stellen, die sie zu diesem Zweck getroffen hat.*" Die Bundesregierung folgt der Ansicht der Sachverständigen und des Ausschusses der Ministerbeauftragten nicht und sieht keinen Handlungsbedarf für eine Änderung des geltenden Streikrechts.[208]

Großer Streit besteht darüber, ob die Norm des Art. 6 Nr. 4 ESC unmittelbare Rechte und Pflichten für die Staatsbürger der Unterzeichnerstaaten begründet. Es wird überwiegend davon ausgegangen, dass es sich bei sämtlichen Bestimmungen des Teil II der ESC um reine Staatenverpflichtungen handelt, die nicht unmittelbar anwendbar sind und folglich auch keine unmittelbaren Rechte des Einzelnen begründen. Dies bedeutet, dass sich das Arbeitskampfrecht allein nach innerstaatlichem Recht richtet ohne die Vorschriften der ESC beachten zu müssen. Umstritten ist dies allerdings bezüglich Art. 6 Nr. 4 ESC und Art. 18 Nr. 4 ESC. Interessant für die vorliegende Fragestellung ist lediglich Art. 6 Nr. 4 ESC. Hierauf soll nun näher eingegangen werden.
Zur Frage des self executing Charakters der ESC hat sich die Rechtsprechung des Bundesverfassungsgerichts und des Bundesarbeitsgerichts nicht festgelegt.[209] Die Literatur neigt überwiegend dazu, der ESC keine unmittelbare

---

[206] Professorenentwurf S. 29; Kissel § 20 Rn. 8; Löwisch 170.1 Rn. 109.

[207] Recommandation R ChS (98) 2; AuR 1998, 156.

[208] BT-Drucksache 13/11415 S. 17 f.; In Bezug auf die Stellungnahme des Sachverständigenausschusses hat das Bundesarbeitsgericht in seiner Entscheidung vom 10.12.2002 AP Nr. 162 zu Art. 9 GG Arbeitskampf ausgesprochen, dass die Aussage, Arbeitskämpfe seien stets nur zur Durchsetzung eines Tarifvertrages möglich, einer erneuten Überprüfung bedürfe. Das Bundesarbeitsgericht ist dieser Frage nicht weiter nachgegangen, da sie für den zu entscheidenden Fall nicht ausschlaggebend war. Der Sachverständigenausschuss hat diese Entscheidung in seiner Schlussfolgerung conclusion-18-1, S. 12-13 erwähnt und ausgeführt: „*According to the report the abovementioned decision of the Federal Labour Court could be an indication that the court might review its present case-law on the scope of lawful strikes and the Committee wishes to be informed on any development in this respect. Since the situation has not changed during the reference period, the Committee still finds the situation not to be in conformity with Article 6 § 4 of the Charter.*"

[209] BVerfG 20.10.1981 E 58, 233 (254); BVerfG 02.03.1993 E 88, 103 (112); BAG 10.06.1980 AP Nr. 64 zu Art. 9 GG Arbeitskampf; BAG 12.09.1984 AP Nr. 81 zu Art. 9 GG

Geltung zuzusprechen.[210] Auch die Bundesregierung ging bei der Unterzeichnung davon aus, dass die Charta kein unmittelbar geltendes Recht sei, sondern lediglich zwischenstaatliche Verpflichtungen der Vertragsparteien begründet.[211] Die Vertreter dieser – wohl herrschenden – Meinung begründen ihre Ansicht wie folgt: So wird in Teil III des Anhangs zur ESC festgestellt: *„Es besteht Einverständnis darüber, dass die Charta rechtliche Verpflichtungen internationalen Charakters enthält, deren Durchführung ausschließlich der in ihrem Teil IV vorgesehenen Überwachung unterliegt"*. Dieser Passus weise deutlich auf die lediglich völkerrechtliche Verpflichtung der Charta hin. Aus ihm folge das Verbot, dass der Vertrag als solcher durch innerstattliche Gerichte angewandt werde. Die in Art. 21 bis 29 ESC geregelte *„Überwachung"* sehe weder behördliche noch gerichtliche Kontrollen innerhalb der einzelnen Vertragsstaaten vor. Auch die Entstehungsgeschichte der in Teil III des Anhangs getroffenen Bestimmung weise auf den non self executing Charakter der Charta hin. Auf Wunsch der Bundesregierung wurde dieser Absatz eingeführt mit dem Ziel, die innerstaatliche Geltung der Charta abzuwenden.[212]

Für die Vorschrift des Art. 6 Nr. 4 ESC wird jedoch teilweise angenommen, dass zumindest diese Norm unmittelbar anwendbar ist. Vorab ist festzustellen, dass es kein Problem darstellt, wenn innerhalb der ESC sowohl unmittelbar anwendbare als auch nicht unmittelbar anwendbare Bestimmungen enthalten sind. Die Artikel der ESC sind nicht derart miteinander verbunden, dass man davon ausgehen muss, dass entweder alle unmittelbar anwendbar sind oder keine. In Teil III bestimmt Art. 20, dass die Mitgliedstaaten lediglich verpflichtet sind, eine bestimmte Anzahl von Artikeln anzunehmen und nicht alle. Weiterhin handelt es sich bei den einzelnen Bestimmungen in Teil II um voneinander unabhängige eigenständige Regelungen, die schrittweise ratifiziert werden können.[213]

Arbeitskampf; lediglich dass Bundesverwaltungsgericht hat mit Urteil vom 18.12.1992 DVBL 1993, 787 entschieden, dass es sich bei der ESC um einen völkerrechtlichen Vertrag handelt, der keine unmittelbaren Rechte einzelner Bürger begründet.

[210] Gamillscheg S. 958; Brox/Rüthers Rn. 124; Seiter S. 129 ff.; ders. RdA 1986, 173; Hueck/Nipperdey II 2 S. 921; Scholz/Konzen S. 61 ff.; Konzen JZ 1986, 162; Bertelsmann S. 139 ff.; Otto in Mü-Hb § 284 Rn. 54; Auffarth RdA 1977, 131.

[211] BT-Drucks. IV/2117 S. 28: *„Die Charta begründet [...] kein unmittelbar geltendes Recht, sondern zwischenstaatliche Verpflichtungen der Vertragsparteien. Der Einzelne kann also daraus vor den Gerichten der Mitgliedstaaten oder anderen innerstaatlichen Stellen keine Ansprüche geltend machen."*

[212] Bertelsmann S. 140; Seiter S. 133; Neubeck S. 174.

[213] Neubeck S. 172.

Die Meinung, die von einer unmittelbaren Geltung der Vorschrift des Art. 6 Nr. 4 ESC ausgeht,[214] begründet ihre Ansicht vor allem mit dem Wortlaut der Norm. Im Gegensatz zu den anderen Normen der Charta, in denen sich die Vertragsparteien „*verpflichten*" bestimmte Maßnahmen zu treffen, ist in Art. 6 Nr. 4 ESC und Art. 18 Abs. 4 ESC davon die Rede, dass die Parteien die dort geregelten Rechte „*anerkennen*". Aus dem Wort „*anerkennen*" wird geschlossen, dass dieses Recht den Trägern unmittelbar zusteht und dass es eines Tätigwerdens der Vertragsparteien nicht mehr bedarf.
Für eine unmittelbare Geltung spricht weiterhin der Wortlaut des Art. 32 ESC. Die Norm regelt das Verhältnis zwischen der Charta und dem innerstaatlichen Recht: „*Die Bestimmungen dieser Charta lassen geltende oder künftig in Kraft tretende Bestimmungen des innerstaatlichen Rechtes und zwei- oder mehrseitige Übereinkünfte unberührt, die den geschützten Personen eine günstigere Behandlung einräumen*". Diese Regelung wäre sinnlos, wenn sämtliche Bestimmungen der ESC nicht unmittelbar anwendbar wären. Eine Kollision mit innerstaatlichem Recht könnte gar nicht eintreten.[215] Artikel 32 ESC bedarf es folglich nur dann, wenn zumindest einige Regelungen unmittelbar anwendbar sind.
Auch ein Rechtsvergleich mit anderen ausländischen Rechtsordnungen[216] spricht für die unmittelbare Anwendbarkeit des Art. 6 Abs. 4 ESC. So hat der niederländische Supreme Court in seiner Rechtsprechung die Vorschrift des Art. 6 Nr. 4 ESC als unmittelbar anwendbares Recht anerkannt.[217]

Die schwierige und stark umstrittene Rechtsfrage der unmittelbaren Anwendbarkeit des Art. 6 Nr. 4 ESC kann vorliegend aber offen bleiben und ist für die Rechtsanwendung nicht von entscheidender Bedeutung. Selbst wenn man in Art. 6 Nr. 4 ESC keine unmittelbar anwendbare Norm des einfachen Bundesrechts sieht – wofür ebenfalls gute Gründe sprechen –, sondern nur eine die Bundesrepublik Deutschland bindende Verpflichtung, so ist die Bestimmung für die Gerichte nicht völlig unbeachtlich. Schließlich ist immer noch nicht gesagt, welche Form der Umsetzung für eine Anwendbarkeit der ESC erforderlich wäre. Das Bundesarbeitsgericht hat in diesem Zusammenhang anerkannt, dass auch der gesetzesvertretende Richter bei der Ausfüllung von Lücken und bei der Rechtsfortbildung an die Vorgaben der ESC gebunden ist: „*Denn wenn der*

---

[214] Insbesondere Däubler in Däubler Rn. 102 ff.; Ramm AuR 1971, 69; Gitter ZfA 1971, 136; Wohlgemuth AuR 1991, 110; ausführlich Mitscherlich S. 36 ff. und S. 151.
[215] Däubler in Däubler Rn. 102 b; Neubeck S. 168: Mitscherlich S. 42.
[216] Die ESC gilt für folgende europäische Mitgliedstaaten: Belgien, Dänemark, Deutschland, Finnland, Frankreich, Griechenland, Irland, Island, Italien, Luxemburg, Malta, Niederlande, Norwegen, Österreich, Polen, Portugal, Schweden, Slowakei, Spanien, Türkei, Ungarn, Vereinigtes Königreich, Zypern
[217] Neubeck S. 180.

Gesetzgeber das Streikrecht der Gewerkschaften nur unter den in Art. 31 ESC genannten Voraussetzungen einschränken könnte, muss sich der Richter an dieselben Grenzen halten, wenn er die in der ESC eingegangenen völkerrechtlichen Verpflichtungen in innerstaatliches Recht umsetzen muss. Der Richter, der die bestehenden gesetzlichen Lücken anhand von Wertentscheidungen des Gesetzgebers ausfüllen muss, muss sich an die Regeln halten, die der Gesetzgeber für die Bundesrepublik verbindlich akzeptiert hat."[218]

Fraglich ist allerdings weiterhin, welche Bedeutung der Vorschrift des Art. 6 Nr. 4 ESC für das deutsche Arbeitskampfrecht zukommt. Das Bundesarbeitsgericht hat den Sympathiestreik als nicht mit Art. 6 Nr. 4 ESC vereinbar angesehen, da der Wortlaut der ESC für eine enge Zuordnung des Arbeitskampfes zu Kollektivverhandlungen spreche. Die ESC sehe den Arbeitskampf im Dienste der Tarifautonomie.[219]
Dies lässt sich dem Wortlaut der Vorschrift nicht entnehmen. Richtig ist, dass dort von Kollektivverhandlungen die Rede ist. Die Argumentation des Bundesarbeitsgerichts ist in dieser Hinsicht angreifbar. Unter den Begriff der „Kollektivverhandlungen" muss nicht unbedingt nur der Tarifvertrag fallen.[220] Der Begriff „Kollektivverhandlungen" ist einer weiten Auslegung zugänglich. Kollektivverhandlungen können auch auf andere Art und Weise zu Stande kommen, z.B. durch den Abschluss von zahlreichen Einzelarbeitsverträgen. Gesamtarbeitsverträge sind nicht nur durch Tarifverträge zu verwirklichen. Durch den massenhaften Abschluss von Einzelverträgen wird im Ergebnis auch das Kollektiv als Ganzes erfasst. Selbst Art. 6 Nr. 1 ESC in Verbindung mit dem Einleitungssatz spricht von „*gemeinsamen Beratungen zwischen Arbeitnehmern und Arbeitgebern*", um „*die wirksame Ausübung des Rechts auf Kollektivverhandlungen zu gewährleisten*". Diese Beratungen müssen ebenfalls nicht notwendigerweise zu Tarifverträgen führen.[221]

Ferner widerspricht die Sichtweise des Bundesarbeitsgerichts den Schlussfolgerungen des Sachverständigenausschusses der ESC. Der Sachverständigenausschuss hat mehrfach auf den Verstoß gegen die ESC durch die Bundesrepublik Deutschland hingewiesen. In seinen Schlussfolgerungen hat er immer wieder bemängelt, dass das Verbot des nicht tariflichen Streiks nicht mit Art. 6 Nr. 4 ESC vereinbar ist.

---

[218] BAG 12.09.1984 AP Nr. 81 zu Art. 9 GG Arbeitskampf; Löwisch 170.1 Rn. 108.
[219] BAG 05.03.1985 AP Nr. 85 zu Art. 9 GG Arbeitskampf; so auch BAG 07.06.1988 AP Nr. 106 zu Art. 9 GG Arbeitskampf; LAG Hamm 24.10.2001 AP Nr. 161 zu Art. 9 GG Arbeitskampf und Kissel § 24 Rn. 33, die das Recht auf Kollektivverhandlungen auf Tarifverträge beschränken.
[220] So auch ArbG Gelsenkirchen 13.03.1998 AuR 1998, 427.
[221] Gitter ZfA 1971, 139.

In seiner Schlussfolgerung Conclusion-2 vom 01.01.1971[222] führt der Sachverständigenausschuss das Beispiel an, dass auch Arbeitskämpfe zur Einhaltung von Sicherheitsbestimmungen im Betrieb zulässig sein müssen. „*For example, the committee considered that, a strike aimed at compelling an employer to comply with safety regulations imposed by law could not be regarded as outside the terms of Art. 6, paragraph 4 of the charter.*" Eine Beschränkung des Streikrechts lediglich auf Tarifverträge lasse sich aus keinem Artikel der ESC herleiten.[223] Vor allem stelle eine derartige Beschränkung nach Ansicht des Sachverständigenausschusses einen Verstoß gegen den Wortlaut und den Anforderungen des Art. 6 Nr. 4 ESC dar. „*It does not, however, seem possible to accept that there should be no other type of collective agreement. There are many circumstances which, apart from any collective agreement, call for "collective bargaining", such as when dismissals have been announced or are contemplated by a firm and a group of employees seeks to prevent them or to serve the re-engagement of those dismissed. Any bargaining between one or more employers and a body of employees [...] aimed at solving a problem of common interest, whatever its nature may be, should be regarded as "collective bargaining" within the meaning of Article 6. To the extent that the legislation of the Federal Republic of Germany does not allow strike action in all instances where such bargaining may occur, it is contrary to the provisions of Article 6, paragraph 4.*"[224]

Die Vorschrift des Art. 6 Abs. 4 ESC umfasse daher auch vom Wortlaut her das Recht zur Arbeitsniederlegung, zum Streik, auch wenn sie nicht dem Abschluss eines Tarifvertrages dient. „*[...], the right to strike should be guaranteed in the context of any negotiation between employers and employees in order to settle an industrial dispute. Consequently prohibiting strikes not aimed at concluding a collective action is not in conformity with Article 6 § 4.*"[225]

Darunter ist dann auch der Sympathiestreik zu fassen. Der Wortlaut kann derart ausgelegt werden, dass es ausreicht, streikende Arbeitnehmer zu unterstützen, die um einen Tarifvertrag kämpfen.[226] Wenn der Sachverständigenausschuss das Streikverbot für nicht tarifliche Arbeitsniederlegungen als Verstoß gegen die

---

[222] Conclusion-2, S. 28.

[223] Conclusion-3, S. 37.

[224] Conclusion-4, S. 48-50; Dies wird vom Sachverständigenausschuss in weiteren Schlussfolgerungen bestätigt, z.B. Conclusion-13-4, S. 361: „*[...] the Committee reaffirmed that the ban under German Law on striking for any purpose other than to bring about a collective agreement was not compatible with the charter.*" Oder conclusion-15-1, S. 27: „*The Committee has previously found that the ban in German law on all strikes not aimed at achieving a collective agreement is contrary to this provision of the charter. [...] The Committee reminds the Government of its obligation to take steps "to bring the situation into conformity with the Charter as soon as possible.*"

[225] Digest of the case law of the ECSR, March 2005, S. 36.

[226] Mitscherlich S. 140.

ESC anklagt, erwähnt er dabei auch den Sympathiestreik, der unter Art. 6 Abs. 4 ESC zu subsumieren ist.[227] In seiner Schlussfolgerung gegenüber Portugal wurde festgestellt, dass Sympathiestreiks auch unter den Begriff der *„interests of the workers"* subsumiert werden können und rechtmäßig seien, solange sie keine illegalen Ziele verfolgen.[228]
Der Sachverständigenausschuss betont ferner, dass die Ziele und Absichten der Charta nicht nur theoretisch sondern auch tatsächlich die Rechte der Arbeiter schützen sollen. Diese Rechte müssen effektiv verwirklicht werden können. Dazu ist es erforderlich, dass die einzelnen Mitgliedsstaaten ihren Verpflichtungen und ihren Anforderungen an die Einhaltung der Charta ausreichend nachkommen.[229]

Ein weiteres kommt hinzu. Art. 28 der Europäischen Grundrechte-Charta lautet: *„Die Arbeitnehmerinnen und Arbeitnehmer sowie die Arbeitgeberinnen und Arbeitgeber oder ihre jeweiligen Organisationen haben nach dem Gemeinschaftsrecht und den einzelstaatlichen Rechtsvorschriften und Gepflogenheiten das Recht, Tarifverträge auf den geeigneten Ebenen auszuhandeln und zu schließen sowie bei Interessenkonflikten kollektive Maßnahmen zur Verteidigung ihrer Interessen, einschließlich Streiks, zu ergreifen"*.[230] Daraus ergibt sich, dass kollektive Maßnahmen, einschließlich des Streikrechts, nicht nur bei Tarifkonflikten, sondern generell bei Interessenkonflikten zulässig sind. Der Begriff Interessenkonflikt ist, ebenso wie der Begriff der Kollektivverhandlungen, einer weiten Auslegung zugänglich. Nach richtiger Auffassung ergibt sich daraus, dass das Streikrecht nicht lediglich zum Abschluss von Tarifverträgen anzuerkennen ist.

Zusammenfassend ist damit festzuhalten, dass die Beschränkung des Streiks auf den bloßen Abschluss von Tarifverträgen nicht mit der ESC konform geht.

5. Die Berücksichtigung des IAO Übereinkommens Nr. 87

Bei der Berücksichtigung internationaler Normen ist auch das IAO Übereinkommen Nr. 87 für die Frage des tarifgebundenen Streiks heranzuziehen. Die Übereinkommen der IAO haben keine automatische Bindungswirkung. Eine

---

[227] So z.B. Conclusion-15-1-add2, S. 27.
[228] Conclusion-16-1, S. 576 (Portugal); Auch in weiteren Schlussfolgerungen verweist der Ausschuss auf Angaben über den Sympathiestreik in den nationalen Berichten, z.B. Conclusion-15-2-add, S. 167 (Slowakei); Conclusion-16-1, S. 208-209 (Finnland); Conclusion-15-1, S. 430 (Norwegen); Conclusion-15-1-2, S. 564-568 (Schweden).
[229] Conclusion-17-1, S. 204.
[230] Die Europäische Grundrechte-Charta ist auszugsweise abgedruckt in AuR 2001, 379; der vollständige Text kann abgerufen werden unter http://Europa.eu.in/eur-lex.de.

Bindungswirkung entfalten sie erst nach einem formalen Akt der Ratifikation, durch den die Mitgliedstaaten die durch das Übereinkommen geschaffenen Verpflichtungen für sich akzeptieren. Von den zahlreichen Übereinkommen der IAO wurden nicht alle von der Bundesrepublik Deutschland ratifiziert.[231] Von Bedeutung ist vorliegend lediglich das Übereinkommen Nr. 87 über die Vereinigungsfreiheit und den Schutz des Vereinigungsrechts. Es handelt sich hierbei um eines der wichtigsten IAO Übereinkommen,[232] welches von der Bundesrepublik Deutschland ratifiziert wurde und am 20.03.1958 in Kraft trat.[233]

Die Wesentlichen im Übereinkommen Nr. 87 niedergelegten Grundlagen sind:

„Artikel 2:
Die Arbeitnehmer und die Arbeitgeber ohne jeden Unterschied haben das Recht, ohne vorherige Genehmigung Organisationen nach eigener Wahl zu bilden und solchen Organisationen beizutreten, wobei lediglich die Bedingung gilt, dass sie deren Satzungen einhalten.
Artikel 3:
1. *Die Organisation der Arbeitnehmer und der Arbeitgeber haben das Recht, sich Satzungen und Geschäftsordnungen zu geben, ihre Vertreter frei zu wählen, ihre Geschäftsführung und Tätigkeit zu regeln und ihr Programm aufzustellen.*
2. *Die Behörden haben sich jedes Eingriffs zu enthalten, der geeignet wäre, dieses Recht zu beschränken oder dessen rechtmäßige Ausübung zu behindern.*

Artikel 4:

---

[231] Deutschland hat bisher 77 von 184 Übereinkommen ratifiziert (Stand 23.06.2005). Für die Nicht-Ratifikation weiterer Übereinkommen gibt es unterschiedliche Gründe. Einige Übereinkommen betreffen Deutschland inhaltlich nicht, einige wurden inhaltlich neu gefasst, so dass eine Ratifikation der ursprünglichen Übereinkommen nicht mehr möglich ist und bei einigen Übereinkommen handelt es sich um sehr alte Normen, deren Regelungsgehalt heute obsolet ist. Vgl. www.ilo.org.

[232] So Däubler/Kittner/Lörcher S. 232 und Gamillscheg S. 53. Bei dem Übereinkommen Nr. 87 handelt es sich um ein tragendes Grundprinzip, zudem sich alle Mitgliedstaaten der IAO ausdrücklich in einer *„Erklärung über die grundlegenden Prinzipien und Rechte bei der Arbeit"* im Juni 1998 bekannt haben. Das IAO Übereinkommen Nr. 87 ist von 144 von insgesamt 184 Ländern ratifiziert worden (Stand 10.07.2005). Weitere Grundprinzipien sind die Beseitigung der Zwangsarbeit, die tatsächliche Abschaffung der Kinderarbeit und das Verbot der Diskriminierung in Beschäftigung und Beruf. Die vier Grundprinzipien erfahren ihre Ausgestaltung durch acht Kern-Übereinkommen: Freedom of association and collective bargaining = Conv. 87 and 98; Elimination of forced and compulsory labour = Conv. 29 and 105; Elimination of discrimination in respect of employment and occupation = Conv. 100 and 111; Abolition of child labour = Conv. 138 and 182. Vgl. www.ilo.org.

[233] BGBl. II 1958 S. 113.

Die Organisationen der Arbeitnehmer und der Arbeitgeber dürfen im Verwaltungswege weder aufgelöst noch zeitweilig eingestellt werden.
Artikel 5:
Die Organisationen der Arbeitnehmer und der Arbeitgeber sind berechtigt, Verbände und Zentralverbände zu bilden und sich solchen anzuschließen. Die Organisationen, Verbände und Zentralverbände haben das Recht, sich internationalen Organisationen der Arbeitnehmer und der Arbeitgeber anzuschließen.
Artikel 8:
1. *Die Arbeitnehmer und die Arbeitgeber und ihre Organisationen haben sich gleich anderen Personen und organisierten Gemeinschaften bei Ausübung der ihnen durch dieses Übereinkommen zuerkannten Rechte an die Gesetze zu halten.*
2. *Die in diesem Übereinkommen vorgesehenen Rechte dürfen weder durch die innerstaatliche Gesetzgebung noch durch die Art ihrer Anwendung geschmälert werden.*"[234]

Obwohl der Wortlaut des Übereinkommens Nr. 87 IAO das Streikrecht nicht ausdrücklich erwähnt, wird nach Auffassung des Sachverständigenausschusses[235] der IAO aus Art. 3 eine Streikgarantie abgeleitet, weil zu den geschützten Tätigkeiten einer Organisation auch der Streik zählt.[236] „*The Committee has always recognized the right to strike by workers and their organisations as a legitimate means of defending their economic and social interest.*"[237] „*The right to strike is one of the essential means through which workers and their organisations may promote and defend their economic and social interest.*"[238] Ein Streikverbot sei mit dem Übereinkommen Nr. 87 nicht vereinbar. „*The prohibition on the calling of strikes by federations and confederations is not compatible with Convention No. 87.*"[239]
Erwähnt sei noch die 1998 verabschiedete Erklärung der IAO über grundlegende Prinzipien und Rechte bei der Arbeit. Sie fordert die Mitgliedstaaten auf, auch wenn sie die betreffenden Übereinkommen nicht ratifiziert haben, die grundlegenden Rechte, die Gegenstand der Übereinkommen sind, in gutem Glauben und gemäß der Verfassung einzuhalten, zu fördern und zu verwirklichen. Hierzu

---

[234] BGBl. II 1956 S. 2072; zu den anderen Abkommen der IAO vgl. www.ilo.org.
[235] Die Übereinkommen der IAO werden durch einen Sachverständigenausschuss (Committee of Experts) und einen Ausschuss für die Vereinigungsfreiheit (Committee of Freedom of Association) überwacht.
[236] Däubler/Kittner/Lörcher S. 234 f..
[237] Freedom of Association Document 0901 Rn. 474.
[238] Freedom of Association Document 0901 Rn. 475.
[239] Freedom of Association Document 0901 Rn. 478.

gehört auch die Vereinigungsfreiheit und die effektive Anerkennung des Rechts zu Kollektivverhandlungen.
Der Sachverständigenausschuss geht bei den rechtlich zulässigen Maßnahmen und Mitteln des Arbeitskampfes weiter als das Bundesarbeitsgericht. So wird ausdrücklich festgestellt, dass der Proteststreik zulässig sein müsse, das Streikrecht nicht nur auf tariflich regelbare Ziele beschränkt werden dürfe[240] und dass Sympathiestreiks zulässig seien, wenn der Hauptarbeitskampf zulässig sei.[241] „*A general prohibition of sympathy strikes could lead to abuse and workers should be able to take such action provided the initial strike they are supporting is itself lawful.*“[242] Gerade die letzten beiden Punkte sind hervorzuheben. Indem das Bundesarbeitsgericht lediglich den Streik um einen Tarifvertrag anerkennt und Sympathiestreiks für rechtswidrig erklärt, verstößt es damit nach Auffassung des IAO Sachverständigenausschusses gegen das Übereinkommen Nr. 87 der IAO.
Nach überwiegender Meinung entfalten die Aussagen und Stellungnahmen des Sachverständigenausschusses aber keine bindende Wirkung für die Mitgliedstaaten. Ihnen kommt lediglich argumentative Bedeutung zu.[243] Zur verbindlichen Entscheidung über alle Fragen oder Schwierigkeiten in der Auslegung der Verfassung oder der Übereinkommen ist gemäß Art. 37 Abs. 1 der IAO Verfassung lediglich der Internationale Gerichtshof (IGH) berufen.[244] Der IGH hat sich allerdings bislang noch nie mit der Auslegung eines IAO Übereinkommens befasst.[245]
Eine derartige Bewertung muss aber nicht heißen, dass den IAO Übereinkommen und den Stellungnahmen der Sachverständigenausschüsse keine Bedeutung zuzumessen ist. Die IAO Übereinkommen müssen – zumindest als Interpretations- und Auslegungshilfe – vom Bundesarbeitsgericht bei seiner Rechtsprechung zum Arbeitskampfrecht Berücksichtigung finden. Das deutsche

---

240 „*Accordingly, the right to strike should not be limited solely to industrial disputes that are likely to be resolved through the signing of a collective agreement; workers and their organisations should be able to express in a broader context, if necessary, their dissatisfaction as regards economic and social matters affecting their members interests.*" Freedom of Association Report No. 292, Case No. 1698 Rn. 741 m.
241 Däubler/Kittner/Lörcher S. 235; Kissel § 20 Rn. 46; Lörcher AuR 1991, 100.
242 Freedom of Association Report No. 248, Case No. 1381 Rn. 417; Report No. 277, Case No. 1549 Rn. 445.
243 Gamillscheg S. 55; Kissel § 20 Rn. 43; Löwisch 170.1 Rn. 115 mit Rn. 109; Otto in MüHb § 284 Rn. 56; so auch die Auffassung der Bundesregierung BT-Drucks. 12/3495 S. 12; dies ist aber in der Literatur nicht unbestritten. Im Hinblick auf die Vorschrift des Art. 31 Abs. 3 der Wiener Vertragsrechtskonvention (WVRK), die bestimmt, dass für die Auslegung völkerrechtlicher Verträge „jede spätere Übung“ bei der Auslegung des Vertrages zu berücksichtigen ist, wird vereinzelt eine Verpflichtung zur Beachtung von Stellungnahmen der Sachverständigenausschüsse hergeleitet, was jedoch voraussetzt, dass man die Spruchpraxis der Sachverständigen als „spätere Übung“ anerkennt. Vgl. Körner-Dammann S. 45.
244 Morhard S. 65 ff.; Körner-Dammann S. 45; Löwisch 170.1 Rn. 115.
245 Däubler/Kittner/Lörcher S. 157; Körner-Dammann S. 45.

Arbeitskampfrecht ist gesetzlich nicht geregelt. Es wird aus der Regelung des Art. 9 Abs. 3 GG hergeleitet und beruht auf reinen von der Rechtsprechung entwickelten Grundsätzen. Ein Arbeitskampfgesetz oder sonstige vom Gesetzgeber aufgestellte Regeln existieren nicht. Auslegungs- und Interpretationspunkt ist Art. 9 Abs. 3 GG. In Anbetracht der mangelnden gesetzlichen Regelung und auch dem knappen Wortlaut des Art. 9 Abs. 3 GG muss bei der Auslegung dieser Vorschrift Völker- und Europarecht Beachtung finden. Hier kommt den IAO Übereinkommen und der ESC ihre Bedeutung zu.[246]
Für die ESC ist dies bereits vom Bundesarbeitsgericht anerkannt worden. Es wird jedoch auch dort nicht auf die Stellungnahmen der Sachverständigenausschüsse eingegangen, sondern diese werden mit dem Hinweis abgetan, die deutsche Verfassung sei anders auszulegen. Dies erscheint bedenklich, zumal das Grundgesetz keine konkreten Vorgaben zum Streikrecht macht, und die gesamte Entwicklung des Arbeitskampfrechts auf Richterrecht beruht. Wenn das Bundesarbeitsgericht sich bei seiner Begründung auf das Grundgesetz, explizit auf Art. 9 Abs. 3 GG, stützt und damit die Beschränkung auf den tariflichen Streik rechtfertigt, erstaunt dies, da in Art. 9 Abs. 3 GG von einem tariflichen Streik nicht die Rede ist. Europarecht und Völkerrecht werden zur Interpretation nicht herangezogen.
Bevor hierauf näher eingegangen werden soll, ist zunächst zu klären, welche Rechtsnatur die IAO Übereinkommen haben, und mit welcher Begründung diesen in der deutschen Rechtsprechung keine Bedeutung bei der Interpretation des Arbeitskampfrechts beigemessen wird.

a) Die IAO Übereinkommen als Völkervertragsrecht

Nach überwiegender Auffassung handelt es sich bei den IAO Übereinkommen um völkerrechtliche Vereinbarungen.[247] Das Völkerrecht hat mehrere Rechtsquellen. Die wichtigste völkervertragliche Aufzählung der allgemeinen Rechtsgrundsätze des Völkerrechts gibt Art. 38 im Statut des Internationalen Gerichtshofs wieder.

„Artikel 38

1. *Der Gerichtshof, dessen Aufgabe es ist, die ihm unterbreiteten Streitigkeiten nach dem Völkerrecht zu entscheiden, wendet an*

---

[246] So auch Lörcher AuR 1991, 99.

[247] Muhr in FS Gnade 1992, 706; Gitter ZfA 1971, 132; Löwisch/Rieble in Mü-Hb § 242 Rn. 89; Gamillscheg S. 51; Körner-Dammann S. 39; Lörcher AuR 1991, 98; Scheider S. 56; Leinemann/Schütz BB 1993, 2519; Gegenwart S. 164; so auch die Bundesregierung BT-Drucks. 12/3495 S. 9; vgl. weiter die Nachweise in Morhard S. 97 Fn. 3.

a. *internationale Übereinkünfte allgemeiner oder besonderer Natur, in denen von den streitenden Staaten ausdrücklich anerkannte Regeln festgelegt sind;*
b. *das internationale Gewohnheitsrecht als Ausdruck einer allgemeinen, als Recht anerkannten Übung;*
c. *die von den Kulturvölkern anerkannten allgemeinen Rechtsgrundsätze;*
d. *vorbehaltlich des Artikels 59 richterlicher Entscheidungen und die Lehrmeinung der fähigsten Völkerrechtler der verschiedenen Nationen als Hilfsmittel zur Feststellung von Rechtsnormen.*"[248]

Zu unterscheiden ist folglich zwischen völkerrechtlichen Verträgen, Gewohnheitsrecht und allgemeinen Rechtsgrundsätzen. Von Interesse ist, in welchem Verhältnis die einzelnen Rechtsquellen zum nationalen Recht und zum Grundgesetz stehen. Das Grundgesetz verwendet den Begriff des Völkerrechts in Art. 25 (= allgemeine Regeln des Völkerrechts), Art. 59 Abs. 1 (= völkerrechtliche Vertretung) und Art. 100 Abs. 2 (= Regeln des Völkerrechts im Sinne des Art. 25).
Nach Art. 25 GG sind allgemeine Regeln des Völkerrechts unmittelbar geltendes innerstaatliches Völkerrecht. Sie bedürfen im Gegensatz zum sonstigen Völkerrecht keines eigenständigen Transformationsaktes mehr. Es handelt sich vorwiegend um universell geltendes Völkergewohnheitsrecht, ergänzt durch anerkannte allgemeine Rechtsgrundsätze.[249] Völkervertragliche Vereinbarungen zählen nicht dazu. Auf Grund der Formulierung in Art. 25 GG – „*Die allgemeinen Regeln des Völkerrechts sind Bestandteil des Bundesrechts. Sie gehen den Gesetzen vor und erzeugen Rechte und Pflichten unmittelbar für die Bewohner des Bundesgebietes.*" – ist bis heute umstritten, welchen Rang die Völkerrechtssätze im Verhältnis zum Grundgesetz einnehmen. Die Meinungen diesbezüglich sind geteilt. Überwiegend herrscht die Auffassung vor, dass die allgemeinen Regeln des Völkerrechts über den einfachen innerstaatlichen Gesetzen, d.h. dem Bundesrecht und dem gesamten Landesrecht, aber unter den Normen des Grundgesetzes stehen.[250] Ihre hierarchische Stellung befindet sich damit zwischen Verfassungs- und einfachem Bundesrecht.

[248] BGBl. II 1973 S. 507.
[249] BVerfG 30.10.1962 E 15, 25 (33); BVerfG 30.04.1963 E 16, 27 (33); BVerfG 09.06.1971 E 31, 145 (177).
[250] BVerfG 14.10.2004 E 111, 307 = NJW 2004, 3407 (3408); Pernice in Dreier Art. 25 Rn. 25; Herdegen in Maunz-Dürig Art. 25 Rn. 42; Brockmeyer in Schmidt-Bleibtreu/Klein Art. 25 Rn. 1a, auch mit weiteren Nachweisen zu den Gegenansichten. So wird vertreten, dass die allgemeinen Regeln des Völkerrechts der Verfassung vorgehen oder zumindest auf gleicher Ebene mit ihr stehen.

Im Folgenden soll die Bedeutung für die IAO Übereinkommen in diesem Zusammenhang untersucht werden. Diese fallen als völkerrechtliche Verträge nach überwiegender Ansicht nicht unter die allgemeinen Regeln des Völkerrechts im Sinne des Art. 25 GG. Sie bedürfen zu ihrer Anwendbarkeit eines Transformationsaktes in deutsches Recht. Berücksichtigung sollte hier aber der Ansatz von *Lörcher*[251] finden, der zumindest für einige der IAO Übereinkommen die Frage aufwirft, ob es sich bei diesen nicht um allgemeine Regeln des Völkerrechts handelt. Hierzu sei auch das Übereinkommen Nr. 87 zu zählen. Die Rechtsfolge wäre, dass diese Regelung weltweit zu beachten wäre und nicht lediglich von den Ländern, in denen sie ratifiziert wurde. Zu denken wäre hier an Völkergewohnheitsrecht, das ungeschriebene Völkerrecht, das nicht naturgegeben ist, sondern wie jedes Gewohnheitsrecht durch eine übereinstimmende gemeinsame Rechtsüberzeugung der Rechtsgenossen – hier konkret der Völkerrechtssubjekte – und auf Grund langandauernder Übung entsteht. Erforderlich ist ein längeres, gleichartiges Verhalten der beteiligten Staaten und die Überzeugung dieser Staaten, dass dieses Verhalten rechtlich geboten ist.[252] Völkervertragsrecht kann unter diesen Bedingungen auch Völkergewohnheitsrecht werden.[253]

Die IAO wurde bereits im Jahre 1919 gegründet und kann auf eine über 80jährige Praxis zurückblicken. Für die Auslegung und rechtliche Beurteilung der Übereinkommen sind zahlreiche Empfehlungen und Stellungnahmen der Sachverständigenausschüsse ergangen. Das Übereinkommen Nr. 87 der IAO wurde von der überwiegenden Anzahl der Mitgliedstaaten der IAO ratifiziert. Insgesamt 148 der 184 Staaten haben dieses Übereinkommen für sich verbindlich erklärt. Derartige Umstände stellen durchaus Indizien für die Entstehung von Völkergewohnheitsrecht dar. Fraglich ist aber, ob dies ausreichend ist. Den Stellungnahmen und Empfehlungen der Sachverständigenausschüsse wird keine bindende Wirkung zuerkannt. Über den genauen Inhalt und die rechtliche Bedeutung des Übereinkommens Nr. 87 der IAO herrscht zwischen der Bundesrepublik Deutschland und den Sachverständigenausschüssen keine Einigung. Die Normen der IAO wurden bisher in der deutschen Rechtsprechung weitgehend ausgeblendet. In den Urteilen der deutschen Gerichte haben sie überwiegend – von einzelnen Ausnahmen abgesehen – keine Berücksichtigung gefunden.

Ob man unter diesen Voraussetzungen die Annahme von Gewohnheitsrecht vertreten kann, ist zweifelhaft. So sind manche Autoren mit der Feststellung von Gewohnheitsrecht zu vorschnell, wenn auch die Zahl der Ratifikationen der IAO Übereinkommen ein Indikator für die Akzeptanz der dort niedergelegten Grundsätze ist.

---

[251] Lörcher AuR 1991, 103.
[252] Brockmeyer in Schmidt-Bleibtreu/Klein Art. 25 Rn. 4; Morhard S. 173.
[253] Streinz in Sachs Art. 25 Rn. 30 f..

Würde man die Auffassung vertreten, bei einigen Übereinkommen handele es sich um Völkergewohnheitsrecht, so wären diese in den Mitgliedstaaten ohne weiteren Transformationsakt anwendbar und von sämtlichen Beteiligten zu beachten. Eine Ratifikation der Übereinkommen wäre nicht mehr erforderlich. Eine solche Übung hat sich aber seit dem Bestand der IAO nicht herausgebildet. Die Mitgliedstaaten sehen die Übereinkommen erst dann als verbindlich an, wenn sie von ihnen ratifiziert worden sind. Vorher fühlen sie sich nicht an die Übereinkommen gebunden. Damit fehlt eine entsprechende Rechtsüberzeugung, welche allerdings für die Bildung von Gewohnheitsrecht unerlässlich ist.[254]

Letztlich kommt es aber darauf nicht an, denn das Übereinkommen Nr. 87 IAO wurde von der Bundesrepublik Deutschland ratifiziert und damit für bindend erklärt. Somit wurde es in das deutsche Recht transformiert. Durch die Ratifikation erhalten die Übereinkommen innerhalb der deutschen Rechtsordnung die Stellung einfachen Bundesrechts.[255] Dies ist sowohl vom Bundesverfassungsgericht[256] als auch vom Bundesarbeitsgericht[257] anerkannt. Regelungen des Grundgesetzes bleiben davon unberührt. Folglich würde sich an der Rechtslage nichts ändern, wenn es sich bei dem Übereinkommen Nr. 87 der IAO um Völkergewohnheitsrecht handeln würde.
Vielmehr geht es hier um die Frage, warum die Rechtsprechung zum Arbeitskampfrecht nicht auf die IAO Übereinkommen und die Sachverständigengutachten eingeht, sondern eine eigene Auslegung vornimmt. Explizit geht es um das Problem des tariflichen Streiks. Nach den Stellungnahmen des Sachverständigenausschusses verstößt die Sichtweise, dass das Streikrecht nur zum Abschluss eines Tarifvertrages anerkannt ist, gegen das Übereinkommen Nr. 87. Dies wird jedoch weder von der Bundesregierung noch von der Rechtsprechung berücksichtigt.

b) Die völkerrechtsfreundliche Auslegung des Grundgesetzes

Der eben aufgeworfenen Frage ist vor dem Hintergrund der völkerrechtsfreundlichen Auslegung des Grundgesetzes nachzugehen. Die völkerrechtsfreundliche Auslegung von Gesetzen hat das Bundesverfassungsgericht bereits mehrfach betont.[258] *„Auch Gesetze [...] sind im Einklang mit den völkerrechtlichen Verpflichtungen der Bundesrepublik Deutschland auszulegen und anzuwenden,*

---

[254] Morhard S. 174.
[255] Löwisch/Rieble in Mü-Hb § 242 Rn. 89: Lörcher RdA 1994, 288 f.; Muhr in FS Gnade 1992, 709.
[256] BVerfG 21.03.1957 E 6, 290 (294).
[257] BAG 18.10.1961 AP Nr. 69 zu Art. 3 GG = BAGE 11, 338.
[258] BVerfG 04.05.1971 E 31, 58 (75); BVerfG 09.06.1971 E 31, 145 (177); BVerfG 31.03.1987 E 75, 1 (17).

selbst wenn sie zeitlich später erlassen worden sind als ein geltender völkerrechtlicher Vertrag."[259] Verfassung und Gesetze sind also in Übereinstimmung mit dem Völkerrecht auszulegen.
Dies wurde in einer neueren Entscheidung des Bundesverfassungsgerichts noch einmal bekräftigt.[260] Das Bundesverfassungsgericht hat festgestellt, dass das Oberlandesgericht Naumburg in einer Entscheidung Völkerrecht missachtet und gegen die Bindungswirkung einer Entscheidung des Europäischen Gerichtshofs für Menschenrechte (EGMR) verstoßen hat. Dieser Entscheidung lag kein arbeitskampfrechtlicher, noch nicht einmal ein arbeitsrechtlicher Sachverhalt zu Grunde. Dennoch gibt sie Hinweise und lässt Rückschlüsse auf die Frage der Beachtung von Völkerrecht bei der richterlichen Urteilsfindung zu. Diese Entscheidung setzt sich mit der Europäischen Menschenrechtskonvention und der Rechtsprechung des EGMR bezüglich ihrer Bedeutung für das innerstaatliche Recht auseinander. In den Gründen der Entscheidung heißt es, dass das Grundgesetz eine weitgehende Völkerrechtsfreundlichkeit will. Die EMRK als völkerrechtlicher Vertrag und die Rechtsprechung des EGMR dienen auf der Ebene des Verfassungsrechts als Auslegungshilfen für die Bestimmung von Inhalt und Reichweite von Grundrechten und rechtsstaatlicher Grundsätze des Grundgesetzes. Die EMRK ist folglich bei der Auslegung des Grundgesetzes zu berücksichtigen.
Die gebotene völkerrechtsfreundliche Auslegung ist für den Richter verpflichtend. Sie besagt, dass Lücken des innerstaatlichen Rechts im Sinne der völkerrechtlichen Übereinkommen zu füllen sind; lediglich bei einem Verstoß gegen tragende Gründe der Verfassung sei Völkervertragsrecht nicht zu beachten. Die Bundesregierung selbst führt aus, dass die IAO Übereinkommen den Rang von Bundesgesetzen haben und von der Rechtsprechung bei ihrer Rechtsfindung zu berücksichtigen sind. Im Rahmen der völkerrechtsfreundlichen Auslegung müssten die IAO Übereinkommen zur Interpretationshilfe oder im Rahmen der Ermessensausübung herangezogen werden.[261]
Die Rechtsprechung des Bundesarbeitsgerichts und die Bundesregierung sprechen dem IAO Übereinkommen Nr. 87 und vor allem den Stellungnahmen der Sachverständigenausschüssen zum Arbeitskampfrecht trotzdem keine Bedeutung zu. Den IAO Überwachungsgremien wird vorgeworfen, dass sie für ihre Feststellungen keine Rechtsgrundlage hätten. Im Rahmen der IAO gebe es keine Rechtsnormen über den Arbeitskampf. Die Bundesregierung führt dazu aus: *„In dem Übereinkommen [Nr. 87 (Anmerkung des Verfassers)] ist jedoch ebenso wenig wie in anderen Übereinkommen der IAO ein Streikrecht gewährleistet. Die Bundesregierung hält es für rechtlich äußerlich bedenklich,*

[259] BVerfG 26.03.1987 EuGRZ 1987, 203 (206) zum Problem der Berücksichtigung der Unschuldsvermutung gem. Art. 6 Abs. 2 EMRK.
[260] BVerfG 24.10.2004 E 111, 307 = NJW 2004, 3407.
[261] BT-Drucks. 12/3495 S. 11; BVerfG 31.03.1987 E 75, 1 (19).

dass bestimmte Gremien der IAO aus dem Übereinkommen Nr. 87 über dessen Wortlaut hinaus Schlussfolgerungen zu einer bestimmten Ausgestaltung des Arbeitskampfes herleiten, die die ratifizierenden Staaten binden sollen. Gegenstand der Ratifizierung eines IAO-Übereinkommens kann nur der Übereinkommenstext selbst sein. Nach Auffassung der Bundesregierung sind auch Ausschüsse und Sachverständigengremien der IAO an die Prinzipien des Vertrauensschutzes und der Rechtsicherheit gebunden. Diese Grundsätze verbieten Auslegungsschritte, die sich völlig von dem festgelegten Text einer IAO-Urkunde lösen."[262] Ähnlich argumentiert das Bundesarbeitsgericht, wenn es im Rahmen der Frage der Zulässigkeit der Abwehraussperrung auf internationale Regelungen eingeht.[263] Die Bestimmungen (ESC, ILO, EMRK) gingen nicht über die Grundsätze hinaus, die in der Bundesrepublik Deutschland ohnehin durch das Grundrecht der Koalitionsfreiheit in Art. 9 Abs. 3 GG verfassungsrechtlich garantiert seien. Vor allem sei in den IAO Übereinkommen das Arbeitskampfrecht nicht unmittelbar angesprochen. Bezüglich der Regelungen des Arbeitskampfes ist der nationale Gesetzgeber und entscheidende Richter nach dieser Auffassung folglich an die IAO Übereinkommen nicht gebunden; eine nähere Befassung soll sich damit also erübrigen.[264]

Durchaus zutreffend ist, dass das Übereinkommen Nr. 87 der IAO auf den ersten Blick vom Wortlaut her das Streikrecht nicht erfasst. Folglich muss durch Auslegung ermittelt werden, ob nicht dennoch das Streikrecht umfasst ist. Dies ist zumindest nach Auffassung der Sachverständigenausschüsse der IAO der Fall, denen bei der Auslegung der Übereinkommen große Bedeutung zukommt.[265] Diesbezüglich besteht eine Spruchpraxis der Sachverständigenausschüsse, wonach das Streikrecht unter das Übereinkommen Nr. 87 fällt.[266] Eine derartige Interpretation lässt sich im Ergebnis durchaus dem Wortlaut, zumindest aber dem Sinn und Zweck des Übereinkommens Nr. 87 entnehmen. Art. 3 des IAO Übereinkommens Nr. 87 spricht davon, dass die Organisationen der Arbeitnehmer und Arbeitgeber das Recht haben, ihre Tätigkeiten zu regeln. Den Koalitionen obliegt die Pflicht, für die Arbeitnehmer einzustehen und verbesserte Arbeitsbedingungen zu schaffen. Aus diesem Zweck und Ziel heraus haben sich Gewerkschaften formiert. Seit Gründung der Gewerkschaften besteht

---

[262] Auffassung der Bundesregierung BT-Drucks. 12/3495 S. 19.
[263] BAG 10.06.1980 AP Nr. 64 zu Art. 9 GG Arbeitskampf.
[264] So auch BVerfG 20.10.1981 E 58, 233 (255) bezüglich der Tarif- und Gewerkschaftsfähigkeit einer Arbeitnehmervereinigung; Brox/Rüthers Rn. 126; Gitter ZfA 1971, 133.
[265] Im Rahmen der Frage, ob Art. 22 IPBPR (Internationaler Pakt über bürgerliche und politische Rechte; abgedruckt in Sartorius II Internationale Verträge Europarecht Nr. 20) das Streikrecht umfasst, hat der UN–Ausschuss für Menschenrechte die Auslegungen der IAO Sachverständigenausschüsse als „*korrekt und richtig*" bezeichnet. Vgl. UN-AMR 18.07.1986 NJW 1987, 3065.
[266] Vgl. Nachweise in Fn. 242.

Einigkeit darüber, dass dieses Ziel in zahlreichen Fällen nur mit Arbeitskämpfen zu erreichen ist. Der Arbeitskampf zur Verbesserung der Arbeits- und Wirtschaftsbedingungen ist durchweg anerkannt und vor allem erforderlich. Es ist ein wesentliches Mittel der Arbeitnehmer und ihrer Organisationen, um ihre Interessen durchzusetzen, zu fördern und zu verteidigen. Ohne Einflussmöglichkeiten blieben die Gewerkschaften machtlos. Das Führen von Arbeitskämpfen kann damit als Unterfall des Handelns der Koalitionen anerkannt werden.[267] Zu den geschützten Tätigkeiten der Organisationen ist daher auch der Streik zu zählen. Allein schon die Auslegung der Norm spricht für die Anerkennung des Streikrechts. Hinzu kommt weiterhin die Spruchpraxis der Überwachungsorgane der IAO. Nach Auffassung der IAO Sachverständigenausschüsse beziehen sich diese Rechte, neben der Förderung der Arbeitsbedingungen, auch auf Fragen der Wirtschafts- und Sozialpolitik.[268]

Vergleicht man nunmehr die entscheidende Regelung des Art. 9 Abs. 3 GG, so stellt man fest, dass darin genauso wenig wie in den IAO Übereinkommen vom Streikrecht die Rede ist. Lediglich Art. 9 Abs. 3 S. 3 GG erwähnt den Arbeitskampf, ohne etwas zur Rechtmäßigkeit zu sagen. Zutreffend weist *Schneider*[269] darauf hin, dass Art. 9 Abs. 3 GG vom Wortlaut her nur die Bildung einer Vereinigung erfasst und nicht deren Betätigung. Art. 87 des IAO Übereinkommens dagegen spricht sogar noch vom Handeln einer Koalition. Dennoch hat die Rechtsprechung in einer langen Entwicklung das Arbeitskampfrecht und explizit den Streik dem Grundrecht des Art. 9 Abs. 3 GG zugeordnet. Das Arbeitskampfrecht ist aber gesetzlich nicht geregelt, sondern war und ist Richterrecht. Wenn also insoweit argumentiert wird, dass die Normen der IAO oder der ESC vage und unbestimmt sind, so kann dem entgegengehalten werden, dass Normen über den Arbeitskampf in der nationalen Rechtsordnung, soweit sie überhaupt existieren, kaum präziser gefasst sind. Auch Art. 9 Abs. 3 GG bedarf der Auslegung, wobei dem Richter hierbei ein Spielraum obliegt, in dem auch internationale Normen mit einzubeziehen sind.
Weiterhin wird übersehen, dass die Verfassung dahingehend auszulegen ist, dass ein Konflikt mit völkerrechtlichen Verpflichtungen der Bundesrepublik Deutschland nicht entsteht.[270] Ein derartiger Konflikt ist aber bei der Sichtweise der deutschen Gerichte nicht zu vermeiden. Auch wenn Unklarheiten in der Formulierung des IAO Übereinkommens Nr. 87 bestehen, sind völkerrechtliche Vereinbarungen im Zweifel eher weit als eng auszulegen.[271] Völkerrechtliche

---

[267] Schneider S. 36 und S. 43.

[268] Stellungnahme des IAO Sachverständigenausschusses im Jahre 1983; vgl. Däubler in Däubler S. 104; Freedom of Association Report No. 292, Case No. 1698 Rn. 741 m.

[269] Schneider S. 204.

[270] BVerfG 24.10.2004 E 111, 307 = NJW 2004, 3407 (3408).

[271] So auch Schneider S. 41.

Verträge müssen nach dem „*Effektivitätsgrundsatz*“ und nach dem Grundsatz der „*necessary implication*“ ausgelegt werden.[272] Der „*Effektivitätsgrundsatz*“ besagt, dass völkerrechtlichen Verträgen die größtmögliche Effektivität verschafft werden soll, und nach dem Grundsatz der „*necessary implication*“ kann eine Vertragspartei die zur Erfüllung des Vertrages erforderlichen Rechte aus dem Vertrag herleiten, selbst wenn diese nicht ausdrücklich im Vertragstext aufgeführt sind, aber der Pflichterfüllung dienen.[273] Wendet man diese Grundsätze auf das Streikrecht und das IAO Übereinkommen Nr. 87 an, so spricht alles für die Anerkennung einer Streikgarantie durch das IAO Übereinkommen Nr. 87. Dies vor allem, wenn eine umfangreiche Spruchpraxis der IAO Überwachungsorgane besteht, die als Leitlinien und Interpretationshilfen dienen können, und die Auslegung nicht gegen den Wortlaut und gegen den Sinn des Vertrages verstößt, sondern vielmehr mit diesem vereinbar ist.[274]

Wenn die Rechtsprechung die völkerrechtlichen Vereinbarungen der IAO und der ESC in ihrer Rechtsfindung nicht beachtet oder sie mit dem Hinweis abtut, das Grundgesetz gehe von anderen Voraussetzungen aus, so stellt dies einen Verstoß gegen den Grundsatz der völkerrechtsfreundlichen Auslegung des Grundgesetzes dar. Zum Grundsatz der völkerrechtsfreundlichen Auslegung gehört auch die Beachtung von Stellungnahmen und Empfehlungen der Sachverständigenausschüsse, die sowohl bei der IAO als auch bei der ESC vorhanden sind. Beide kommen zu dem Ergebnis, dass die Bundesrepublik in ihrer Arbeitskampfrechtsprechung gegen die Regelungen der ESC und der IAO verstößt. Auf Grund der Nichtbeachtung der Aussagen der Sachverständigen kann es zu unterschiedlichen Auslegungen der völkerrechtlichen Vereinbarungen in den einzelnen Staaten kommen. Darauf weist zutreffend *Däubler*[275] hin. Er führt aus, dass es dann ein „*Übereinkommen nach französischer Machart*“, ein „*Übereinkommen nach deutscher Machart*“ usw. geben würde. Eine einheitliche Auslegung der Abkommen und deren Wirkung wäre damit nicht gewährleistet.
Zu fordern ist daher, dass sich der rechtsprechende Richter an die völkerrechtlichen Übereinkommen und die Stellungnahmen der Sachverständigenausschüsse halten muss. Eine Abweichung erscheint nur dann angemessen, wenn

---

[272] Ipsen S. 145.
[273] Ipsen S. 145.
[274] Nach Auffassung der Bundesregierung BT-Drucks. 12/3495 S. 12 kommt den Aussagen der Sachverständigenausschüssen keine bindende Wirkung zu. Umso mehr verwundert es, dass die Bundesregierung das Abkommen Nr. 151 der IAO mit dem Hinweis auf eine entgegenstehende Spruchpraxis der Gremien der IAO mit der innerstaatlichen Rechtslage nicht ratifiziert hat. BT-Drucks. 10/2123 S. 8 und S. 10. Damit gibt die Bundesregierung zu erkennen, dass sie sich wohl doch an die Stellungnahmen der IAO-Sachverständigenausschüsse gebunden fühlt.
[275] Däubler in Däubler Rn. 104 b; ders. NJW 1999, 3538; so auch Schneider S. 64.

schwerwiegende und triftige Gründe einer Anwendung entgegenstehen. Dies muss einleuchtend begründet werden und kann nicht mit einem bloßen Hinweis auf eine andere Auslegung des Art. 9 Abs. 3 GG geschehen. Diese Vorschrift trifft keine Aussage zum Streikrecht, sondern ist vielmehr im Lichte des Völkerrechts auszulegen. Gerade aber zur Lückenfüllung und Auslegung von Normen ist der Richter berechtigt, sogar verpflichtet, zu versuchen, die Lücken völkerrechtskonform auszugestalten. Der Richter muss bei der Auslegung gesetzlicher Normen dieser den Vorrang geben, die den Anforderungen des Völkerrechts am meisten gerecht wird. Solange Auslegungsspielräume vorhanden sind, haben deutsche Gerichte eine völkerrechtlichen Auslegung vorzuziehen.

Im Ergebnis ist festzuhalten, dass durch die Nichtbeachtung der IAO Übereinkommen die Bundesrepublik Deutschland gegen Völkerrecht verstößt.

6. Die historische Entwicklung des Streik- und Tarifrechts

Gegen eine Reduktion des Streikrechts auf den Abschluss eines Tarifvertrages führen *Zechlin*[276] und *Schumann*[277] die historische Entwicklung des Streik- und Tarifrechts an. Das Tarifvertragsrecht ist erst nach der Erkämpfung und verfassungsrechtlichen Absicherung des Streikrechts gesetzlich verankert worden. Diese Tatsache spreche gegen die Reduktion des Streikrechts auf die Erkämpfung tariflich regelbarer Ziele.
Dieses Argument ist fragwürdig. Die Konsequenz daraus wäre, dass Rechtsprechungs- und Gesetzesänderungen nicht mehr möglich wären. Die Rechtsprechung zum Arbeitskampfrecht hat sich seit der Weimarer Zeit grundlegend verändert und weiterentwickelt. Der Arbeitskampf wurde immer mehr der Tarifautonomie angenähert. Dass die spätere Entwicklung des Tarifrechts das Arbeitskampfrecht nicht mehr beeinflussen kann, erscheint nicht zwingend geboten.

7. Der Wortlaut des § 146 SGB III

Kissel[278] führt noch einen weiteren interessanten Aspekt für die Beschränkung des Streikrechts auf tariflich regelbare Ziele an, nämlich die Vorschrift des § 146 SBG III (früher § 116 AFG). Diese Vorschrift regelt das Ruhen von Arbeitslosengeld bei Arbeitskämpfen und gilt seiner Ansicht nach nur für den tarifbezogenen Streik. Dies ergebe sich daraus, dass in der gesamten Vorschrift immer nur vom *„umkämpften Tarifvertrag"* die Rede sei. Daraus zieht Kissel

---

[276] Zechlin S. 22.
[277] Schumann in Däubler Rn. 151.
[278] Kissel § 24 Rn. 4.

die Schlussfolgerung, dass selbst der Gesetzgeber lediglich den Streik für zulässig hält, der in einen Tarifvertrag einmünden soll.
Diese Argumentation überzeugt nicht. § 146 SGB III regelt nur die Folgen eines Arbeitskampfes für bestimmte Gruppen von Arbeitnehmern. Diese Vorschrift stellt keine Regeln bzw. Rechtmäßigkeitsvoraussetzungen auf, nach denen Arbeitskämpfe zulässig sind oder nicht. Ihr ist lediglich zu entnehmen, dass der Gesetzgeber den Tarifvertrag als wichtigstes Regelungsinstrument der Tarifvertragsparteien ansieht. Dem ist auch ohne Vorbehalt zuzustimmen. Dennoch kann nicht davon ausgegangen werden, dass der Gesetzgeber damit lediglich den tariflichen Streik als zulässig anerkennt. Vielmehr ist der Gesetzgeber nicht in der Lage, sämtliche Fallkonstellationen zu regeln, die jemals auftreten können. Dementsprechend ist es auch anerkannt, dass der Gesetzgeber unbestimmte Rechtsbegriffe verwenden kann und muss, um sämtliche in der Gesellschaft auftretenden Fälle zu regeln. In derartigen Fällen obliegt es dann dem Richter, den unbestimmten Rechtsbegriff auszulegen und auf den Einzelfall anzuwenden. Auch besteht immer die Möglichkeit der analogen Anwendung einer gesetzlichen Vorschrift unter bestimmten Voraussetzungen. Bei der Verwendung des Wortes „Tarifvertrag“ handelt es sich zwar nicht um einen unbestimmten Rechtsbegriff, dennoch kann durch die Verwendung dieses Begriffs in einer gesetzlichen Regelung nicht auf den Willen des Gesetzgebers geschlossen werden, nur den tariflichen Streik als rechtmäßig anzuerkennen. *Kissel* misst dem Wortlaut dieser Vorschrift zu viel Bedeutung bei. Betrachtet man andere gesetzliche Vorschriften, so geht die Rechtsprechung ebenfalls über den Wortlaut hinaus und bezieht andere Tatbestände mit ein. § 50 Abs. 1 ZPO sagt, dass parteifähig nur ist, wer rechtsfähig ist. Nach der Rechtsprechung des Bundesgerichtshofs haben die Gewerkschaften die aktive Parteifähigkeit, obwohl sie nicht als rechtsfähige Vereine organisiert sind. § 253 BGB schließt Geldersatzansprüche für Ehrverletzungen aus, da es hier um den Ersatz eines ideellen Schadens geht. Dennoch billigt die Rechtsprechung bei einer schwerwiegenden Beeinträchtigung des allgemeinen Persönlichkeitsrechts dem Geschädigten auch Geldersatzansprüche zu.[279]
Auch aus der Gesetzesbegründung zu § 146 SGB III und § 116 AFG lassen sich keinerlei Anhaltspunkte für die Argumentation *Kissels* finden.[280] Folglich kann aus dieser Vorschrift nicht der gesetzgeberische Wille geschlossen werden, nur den tariflichen Streik anzuerkennen.

---

[279] Heinrichs in Palandt § 253 Rn. 10 mit Nachweisen aus der Rechtsprechung.
[280] BT-Drucks. 13/4941 S. 180; BT-Drucks. 10/4989 S. 5 ff.; vgl. weiterhin BT-Drucks. 10/5214 S. 9 ff..

8. Die Auffassung von Lieb

Lieb[281] ist der Auffassung, dass die Frage des tariflich regelbaren Ziels überhaupt nichts zur Rechtmäßigkeit des Sympathiestreiks auszusagen vermag. Die Rechtmäßigkeitsvoraussetzung des tariflich regelbaren Ziels ist seiner Ansicht nach ein Kriterium, welches ersichtlich nur für den Hauptarbeitskampf entwickelt wurde. Eine nähere Begründung für diese Annahme liefert *Lieb* jedoch nicht.

Bei einem Sympathiestreik handelt es sich um einen echten Streik, der sich lediglich durch seinen unterstützenden Charakter vom „normalen" Streik unterscheidet. Sieht man den Sympathiestreik als echten Streik an, so ist auch davon auszugehen, dass er sämtliche Voraussetzungen erfüllen muss, damit er als rechtmäßig angesehen werden kann. Dies sieht auch *Lieb* so, der die Rechtmäßigkeit des Sympathiestreiks an den allgemeinen Regeln der Eignung und der Erforderlichkeit überprüft. Nach herrschender Meinung würde dazu auch der Abschluss eines Tarifvertrages gehören. Anzunehmen dürfte sein, dass *Lieb* den Sympathie- und den Hauptstreik als einheitliches Geschehen ansieht, die auf Grund der Akzessorietät des Sympathiestreiks miteinander verbunden sind.[282] In diesem Fall ist es ausreichend, dass der Hauptstreik das Ziel verfolgt, einen Tarifvertrag durchzusetzen. Eine vergleichbare Diskussion ergibt sich auch bei der Frage der Anwendbarkeit des ultima-ratio-Grundsatzes auf den Sympathiestreik. Hier wird die Frage aufgeworfen, welche Verhandlungsmöglichkeiten ausgeschöpft werden sollen, wenn die aus Sympathie Streikenden für sich nichts erkämpfen können und wollen. Überwiegend wird in der Literatur die Auffassung vertreten, dass der ultima-ratio-Grundsatz nur auf den Hauptarbeitskampf Anwendung findet. Die Rechtmäßigkeit des den ultima-ratio-Grundsatz beachtenden Hauptarbeitskampfes greife dann wegen der Akzessorietät auf den Sympathiestreik über. Eine Übertragung dieser Überlegungen auf die Frage des tariflich regelbaren Ziels erscheint durchaus möglich. Der Hauptstreik und der Sympathiestreik könnten in diesem Fall als ein einheitliches Geschehen aufzufassen sein mit der Folge, dass die Verfolgung eines tariflich regelbaren Ziels im Hauptstreik für die Rechtmäßigkeit des Sympathiestreiks ausreichend wäre.

Eine tiefergehende Auseinandersetzung mit der Ansicht von *Lieb* soll hier aber nicht vorgenommen werden, da weder eine positive noch eine negative Entscheidung für den weiteren Verlauf der Untersuchung ausschlaggebend oder wegweisend wäre. Wie eben gezeigt, ist es weder sachgerecht noch zwingend notwendig, eine Beschränkung des Streikrechts nur auf den Abschluss von Tarifverträgen vorzunehmen. Eine derartige Voraussetzung entfällt damit. Dies

---

[281] Lieb Anm. zu BAG 05.03.1985 SAE 1986, 64; ders. „Arbeitsrecht" Rn. 685.

[282] So zumindest Freund S. 76 und S. 82.

bezieht sich aber nicht nur auf den Sympathiestreik, sondern auf alle Arbeitsniederlegungen.
Selbst wenn man sich – was die Frage des tariflichen Streiks betrifft – der herrschenden Meinung anschließt, kann damit, wie nachfolgend zu zeigen sein wird, nicht die Unzulässigkeit des Sympathiestreiks begründet werden.

9. Zusammenfassung

Im Gegensatz zur herrschenden Meinung ist die verfassungsrechtliche Arbeitskampffreiheit nicht auf den Abschluss von Tarifverträgen beschränkt. Diese dennoch vorgenommene Einschränkung beruht auf rein richterrechtlichen Erwägungen und lässt sich weder dem Wortlaut des Art. 9 Abs. 3 GG noch der geschichtlichen Entwicklung entnehmen. Eine derartige Einschränkung wird der Auslegung des Art. 9 Abs. 3 GG nicht gerecht und steht im Widerspruch zu internationalen Normen wie der ESC und dem IAO Übereinkommen Nr. 87. Der von der Rechtsprechung und einem großen Teil der Literatur vorgenommene Bezug auf den tariflichen Streik kann damit nicht als Argument für eine Unzulässigkeit des Sympathiestreiks herangezogen werden.
Aus der Tatsache, dass es entgegen der herrschenden Meinung nicht erforderlich ist, dass das Ziel eines Streiks ein Tarifvertrag ist, folgt selbstverständlich noch nicht die grundsätzliche Anerkennung sämtlicher Arbeitsniederlegungen. Auch weiterhin muss es sich um rechtmäßige Kampfziele handeln, nämlich solcher, die zur Förderung der Arbeits- und Wirtschaftsbedingungen dienen und zu diesem Zweck geeignet und erforderlich sind. Arbeitskämpfe, die gegen verfassungsrechtlich geschützte Rechtsgüter verstoßen oder die Grenzen der richterrechtlichen Arbeitskampfregeln nicht einhalten, fallen nicht unter den Schutz des Art. 9 Abs. 3 GG und sind rechtswidrig. [283]

---

[283] Schwieriger ist die Frage zu beantworten, ob ein Streik als rechtmäßig anerkannt werden kann, der eine Standortschließung oder eine Standortverlagerung ins Ausland verhindern soll. Zunehmend drohen Unternehmen auf Grund der hohen Arbeitskosten in der Bundesrepublik und den Nachteilen des „Standorts Deutschlands“ mit einer Verlagerung der Produktion ins Ausland. Würden nunmehr davon betroffene Arbeitnehmer in den Streik treten, so tritt eine Kollision zwischen dem Streikrecht der Arbeitnehmer und der unternehmerischen Entscheidungsfreiheit der Arbeitgeber ein. Beide Positionen sind grundrechtlich geschützt. Zur Problematik eines Streiks bezüglich der Standorterhaltung sind bereits einige arbeitsrechtliche Entscheidungen gefällt worden. Der Streik zur Standorterhaltung wurde hierbei als rechtswidrig erklärt. Das Streikrecht wird im Hinblick auf die Unternehmensautonomie eingeschränkt. Dagegen sei es aber zulässig, zur Abmilderung der sozialen Folgen über das „wie“ der Betriebsschließung bzw. Verlagerung zu streiken. Diesbezüglich dürfe um Regelungen in Sozialplänen gestreikt werden, wie z.B. die Verlängerung bestehender Kündigungsfristen, die Durchführung und Finanzierung von Qualifizierungsmaßnahmen oder der Zahlung von Abfindungen. Vgl. dazu LAG Niedersachsen 02.06.2004 AP Nr. 164 zu Art. 9 GG Arbeitskampf; LAG Hamm 31.05.2000 NZA-RR 2000, 535; LAG Schleswig-Holstein NZA-RR

III. Der mittelbare Tarifbezug des Sympathiestreiks

1. Ziel des Sympathiestreiks ist der Abschluss eines Tarifvertrages

Die Auseinandersetzung mit der Frage, ob Arbeitskämpfe ausschließlich zum Abschluss eines Tarifvertrages zulässig sind, könnte bei näherer Betrachtung des Sympathiestreiks offen bleiben. Jeder Sympathiestreik, mit dem in einem Tarifkampf eingegriffen wird, bezweckt letztlich die Unterstützung anderer Arbeitnehmer bei der Erreichung ihres tariflich regelbaren Ziels. Damit dient auch der Sympathiestreik – wenn auch nur mittelbar – dem Abschluss eines Tarifvertrages.[284] Diese Konstellation lag auch den beiden wegweisenden Entscheidungen des Bundesarbeitsgerichts zum Sympathiestreik zu Grunde.[285] Im ersten Fall erstrebte die Gewerkschaft HBV, in dem zweiten Fall die IG Metall den Abschluss eines Tarifvertrages. In beiden Fällen wollten die aus Sympathie streikenden Gewerkschaften die Hauptstreikenden bezüglich ihrer Tarifforderungen unterstützen.

Beide Sympathiestreiks dienten damit einem tariflich regelbaren Ziel. Auch mit ihnen sollte nicht ungezielt gestreikt werden, sondern sie waren auf die „*Verbesserung kollektiver Arbeitsbedingungen*“[286] gerichtet. Es sollten ganz bestimmte tarifliche Forderungen unterstützt werden. Die aus Sympathie Streikenden

---

2003, 592; Hessisches LAG 02.02.2006 Az.: 9 Sa 915/05; vgl. dazu auch die Kommentierungen von Bauer/Krieger NZA 2004, 1019; Hohenstatt/Schramm DB 2004, 2214; Reichhold BB 2004, 2814; Kühling/Bertelsmann NZA 2005, 1017; Berg/Platow/Schoof/Unterhinnighofen S. 316 ff..

Einen derartigen Sozialtarifvertrag erstreikte auch die IG Metall für die Arbeitnehmer des Halbleiterstammwerkes von Infineon Ende Oktober 2005 in München-Perlach. Das Werk sollte 2007 geschlossen werden. Nach acht Tagen Streik und langen Verhandlungen haben sich der Konzern und die IG Metall auf einen Sozialtarifvertrag geeinigt. Die Schließung des Werkes wurde nicht verhindert, aber zumindest konnten die Folgen für die Arbeitnehmer gemildert werden. Die Abfindungszahlungen an die Arbeitnehmer wurden von ursprünglich 0,33 Monatsgehälter pro Beschäftigungsjahr auf 1,33 Gehälter angehoben, wobei ein Betrag von 130.000 Euro die Obergrenze für langjährige Mitarbeiter bildet. Weiterhin sind Details einer Beschäftigungs- und Qualifizierungsgesellschaft geregelt. Vgl. diesbezüglich FAZ 01.11.2005 S. 9.

[284] Darauf weisen hin Bieback in Däubler Rn. 374; Plander AuR 1986, 197; ders. ZTR 1989, 136; Preis Anm. zu BAG 12.01.1988 EzA Nr. 73 zu Art. 9 GG Arbeitskampf S. 13; Scholz/Konzen S. 248; Seiter S. 506; Haupt S. 110 und S. 116; Hergenröder S. 281; Geib S. 64; Hartje S. 275; Bora S. 88 f.; Stadler BB 1967, 721; Hueck/Nipperdey II 2 S. 1009; Zachert Anm. zu BAG 12.01.1988 AiB 1988 S. 181, der die Sicht des Bundesarbeitsgerichts bezüglich der engen Verknüpfung von Tarifvertrag und Arbeitskampf als verfehlt ansieht; kritisch Otto in Mü-Hb § 286 Rn. 44, der das Kriterium des fehlenden Tarifvertrages aber nur als „*unglücklich gewählt*“ ansieht.

[285] BAG 03.05.1985 AP Nr. 85 zu Art. 9 GG Arbeitskampf; BAG 12.01.1988 AP Nr. 90 zu Art. 9 GG Arbeitskampf.

[286] Birk S. 67.

legten die Arbeit nicht nieder, um ihre eigenen Arbeitsbedingungen zu gestalten. Es ging nicht um sie selbst betreffende kollektivvertragliche Regelungen, sondern um die Arbeitsbedingungen der Hauptstreikenden. Dadurch, dass der Sympathiestreik aber den Hauptstreik unterstützt, dient er mittelbar der Gestaltung von Arbeitsbedingungen und fällt unter den Schutz des Art. 9 Abs. 3 GG. Der mittelbare Tarifbezug betrifft sämtliche Konstellationen des Sympathiestreiks, da diese untrennbar an einen rechtmäßigen Hauptarbeitskampf mit dem Ziel des Abschlusses eines Tarifvertrages gebunden sind. Der Sympathiestreik wird daher folglich immer mittelbar einem Tarifvertrag zu Gute kommen.

Das Erfordernis des tariflich regelbaren Ziels ist folglich nicht verletzt, wenn der Hauptstreik den Abschluss eines Tarifvertrages erkämpfen soll. Dies entspricht wohl auch der Sichtweise von *Lieb*, wenn dieser anführt, dass das Kriterium des tariflich regelbaren Ziels lediglich für den Hauptarbeitskampf gelte.[287] Selbst das Bundesarbeitsgericht führt in seiner zweiten Sympathiestreikentscheidung aus, dass *„durch Sympathiestreiks der Abschluss eines Tarifvertrages im Sinne der den Hauptarbeitskampf führenden Gewerkschaft gefördert wird, sei es, dass die Kampfbereitschaft von deren Mitgliedern durch die gezeigte Solidarität anderer Gewerkschaften gestärkt wird, sei es, dass die vom Sympathiestreik betroffenen Arbeitgeber – gleich in welcher Weise – darauf hinwirken können, dass die vom Hauptarbeitskampf betroffenen Arbeitgeber durch Nachgeben die Beendigung des Arbeitskampfes und damit auch des Sympathiestreiks ermöglichen."*[288]

Der Tarifbezogenheit des Sympathiestreiks kann auch nicht das Argument des Bundesarbeitsgerichts entgegengehalten werden, *„dass der Sympathiestreik nicht unmittelbar dem Abschluss des umkämpften Tarifvertrages dient, da er nicht darauf gerichtet ist, selbst den Widerstand des Tarifpartners zu brechen, mit dem der umkämpfte Tarifvertrag abgeschlossen werden soll. [...] Die Rechtfertigung kann nicht darin liegen, dass die genannten Maßnahmen darauf gerichtet und geeignet sind, den Abschluss irgendeines Tarifvertrages zu fördern"*.[289]

Allein aus der strengen Verbindung zwischen Tarifautonomie und Arbeitskampf lässt sich ein derartiges Unmittelbarkeitserfordernis nicht ableiten. Auch aus dem Wortlaut des Art. 9 Abs. 3 GG ergibt sich das Unmittelbarkeitskriterium nicht. Wie bereits ausgeführt, fordert der Wortlaut noch nicht einmal, dass es sich überhaupt um ein tariflich regelbares Ziel handeln muss, geschweige denn, dass dies unmittelbar der Fall sein muss.[290] Das Ziel sowohl des Hauptstreiks als

---

[287] Vgl. oben 2. Teil II 8.

[288] BAG 12.01.1988 AP Nr. 90 zu Art. 9 GG Arbeitskampf.

[289] BAG 12.01.1988 AP Nr. 90 zu Art. 9 GG Arbeitskampf und ihm zustimmend ein großer Teil der Literatur.

[290] So insbesondere Preis Anm. zu BAG 12.01.1988 EzA Nr. 73 zu Art. 9 GG Arbeitskampf S. 13.

auch des Sympathiestreiks – mag es in letzterem Fall auch nur ein Fernziel sein – ist doch immer der Abschluss eines Tarifvertrages. Das Kriterium der „Unmittelbarkeit" erweist sich als „Erfindung" des Bundesarbeitsgerichts, welches sich nicht anhand gesetzlicher Vorschriften begründen lässt.
Es kann auch nicht mit der Behauptung des Bundesarbeitsgerichts davon ausgegangen werden, dass irgendein Tarifvertrag unterstützt werden soll. Die einen Sympathiestreik ausrufende Gewerkschaft wird nicht leichtsinnig jedem beliebigen Streik zur Hilfe kommen. Sie wird ihre Unterstützung lediglich dort vornehmen, wo Hilfe dringend benötigt wird und ihr die erstrebten Forderungen gerecht und angemessen erscheinen. Dies kann beispielsweise darin liegen, dass die unterstützende Gewerkschaft derselben Branche angehört und die erstrebten Forderungen bereits für ihre Mitglieder in der Vergangenheit durchsetzen konnte. Die Unterstützung irgendeines beliebigen Tarifvertrages durch eine andere Gewerkschaft kann ausgeschlossen werden. Dies zumal der Sympathiestreik auch Opfer verlangt. Jeder Streik – und damit auch ein Sympathiestreik – ist mit Kosten für die Gewerkschaft und mit Nachteilen für die davon betroffenen Arbeitnehmer verbunden. Darüber hinaus ist es unwahrscheinlich, dass sich zahlreiche Arbeitnehmer mit einem beliebigen Streik solidarisch zeigen. Es erfordert bereits eine große Kraftanstrengung, Arbeitnehmer zu einem Streik zu mobilisieren, der ihre eigenen Interessen betrifft. Umso schwerer wird es sein, Arbeitnehmer aus anderen Betrieben zu einem Sympathiestreik aufzurufen.
Beim Sympathiestreik handelt es sich bereits begriffsnotwendig um einen lediglich unterstützenden Streik, der nicht zur Durchsetzung eigener Ziele eingesetzt wird. Nach diesem Ziel muss dann aber auch seine Rechtswidrigkeit oder Rechtmäßigkeit bemessen werden. Wenn das Bundesarbeitsgericht für Sympathiestreiks über den vorhandenen – mittelbaren – Tarifbezug noch eine zusätzliche Rechtfertigung fordert, so stellt es erhöhte Anforderungen an die Rechtmäßigkeitsvoraussetzungen.[291] Vor allem aber wird mit einer derartigen Argumentation die Unzulässigkeit des Sympathiestreiks mit dem Wesen des Sympathiestreiks an sich begründet. Allein der Umstand, dass er lediglich unterstützenden Charakter hat und keinen eigenen Tarifvertrag anstrebt, führt zu seiner Unzulässigkeit. Der Sympathiestreik wird mit seinem begriffsnotwendigen Tatbestandsmerkmal für rechtswidrig erklärt. Aus der Gegebenheit, dass er keinen eigenen Tarifvertrag verfolgt, kann folglich kein Argument gewonnen werden. Dies würde gegen die generelle Anerkennung möglicher unterstützender Arbeitskampfmaßnahmen verstoßen.

Aber selbst das Bundesarbeitsgericht ist sich seiner Linie von der Unmittelbarkeit des Tarifvertrages nicht treu. So führt es aus, dass es durchaus auch Konstellationen geben kann, in denen ein Sympathiestreik gerechtfertigt ist. In

---

[291] Plander ZTR 1989, 137.

diesen Fallkonstellationen sei der Sympathiestreik als rechtmäßiges Arbeitskampfmittel anzusehen. Will also das Bundesarbeitsgericht hier die Rechtmäßigkeit bejahen, so ist es gezwungen, die eben erst vorgenommene Einschränkung des Schutzbereichs durch Art. 9 Abs. 3 GG auf unmittelbar dem Abschluss eines Tarifvertrages dienende Kampfmaßnahmen wieder aufzuheben. Ein eben kreiertes Tatbestandsmerkmal wird zu Gunsten einer Einzelfallentscheidung alsbald geopfert.[292]

2. Das Streikrecht der nicht- oder andersorganisierten Arbeitnehmer

Ein ganz offensichtlicher Aspekt wird bei der Frage des Streikrechts zum unmittelbaren Abschluss eines Tarifvertrages übersehen. Die Rede ist vom Streikrecht der nicht- oder der andersorganisierten Arbeitnehmer. In Literatur und Rechtsprechung ist nahezu unbestritten, dass sich an einem Arbeitskampf auch Nicht- oder Andersorganisierte beteiligen dürfen.[293] Trotzdem wird in Literatur und Rechtsprechung keine einheitliche Begründung für eine Streikteilnahme der Außenseiter geliefert. Als Gründe für eine rechtlich zulässige Kampfbeteiligung dieser Arbeitnehmer werden die unterschiedlichsten Argumente angeführt.[294] Überwiegend wird diese Auffassung mit dem Grundsatz der „Einheit der Belegschaft“ bzw. der „Einheit der Arbeitnehmerschaft“ begründet. Die Funktionsfähigkeit des Arbeitskampfsystems erfordert eine Teilnahmemöglichkeit der ganzen Belegschaft am Arbeitskampf. Dies betrifft sowohl die Nicht- als auch die Andersorganisierten. Anderenfalls wären kleine Arbeitnehmergruppen nicht in der Lage, eigenständig einen Tarifvertrag durchzusetzen, was zur Folge hätte, dass sie weitgehend schutzlos wären.[295] Das Streikrecht der Nicht- und der Andersorganisierten wird folglich mit der praktischen Notwendigkeit ihrer Teilnahme begründet. Ausgangspunkt der Zulässigkeit der Beteiligung ist das Kräftegleichgewicht der Parteien, die Arbeitskampfparität. Das Bundesarbeitsgericht erwähnt ferner, dass auch die Außenseiter am Tariferfolg partizipieren.

---

[292] Preis Anm. zu BAG 12.01.1988 EzA Nr. 73 zu Art. 9 GG Arbeitskampf.

[293] BAG 28.01.1955 AP Nr. 1 zu Art. 9 GG Arbeitskampf = BAGE 1, 291; BAG 29.11.1967 AP Nr. 13 zu Art. 9 GG Arbeitskampf = BAGE 20, 175; BAG 21.04.1971 AP Nr. 43 zu Art. 9 GG Arbeitskampf = BAGE 23, 292; BAG 22.03.1994 AP Nr. 130 zu Art. 9 GG Arbeitskampf; BAG 11.07.1995 AP Nr. 138 zu Art. 9 GG Arbeitskampf; Brox/Rüthers Rn. 289; Lieb „Arbeitsrecht“ Rn. 660; ders. RdA 1991, 147; Löwisch 170.2 Rn. 85; Scholz/Konzen S. 257 ff.; Seiter S. 40; Thüsing S. 54; Konzen DB 1990, Beilage 6 S. 12, der in dem Streikrecht der Außenseiter alle Elemente einer gewohnheitsrechtlichen Verfestigung sieht.

[294] Vgl. dazu Gebhardt S. 44 ff.; Thüsing S. 46 ff..

[295] Seiter S. 504 f.; Löwisch 170.2 Rn. 86; Otto in Mü-Hb § 285 Rn. 61; Scholz/Konzen S. 22; Konzen DB 1990, Beilage 6 S. 12.

Letzteres Argument kann allerdings nicht überzeugen. Die Partizipation am Tariferfolg ergibt sich nur aus individualvertraglichen Vereinbarungen mit dem Arbeitgeber. Einen rechtlichen Anspruch auf den Tariferfolg haben die Nicht- oder Andersorganisierten nicht.
Überwiegend besteht die Ansicht, die Kampfbeteiligung der Außenseiter sei erforderlich, um eine hinreichende Kampfparität zwischen den Sozialpartnern herzustellen. In den Fällen, wo organisierte Arbeitnehmer nicht in der Lage sind, sich selbst zu helfen, muss eine Unterstützung durch andere Arbeitnehmer möglich sein. Dies entspricht der Möglichkeit der Arbeitnehmer, einen effektiven Arbeitskampf zu führen. Auf andere Art und Weise kann die Tarifautonomie nicht wirksam werden, zumal zu beachten ist, dass in der Regel nur ein geringer Teil der Arbeitnehmer in einer Gewerkschaft organisiert ist. Die breite Masse scheut den Beitritt zur Gewerkschaft.
Auch diese Arbeitnehmer streiken nicht unmittelbar zum Abschluss eines eigenen Tarifvertrages. Die immer wieder hervorgehobene Verzahnung von Tarifvertrag und Arbeitskampf wird in diesem Fall nicht konsequent gehandhabt. Tarifliche Normen gelten nach § 4 Abs. 1 TVG nur für beiderseits tarifgebundene – also auf Arbeitnehmerseite in der Regel nur für Gewerkschaftsangehörige – dennoch dürfen auch Außenseiter-Arbeitnehmer streiken. Sie streiken für einen Tarifvertrag, der auf sie keine unmittelbare Anwendung findet. Die Situation ist vergleichbar mit der bei einem Sympathiestreik. Das Ziel ist bei beiden der Abschluss eines Tarifvertrages, der einem selbst nicht unmittelbar zu Gute kommt. Innerhalb eines Betriebs wird dies aus Paritätsgesichtspunkten zugelassen. Diese Grundsätze müssen auch außerhalb eines Betriebs gelten, wenn die Arbeitskampfparität die Notwendigkeit des Sympathiestreiks erfordert.
Um nicht falsch verstanden zu werden: Sicherlich ist es richtig, die Streikbeteiligung von nicht- oder andersorganisierten Arbeitnehmern an einem gewerkschaftlich geführten Arbeitskampf aus Paritätsgründen zuzulassen. Das Paritätsprinzip wurde in der arbeitsrechtlichen Rechtsprechung in zahlreichen Fallkonstellationen herangezogen und hat als Grundlage der Entscheidungen gedient. Erwähnt seien beispielhaft die Begrenzung der Aussperrung, die Grundsätze der Arbeitskampfrisikolehre und die bereits hier erwähnte Teilnahme der nicht- oder andersorganisierten Arbeitnehmer an einem Arbeitskampf. Selbst im Rahmen der zweiten Sympathiestreikentscheidung des Bundesarbeitsgerichts wurde das Paritätsprinzip herangezogen. Die Notwendigkeit des Sympathiestreiks sollte von daher ebenfalls vor dem Hintergrund der Arbeitskampfparität beurteilt werden.
Nicht verkannt wird, dass in den Fällen der Beteiligung von Nicht- oder Andersorganisierten ein und derselbe Arbeitgeber betroffen ist. Darin ist sicherlich ein wesentlicher Unterschied zu dem „klassischen" Sympathiestreik zu sehen. Dennoch kann dies kein durchschlagendes Argument sein, um dem

Sympathiestreik seine rechtliche Zulässigkeit abzusprechen. Zum Einen wird dieses Argument bei anderen vergleichbaren Konstellationen ebenfalls nicht verwendet, und zum Anderen verfolgt der Sympathiestreik zumindest mittelbar das Ziel, einen Tarifvertrag abzuschließen.

3. Die Tarifzuständigkeit der den Sympathiestreik führenden Gewerkschaft

Rüthers und *Berghaus*[296] sehen ein weiteres Problem in dem Umstand, dass lediglich auf das Fernziel, dem Abschluss eines Tarifvertrages der Hauptstreikende, abgestellt wird. In diesen Fällen fehle der aus Sympathie streikenden Gewerkschaft die Tarifzuständigkeit. Eine ausführliche Stellungnahme zu dieser Ansicht erfolgt jedoch nicht. Die Aussage beschränkt sich auf diese bloße Feststellung. Bei näherer Betrachtung ergibt sich aber aus der Tarifzuständigkeit kein Hindernis für eine Zulässigkeit des Sympathiestreiks.
Die Tarifzuständigkeit legt die Befugnis fest, innerhalb welches räumlichen, betrieblichen und persönlichen Geltungsbereichs eine tariffähige Partei Tarifverträge abschließen kann.[297] Sie regelt die Frage, welche Gewerkschaft für den Abschluss eines bestimmten Tarifvertrages zuständig ist und normiert damit die Wirksamkeitsvoraussetzung für einen Tarifvertrag. Unstreitig muss derjenige, von dem ein Tarifvertrag verlangt wird, tariffähig sein. Fehlt bei Abschluss des Tarifvertrages einer Partei die Tarifzuständigkeit, ist der Tarifvertrag unwirksam.[298]
Bei den Konstellationen des Sympathiestreiks ist jedoch zu beachten, dass die den Sympathiestreik führende Gewerkschaft gar keinen eigenen Tarifvertrag mit dem bestreikten Arbeitgeber des Hauptarbeitskampfes abschließen will. Sie will, soll und kann gar nicht Vertragspartner sein. Diese Aufgabe obliegt der Gewerkschaft des Hauptstreiks, die den erstrebten Tarifvertrag auch schließen kann. Hier wird die Tarifzuständigkeit ohne weiteres gegeben sein. Der Tarifzuständigkeit auf Seiten der im Sympathiestreik stehenden Gewerkschaft bedarf es nicht, da diese nicht Vertragspartnerin für den Abschluss eines Tarifvertrages ist. Ihr Ziel ist es, „lediglich“ den Hauptstreik zu unterstützen und nicht als Tarifvertragspartnerin im Hauptstreik aufzutreten. Insofern stellt sich für die im Sympathiestreik stehende Gewerkschaft die Frage nach der Tarifzuständigkeit nicht. Es ist keine Frage der Tarifzuständigkeit, wenn eine Gewerkschaft eine andere Gewerkschaft – egal auf welche Weise – unterstützt. Die Tarifzuständigkeit normiert nur die Fähigkeit zum Abschluss von Tarifverträgen in einem bestimmten Gebiet und einer bestimmen Branche. Dafür ist aber die im Haupt-

---

[296] Rüthers/Berghaus Anm. zu BAG 12.01.1988 AP Nr. 90 zu Art. 9 GG Arbeitskampf.
[297] Oetker in Wiedemann § 2 Rn. 47; Löwisch/Rieble § 2 Rn. 79.
[298] BAG 27.11.1964 AP Nr. 1 zu § 2 TVG Tarifzuständigkeit; Oetker in Wiedemann § 2 Rn. 43 m.w.N. in Fn. 99.

streik stehende Gewerkschaft zuständig. Auf die Frage der Zuständigkeit der Gewerkschaft des Sympathiestreiks kommt es somit nicht an.

4. Zusammenfassung

Jeder Sympathiestreik, mit dem in einen Tarifkampf eingegriffen wird, bezweckt die Unterstützung anderer bei der Erreichung ihrer tariflich regelbaren Ziele. Er dient damit zumindest mittelbar der Gestaltung der Arbeits- und Wirtschaftsbedingungen und dem Abschluss eines Tarifvertrages. Damit genügt der Sympathiestreik dem Grundsatz des tariffähigen Kampfzieles. Das Erfordernis der „Unmittelbarkeit" eines Tarifvertrages findet keine Stütze im Wortlaut des Art. 9 Abs. 3 GG und ist abzulehnen. Auch bei nicht- oder andersorganisierten Arbeitnehmern ist anerkannt, dass diese sich an einem Arbeitskampf beteiligen können. Ihnen kommt ein abgeschlossener Tarifvertrag in zahlreichen Fällen auch nicht unmittelbar zu Gute. Der auf Grund eines Arbeitskampfes abgeschlossene Tarifvertrag findet lediglich mittelbar auf die Arbeitsverhältnis der Nicht- oder Andersorganisierten Anwendung. Die rechtliche Zulässigkeit des Sympathiestreiks kann folglich nicht mit tarifvertraglichen Überlegungen verneint werden.

IV. Die besondere Schutzwürdigkeit des vom Sympathiestreik betroffenen Arbeitgebers

1. Der Arbeitgeber als sozialer Gegenspieler

Neben dem Argument, dass dem politischen Streik der Tarifbezug fehlt, wird zur Begründung der Rechtswidrigkeit des politischen Streiks weiterhin darauf abgestellt, dass bei dieser Streikform nicht der durch die kollektive Arbeitsniederlegung betroffene Arbeitgeber der soziale Gegenspieler sei, sondern die Staatsgewalt.[299] Zwar sei der Arbeitgeber der Betroffene, wahrer Gegner und Adressat seien aber der Staat und seine Institutionen. Dem vom Streik betroffenen Arbeitgeber fehle darüber hinaus die Möglichkeit, auf die Erfüllung der Streikforderungen und damit auf eine Beendigung des Arbeitskampfes hinzuwirken.

Das Argument des fehlenden sozialen Gegenspielers wird auch zur Begründung der Rechtswidrigkeit des Sympathiestreiks verwendet. *Reinermann*[300] ist der Ansicht, dass die Überlegungen, die zur Rechtswidrigkeit des politischen Streiks

[299] Vgl. Nachweise aus Rechtsprechung und Literatur oben 1. Teil III 1.
[300] Reinermann S. 47; auch v. Hoyningen-Huene JuS 1987, 511 weist auf die Parallele zum politischen Streik hin.

herangezogen werden, ebenfalls auf den Sympathiestreik Anwendung finden müssten. Wie beim politischen Streik hat auch hier der Arbeitgeber keine Möglichkeit, den Streik zu beenden. Nur der Arbeitgeber bzw. Arbeitgeberverband der im Hauptstreik stehenden Arbeitnehmer besitzt diese Möglichkeit. Der Sympathiestreik richte sich genauso wie der politische Streik gegen den falschen sozialen Gegenspieler. Aus diesem Grund sei der Sympathiestreik, ebenso wie der politische Streik, als rechtswidrig anzusehen.

Das Bundesarbeitsgericht führt – ohne aber auf den politischen Streik einzugehen – aus, dass der Sympathiestreik sich nicht gegen den Tarifpartner richte, mit dem ein Tarifvertrag abgeschlossen werde solle, sondern gegen einen unbeteiligten Dritten. Dieser könne aber den Arbeitskampf nicht beenden, da er die Forderungen der im Hauptarbeitskampf stehenden Arbeitnehmer nicht erfüllen könne. Er könne den Kampf auch nicht durch Nachgeben vermeiden oder zwischen Kampf und Nachgeben wählen. Nach Ansicht des Bundesarbeitsgerichts bedarf er daher eines größeren Schutzes als der unmittelbar vom Arbeitskampf betroffene Arbeitgeber.[301]

Diese Begründung fand vielfach Zustimmung in der Literatur und wurde von den Gegnern des Sympathiestreiks schon bereits vor der Entscheidung des Bundesarbeitsgerichts zahlreich angeführt.[302] Allen voran führte *Rüthers*[303] aus, dass der Sympathiearbeitskampf sich nicht gegen den sozialen Gegenspieler richte, da der Betroffene das Geforderte nicht gewähren könne und auch gar nicht gewähren solle. Der Kampfgegner könne die Kampfforderung nicht erfüllen, so dass es für ihn nicht zumutbar sei, mit einem Streik und den sich daraus ergebenden Schäden überzogen zu werden. *Otto*[304] spricht in diesen Fällen von *„wirtschaftlicher Geiselnahme"*. Aus diesem Grund sei der Sympathiestreik sozialinadäquat. *Dietrich*[305] stimmt der Argumentation des Bundesarbeitsgerichts zu und begründet seine Ansicht vor allem damit, dass das Streikrecht insbesondere mit den unternehmerischen Grundrechten des Arbeitgebers aus Art. 2, 12 und 14 GG kollidiere. Da jeder Streik die Grundrechte des Arbeitgebers tangiere, müsse dieser sich einen Eingriff in seine Rechte erst dann gefallen lassen, wenn er Verhandlungsgegner sei und die Forderungen bewilligen könne. Dies sei beim Sympathiestreik aber nicht der Fall. Das Auseinander-

---

[301] BAG 05.03.1985 AP Nr. 85 zu Art. 9 GG Arbeitskampf; bestätigt von BAG 12.01.1988 AP Nr. 90 zu Art. 9 GG Arbeitskampf.

[302] So bereits in der Literatur vor der Sympathiestreikentscheidung des Bundesarbeitsgerichts Döhner S. 24; Brox/Rüthers Rn. 11; Rüthers BB 1964, 312; Reinermann S. 46; in der neueren Literatur Dietrich S. 68; Kissel § 24 Rn. 27 f.; Rüthers BB 1990, Beilage 25 S. 4; Otto in Mü-Hb § 286 Rn. 44; Söllner/Waltermann S. 100.

[303] Rüthers BB 1964, 312 ff..

[304] Otto in Mü-Hb § 286 Rn. 44.

[305] Dietrich S. 68.

fallen von Kampfgegner und Adressat führe somit zur Unzulässigkeit des Sympathiestreiks.

Gegen das Argument, der falsche soziale Gegenspieler werde bestreikt, wurden vor allem in der älteren Literatur mehrere Umstände angeführt, die es für die passive Partei zumutbar erscheinen lassen, mit einem Streik überzogen zu werden.
Haupt[306] und *Stadler*[307] führen aus, dass beim Sympathiestreik sowohl Betroffener als auch Adressat beide Sozialpartner des Arbeitslebens seien und sich der Sympathiestreik damit immer noch gegen den sozialen Gegenspieler richte. Der Sympathiestreik verfolge die Unterstützung eines Sozialpartners, der sich bereits im Arbeitskampf befinde. Die Sympathisierenden wollen letztlich den im Hauptstreik stehenden Arbeitgeber zu etwas zwingen. Gerade dieser Arbeitgeber sei dann eben der soziale Gegenspieler. Nicht immer sei nur der eigene Arbeitgeber als sozialer Gegenspieler anzusehen. Er könne auch lediglich Betroffener sein. Auch *Hueck* und *Nipperdey*[308] gehen davon aus, dass der Sympathiestreik sich gegen den sozialen Gegenspieler richte. *Hartje*[309] spricht sogar davon, dass der eigentliche Gegner der Sympathisierenden der primär Bekämpfte sei, der durchaus in der Lage wäre, die gestellten Forderungen zu erfüllen. Aus diesem Grunde komme es sogar noch nicht einmal darauf an, ob der vom Sympathiestreik direkt betroffene Arbeitgeber auf den Arbeitgeber im Hauptarbeitskampf einwirken könne.
Derartige Begründungen fallen zu knapp aus und sind nicht in der Lage, eine Rechtfertigung für den Sympathiestreik darzustellen. Sie nehmen keinerlei Bezug auf das geltende Arbeitskampfrecht, sondern behaupten eher pauschal als fundiert, dass der von einem Sympathiestreik betroffene Arbeitgeber ebenfalls sozialer Gegenspieler sei.
Wie aber bereits ausgeführt, enthält Art. 9 Abs. 3 GG eine umfassende Betätigung der Koalitionen zur „Wahrung und Förderung der Arbeits- und Wirtschaftsbedingungen". Bei dieser Betätigungsfreiheit kommt es nicht auf den Adressaten, über den Art. 9 Abs. 3 GG keine Aussage enthält, an, solange es sich bei den Forderungen um Arbeits- und Wirtschaftsbedingungen handelt. Ferner macht Art. 9 Abs. 3 GG die Rechtmäßigkeit eines Streiks nicht von der Möglichkeit der Erfüllbarkeit der Forderungen abhängig.[310]
Weiterhin werden bei einer derartigen Argumentation die Fälle außer acht gelassen, in denen Adressat und Betroffener identisch sind und nicht auseinander fallen. Hier kann nicht mehr davon gesprochen werden, dass der vom

306 Haupt S. 111.
307 Stadler BB 1967, 721.
308 Hueck/Nipperdey II 2 S. 1009.
309 Hartje S. 274.
310 Schumann in Däubler Rn. 194; Mückenberger KJ 1980, 272.

Sympathiestreik betroffene Arbeitgeber die Forderungen der Streikenden nicht erfüllen könne.[311]

2. Streik und Drittbetroffenheit

Die behauptete Schutzwürdigkeit des vom Sympathiestreik betroffenen Arbeitgebers verliert an Gewicht, wenn man sich die wirtschaftlichen und tatsächlichen Auswirkungen eines Arbeitskampfes auf andere am Wirtschafts- und Sozialleben beteiligte Personen vor Augen führt. Ein Arbeitskampf betrifft nicht nur die unmittelbar streikenden Arbeitnehmer und den bestreikten Arbeitgeber allein. Vielmehr werden eine ganze Reihe von Personen vom Streikgeschehen erfasst und betroffen, die dem Tarifkonflikt nicht ausweichen und ihn auch nicht durch Nachgeben beenden können. So gut wie jeder Arbeitskampf hat die zwingende Konsequenz, dass er die Allgemeinheit und Dritte in Mitleidenschaft zieht. Dies gilt sowohl für rechtswidrige, als auch für rechtmäßige Streiks.[312] In all diesen Fällen wird ebenfalls nicht mit dem fehlenden sozialen Gegenspieler argumentiert.

a) Auswirkungen auf die Allgemeinheit

Zunächst sollen die Auswirkungen auf die Allgemeinheit kurz dargestellt werden. Jeder Streik hat direkte Auswirkungen auf die Allgemeinheit. Dies zeigt sich vor allem bei Arbeitskämpfen im öffentlichen Dienst. Streiken z.B. die öffentlichen Verkehrsbetriebe, so hat dies zur Folge, dass viele nicht am Streik beteiligte Arbeitnehmer verspätet oder gar nicht zur Arbeit kommen, was in der Regel mit einem Verdienstausfall verbunden sein wird. Schließen Schulen oder Kindergärten, so hat dies erhebliche Konsequenzen für die betroffenen Kinder und ihre Eltern. Verweigern Autobahnmeistereien im Winter die Arbeit, kann dies angesichts anhaltender Schneefälle zu starken Behinderungen im Straßenverkehr führen. Streiken die Drucker oder Journalisten eines Zeitungsverlages, erscheinen Zeitungsexemplare lediglich verkürzt oder gar nicht, was zu einer Beeinträchtigung des Medieninteresses der Bevölkerung führt.
Hierbei handelt es sich aber um Folgen, die jedem Streik immanent sind und sich auch nicht vermeiden lassen. Der Streik ist verfassungsrechtlich gewährleistet und an bestimmte Rechtmäßigkeitsvoraussetzungen geknüpft.

---

[311] Dazu weiter unten 2. Teil IV 4.

[312] Das war für das Bundesarbeitsgericht auch der Grund, dass Verhältnismäßigkeitsprinzip zu formulieren: „*In unserer verflochtenen und wechselseitigen abhängigen Gesellschaft berühren aber Streiks wie Aussperrung nicht nur die am Arbeitskampf unmittelbar Beteiligten, sondern auch nichtstreikende und sonstige Dritte sowie die Allgemeinheit vielfach nachteilig. Arbeitskämpfe müssen daher unter dem Gebot der Verhältnismäßigkeit stehen.*“; BAG 21.04.1971 AP Nr. 43 zu Art. 9 GG Arbeitskampf = BAGE 23, 292.

Solange diese eingehalten werden, müssen gewisse Einschränkungen der Bevölkerung hingenommen werden. Der einzuhaltende Grundsatz der Verhältnismäßigkeit verhindert jedoch, dass die Beeinträchtigungen für die Allgemeinheit, insbesondere was die Versorgung oder Gesundheit der Bevölkerung betrifft, zu groß werden.[313] Arbeitskämpfe betreffen aber nicht nur die Allgemeinheit, sondern auch sonst Dritte, welche die tariflichen Forderungen nicht erfüllen können.

b) Auswirkungen nach der Arbeitskampfrisikolehre

Als zweite Gruppe der von einem Arbeitskampf Betroffenen sind die Arbeitnehmer zu nennen, die sich in dem bestreikten Betrieb nicht am Streik beteiligen oder Arbeitnehmer anderer Betriebe, die zwar nicht unmittelbar am Arbeitskampf beteiligt sind, aber von den Fernwirkungen des Arbeitskampfes betroffen werden. Das Bundesarbeitsgericht hat diesbezüglich das Lohnrisiko bei arbeitskampfbedingtem Fortfall der Beschäftigungsmöglichkeit aus dem Regelungszusammenhang der Betriebsrisikolehre gelöst und nach den Grundsätzen der Arbeitskampfrisikolehre neu geregelt.[314] Auch diese Betroffenen haben weder einen Einfluss auf den Arbeitskampf, noch profitieren sie von ihm. Dennoch werden sie mit den Folgen eines Arbeitskampfes belastet.

Nach der vom Reichsgericht entwickelten Betriebsrisikolehre[315] trägt grundsätzlich der Arbeitgeber das Betriebs- und Wirtschaftsrisiko, d.h. er muss seinen Arbeitnehmern auch dann den Lohn zahlen, wenn er diese ohne sein Verschulden aus betriebstechnischen Gründen nicht beschäftigen kann (Betriebsrisiko) oder die Fortsetzung des Betriebs wegen Auftrags- oder Absatzmangels wirtschaftlich sinnlos wird (Wirtschaftsrisiko).[316] Im Betrieb

---

[313] So müssen z.B. Kampfmaßnahmen in Elektrizitäts-, Gas- und Wasserwerken als rechtswidrig angesehen werden, wenn sie die Versorgung der Bevölkerung mit Energie und Wasser zum Erliegen bringen. Das gleiche gilt für Arbeitskämpfe in Krankenhäusern, Pflegeheimen usw., wenn die Gesundheit oder das Leben der Patienten in Gefahr gebracht wird.

[314] BAG 22.12.1980 AP Nr. 70 zu Art. 9 GG Arbeitskampf = BAGE 34, 331.

[315] Durch das Schuldrechtsmodernisierungsgesetz ist das Betriebsrisiko nunmehr in § 615 S. 3 BGB und in der Überschrift zu § 615 BGB begrifflich eingefügt worden. Nicht geregelt sind aber die Fälle, in denen der Arbeitgeber das Risiko des Arbeitsausfalls trägt.

[316] Grundlegend BAG 08.02.1957 AP Nr. 2 zu § 615 BGB Betriebsrisiko = BAGE 2, 346; zum Betriebsrisiko BAG 09.03.1983 AP Nr. 31 zu § 615 BGB Betriebsrisiko und BAG 30.01.1991 AP Nr. 33 zu § 615 BGB Betriebsrisiko; der letztgenannten Entscheidung lag der Fall zu Grunde, dass durch eine Störung des Elektrizitätswerkes die Stromversorgung in dem Betrieb des Arbeitgebers ausfiel und er die Arbeitnehmer nach Hause schicken musste. Die Arbeitnehmer behielten sämtlich ihren Lohnanspruch, da das Risiko der Unmöglichkeit der Arbeitsleistung aus Gründen, die im betrieblichen Bereich liegen, der Arbeitgeber zu tragen hat.

liegende Gründe sind etwa Maschinenschäden, Materialmangel, Betriebsverbot wegen Smogalarms usw..[317]
Eine andere Sichtweise legt das Bundesarbeitsgericht aber bei Störungen auf Grund eines fremden Arbeitskampfes an den Tag. Streiks und Aussperrungen führen auf Grund der wirtschaftlichen Verflechtungen der Unternehmen untereinander zwangsläufig auch zu Störungen in anderen Betrieben und Unternehmen, die nicht unmittelbar vom Arbeitskampf betroffen sind. Sei es, dass andere Betriebe nicht mit notwendigem Material versorgt werden und somit ihre Produktion nicht fortfahren können oder dass Arbeitnehmer nicht mehr sinnvoll beschäftigt werden können. Aktuell zeigte sich dies an dem Beispiel der Arbeitsniederlegungen der Opel Arbeiter in Bochum im Oktober 2004. General Motors beabsichtigte, in Europa 12.000 Arbeitsplätze abzubauen, darunter 10.000 in den deutschen Opel Werken in Bochum, Rüsselsheim und Kaiserslautern. Als auf diese Ankündigung die Arbeiter in Bochum die Arbeit niederlegten, bestand die große Gefahr, dass auch die Produktion in anderen europäischen Ländern, nämlich Polen, England und Belgien eingeschränkt wird, da diese Betriebe von Zulieferteilen aus Bochum angewiesen sind.[318] Wenn in Bochum keine Achsen mehr produziert werden, stehen vielerorts die Bänder still.
Würde man in diesen Fällen auf die Betriebsrisikolehre abstellen, behielten die Arbeitnehmer in den nur mittelbar betroffenen Unternehmen ihren vollen Lohnanspruch. Für dieses Arbeitsrisiko müssen aber nach der Rechtsprechung des Bundesarbeitsgerichts andere Grundsätze gelten. *„Die Last der Beschäftigungs- und Lohnzahlungspflicht kann bei legitimen Streiks den mittelbar betroffenen Arbeitgebern nicht uneingeschränkt aufgebürdet werden.“*[319]
Das Risiko von Betriebsstörungen durch einen legitimen Arbeitskampf ist nach der Rechtsprechung des Bundesarbeitsgerichts nach den Grundsätzen der arbeitskampfrechtlichen Parität zu verteilen. Da auch Fernwirkungen in Drittbetrieben das Verhandlungsgleichgewicht beeinflussen können, tragen beide Seiten das Risiko. Begründet wird dies damit, dass sich ansonsten für die Gewerkschaften kampftaktische Vorteile ergeben könnten. Sie könnten sich z.B. darauf beschränken, kleine Schlüsselbetriebe zu bestreiken, um damit mit wenig Aufwand eine große Wirkung zu erzielen. Für die betroffenen Arbeitnehmer bedeutet dies den Verlust der Vergütungsansprüche für die Dauer der arbeitskampfbedingten Störung.[320] Können somit Auswirkungen des fremden Streiks

---

[317] Das Risiko, auf Grund Smogalarm oder Eisglätte zum Arbeitsplatz zu kommen, trägt der Arbeitnehmer selbst. Hierbei spricht man vom Wegerisiko.
[318] FAZ 18.10.2004 S. 13.
[319] BAG 22.12.1980 AP Nr. 70 zu Art. 9 GG Arbeitskampf = BAGE 34, 331 (340).
[320] BAG 22.12.1980 AP Nr. 70 zu Art. 9 GG Arbeitskampf; BAG 22.12.1980 AP Nr. 71 zu Art. 9 GG Arbeitskampf; BAG 14.12.1993 AP Nr. 129 zu Art. 9 GG Arbeitskampf; BAG 11.07.1995 AP Nr. 138 zu Art. 9 GG Arbeitskampf; BAG 12.11.1996 AP Nr. 147 zu

das Kräfteverhältnis der kampfführenden Parteien beeinflussen, entfällt die Lohnzahlungspflicht des Arbeitgebers, wenn dadurch die Fortführung des Betriebs unmöglich oder die Fortsetzung der Produktion dem Arbeitgeber unzumutbar geworden ist.
Offen bleibt aber, welche Fernwirkungen von Arbeitskämpfen nun eigentlich zu einer Störung des Kräftegleichgewichts führen können.[321] Das Bundesarbeitsgericht führt dazu aus: *„Der Senat hat keine Veranlassung, einen vollständigen Katalog derjenigen Merkmale zu entwickeln, aus denen sich nennenswerte Einflüsse von Fernwirkungen eines Arbeitskampfes auf das Kräfteverhältnis der sozialen Gegenspieler ergeben können.“*[322] In diesem Zusammenhang stellt sich dieselbe Problematik wie bei der Feststellung der Gleichgewichtigkeit der Kräfte der Parteien im Arbeitskampf. Welche Faktoren sind in eine derartige Bewertung einzubeziehen, und wann liegt eine Störung des Verhandlungsgleichgewichts vor? Das Bundesarbeitsgericht gibt darauf keine abschließende Antwort. Nach der Entscheidung des Bundesarbeitsgerichts zum Arbeitskampfrisiko setzt dies voraus, dass das mittelbar betroffene Unternehmen mit demjenigen, von dem die arbeitskampfbedingten Störungen ausgehen, entweder durch Konzernzugehörigkeit oder durch die Zugehörigkeit zum gleichen Tarifträgerverband (nicht notwendig innerhalb des umkämpften Tarifgebiets) verbunden ist.[323] Bei derartigen Gegebenheiten kann unterstellt werden, dass die kampfführende Gewerkschaft die entstehenden Fernwirkungen zu ihren Gunsten nutzen kann.[324]
Sollte bereits die Zugehörigkeit der einzelnen Betriebe in der Bundesvereinigung der Deutschen Arbeitgeberverbände (BDA) ausreichen,[325] so würden sich keine relevanten Unterschiede zur vorherigen Risikoverteilung ergeben.[326] *Gamillscheg*[327] ist der Ansicht, dass eine gleichzeitige Mitgliedschaft im Arbeitgeberverband noch nicht einmal nötig ist. Allein die gleichen wirtschaftlichen Interessen der einzelnen Unternehmen rechtfertigen bereits eine Verweigerung der Lohnzahlung. Diesbezüglich wird es schwer sein, Fernwirkungen ohne Paritätsrelevanz zu finden.

Art. 9 GG Arbeitskampf; vgl. ferner die Literatur zum Arbeitskampfrisiko Kissel § 33 und § 71; Otto in Mü-Hb § 290; Gamillscheg S. 1244 ff..

[321] Kritisch dazu Colneric in Däubler Rn. 631; Richardi in Staudinger § 615 Rn. 245; Gamillscheg S. 1255; Heenen S. 94.

[322] BAG 22.12.1980 AP Nr. 70 zu Art. 9 GG Arbeitskampf = BAGE 34, 331 (346).

[323] BAG 22.12.1980 AP Nr. 70 zu Art. 9 GG Arbeitskampf = BAGE 34, 331 (346 f.); fraglich ist, ob auf Grund der Entscheidung auch notwendig ist, dass die Arbeitnehmer von derselben Gewerkschaft vertreten werden; bejahend Luke NZA 2004, 247; Richardi in Staudinger § 615 Rn. 239; verneinend Seiter DB 1981, 581; Gamillscheg S. 1255.

[324] BAG 22.12.1980 AP Nr. 70 zu Art. 9 GG Arbeitskampf = BAGE 34, 331 (346 f.).

[325] So Seiter DB 1981, 581; a.A. Colneric in Däubler Rn. 635.

[326] Seiter DB 1981, 582; Heenen S. 94; Gamillscheg S. 1255.

[327] Gamillscheg S. 1256; ebenso Brox/Rüthers Rn. 173.

Davon zu trennen ist die Frage nach dem Lohnanspruch der arbeitswilligen Arbeitnehmer im unmittelbar bestreikten Betrieb. Dass die streikenden Arbeitnehmer keinen Lohn bekommen, liegt auf der Hand. Ihr Arbeitsverhältnis wird durch den Streik suspendiert. Grundsätzlich behalten die arbeitswilligen Arbeitnehmer ihren Lohnanspruch, wenn der Betrieb trotz des Streiks aufrechterhalten werden kann. Voraussetzung ist aber, dass es dem Arbeitgeber möglich und wirtschaftlich zumutbar ist, die Produktion in dem Betrieb fortzusetzen. Der Lohnanspruch der arbeitswilligen Arbeitnehmer entfällt aber ebenfalls und zwar auf Grund der Arbeitskampfrisikolehre, wenn diese Möglichkeit für den Arbeitgeber nicht mehr besteht. In diesen Fällen haben die Arbeitnehmer das Lohnrisiko in gleicher Weise zu tragen, wie bei Fernwirkungen von Arbeitskämpfen in nicht unmittelbar betroffenen Betrieben.[328] Hier kann eine Gewerkschaft nämlich bereits durch den Streik einiger weniger Arbeitnehmer in Schlüsselpositionen den ganzen Betrieb stilllegen, während nahezu der gesamten Belegschaft der Lohn fortbezahlt werden müsste.[329] Der Arbeitgeber hat neben der Einstellung der Lohnfortzahlung aber noch die Möglichkeit, seinen Betrieb stillzulegen und damit seine Beschäftigungs- und Lohnzahlungspflicht gegenüber den arbeitswilligen Arbeitnehmern zu suspendieren. Er ist nicht verpflichtet, einen bestreikten Betrieb oder Betriebsteil soweit wie möglich aufrechtzuerhalten. Darauf, ob dem Arbeitgeber die Heranziehung der Arbeitswilligen zur Arbeit möglich und zumutbar ist, kommt es in diesem Fall nicht an.[330] Auch bei rechtmäßiger Aussperrung können die Lohnansprüche entfallen. Die Aussperrung muss jedoch ausdrücklich erklärt werden.

c) Aussperrung von gewerkschaftlich nicht oder anders organisierten Arbeitnehmern

Durch einen Streik können zahlreiche Arbeitnehmer, die sich nicht am Streik beteiligen, mögen sie der den Streik tragenden Gewerkschaft angehören oder nicht, vom Arbeitgeber ausgesperrt werden und dadurch ihren Lohnanspruch verlieren. Diese Arbeitnehmer werden grundsätzlich als Außenseiter bezeich-

[328] BAG 14.12.1993 AP Nr. 129 zu Art. 9 GG Arbeitskampf; BAG 12.11.1996 AP Nr. 147 zu Art. 9 GG Arbeitskampf; Gamillscheg S. 1252.

[329] Gamillscheg S. 1253 m.w.N. in Fn. 42.

[330] BAG 22.03.1994 AP Nr. 130 zu Art. 9 GG Arbeitskampf = BAGE 76, 196; bestätigt durch BAG 31.03.1995 AP Nr. 135 zu Art. 9 GG Arbeitskampf; BAG 27.06.1995 AP Nr. 137 zu Art. 9 GG Arbeitskampf; BAG 11.07.1995 AP Nr. 138 zu Art. 9 GG Arbeitskampf. Stark umstritten ist, ob es sich bei der Betriebsstilllegung um eine Arbeitskampfmaßnahme des Arbeitgebers handelt. Das Bundesarbeitsgericht ordnet die Betriebstilllegung nicht als Kampfmittel ein, da sich die Betriebsstilllegung darauf beschränken soll, sich dem gewerkschaftlichen Druck zu beugen und auf eine Fortsetzung der Arbeit zu verzichten. Im Gegensatz zur Aussperrung endet sie daher mit der Beendigung des Streiks.

net.[331] Darüber hinaus bekommen die Nichtorganisierten im Gegensatz zu ihren streikenden und ausgesperrten organisierten Kollegen auch keine Streik- bzw. Aussperrungsunterstützung von der Gewerkschaft. Im Falle der Bedürftigkeit sind sie auf Sozialhilfe angewiesen.
Diese Arbeitnehmer werden gegen ihren Willen in einen Arbeitskampf hineingezogen. Sie haben keinerlei Einfluss auf den Ausgang des Arbeitskampfes und nicht die Möglichkeit, auf die den Streik führende Gewerkschaft einzugehen und diese zum Nachgeben zu bewegen. Sie sind nicht in der Lage, den Streik zu beenden. Ferner profitieren sie zunächst in keiner Weise von einem erfolgreichen Streik, da sie nicht unter den Geltungsbereich des Tarifvertrages fallen. Ein rechtlicher Anspruch auf die Früchte des Arbeitskampfes besteht für sie nicht.[332] Insbesondere *Wiedemann* hat darauf hingewiesen, dass die Aussperrung von Außenseitern ein Verstoß gegen deren negative Koalitionsfreiheit sei, wenn man sie dahingehend verstehe, dass jeder Außenstehende vom Einfluss der Koalitionen – und damit auch vor Arbeitskämpfen – verschont bleiben müsse.[333] Selbst das Bundesarbeitsgericht hat in einer Entscheidung zur Unzulässigkeit der Differenzierungsklauseln betont, dass die negative Koalitionsfreiheit den Einzelnen gerade davor schützen soll, der Einfluss- und Regelungsmacht der Verbände unterworfen zu werden.[334] Dennoch wird die Aussperrung der Außen-

---

[331] Dieser Begriff wird auch für Arbeitgeber verwandt, die nicht im Arbeitgeberverband organisiert sind.

[332] Dies wäre nur dann anders, wenn der Tarifvertrag für allgemeinverbindlich erklärt wird und somit auch die Nichtorganisierten umfassen würde oder der Arbeitgeber die tariflichen Normen auch auf die Außenseiter erstreckt. Dies kommt durchaus oft vor, da der Arbeitgeber damit den Arbeitnehmern den Anreiz nimmt, den Gewerkschaften beizutreten. Die Wirkungen eines Tarifvertrages gehen damit in der Praxis oft über die der Gewerkschaft angehörenden Arbeitnehmer hinaus. Dies jedoch nur, weil die Unternehmen – aus welchen Gründen auch immer – freiwillig eine solche Gleichstellung einzelvertraglich vornehmen. Einer rechtlichen Pflicht unterliegen sie allerdings nicht. Aus diesem Umstand Nachteile für die unorganisierten Arbeitnehmer herzuleiten, ist nicht sachgerecht. Die Vorteile, die sie erlangen, beruhen nicht auf dem Arbeitskampf, sondern auf der Arbeitsmarktpolitik der Unternehmen. Dies alles ändert nichts daran, dass Tarifverträge grundsätzlich keine Anwendung auf Außenseiter finden. Vor allem wissen die Nichtorganisierten zu Beginn des Arbeitskampfes gar nicht, ob der erkämpfte Tarifvertrag später auch auf ihre Arbeitsverhältnisse Anwendung findet. So auch van Geldern AuR 1972, 109; Weiss AuR 1974, 42 f.; Bertelsmann S. 171 ff.; Gebhardt S. 50. Die Ansicht, welche die Aussperrungsmöglichkeit der Anders- oder Nichtorganisierten mit dem Argument begründet, diese werden hinsichtlich des Kampfergebnisses den Organisierten regelmäßig gleichgestellt, vermag somit nicht zu überzeugen.

[333] Wiedemann RdA 1969, 326; zustimmend Gebhardt S. 83, die aber im Ergebnis eine Aussperrungsbefugnis des Arbeitgebers bezüglich der Außenseiter nach einer Abwägung der negativen Koalitionsfreiheit der Arbeitnehmer und der positiven Koalitionsfreiheit der Arbeitgeber zu Gunsten der Arbeitgeber bejaht. Zu der von ihr vorgenommenen Interessenabwägung vgl. Gebhardt S. 86 ff..

[334] BAG 29.11.1967 EzA Nr. 3 zu Art. 9 GG.

seiter von einem ganz überwiegenden Teil der Literatur[335] und der Rechtsprechung[336] als rechtmäßig angesehen. Nur wenige Stimmen werden für ein Aussperrungsverbot laut.[337]
Das Bundesarbeitsgericht begründet die Aussperrung von Außenseitern damit, dass diese zugleich die Möglichkeit haben, sich an einem Streik zu beteiligen. So hat es festgestellt: *„An einem von einer Gewerkschaft getragenen Streik können sich auch die nicht organisierten und gegebenenfalls auch die anders organisierten Arbeitnehmer beteiligen; dann dürfen sie aber auch ausgesperrt werden.“*[338]
Diese Argumentation des Bundesarbeitsgerichts kann nicht überzeugen. Zwar hat die Praxis gezeigt, dass sich grundsätzlich neben den organisierten Arbeitnehmern auch die Außenseiter beteiligen. Die Streikbeteiligung der Anders- oder Nichtorganisierten ist als zulässige Form des Arbeitskampfes anerkannt.[339] Dennoch kann nicht automatisch aus der Streikmöglichkeit auf die Aussperrungsbefugnis geschlossen werden.
Zu Recht weist *Thüsing*[340] in diesem Zusammenhang auf die Rechtsordnungen anderer Länder hin, die auch kein Gleichlaufen von Streik und Aussperrung vorsehen. So gebe es Länder, in denen der Streik erlaubt sei, die Aussperrung allerdings nicht.[341] Entscheidender dürfte jedoch sein, dass zwischen der Streikteilnahme und der Aussperrung ein erheblicher Unterschied besteht. Entscheidet sich der Außenseiter für die Teilnahme an einem Streik, so greift er aktiv ins Geschehen ein. Seine Kampfteilnahme ist diesbezüglich freiwillig. Dementsprechend ist es auch sachgerecht, ihn sämtliche Konsequenzen tragen zu lassen, die sich aus seiner Streikteilnahme ergeben. Der ausgesperrte Außenseiter jedoch hat nicht aktiv ins Geschehen eingegriffen, er ist vielmehr passive Partei. Er hat sich gar nicht am Streik beteiligt. Hier wird er gegen seinen Willen

---

335 Dütz DB 1979, Beilage 14 S. 8; Kissel § 55 Rn. 9; Otto in Mü-Hb § 285 Rn. 59; Gamillscheg S. 304 und S. 1047; Konzen DB 1990, Beilage 6 S. 12; Löwisch 170.2 Rn. 90; Seiter S. 40; Zöllner/Loritz S. 453; Scholz/Konzen S. 257 ff.; Gebhard S. 90; Kalb in Ka-Hb 8.2. Rn. 57

336 BAG 29.11.1967 AP Nr. 13 zu Art. 9 GG Arbeitskampf = BAGE 20, 175 (195) m.w.N.; BAG 21.04.1971 AP Nr. 43 zu Art. 9 GG Arbeitskampf = BAGE 23, 292; BAG 10.06.1980 AP Nr. 66 zu Art. 9 GG Arbeitskampf; BAG 22.03.1994 AP Nr. 130 zu Art. 9 GG Arbeitskampf.

337 Van Geldern AuR 1972, 109; bedenken bei Wiedemann RdA 1969, 326 und Bertelsmann S. 355.

338 BAG 21.04.1971 AP Nr. 43 zu Art 9 GG Arbeitskampf = BAGE 23, 292 (310).

339 Auf die rechtliche Bewertung und die einschlägigen Rechtsgrundlagen soll im Rahmen dieser Arbeit verzichtet werden, da sie den Rahmen der Untersuchung sprengen würden und für das hier untersuchte Thema keine unmittelbare Relevanz aufweisen.

340 Thüsing S. 67.

341 In Griechenland z.B. ist die Streikteilnahme von Außenseitern anerkannt, deren Aussperrung aber unzulässig. Nach französischem Recht ist der Streik zulässig, die Aussperrung aber verboten.

mit schwerwiegenden Folgen belastet, denen keinerlei Vorteile gegenüberstehen.[342] Allein aus der Zulässigkeit der Streikteilnahme der Außenseiter kann daher nicht auf die Zulässigkeit der Aussperrung geschlossen werden.
Thüsing[343] sieht mit einem Teil des Schrifttums[344] die Legitimation der Aussperrung von Außenseitern darin, dass diese für ein funktionierendes Arbeitskampfsystem erforderlich ist. Ohne die Aussperrung von Außenseitern wäre der Arbeitgeberseite ein adäquates Reagieren auf einen Streik nicht möglich. Auf Grund des niedrigen Organisationsgrads in den Gewerkschaften müsste der Arbeitgeber bei einem Streik aller Wahrscheinlichkeit nach den Großteil der Belegschaft weiterbeschäftigen. Dies kann die Gewerkschaft durch taktische Schwerpunktstreiks effektiv für sich nutzen. Folglich wäre dann keine Parität mehr im Arbeitskampf gewährleistet. Unter diesem Gesichtspunkt kann eine Aussperrung der Außenseiter für die Arbeitgeber erforderlich sein, um ihnen eine effektive Kampfführung gegenüber den Gewerkschaften zu ermöglichen.
Dem Arbeitgeber die Aussperrungsbefugnis zu geben, mag unter Paritätsgesichtspunkten durchaus richtig sein, dennoch werden Arbeitnehmer in den Arbeitskampf einbezogen, die sich weder am Streik beteiligen, noch von ihm unmittelbar profitieren. In derartigen Fällen wird die Aussperrung auch nicht für rechtswidrig erklärt, nur weil unbeteiligte Dritte betroffen werden. Dies mag angesichts des geringen Organisationsgrads der Arbeitnehmer durchaus überzeugen. Wenn man aber unter Paritätsgesichtspunkten die Aussperrung von Außenseitern anerkennt, dann ist zu überlegen, warum dies nicht auch für den Sympathiestreik gelten sollte. Wenn Sympathiestreiks zur Herstellung der Kampfparität erforderlich wären, so müssten sie auch als rechtlich zulässig anerkannt werden.

d) Einwand des Bundesarbeitsgerichts

Die Entscheidungen zum Arbeitskampfrisiko und der damit zusammenhängende Lohnverlust der nicht am Streik beteiligten Arbeitnehmer, sowie die Aussperrung nicht- oder andersorganisierter Arbeitnehmer zeigen, dass Streiks auch Personen betreffen, die Tarifforderungen nicht erfüllen können. *Klimpe-Auerbach* ist auf Grund dessen der Meinung, dass auch Sympathiestreiks zulässig sein müssen: „[...], *wenn sich also die Arbeitnehmerseite gefallen lassen muss, jedenfalls faktisch in einen außerhalb ihres Tarifgebiets gelegenen Arbeitskampf hineingezogen zu werden, so muss sich gleichermaßen die Arbeit-*

[342] So auch Thüsing S. 68.
[343] Thüsing S. 71.
[344] Scholz/Konzen S. 258; Gebhard S. 84; Dütz DB 1979, Beilage 14 S. 8; Gamillscheg S. 304 und S. 1047.

geberseite gefallen lassen, Sympathiestreikmaßnahmen ausgesetzt zu werden.“[345]
Die Tatsache der Auswirkungen von Streiks auf unbeteiligte Dritte kann alleine noch nicht die Zulässigkeit von Sympathiestreiks rechtfertigen. Die Schlussfolgerung von *Klimpe-Auerbach* ist in diesem Punkt zu voreilig. Der Umstand, dass auch andere als die unmittelbar am Arbeitskampf beteiligen Parteien in den Arbeitskampf miteinbezogen werden, welche die Tarifforderungen nicht erfüllen können, zeigt nur, dass Sympathiestreiks nicht mit der Behauptung für unzulässig erklärt werden können, der bestreikte Arbeitgeber könne die Tarifforderungen nicht erfüllen. Dies können die eben dargestellten Personen ebenfalls nicht, und dennoch kommt die Rechtsprechung nicht auf die Idee, Streiks deswegen für unzulässig zu erklären.[346]

Das Bundesarbeitsgericht führte auf Grund dieses Einwandes, der nach der ersten Sympathiestreikentscheidung mehrfach hervorgehoben wurde, in seiner zweiten Sympathiestreikentscheidung aus, dass es dieses Problem durchaus erkannt habe. Es legt aber eine differenzierende Betrachtungsweise an den Tag. Bei der Frage des Lohnrisikos nach der Arbeitskampfrisikolehre und der Aussperrung nicht- oder andersorganisierter Arbeitnehmer sowie der Beeinträchtigung der Allgemeinheit handele es sich um notwendige Beeinträchtigungen, die sich nicht vermeiden lassen. Derartige Beeinträchtigungen lassen sich nicht umgehen und sind bei einem Arbeitskampf in der Regel gegeben. Der Sympathiestreik aber sei gerade darauf gerichtet, Dritte in ihren Rechten zu beeinträchtigen.[347]
Wohl nicht von der Hand zu weisen ist, dass durch den Streik dem Tarifgegner gezielt und planmäßig ein Schaden zugefügt werden soll. Die durch den Stillstand der Produktion beim Arbeitgeber entstehenden Einkommenseinbußen sind von den streikenden Arbeitnehmern angestrebt, um dadurch einen Sinneswandel bei ihm auszulösen. Entstehen hingegen durch den Streik bei unbeteiligten Dritten Schäden – wie etwa bei einem Abnehmerbetrieb, der Allgemeinheit und Arbeitnehmern anderer Betriebe –, so ist festzuhalten, dass diese Schadenszufügungen allenfalls mittelbar geschehen. Eine unmittelbare Schadenszufügung liegt hier nicht vor.
Wenn aber der Arbeitgeber nicht- oder andersorganisierte Arbeitnehmer aussperrt, so handelt es sich nicht bloß um eine mittelbare Folge. Mit der Aussperrung greift der Arbeitgeber aktiv in den Arbeitskampf ein. Der betroffene Arbeitnehmer wird bewusst und direkt von der Maßnahme getroffen. Etwas anderes ließe sich noch in Bezug auf die Arbeitskampfrisikolehre vertreten. Hier

[345] Klimpe-Auerbach DuR 1986, 205; so auch Bieback in Däubler Rn. 374 a.
[346] So auch Plander ZTR 1989, 135.
[347] BAG 12.01.1988 AP Nr. 90 zu Art. 9 GG Arbeitskampf; zustimmend Dietrich S. 76; Rüthers/Berghaus Anm. zu BAG 12.01.1988 AP Nr. 90 zu Art. 9 GG Arbeitskampf.

verlieren die arbeitswilligen Arbeitnehmer ihren Lohnanspruch lediglich mittelbar. Nur muss man sich vor Augen halten, warum denn diese mittelbaren Schäden von der überwiegenden Literatur und Rechtsprechung akzeptiert werden. Die bei den Unbeteiligten auftretenden Schäden werden in Kauf genommen, weil ansonsten die Tarifautonomie nicht gewährleistet wäre. Streiks sind ein notwendiges Phänomen, um zu gewährleisten, dass gerechte Vertragsbedingungen zwischen den Parteien im Arbeitsleben zustande kommen. Das Argument der Schädlichkeit von Streiks vermag nicht die Annahme zu rechtfertigen, Sympathiestreiks seien unzulässig. Wenn die Arbeitnehmer eines Tarifgebietes auf die Unterstützung anderer Arbeitnehmer anderer Tarifgebiete unweigerlich angewiesen sind, aus welchen Gründen auch immer, dann müssen diese Unterstützungshandlungen im Rahmen der richterlichen Arbeitskampfregeln unter den Schutz des Art. 9 Abs. 3 GG fallen. Dann macht es auch keinen Unterschied, ob Dritte lediglich mittelbar oder unmittelbar geschädigt werden. Diesbezüglich wird darauf hingewiesen, dass die bisher in der Vergangenheit stattgefundenen Sympathiestreiks auch lediglich von kurzer Dauer waren und Schäden dementsprechend gering bzw. ganz ausgeblieben sind.

3. Der Außenseiter-Arbeitgeber beim Streik um einen Verbandstarifvertrag

Bei den Auswirkungen eines Streiks auf nicht unmittelbar am Kampfgeschehen Beteiligte sind weiterhin die Fallkonstellationen zu beachten, die unter dem Stichwort des Außenseiter-Arbeitgebers behandelt werden. Als Außenseiter-Arbeitgeber wird jemand bezeichnet, der nicht in einem oder einem bestimmten Verband organisiert ist.

Streikt eine Gewerkschaft um einen Verbandstarifvertrag, so kommen als Streikgegner sowohl die Gesamtheit aller Mitglieder dieses Verbandes als auch nur einzelne Verbandsangehörige in Betracht. Ein Nicht-Verbandsangehöriger steht unmittelbar außerhalb der durch den Streik um einen Verbandstarifvertrag herbeigeführten Drucksituation, er kann die Tarifforderungen nicht erfüllen und ist auch an einen anschließenden Verbandstarifvertrag rechtlich nicht gebunden. Dennoch kann es Streiks zum Abschluss eines Verbandstarifvertrages geben, die sich auch gegen einen Arbeitgeber richten, der dem Verband gar nicht angehört. Dies ist der sogenannte Außenseiter-Arbeitgeber.

Der Streik um einen Firmentarifvertrag bei einem Arbeitgeber, der nicht in einem Verband organisiert ist, ist rechtlich unproblematisch. Der Arbeitgeber ist tariffähig und in der Lage, die Forderungen der Streikenden zu erfüllen. Auch überwiegend anerkannt ist, dass gegenüber einem verbandsangehörigen Arbeitgeber ein Firmentarifvertrag erzwungen werden kann.[348]

Dagegen ist die Einbeziehung eines nicht verbandsangehörigen Arbeitgebers in einen Streik um einen Verbandstarifvertrag rechtlich stark umstritten. Der Bundesgerichtshof hatte hierzu im Jahre 1978 in einer bereits erwähnten Entscheidung festgestellt: *„Es genügt, wenn der Arbeitskampf sich gegen einen tariffähigen Sozialpartner richtet – dies ist auch der einzelne Arbeitgeber – der die Forderungen auf Abschluss eines Tarifvertrages jedenfalls erfüllen könnte. Es ist dagegen unerheblich, ob der Sozialpartner tatsächlich zum Abschluss eines Tarifvertrages gezwungen werden soll oder etwa der nicht verbandszugehörige Arbeitgeber nur bestreikt wird, um auch hierdurch wirtschaftlichen Druck auf die Branche und ihren Arbeitgeberverband auszuüben, möglicherweise in der Erwartung, dass die Außenseiter einem dann mit dem Verband abgeschlossenen Tarifvertrag folgen würden."*[349] Ganz ähnlich hat das LAG Frankfurt a.M. den Streik gegen einen nichtorganisierten Arbeitgeber mit Blick auf eine zu erwartende Allgemeinverbindlicherklärung für zulässig gehalten.[350]
Aus der Entscheidung des Bundesgerichtshofs wird vielfach der Schluss gezogen, dass der Bundesgerichtshof Sympathiestreiks für zulässig erachtet. *Seiter*[351] führt an, dass diese Entscheidung eine weit über den konkreten Fall hinausgehende Bedeutung für die Zulässigkeit von Sympathiestreiks habe. Mit der Argumentation des Bundesgerichtshofs müsste das Bundesarbeitsgericht den Sympathiestreik zumindest in der gleichen Branche zulassen. Jedenfalls könne es nicht ohne weiteres an der Argumentation des Bundesgerichtshofs vorbeigehen. Das Bundesarbeitsgericht sah dies bezüglich der Zulässigkeit von Sympathiestreiks anders, da es sich von der Argumentation des Bundesgerichtshofs nicht hat beeindrucken lassen.
Das Bundesarbeitsgericht hat eine Fallkonstellation des Außenseiter-Arbeitgebers in einem Verbandsarbeitskampf noch nicht direkt entschieden, so dass der höchstrichterlichen Rechtsprechung zum Arbeitsrecht eine eindeutige Stellungnahme nicht entnommen werden kann. In einer Entscheidung vom 09.04.1991

[348] BAG 10.12.2002 AP Nr. 162 zu Art. 9 GG Arbeitskampf; LAG Niedersachsen 02.06.2004 – 7 Sa 819/04; die Verbandszugehörigkeit des Arbeitgebers steht dem nicht entgegen, selbst dann nicht, wenn die Satzung des Arbeitgeberverbandes den Abschluss von Haustarifverträgen durch die einzelnen Mitglieder des Verbandes untersagt.
[349] BGH 19.01.1978 AP Nr. 56 zu Art. 9 GG Arbeitskampf = EzA Nr. 21 zu Art. 9 GG Arbeitskampf.
[350] LAG Frankfurt a.M. 22.02.1990 LAGE Nr. 40 zu Art. 9 GG Arbeitskampf; Vorinstanz zum Urteil des Bundesarbeitsgerichts vom 09.04.1991 AP Nr. 116 zu Art. 9 GG Arbeitskampf.
[351] Seiter Anm. zu BGH 19.01.1978 EzA Nr. 21 zu Art. 9 GG Arbeitskampf.

hat es diese Frage ausdrücklich offen gelassen, sich aber durchaus positiv geäußert.[352]
In dieser Entscheidung hatte das Bundesarbeitsgericht nach einem Streik gegen einen Außenseiter-Arbeitgeber über dessen Schadensersatzansprüche gegen die Gewerkschaft zu entscheiden. Das Bundesarbeitsgericht ließ die (bis heute) schwierige Rechtsfrage über die Zulässigkeit der Bestreikung eines nicht im Arbeitgeberverband organisierten Arbeitgebers mangels Verschuldens der Gewerkschaft offen. Nach Ansicht des Gerichts konnte die Gewerkschaft auf Grund der oben genannten Entscheidung des Bundesgerichtshofs davon ausgehen, dass ihr Vorhaben rechtmäßig sei, so dass sie kein Verschulden treffe. Das Bundesarbeitsgericht nahm aber dennoch zur Frage des Außenseiter-Arbeitgebers Stellung. Es erwähnte nebenbei, dass derartige Fallkonstellationen durch die Entscheidung des Bundesgerichtshofs nicht abschließend geklärt seien. Allerdings würden gute Gründe für eine Zulässigkeit derartiger Streiks sprechen. Anders als bei einem Sympathiestreik könne in diesen Fällen der bestreikte Arbeitgeber die Forderungen der Streikenden erfüllen, da er tariffähig sei und mit der Gewerkschaft einen Tarifvertrag abschließen könne.
In einer weiteren neueren Entscheidung zum Arbeitskampfrecht hat das Bundesarbeitsgericht einen Streik um einen Verbandstarifvertrag gegen einen Außenseiter-Arbeitgeber für rechtmäßig erklärt.[353] Diesem Sachverhalt lag aber eine besondere Situation zu Grunde: Die Gewerkschaft IG Medien (heute Ver.di) erstrebte für ihre Mitglieder einen neuen Verbandstarifvertrag und führte dazu Streikmaßnahmen gegen mehrere Unternehmen durch. Hierzu bezog die Gewerkschaft auch den Betrieb der Beklagten in die Streikmaßnahmen mit ein. Die Beklagte gehörte nicht dem Arbeitgeberverband an, hatte aber mit der Industriegewerkschaft Druck und Papier einen bisher ungekündigten Firmentarifvertrag abgeschlossen, der in zahlreichen Fällen auf den Inhalt und die jeweils gültigen Verbandstarifverträge Bezug nahm.
Das Bundesarbeitsgericht sah die Einbeziehung der Beklagten in den Streik als zulässig an, obwohl sie nicht Mitglied des Arbeitgeberverbands war. In den Entscheidungsgründen führte das Gericht aus, die streikenden Arbeitnehmer würden auf Grund der Verweisung in dem Firmentarifvertrag, der in weiten Teilen auf den Verbandstarifvertrag Bezug nimmt, keinen Sympathiestreik, sondern einen Streik zur Verbesserung der eigenen Arbeitsbedingungen führen. In diesem Fall sei der Arbeitgeber auch nicht unbeteiligter Dritter.[354] Die Frage,

[352] BAG 09.04.1991 AP Nr. 116 zu Art. 9 GG Arbeitskampf.
[353] BAG 18.02.2003 AP Nr. 163 zu Art. 9 GG Arbeitskampf.
[354] Das Bundesverfassungsgericht hat die gegen dieses Urteil eingelegte Verfassungsbeschwerde des Außenseiter-Arbeitgebers mit Beschluss vom 10.09.2004 NZA 2004, 1338 nicht zur Entscheidung angenommen. Der Verfassungsbeschwerde komme keine grundsätzliche verfassungsrechtliche Bedeutung zu. Sie werfe keine Fragen auf, die sich nicht ohne weiteres aus dem Grundgesetz oder anhand der verfassungsrechtlichen Rechtsprechung klären

wie die Rechtslage zu beurteilen wäre, wenn der Firmentarifvertrag die Verweisung nicht enthalten hätte, wurde vom Bundesarbeitsgericht bewusst offen gelassen.

In der Literatur ist die Frage über die Zulässigkeit der Einbeziehung eines Außenseiter-Arbeitgebers in einen Verbandsarbeitskampf ebenfalls umstritten. Ein Teil des Schrifttums hält den Streik gegen einen Außenseiter-Arbeitgeber im Rahmen eines Verbandsarbeitskampfes grundsätzlich für unzulässig.[355] Andere Autoren halten einen derartigen Streik unter gewissen Bedingungen für zulässig.[356] Weiterhin wird in Literatur und Rechtsprechung nicht einheitlich beurteilt, ob es sich hierbei um einen Sympathiestreik handelt oder nicht. Das LAG Hamm[357] – als Vorinstanz – bewertete den Streik als unzulässigen Sympathiestreik. Das Bundesarbeitsgericht sieht darin keinen Sympathiestreik.[358] Auch die Literatur ist hierbei geteilter Ansicht.[359]

Auf die begriffliche Definition dieser Fallkonstellationen kommt es aber nicht entscheidend an. Ebenso wenig soll im Rahmen dieser Arbeit die rechtliche Zulässigkeit der Einbeziehung des Außenseiter-Arbeitgebers in einen Streik um einen Verbandstarifvertrag geklärt werden.[360] Es ist etwas ganz anderes, worauf es mir ankommt. Letztlich geht es immer noch um die Frage der Möglichkeit der Erfüllung der tariflichen Forderungen. Der von einem Sympathiestreik betroffene Arbeitgeber kann nach herrschender Auffassung die Forderungen, die von den Gewerkschaften erhoben werden, nicht erfüllen. Er kann den Kampf nicht durch Nachgeben vermeiden und bedarf daher eines größeren Schutzes.

Dies ist aber – auch unter Zugrundelegung der Entscheidung des Bundesarbeitsgerichts vom 18.02.2003 – bei einem Streik gegen einen Außenseiter-Arbeitgeber nicht anders. Der Außenseiter-Arbeitgeber hat keine Möglichkeit, den

---

ließen. Im Ergebnis und in der Begründung folgt das Bundesverfassungsgericht der Ansicht des Bundesarbeitsgerichts. Durch die Bezugnahme auf die Verbandstarifverträge hat der Außenseiter-Arbeitgeber auf ein eigenständiges tarifliches Aushandeln der Arbeitsbedingungen verzichtet. Er musste damit rechnen, bei einem Arbeitskampf als Teil der Arbeitgeberseite wahrgenommen zu werden und sei daher nicht als unbeteiligter Dritter anzusehen.

[355] Kissel § 38 Rn. 19; Thüsing S. 133; teilweise einschränkend Gebhardt S. 143.

[356] Gamillscheg S. 1005 und Zöllner/Loritz S. 460 fordern, dass die Streikenden den Außenseiter-Arbeitgeber vorher ergebnislos zu Verhandlungen aufgefordert haben; Otto in Mü-Hb § 285 Rn. 68 bejaht die Einbeziehung des Arbeitgeber-Außenseiters, wenn der umkämpfte Tarifvertrag faktisch auch beim Außenseiter zur Anwendung kommt, z.B. im Falle der Allgemeinverbindlicherklärung.

[357] LAG Hamm 24.10.2001 AP Nr. 161 zu Art. 9 GG Arbeitskampf; so auch die Vorinstanz ArbG Dortmund.

[358] BAG 18.02.2003 AP Nr. 163 zu Art. 9 GG Arbeitskampf.

[359] Vgl. Melot de Beauregard NZA–RR 2003, 618; Dietrich S. 21.

[360] Eine ausführliche Stellungnahme zu diesem Problem soll hier nicht erfolgen. Diesbezüglich wird auf die anderweitige Literatur verwiesen, insbesondere auf die Dissertationen von Thüsing, „Der Außenseiter im Arbeitskampf“ und Gebhard, „Außenseiter im Arbeitskampf in Deutschland und im Ausland“.

Forderungen der Streikenden nachzukommen. Er kann den begehrten Tarifvertrag nicht fördern, die Forderungen nicht erfüllen.[361] Er hat sich durch seine Anschlusserklärung sogar schon bereit erklärt, die Forderungen zu übernehmen. Eine Fortsetzung des Arbeitskampfes ihm gegenüber ist folglich nicht mehr erforderlich, obwohl sich der Kampf um den Verbandstarifvertrag noch nicht erledigt hat. Warum der Außenseiter noch weiterhin in die Verbandsauseinandersetzung mit hineingezogen werden soll, ist nicht ersichtlich. Er kann, genauso wie beim Sympathiestreik, den Hauptstreik nicht beenden. Die Streikenden erstreben nämlich einen Verbandstarifvertrag und nicht bloß einen Firmentarifvertrag. Dieser Forderung kann der Außenseiter nicht nachkommen. Das Bundesarbeitsgericht führte selbst aus, dass der Adressat der Streikforderung nicht der Beklagte, also der Außenseiter-Arbeitgeber, sondern der Verband der Druckindustrie war. Adressat und Betroffener fallen hier wie bei einem Sympathiestreik auseinander. In diesen Fällen fehlt sogar die Möglichkeit des Außenseiters, auf den Verband Druck auszuüben, da er schließlich nicht im Verband organisiert ist.[362] Im Falle seiner Bestreikung erhält er nicht einmal Unterstützungszahlungen vom Verband. Der Streik gegen einen Außenseiter-Arbeitgeber hat keinen Einfluss auf den Abschluss eines Verbandstarifvertrages. Selbst das Bundesarbeitsgericht verweist hierauf in seinen Entscheidungsgründen im Rahmen des ultima ratio Prinzips. Die Gewerkschaft sei vor Ausweitung des Streiks auf den Außenseiter nicht verpflichtet gewesen, die Forderungen gesondert gegenüber der Beklagten zu erheben, da dieser die Forderungen sowieso nicht erfüllen könne. Dennoch aber wird der Streik ihm gegenüber als rechtmäßig angesehen.

Es kann daher nicht überzeugen, wenn das Bundesarbeitsgericht einen Sympathiestreik und einen Streik gegen einen Außenseiter-Arbeitgeber für nicht vergleichbar hält. Richtig mag zwar sein, dass die Gewerkschaft auch dem Außenseiter-Arbeitgeber gegenüber erreichen will, dass die erstrebten Arbeitsbedingungen, die sie gegen den Arbeitgeberverband geltend macht, auch Arbeitsbedingungen bei den Außenseitern werden. Übersehen wird dabei aber, dass der Außenseiter nicht in der Lage ist, den Streik durch ein sofortiges Nachgeben zu beenden und den Forderungen nachzukommen. Der Streik ist erst beendet, wenn der Verbandstarifvertrag geschlossen ist und nicht früher. Der Umstand, dass der Außenseiter durchaus in der Lage ist, die Forderungen zu erfüllen, kann nicht derart bedeutend sein, dass das Bundesarbeitsgericht seine Argumentation vom unmittelbaren sozialen Gegenspieler, wie sie noch in den

---

[361] So auch Rolfs/Clemens NZA 2004, 417; Melot de Beauregard NZA–RR 2003, 620; BAG 18.02.2003 AP Nr. 163 zu Art. 9 GG Arbeitskampf: *„Adressat der Arbeitskampfforderungen war nicht die Beklagte, sondern der Verband der Druckindustrie. Diesem gegenüber waren die Tarifforderungen zu erheben, denn nur er konnte den von der IG Medien geforderten Verbandstarifvertrag schließen."*

[362] Lieb in FS Kissel 1994, 663 f.; Thüsing S. 140.

Sympathiestreikentscheidungen geführt wurde, hier nicht anwendet.[363] Weiterhin mag es auch richtig sein, dass im Falle der Bezugnahme auf einen Verbandstarifvertrag die Streikenden nicht nur zur Unterstützung anderer Streikenden in den Kampf treten, sondern eigene Forderungen erheben und versuchen, diese kampfweise durchzusetzen. Aber auch dieses Argument hilft nicht über die Tatsache hinweg, dass der Außenseiter den Streik nicht beenden kann. Sowohl in den Fällen des Sympathiestreiks als auch in den Fällen des Streiks gegen einen Außenseiter-Arbeitgeber kann der Arbeitgeber den Streik nicht beenden. Auch der Außenseiter-Arbeitgeber bedarf dann eines größeren Schutzes.[364]

4. Der Sympathiestreik bei Identität des Arbeitgebers

Bereits am Anfang dieser Arbeit wurde festgestellt, dass es entgegen einer weit verbreiteten Ansicht für das Vorliegen eines Sympathiestreiks nicht erforderlich ist, dass Betroffener und Adressat auseinanderfallen. So sind unter einem Sympathiestreik auch die Fallkonstellation zu subsumieren, dass Arbeiter zur Unterstützung der Angestellten bezüglich eines Angestellten-Tarifvertrages streiken, Arbeitnehmer zu Gunsten von Lehrlingen oder das Redakteure eines Druckverlages für einen Tarifvertrag streiken, der nur den Journalisten zu Gute kommt und umgekehrt. Diesen Fallkonstellationen ist gemeinsam, dass immer nur ein Arbeitgeber als Streikgegner „angegriffen" wird. Betroffener und Adressat sind folglich identisch,[365] so dass gerade hier von einer „*wirtschaftlichen Geiselnahme*"[366] nicht mehr gesprochen werden kann.

Fallkonstellationen, in denen sich nicht- oder andersorganisierte Arbeitnehmer an einem Arbeitskampf beteiligen, werden überwiegend als rechtmäßig angesehen.[367] Begründet wird dies mit dem Grundsatz der „Einheit der Belegschaft" bzw. der „Einheit der Arbeitnehmerschaft". Die Funktionsfähigkeit des Arbeitskampfsystems erfordere eine Teilnahmemöglichkeit der ganzen Belegschaft im Arbeitskampf. Dies betreffe sowohl die nicht- als auch die andersorganisierten

---

[363] Auch Kissel § 38 Rn. 20 sieht in dem Umstand, dass der Außenseiter-Arbeitgeber tariffähig ist, kein Argument, mit dem der Streik um einen Verbandstarifvertrag gegen ihn zu rechtfertigen sei.

[364] So auch das LAG Hamm 24.10.2001 AP Nr. 161 zu Art. 9 GG Arbeitskampf.

[365] Geib S. 37 ff. ordnet derartige Konstellationen weder den Sympathiestreiks, noch den Hauptstreiks zu. Er verwendet den Begriff des „*Hilfsstreiks*". Der maßgebliche Grund sei, dass Gegner und Betroffener in diesen Fällen identisch seien.

[366] So Otto in Mü-Hb § 286 Rn. 44.

[367] BAG 21.04.1971 AP Nr. 43 zu Art. 9 GG Arbeitskampf = BAGE 23, 292; Gamillscheg S. 994 und S. 1135; Brox/Rüthers Rn. 289; Löwisch 170.2 Rn. 86 ff.; v. Hoyningen-Huene JuS 1987, 510; Rose S. 112; Thüsing S. 54; Gebhardt S. 44 ff.; Bieback in Däubler Rn. 368; Seiter S. 504 ff.; Kissel § 42 Rn. 55 m.w.N. in Fn. 127; Geib S. 125 ff.; Birk S. 51 ff..

Arbeitnehmer. Anderenfalls wären kleine Arbeitnehmergruppen nicht in der Lage, eigenständig einen Tarifvertrag durchzusetzen, was zur Folge hätte, dass sie weitgehend schutzlos wären.[368] Das Streikrecht der Nicht- und der Andersorganisierten wird folglich mit der praktischen Notwendigkeit ihrer Teilnahme begründet. Ausgangspunkt der Zulässigkeit der Beteiligung ist das Kräftegleichgewicht der Parteien, die Arbeitskampfparität. Die Arbeitsniederlegung der Andersorganisierten wird partiell auch als Teil des Hauptstreiks angesehen, da die Arbeitsniederlegungen sämtlicher Beteiligter innerhalb des fachlichen und räumlichen, aber nicht des persönlichen Geltungsbereich des umkämpften Tarifvertrages stattfinden.[369] Dieselben Erwägungen sind anzustellen, wenn z.B. Arbeiter zur Unterstützung von Angestellten die Arbeit niederlegen. Auch hier ist einerseits die Schutzlosigkeit der Arbeitnehmergruppen, die ohne eine Unterstützung für die Durchsetzung ihrer Rechte nicht stark genug wären und andererseits eine Harmonisierung mit der zulässigen Kampfbeteiligung der Außenseiter und Andersorganisierten hervorzuheben.
Das Arbeitsgericht Bonn hat es in seiner Entscheidung vom 09.03.1989[370] für durchaus denkbar gehalten, die Frage aber am Ende offen gelassen, dass ein Sympathiestreik rechtmäßig ist, wenn er von nicht an der Tarifauseinandersetzung Beteiligten geführt wird, die dem selben Betrieb angehören, in dem der Hauptstreik stattfindet. Dem Urteil lag der Sachverhalt zu Grunde, dass Redakteure bei Tarifverhandlungen um die Tarifverträge der im selben Verlagshaus beschäftigen Drucker die Arbeit niederlegten. Eine vergleichbare Konstellation lag dem Urteil des LAG Köln vom 23.08.1991[371] zu Grunde. Gewerbliche Arbeitnehmer der Druckindustrie nahmen an einem Sympathiearbeitskampf zur Unterstützung der Tarifvertragsverhandlungen für die beim selben Arbeitgeber beschäftigten Redakteure teil. Das LAG Köln hat die Frage nach der Rechtmäßigkeit einer derartigen Arbeitsniederlegung mangels Verschuldens der Arbeitnehmer offen lassen können. In den Entscheidungsgründen verweist es aber auf zwei arbeitsgerichtliche Entscheidungen, zum Einen des ArbG Köln vom

[368] Seiter S. 504 f.; Gamillscheg S. 1135; Löwisch 170.2 Rn. 86; Otto in Mü-Hb § 285 Rn. 61; Scholz/Konzen S. 22.
[369] So Gamillscheg S. 1135; Haupt S. 28 f.; v. Hoyningen-Huene JuS 1987, 510; Konzen DB 1990, Beilage Nr. 6 S. 14; Scholz/Konzen S. 40 f. und S. 251.; Löwisch 170.2 Rn. 87 spricht von einem „*ausnahmsweise zulässigen Sympathiestreik*"; nach Rieble Anm. zu BAG 09.04.1991 EzA Nr. 98 zu Art. 9 GG Arbeitskampf handelt es sich um einen „*eigennützigen Sympathiearbeitskampf*"; Otto in Mü-Hb § 285 Rn. 61 geht auch vom Sympathiecharakter derartiger Arbeitsniederlegungen aus, ist aber der Ansicht, dass die Rechtsprechung zum Sympathiestreik nur auf die Fälle anwendbar ist, in denen die Grenzen eines Tarifgebietes überschritten werden; Rüthers in BB 1990, Beilage 25 S. 5 sieht darin einen Sympathiestreik, so auch Preis Anm. zu BAG 12.01.1988 EzA Nr. 73 zu Art. 9 GG Arbeitskampf; wohl auch Thüsing S. 59.
[370] ArbG Bonn 09.03.1989 AfP 1989, 783.
[371] LAG Köln 23.08.1991 LAGE Nr. 45 zu Art. 9 GG Arbeitskampf.

27.05.1990[372] und zum Anderen des LAG München vom 22.09.1989,[373] die in vergleichbaren Fallkonstellationen die Rechtmäßigkeit derartiger Arbeitsniederlegungen anerkannt haben. Das Bundesarbeitsgericht hat eine derartige Fallkonstellation noch nicht direkt entschieden. In seiner Entscheidung vom 21.04.1971[374] hat es jedoch die Auffassung vertreten, dass sich an einem von einer Gewerkschaft getragenen Streik auch die nicht- und die andersorganisierten Arbeitnehmer beteiligen dürfen. Gestützt wird dies auf den Aspekt der „Einheit der Belegschaft“.[375]

In diesen Fallkonstellationen verliert die Argumentation des Bundesarbeitsgerichts – unabhängig von den bereits oben aufgezeigten Schwächen – weiter an Gewicht. Der gegen die Zulässigkeit von Sympathiearbeitskämpfen vorgebrachte Haupteinwand, sein Ziel könne immer nur die Einwirkung auf den Willensentschluss eines Dritten sein, da der Gegner des Sympathiestreiks die Forderung selbst nicht erfüllen könne, ist durch die Identität des mit Sympathie- und Hauptkampf bestreikten Arbeitgebers beseitigt. Die Möglichkeit der Einflussnahme ist hier direkt.[376] In derartigen Fällen kann nicht mehr von einer „Geiselnahme“ gesprochen werden. Die Frage nach dem „sozialen Gegenspieler“ kann bei einer derartigen Konstellation nicht aufgeworfen werden, da der vom Sympathiestreik betroffene Arbeitgeber zugleich Arbeitgeber des Hauptarbeitskampfes ist. Damit wirft auch die Frage der Eignung keine Probleme auf. Die Eignung des Unterstützungskampfes ist leicht zu erkennen, wenn der Arbeitgeber mit dem Arbeitgeber des Hauptarbeitskampfes übereinstimmt.

5. Zusammenfassung

Zusammenfassend kann festgestellt werden, dass die Rechtswidrigkeit des Sympathiestreiks sich nicht damit begründen lässt, dass der mit dem Streik überzogene Arbeitgeber die Forderungen der Streikenden nicht erfüllen könne, da er nicht der Adressat der Forderungen sei. Art. 9 Abs. 3 GG trifft keine Aussage über die Parteien, gegen welche sich ein Streik wenden muss, um

[372] ArbG Köln 27.05.1990 – 13 Ga 73/90 – soweit ersichtlich nicht veröffentlicht.

[373] LAG München 22.09.1989 – 10 Ta 150/89 – soweit ersichtlich nicht veröffentlicht.

[374] BAG 21.04.1971 AP Nr. 43 zu Art. 9 GG Arbeitskampf = BAGE 23, 292 (310).

[375] Kritisch zu dieser Entscheidung und seiner Bedeutung für die Frage der Rechtmäßigkeit von Sympathiearbeitskämpfen bei gleicher Identität des Arbeitgebers Lieb RdA 1991, 145 ff..

[376] Bei diesen Konstellationen wird es sich um Ausnahmen handeln. Auf Grund des Industrieverbandsprinzips – ein Betrieb eine Gewerkschaft – wird im Regelfall die gesamte Belegschaft von einem im Betrieb bestehenden Tarifvertrag erfasst. Dennoch sind Ausnahmen denkbar und vorhanden. Dies vor allem im Pressebereich, wo für Drucker und Journalisten nicht nur verschiedene Tarifverträge abgeschlossen werden, sondern auch verschiedene Gewerkschaften zuständig sind.

rechtmäßig zu sein. Eine Betrachtung der von einem Arbeitskampf betroffenen Personen, welche sich nicht unmittelbar an einem Arbeitskampf beteiligen zeigt, dass nicht nur unmittelbare Gegenspieler betroffen sind. Zahlreiche weitere Personen werden in das Streikgeschehen mit einbezogen. Würde das Erfüllbarkeitskriterium von der Rechtsprechung konsequent durchgehalten, so wären andere ebenfalls von der Rechtsprechung entwickelte Arbeitskampfregeln nicht anwendbar. Nicht zu erklären wäre die Aussperrung von gewerkschaftlich nicht- oder andersorganisierter Arbeitnehmer oder der Lohnverlust der Arbeitnehmer auf Grund der Arbeitskampfrisikolehre. Ferner wäre die Bestreikung eines Außenseiter-Arbeitgebers nicht erklärbar, welcher weder rechtlich noch faktisch in der Lage ist, den Arbeitgeberverband, in dem er gerade nicht organisiert ist, zum Einlenken zu bewegen. Ferner kann das Argument nicht in den Konstellationen überzeugen, in denen der Arbeitgeber des Sympathiestreiks mit dem Arbeitgeber des Hauptarbeitskampfes identisch ist.

Diese Betrachtungsweise führt selbstverständlich nicht zur Annahme der Zulässigkeit von Sympathiestreiks. Sie führt aber auch nicht zur grundsätzlichen Unzulässigkeit von Sympathiestreiks. Aufgezeigt werden sollte nur die unterschiedliche Behandlung der Fälle, die sich in einem wesentlichen Punkt überschneiden, nämlich der Möglichkeit, die tariflichen Forderungen zu erfüllen. Selbst in den Fällen, in denen der Außenseiter-Arbeitgeber sich nicht auf Grund einer Verweisung an den Verbandstarifvertrag bindet, steht das Bundesarbeitsgericht einer Bestreikung des Außenseiter-Arbeitgebers durchaus positiv entgegen. Die Einbeziehung eines Außenseiter-Arbeitgebers in einen Verbandsarbeitskampf ist sicherlich nicht undenkbar, wenn dies die Funktionsfähigkeit des Arbeitskampfsystems gebietet. Aus denselben Erwägungen dürfen auch nichtorganisierte Arbeitnehmer ausgesperrt werden. Daher können auch Sympathiearbeitskämpfe zulässig sein, wenn sich nur dadurch eine Kampfparität herstellen lässt.[377]

V. Die Möglichkeit der Einwirkung auf den Gegner des Hauptarbeitskampfes

Die Interessen der Arbeitgeber sind in der heutigen Arbeitswelt derart miteinander verbunden, dass Arbeitskämpfe sich nicht nur auf den unmittelbaren Gegner auswirken. Die Unterstützung eines fremden Streiks kann regelmäßig – wenn auch nur mittelbar – auch den eigenen Interessen der aus Sympathie Streikenden dienen. Vielfach findet sich daher das Argument, die passive Partei des Sympathiestreiks könne auf die im Hauptstreik stehenden Arbeitgeber einwirken und

[377] Zur Kampfparität unten 3. Teil.

versuchen, diese zum Nachgeben zu bewegen.[378] Durch diese – wie auch immer gearteten – Einwirkungsmöglichkeiten sei es gerechtfertigt, auch einen dritten Arbeitgeber in den Arbeitskampf mit einzubeziehen. In diesen Fällen wird von dem unmittelbar Betroffenem selbst etwas gefordert, was er auch erfüllen kann, nämlich eine Einflussnahme auf den Hauptarbeitskampf. In diesem Sinne führt auch das LAG Frankfurt aus, dass es dem bestreikten Arbeitgeber möglich sei, durch Einwirkung auf den vom Hauptstreik betroffenen Arbeitgeber, den Streik von sich aus abzuwenden.[379]

Fraglich ist jedoch, um welche Einwirkungsmöglichkeiten es sich handelt, und inwiefern diese tatsächlich auf den Ausgang des Hauptkampfes einwirken. *Haupt*[380] führt zum Beispiel aus, dass der materielle Druck auf den im Hauptstreik stehenden Arbeitgeber verstärkt werde, und dieser dadurch noch größeren Schaden erleide. Die Möglichkeit des vom Sympathiestreik betroffenen Arbeitgebers, auf seine Kollegen im Hauptstreik einzuwirken, wird zumindest in den Fällen möglich sein, in denen beide Unternehmen wirtschaftliche, produktionstechnische oder sonstige geschäftliche Beziehungen zueinander aufrechterhalten. Der sekundär Bestreikte kann darauf hinwirken, den Hauptstreik durch Nachgeben zu beenden mit dem Hinweis darauf, dass er ansonsten die bestehenden Beziehungen abbricht und sich eventuell andere Geschäftspartner sucht. Der wirtschaftliche Druck wird dadurch durchaus verstärkt.[381] Weiterhin sind Betriebe und Unternehmen heutzutage vielfach arbeitsteilig in der Art wirtschaftlich miteinander verflochten, dass Störungen in einem Betrieb Auswirkungen auf andere Betriebe, sei es desselben Unternehmens oder anderer Unternehmen, haben.[382] Ferner sind Einwirkungsmöglichkeiten in den Konstellationen zu bejahen, in denen der Arbeitgeber des Hauptarbeitskampfes mit dem Arbeitgeber des Sympathiestreiks übereinstimmt, wie es in den Unterstützungsstreiks im Druck- und Verlagsgewerbe vorliegt.

---

[378] Bulla in FS Molitor 1962, 300; Nikisch II S. 88; Hueck/Nipperdey II 2 S. 1009; Stadler BB 1967, 719 ff.; Siebrecht S. 62; Hohenester S. 106; Lieb „Arbeitsrecht" Rn. 685; ders. Anm. zu BAG 05.03.1985 SAE 1986, 64; Zachert/Metzke/Hamer S. 200; Haupt S. 94; Hartje S. 308 ff., der die Einschränkung macht, dass ein Sympathiearbeitskampf nur dann zulässig sein könne, wenn er potentiell geeignet sei, den Gegner zur Gewährung des Geforderten zu veranlassen, bzw. ihn zu beeinflussen. Sei eine Einwirkung auf den Hauptstreik nicht möglich, so sei der Sympathiestreik unzulässig.

[379] LAG Frankfurt a.M. 20.02.1953 RdA 1953, 197.

[380] Haupt S. 54 und S. 95.

[381] So auch Hartje S. 309.

[382] So auch das LAG Hamm 24.04.1980 EzA Nr. 39 zu Art. 9 GG Arbeitskampf bezüglich der Verflechtungen der Unternehmen in der stahl- und metallverarbeitenden Industrie.

Einwirkungsmöglichkeiten können auch auf Grund gemeinsamer Verbandszugehörigkeit (sei es auch nur in einem Dachverband) bestehen.[383] In diesem Zusammenhang sind vor allem finanzielle Aspekte zu berücksichtigen. Sowohl Arbeitgeberverbände als auch Gewerkschaften leisten an ihre Mitglieder im Falle eines Arbeitskampfes Streikunterstützung in Form von finanziellen Zahlungen. Die Kampfkassen der Arbeitgeber (sowie der Arbeitnehmer) hängen dergestalt miteinander zusammen, dass die Ausweitung eines Streiks die Kassen der Arbeitgeberverbände schneller leere. Durch einen Sympathiestreik und der damit einhergehenden Erweiterung des Kampfgebiets werden zweifellos die Kassen schneller geleert, was durchaus zu einem schnelleren Nachgeben führen kann, da die Stärke einer Seite im Arbeitskampf auch von den Kampfkassen abhängt.[384]

Solche Einwirkungsmöglichkeiten sind vor allem im Hinblick auf eine gemeinsame Verbandszugehörigkeit als rechtlich tragfähiges Element vom Bundesarbeitsgericht im Rahmen der Arbeitskampfrisikolehre, bei der sich das Problem entsprechend stellt, anerkannt worden: *„Die mittelbar betroffenen Arbeitgeber müssen nämlich an einer schnellen Beendigung des Arbeitskampfes interessiert sein. Deshalb ist davon auszugehen, dass sie ihre Einflussmöglichkeiten auf den Willensbildungsprozess im Verband nutzen und eine Berücksichtigung der mittelbaren Schäden verlangen können."*[385] Die Weiterleitung des Drucks geschieht über die mitgliedschaftlichen Verbindungen.

In der zweiten Sympathiestreikentscheidung wurde vom Bundesarbeitsgericht erkannt, dass Sympathiestreiks auf den Hauptstreik einwirken und diesen gleichfalls beeinflussen können, da die gezeigte Solidarität die Kampfbereitschaft der den Hauptarbeitskampf führenden Gewerkschaftsmitglieder stärken kann, und die vom Sympathiestreik betroffenen Arbeitgeber – gleich in welcher Weise – darauf hinwirken können, dass die vom Hauptarbeitskampf betroffenen Arbeitgeber nachgeben.[386] Auch in der Entscheidung vom 18.02.2003[387] hat das Bundesarbeitsgericht Einwirkungsmöglichkeiten bejaht. Es stellt fest, dass auch ein nicht im Arbeitgeberverband organisierter Arbeitgeber durchaus in der Lage sei, Druck auf den Arbeitgeberverband auszuüben. Der Außenseiter habe zwar

---

[383] Lieb „Arbeitsrecht" Rn. 685/670; ders. Anm. zu BAG 05.03.1985 SAE 1986, 86; ders. ZfA 1982, 154; Löwisch RdA 1962, 315; Stadler BB 1967, 719; Haupt S. 53; Hartje S. 308 ff.; Zachert/Metzke/Hamer S. 200.

[384] Löwisch RdA 1962, 315 Fn. 19 weist zurecht darauf hin, dass durch einen Sympathiestreik auch die Kampfkassen der eigenen Seite belastet werden. Diesbezüglich ist er jedoch der Meinung, dass die Streikenden dieses Risiko vor Streikbeginn erkannt und abgewogen haben; ebenso BAG 18.02.2003 AP Nr. 163 zu Art. 9 GG Arbeitskampf = EzA Nr. 135 zu Art. 9 GG Arbeitskampf.

[385] BAG 22.12.1980 AP Nr. 70 zu Art. 9 GG Arbeitskampf = BAGE 34, 331 (347).

[386] BAG 12.01.1988 AP Nr. 90 zu Art. 9 GG Arbeitskampf.

[387] BAG 18.12.2003 AP Nr. 163 zu Art. 9 GG Arbeitskampf = EzA Nr. 135 zu Art. 9 GG Arbeitskampf.

keinen mitgliedschaftsrechtlich begründeten Einfluss auf die Entscheidungen des Verbands, allerdings seien zahlreiche und unterschiedliche Einfluss- und Reaktionsmöglichkeiten gegeben. Diese ergeben sich unter anderem auch auf Grund der zahlreichen wirtschaftlichen und sonstigen Verbindungen und Kontakte. Es ist nicht zu übersehen, dass jeder Sympathiestreik auch einen gesellschaftlichen Druck ausübt. Durch einen Sympathiestreik soll die Öffentlichkeit und der Staat auf die Forderungen der Hauptstreikenden hingewiesen werden.[388] Auch der im Hauptarbeitskampf stehende Arbeitgeber soll verstärkt beeinflusst werden. Durch den Sympathiestreik bringen die Streikenden zum Ausdruck, dass sie die Forderungen der im Hauptstreik stehenden Arbeitnehmer gutheißen und mit ihnen übereinstimmen. Dadurch soll der Arbeitgeber angehalten werden, seinen Standpunkt noch einmal zu überdenken und gegebenenfalls nachzugeben.[389] *Hartje*[390] führt zwar zutreffend aus, dass dies wohl für sich allein gesehen kaum ausreichen dürfte, um den Gegner zur Änderung oder Aufgabe seiner Meinung zu bringen. Dennoch ist dies nicht von vornherein ausgeschlossen und letztlich immer noch im Zusammenhang mit anderen Einwirkungsmöglichkeiten zu sehen.

Rüthers[391] und ihm zustimmend *Döhner*[392] lehnen das Argument der Einwirkungsmöglichkeiten ab. Beide sind der Ansicht, dass die Einwirkungsmöglichkeiten viel zu unbestimmt seien, um damit einen Sympathiestreik zu rechtfertigen. Es gebe keine allgemeingültigen Maßstäbe über mögliche Einwirkungsmöglichkeiten, so dass der Einfluss des Betroffenen auf den Adressen nicht festgestellt werden könne. Es könne nicht festgelegt werden, ob zwischen den beiden betroffenen Unternehmen eine persönliche, eine wirtschaftliche und/oder eine geschäftliche Verbindung bestehen müsse. Gegebenenfalls stelle sich sodann die Frage, wie eng diese Verbindungen sein müssten. Diese Fragen bleiben offen. Weiterhin ließe sich erst im Laufe des Streiks oder sogar erst am Ende feststellen, ob der primär Bestreikte sich von dem Sympathiestreik habe beeinflussen lassen oder nicht. Die Parteien des Arbeitskampfes müssten aber schon vor ihrer Entscheidung über den Eintritt in den Streik ihre Erfolgsaussichten einschätzen können. Möglicherweise lässt sich der im Hauptstreik stehende Arbeitgeber vom dem Sympathiestreik noch nicht einmal beeindrucken.

---

388 Zu Recht weist Haupt auf S. 23 darauf hin, dass diese Tatsache nicht nur für den Sympathiestreik gelte, sondern, dass auch mit jedem anderen Arbeitskampf die öffentliche Meinung und Verwaltung beeinflusst werden könne.
389 Haupt S. 55.
390 Hartje S. 317.
391 Rüthers BB 1964, 312; Brox/Rüthers Rn. 144.
392 Döhner S. 30.

Den Befürchtungen *Rüthers* und *Döhners* ist im Grundsatz durchaus zuzustimmen, eine Messbarkeit realer Einwirkungsmöglichkeiten gibt es tatsächlich nicht. Auch bei einem erfolgreichen Hauptstreik lässt sich am Ende schwer feststellen, inwieweit der Erfolg dem Sympathiestreik zuzurechnen ist. Dennoch ist dieser Auffassung nicht zu folgen. Vielmehr ist, wie bereits dargestellt, unzweifelhaft von gewissen mittelbaren Einwirkungsmöglichkeiten auszugehen. Die tatsächlichen Voraussetzungen für eine reale Einwirkung auf den Gegner sind durchaus gegeben. Darauf, ob darüber hinaus weitere unmittelbare Einwirkungsmöglichkeiten gegeben sind, kommt es nicht an, genauso wenig darauf, ob sich der Arbeitgeber des Hauptarbeitskampfes von dem Sympathiestreik hat beeinflussen lassen. Ausschlaggebend ist allein, dass überhaupt auf den Hauptstreik eingewirkt werden kann.[393] Diese Frage ist aber uneingeschränkt zu bejahen. Durch den Sympathiestreik wird unzweifelhaft Druck auf den Arbeitgeber und den Arbeitgeberverband ausgeübt. Das Maß der Intensität ist dafür nicht ausschlaggebend.[394] Unabhängig von der Frage der Rechtmäßigkeit des Sympathiestreiks, wird auch bei anderen Arbeitsniederlegungen nicht auf konkret nachweisbare Einwirkungsmöglichkeiten Bezug genommen. Dort ist auch die abstrakte Möglichkeit der Einwirkung ausreichend, die auch beim Sympathiestreik gegeben ist. Ferner ist davon auszugehen, dass sich die den Streik tragende Gewerkschaft nicht zu einem Sympathiestreik entscheiden wird, wenn sie sich davon keine Erfolge verspricht. Jeder Streik hat Auswirkungen auf die Gewerkschaft, ihre Mitglieder und die anderen Arbeitnehmer und ist zudem mit Kosten verbunden. Dieses Risiko muss die Gewerkschaft abwägen, und es ist sicher, dass sie nicht leichtfertig in einen Streik treten wird, von dem sie sich keine Erfolge verspricht. Zum Sympathiestreik gegen einen Dritten wird nicht aufgerufen, wenn sich die Gewerkschaft sicher ist, dass der betroffene Arbeitgeber nicht in der Lage ist, auf den Adressaten Einfluss zu nehmen. Weiterhin muss die Gewerkschaft in der Lage sein, genügend Arbeitnehmer zu einem Sympathiestreik zu mobilisieren. Diese werden aber nicht die Arbeit niederlegen, wenn sie nicht selbst von der Zielsetzung des Streiks überzeugt sind. Darüber hinaus ist ein Streik – unerheblich, ob es sich um einen Sympathie- oder Hauptstreik handelt – rechtswidrig, der nur zur Demonstration eigener Stärke geführt wird.[395]

Folglich ist davon auszugehen, dass gewisse Einwirkungsmöglichkeiten der bestreikten Parteien bestehen. Die weitaus interessantere Frage ist aber, ob diese mittelbaren Einwirkungsmöglichkeiten ausreichen, um einen im Grundsatz Unbeteiligten in einen Arbeitskampf zu ziehen. Schließlich stellt jeder Streik einen Eingriff in den eingerichteten und ausgeübten Gewerbebetrieb des Arbeit-

[393] Birk S. 82; Hartje S. 286.
[394] LAG Hamm 24.04.1980 EzA Nr. 39 zu Art. 9 GG Arbeitskampf.
[395] In diesem Sinne auch Bieback in Däubler Rn. 383.

gebers dar und ist in der Regel mit einer Schädigung des betroffenen Arbeitgebers verbunden. Hierbei ist aber folgendes zu bedenken: Die Rechtmäßigkeit des Sympathiestreiks soll nicht mit gewissen Einwirkungsmöglichkeiten begründet werden. Der Umstand, dass eine gewisse Einflussnahme besteht, vermag nicht dem Sympathiestreik zu seiner rechtlichen Zulässigkeit zu verhelfen. Die Einwirkungsmöglichkeiten sollen lediglich aufzeigen, dass die vom Sympathiestreik betroffenen Arbeitgeber durchaus die Möglichkeit haben, auf die vom Hauptarbeitskampf betroffenen Arbeitgeber einzuwirken und diese zum Nachgeben und damit zur Beendigung sowohl des Haupt- als auch des Sympathiestreiks zu bewegen. Dies dürfte im Wesentlichen eine bedeutende Rolle bei der Frage der Eignung des Sympathiestreiks im Rahmen des Verhältnismäßigkeitsprinzips eine Rolle spielen. Die vom Bundesarbeitsgericht hervorgehobene erhöhte Schutzwürdigkeit des vom Sympathiestreik betroffenen Arbeitgebers verliert damit an Gewicht und ist als Argument gegen eine Anerkennung des Sympathiestreiks nicht überzeugend.

VI. Der Sympathiestreik als „totale Sozialschlacht“

Streiks dienen in der Gesellschaft dazu, die Unterlegenheit der abhängig Beschäftigten gegenüber den Unternehmen auszugleichen und eine einseitige Festsetzung der Arbeitsbedingungen durch den Arbeitgeber zu verhindern. Es ist daher zwingend erforderlich, dass ein Streik auf die Unternehmen wirtschaftlichen Druck ausübt, damit ein Verhandeln über die Arbeits- und Wirtschaftsbedingungen möglich bleibt.

Fast jeder Streik wird mit gewissen Schäden verbunden sein, sei es für den unmittelbar betroffenen Arbeitgeber, sei es für Dritt- oder Zuliefererbetriebe, die Allgemeinheit oder andere Personen. Ziel des Streiks ist letztlich, den Druck auf die Arbeitgeber zu erhöhen, um deren Verhandlungsbereitschaft zu beeinflussen. Durch den Streik wird dem Arbeitgeber die Arbeitsleistung vorenthalten, so dass er seinen Betrieb nicht mehr in dem Umfang wie ohne die Arbeitsniederlegung fortführen kann. Damit einher gehen auch wirtschaftliche Nachteile. Auf Grund der verflochtenen Wirtschaftsstruktur der Bundesrepublik Deutschland können wirtschaftliche Nachteile auch für andere Unternehmen entstehen. Ganze Industriezweige könnten einen Teil ihrer Leistungs- und Wettbewerbsfähigkeit einbüßen. Die Unternehmen können nicht mehr produzieren und dementsprechend ihre Verpflichtungen gegenüber ihren Geschäftspartnern nicht rechtzeitig erfüllen. Das Bundesarbeitsgericht hat bereits 1955 ausgeführt, dass Arbeitskämpfe unerwünscht sind, da sie volkswirtschaftliche Schäden mit sich bringen und den im Interesse der Gesamtheit liegenden sozialen Frieden beeinträchtigen.[396] Die durch einen Streik verursachten Schäden veranlassten das Bundesarbeitsgericht auch dazu, nur den gewerkschaftlich getragenen Streik als rechtmäßig anzuerkennen. Es sei wichtig, bei Ausbruch eines Streiks Stellen einzuschalten, welche die Gewähr dafür böten, dass nur in begründeten Fällen gestreikt werde und dass im Falle eines Streiks die im Allgemeininteresse erforderlichen Kampfregeln eingehalten würden.[397]

Unabhängig von den bisher vorgebrachten Einwendungen und Argumenten wird in der Literatur vielfach mit den möglichen Auswirkungen eines Sympathiestreiks und den damit zusammenhängenden volkswirtschaftlichen Schäden argumentiert, um die Rechtswidrigkeit des Sympathiestreiks zu begründen. Durch die Ausweitung des ursprünglichen Arbeitskampfes komme es zu einer Vergrößerung des gesamtwirtschaftlichen Schadens und zu einer umfangreicheren Störung des Arbeitslebens. Arbeitskämpfe würden zu einer „*totalen Sozialschlacht*“[398] ausgeweitet, die kaum noch zu beherrschen wäre. Ganze Wirtschaftszweige wären zur Machtlosigkeit verdammt. Um diesen weitreichenden Wirkungen zu entgehen, müssten Sympathiearbeitskämpfe als unzulässig angesehen werden. Der Geltungsbereich des angestrebten Tarifvertrages müsse daher die Grenze für zulässige Arbeitskämpfe bilden.[399]

Fraglich ist aber, ob Streiks tatsächlich eine derart schädigende Wirkung haben.[400] *Däubler*[401] führt an, dass dies nicht immer der Fall sein müsse. Es könne durchaus Situationen geben, in denen der Arbeitgeberseite kein Schaden entstehe. Dies gelte z.B. dann, wenn der Streik in eine Zeit der Rezession und des Auftragmangels falle. Der Arbeitskampf könne dem Unternehmer sogar zu Gute kommen, da dadurch beispielweise Kündigungen oder die Einführen von Kurzarbeit vermieden werden könnte. Ebenfalls ist davon auszugehen, dass der Produktionsausfall allein an sich noch keinen Schaden darstellt. Er könnte sogar, wenn die produzierten Güter nicht absetzbar wären, die Vermögenslage des

---

396 BAG 28.01.1955 AP Nr. 1 zu Art. 9 GG Arbeitskampf = BAGE 1, 291.

397 BAG 20.12.1963 AP Nr. 32 zu Art. 9 GG Arbeitskampf; BAG 07.06.1988 AP Nr. 106 zu Art. 9 GG Arbeitskampf.

398 Brox/Rüthers Rn. 146; Rüthers BB 1964, 314; Martens Anm. zu BAG 05.03.1985 EWiR 1985, 879.

399 Brox/Rüthers Rn. 146; Rüthers BB 1964, 314; ders. BB 1990, Beilage 25 S. 4; Martens Anm. zu BAG 05.03.1985 EWiR 85, 879

400 Was die generelle Arbeitskampfhäufigkeit betrifft, so ist festzustellen, dass Deutschland im internationalen Vergleich bezüglich der verlorenen Arbeitstage im unteren Viertel liegt. In Deutschland gehen deutlich weniger Arbeitstage durch Streiks verloren als in den meisten anderen Industriestaaten. In der Bundesrepublik Deutschland sind Arbeitskämpfe verhältnismäßig selten und dauern in der Regel nicht allzu lang an. Vgl. Salowsky RdA 1990, 119; Hromadka/Maschmann § 14 Rn. 2; Däubler in Däubler Rn. 72.

401 Däubler in Däubler Rn. 69 ff. m.w.N..

Unternehmens verbessern und nicht verschlechtern.[402] Auch besteht die Möglichkeit, ausgefallene Arbeit durch erhöhte Anstrengungen wie Überstunden oder Mehrarbeit nachzuholen. In diesen Fällen kann der Schaden verhindert oder zumindest verringert werden.[403] Der Arbeitgeber hat weiterhin auch immer die Möglichkeit, durch Auftrags- und Lagerhaltungspolitik den Produktionsausfall gering zu halten. Die Unternehmen können sich auf streikbedingte Arbeitsausfälle einstellen und bereits im Vorfeld Sicherheitsmaßnahmen treffen. Ein Produktionsausfall führt damit nicht zwangsläufig zu einem Einkommensrückgang der Unternehmen. Nicht zu unterschätzen ist auch die Möglichkeit des Unternehmers, den Betrieb soweit wie möglich mit arbeitswilligen Arbeitnehmern aufrecht zu erhalten.[404] Nach Angaben von *Däubler*[405] gingen in einem Zeitraum von 1949 bis 1975 pro Arbeitnehmer und Jahr ganze 17 Minuten Arbeitszeit verloren, was der Gesamtdauer einer Frühstückspause entspricht. *Däubler* ist daher der Auffassung, dass ein Unternehmen durch einen Streik kaum eine Gewinneinbuße erleidet. Anderenfalls hätten die Unternehmen es sich nicht nehmen lassen, *„das Schädlichkeitsargument durch exakte Zahlen zu untermauern“*.[406]

Trotz der unterschiedlichen Möglichkeiten eines Arbeitgebers, auf einen Streik zu reagieren, kann nicht davon ausgegangen werden, dass ein Arbeitskampf – um es mit den Worten von *Däubler* auszudrücken – harmlos und sogar eher nützlich ist.[407] Aus dem Umstand, dass sich Streikschäden schwer feststellen lassen, darf nicht der Schluss gezogen werden, es gebe sie nicht. Die im Arbeitskampf entstehenden Schäden lassen sich nicht verallgemeinern. Es spielen viele Faktoren eine Rolle, welche die Schäden unterschiedlich ausfallen lassen, wie z.B. Konjunkturlage, Branchensituation, Konkurrenzverhalten, Lage des Tarifgebietes usw..[408] Es mag sicherlich vorkommen, dass bestreikte Unternehmen geringe oder sogar gar keine Schäden erleiden. Allerdings dürfte dies eher die Ausnahme als die Regel sein. Am Ende kommt es immer auf eine Einzelfallbetrachtung an.

Wird durch einen Streik die Produktion im Betrieb stillgelegt, so entfällt zunächst einmal der normalerweise anfallende Gewinn. Zwar besteht durchaus

---

402 BAG 05.03.1985 AP Nr. 85 zu Art. 9 GG Arbeitskampf; Bertelsmann S. 286; in diesem Sinne auch Weiss AuR 1974, 46, der davon spricht, dass die kampfbetroffenen Unternehmen den Produktionsstillstand dazu nutzen können, ihre Auf Lager Produktion loszuwerden oder sie durch den Streik einem ohnehin bevorstehenden Produktionsstillstand zuvorkommen.

403 BAG 05.03.1985 AP Nr. 85 zu Art. 9 GG Arbeitskampf; Däubler in Däubler Rn. 71; Bertelsmann S. 285; Heenen S. 119 ff.; Kittner S. 668.

404 So auch Bertelsmann S. 286, der darauf hinweist, dass die Zahl der Arbeitwilligen erfreulich bzw. erschreckend hoch sei.

405 Däubler in Däubler Rn. 73.

406 Däubler in Däubler Rn. 72.

407 Däubler in Däubler Rn. 77.

408 Bertelsmann S. 293.

die Möglichkeit, verlorene Arbeit nachzuholen, so z.B. durch Nacharbeit.[409] Aber bereits die Möglichkeit der Nachholung von ausgefallener Arbeit ist mit Verlusten des Unternehmers verbunden. Meistens wird die Mehrarbeit Lohnzuschläge erfordern, und es wird mehr Personal benötigt, welches entsprechend vergütet werden muss.[410] Der Arbeitgeber hat auch die weiterlaufenden Kosten wie Miete für Gebäude und Maschinen, Versicherung, ertragsunabhängige Steuern usw. zu zahlen.[411] Hierbei ist allerdings zu berücksichtigen, dass derartige Ausfälle zum großen Teil auch über Unterstützungsfonds beim Arbeitgeberverband ausgeglichen werden.[412] Ferner besteht immer die Gefahr, dass Aufträge anderer Unternehmen im Hinblick auf die bevorstehenden Arbeitskämpfe ausbleiben oder sogar zurückgenommen werden.[413]

Mittelbare Schäden können entstehen, wenn durch die Stilllegung der Produktion Vertragspartner nicht rechtzeitig beliefert werden. Vertragspartner könnten versuchen, vertragliche Ansprüche gegen das bestreikte Unternehmen geltend zu machen. Dies können sowohl Vertragsstrafen als auch Schadensersatzansprüche sein. Zwar haben die Vertragspartner immer die Möglichkeit, einen vertraglichen Ausschluss der Haftung bei Arbeitskämpfen durch sogenannte Freizeichnungsklauseln zu erzielen, jedoch ist zu beachten, dass derartige Klauseln auf Grund des hohen Konkurrenzkampfes schwer durchsetzbar sind und in der Regel von einer Gegenleistung abhängen, die den Unternehmer im Normalfall ebenfalls Geld kostet.[414] Die Gefahr, dass Vertragspartner auf Grund eines Streiks die Beziehungen zueinander vollkommen abbrechen, dürfte nicht gegeben sein. Die Unternehmen sind heutzutage dauerhaft miteinander verflochten und halten langfristige Liefer- und Abnehmerbeziehungen zueinander aufrecht, so dass kurzfristige Lieferschwierigkeiten auf Grund eines Arbeitskampfes nicht zum Bruch dieser Gemeinschaft führen werden. Vor allem würde dies nur bei einfachen Gütern in Betracht kommen, die überall erhältlich sind.[415] Zahlreiche Firmen halten außerdem langfristige Beziehungen zu Lieferanten aufrecht, die in ähnlicher Weise wie sie selbst produzieren. Dadurch verwischen die Grenzen zwischen dem Haupt- und dem Zuliefererbetrieb, so

---

[409] Vgl. die Beispiele aus der Druckindustrie bei Däubler/Wolter AuR 1982, 144.

[410] Gaudecki S. 6; Kittner S. 668.

[411] Weitere mögliche Schadenspositionen bei Bertelsmann S. 283.

[412] Weiss AuR 1974, 47; Wohlgemuth DB 1979, 114.

[413] Hueck/Nipperdey II 2 S. 877.

[414] Hueck/Nipperdey II 2 S. 946; Gaudecki S. 9; Bertelsmann S. 287; Seiter S. 282, der davon spricht, dass es nicht jedem Arbeitgeber gelingt, sich gegenüber sämtlichen Vertragspartnern abzusichern; demgegenüber aber Weiss AuR 1974, 47, der darauf verweist, dass in der Bundesrepublik noch kein Fall bekannt wurde, indem ein Unternehmer auf Grund streikbedingter Lieferschwierigkeiten oder Abnahmeproblemen von einem anderen Schadensersatz gefordert hätte. Bezüglich der Versicherungen verweist er darauf, dass die Unternehmen diese Kosten über die Preise auf die Verbraucher abwälzen können.

[415] Kempen AuR 1982, 78; Gaudecki S. 5.

dass das Endprodukt in allen Bereichen eine gewisse Qualität aufweist, weil alle – oder viele – daran beteiligte Firmen dieselben Maßstäbe anlegen.[416] Derartige Beziehungen werden weder leichtfertig aufs Spiels gesetzt, noch werden sie auf Grund eines Arbeitskampfes abgebrochen.
Auch die Auswirkungen auf die Allgemeinheit werden von *Däubler* nicht berücksichtigt. Kommen unbeteiligte Dritte auf Grund eines Streiks z.B. der Verkehrsbetriebe zu spät zur Arbeit, so haben sie für diese verlorene Zeit keinen Lohnanspruch. Weiterhin können ihnen Mehrkosten für die Inanspruchnahme eines Taxis oder eines Mietwagens entstehen, die gleichfalls mit einer zusätzlichen finanziellen Belastung verbunden sind.
Eine gewisse Schädlichkeit kann dem Streik somit nicht abgesprochen werden. Der Schaden ist im Ergebnis aber nicht so gravierend, wie vielfach behauptet wird. Es erscheint keinesfalls gerechtfertigt im Falle eines Sympathiestreiks von einer *„totalen Sozialschlacht"* zu sprechen. Die Vertreter dieser Ansicht übersehen, dass jeder Streik an weitere Zulässigkeitskriterien gebunden ist. Dazu gehört an oberster Stelle der Verhältnismäßigkeitsgrundsatz. Die Gefahr, dass der Sympathiestreik ganze Wirtschaftszweige lähmt oder gar zur totalen Sozialschlacht führt, ist dadurch eingedämmt, dass der Sympathiestreik, wie jeder andere Streik auch, den Grundsatz der Verhältnismäßigkeit wahren muss. Die erforderlichen Kampfmaßnahmen dürfen nicht außer Verhältnis zum angestrebten Ziel stehen. Dadurch werden unverhältnismäßige Schäden für den Gegner und die Allgemeinheit vermieden.[417] Arbeitskämpfe, die den Kampfgegner oder die Allgemeinheit unverhältnismäßig belasten, sind unzulässig.
Beachtet werden muss aber auch, dass gewisse schädliche Wirkungen dem Wesen des Streiks immanent sind. Arbeitskämpfe beeinträchtigen den bestreikten Arbeitgeber und Dritte notwendigerweise. Der Streik ist das effektivste Kampfmittel der Arbeitnehmer zur Bestimmung ihrer Lohn- und Arbeitsbedingungen. Die Gegenseite soll ja gerade dazu veranlasst werden, zur Vermeidung weitergehender Schäden die erstrebten Forderungen zu bewilligen.[418] Die Ausübung von Druck durch Schadenszufügung ist gerade der Sinn des Streiks. Die Arbeitnehmer sind als die Fordernden auf das Mittel des Streiks unverzichtbar angewiesen, so dass die Arbeitsniederlegung im Ergebnis eine gewisse Schädigung im betroffenen Unternehmen anstreben muss. Die Unternehmer versuchen häufig wirtschaftliche Verbesserungen der Arbeitsbedingungen zu vermeiden, da diese mit wirtschaftlichen Nachteilen für sie verbunden sind. Demgemäss folgert das Bundesarbeitsgericht, dass ohne das Druckmittel des Streiks die Tarifautonomie nicht wirksam werden kann. Die erhobenen Forderungen liefen dann auf ein *„kollektives Betteln"*[419] hinaus. In einer sozialen

---

[416] Herrigel in Mückenberger/Menzl S. 229.
[417] So auch Hartje S. 287.
[418] Heenen S. 126.
[419] BAG 10.06.1980 BAG AP Nr. 64 zu Art. 9 GG Arbeitskampf.

Marktwirtschaft bedarf es eines Instruments, mit dessen Hilfe angemessene Arbeitsbedingungen erzielt werden können. Die Tarifautonomie sieht gerade die Möglichkeit zur Regulierung von Konflikten mittels Arbeitskämpfen vor. Tarifverhandlungen können nur erfolgreich geführt werden, wenn der Arbeitgeberseite bewusst ist, dass im Ernstfall der notwendige wirtschaftliche Druck durch einen Streik ausgeübt wird. Ohne einen entsprechenden Druck ist die Arbeitgeberseite kaum bereit, den Forderungen nachzugeben.[420]

Allein die Beeinträchtigung anderer Rechtsgüter oder rechtlich geschützter Positionen sagt folglich noch nichts über die Zulässigkeit oder Unzulässigkeit neuer Kampfformen aus. Einen Streik aus dem Grunde für rechtswidrig zu erklären, nur weil er Schäden hervorrufen kann, ist mit Art. 9 Abs. 3 GG nicht vereinbar. Die Rechtmäßigkeit einer kampfweisen Betätigung kann nicht davon abhängig sein, ob und inwieweit wirtschaftliche oder soziale Folgen für den unmittelbaren Gegner oder Dritte eintreten. Aus der Schädlichkeit des Streiks kann daher kein Argument gewonnen werden, um diesen im Ansatz zu verhindern oder einzuschränken. Als Wertungskriterien sind andere Maßstäbe anzuwenden. Solange ein Streik mit dem Paritätsprinzip und dem Verhältnismäßigkeitsgrundsatz vereinbar ist und das Gemeinwohl nicht über Gebühr verletzt, kann er – zumindest auf Grund möglicherweise entstehender Schäden – nicht als rechtswidrig angesehen werden. Ein generelles Verbot des Sympathiestreiks wäre nur dann möglich, wenn der Sympathiestreik typischerweise zu ruinösen Wirkungen führen würde, was allerdings nicht der Fall ist.

Bei all der Diskussion um die Schädlichkeit des Sympathiestreiks hat bisher noch keine Berücksichtigung gefunden, dass Sympathiestreiks in der Regel von kurzer Dauer sind. In der Entscheidung des Bundesarbeitsgerichts vom 05.03.1985 wurde der Sympathiestreik über eine Dauer von 2 Arbeitsschichten geführt. Bei der Dauer einer Arbeitsschicht von 8 Stunden, würden gerade mal 16 Stunden auf den Sympathiestreik entfallen. In der zweiten Entscheidung des Bundesarbeitsgerichts zum Sympathiestreik vom 12.01.1988 legte die aus Sympathie streikende Arbeitnehmerin die Arbeit gerade einmal für die Dauer von 2,5 Stunden nieder. Bei einer derart kurzen Streikdauer liegt es auf der Hand, dass die schädlichen Wirkungen des Streiks in diesen Fällen so gut wie gar nicht eintreten können bzw. unter der Schwelle zu einem bedeutenden Schaden liegen. Derartig kurze Arbeitsniederlegungen können ohne wesentliche Folgen überstanden werden. Erst bei langandauernden Streiks besteht die Gefahr, dass ein Arbeitskampf (hohen) Schaden anrichtet.[421] Ihre Wirkung

[420] BAG 12.09.1984 AP Nr. 81 zu Art. 9 GG Arbeitskampf.

[421] Einer vergleichbare Argumentation hat sich das Bundesarbeitsgericht in seiner Warnstreikentscheidung BAG 12.09.1984 AP Nr. 81 zu Art. 9 GG Arbeitskampf bedient. Auch hier wurde festgestellt, dass die Schäden bei einem kurzen, zeitlich befristeten Warnstreik im Verhältnis zu einem unbefristeten Streik nicht erheblich sind. Das LAG München hat mit Urteil vom 15.06.2005 Az.: 6 Sa 602/05 zwar die Frage nach der Rechtmäßigkeit eines Sympathie-

können derartig kurze Arbeitsniederlegungen dennoch entfalten. Nach außen hin wird ein geschlossenes Auftreten erzielt, und die Forderungen der im Hauptstreik stehenden Arbeitnehmer werden als rechtmäßig und notwendig anerkannt. Je mehr Arbeitnehmer sich an einer Arbeitsniederlegung beteiligen, und je mehr Unterstützung diesen Arbeitnehmern von außen zukommt, desto mehr wird der Streik zum Kampf um eine „gute Sache". Dies kann den Arbeitgeber des Hauptstreiks durchaus zu einem zügigeren Verhandeln und zu einer größeren Kompromissbereitschaft veranlassen.

Ferner ist zu beachten, dass Sympathiestreiks nicht an der Tagesordnung sind und – seine rechtliche Zulässigkeit einmal unterstellt – es auch nicht sein werden. Dies erkennt man bereits daran, dass das Streikrecht in Deutschland sehr zurückhaltend ausgeübt wird. Deutschland weist im Vergleich zu anderen Ländern einen sehr niedrigen Wert von streikausfallbedingten Tagen auf. Der Jahresdurchschnitt im Zeitraum von 1970 bis 1997 weist 32 verlorene Arbeitstage je 1.000 Arbeitnehmer auf. Andere Länder dagegen weisen erheblich höhere Zahlen auf. Italien beispielsweise mit 815 Tagen oder Spanien mit 620 Tagen.[422] Keine Gewerkschaft wird leichtfertig einen Sympathiestreik durchführen, denn damit verbunden sind schließlich Kosten für die Gewerkschaft und Entgelteinbußen für die Arbeitnehmer. Vor allem werden die Arbeitnehmer lediglich in wirklich begründeten Fällen die Arbeit zur Unterstützung Anderer niederlegen. Meistens werden mittelbare Vorteile für die Arbeitnehmer bestehen, da es heutzutage nicht einfach sein dürfte, eine große Anzahl von Arbeitnehmern für selbstlose Aktionen zu mobilisieren. Nicht zu vergessen ist, dass der Sympathiestreik den Druck auf den im Hauptkampf stehenden Arbeitgeber verstärkt, so dass es zu einer schnelleren Beendigung des Hauptstreiks kommen kann. Dies kann unter Umständen sogar eine Verkleinerung der im Hauptarbeitskampf womöglich entstehenden Schäden bedingen.

Zusammenfassend ist daher festzuhalten, dass dem Sympathiestreik seine Rechtmäßigkeit nicht mit dem Argument abgesprochen werden kann, dass er wirtschaftliche Schäden für Unternehmen und Dritte auslösen kann. Eine derartige Sichtweise ist mit der verfassungsrechtlichen Norm des Art. 9 Abs. 3 GG nicht vereinbar.

---

streiks offen gelassen, aber festgestellt, *„dass bei halbtägigen Sympathiestreiks (am 19.05.2005 ab 11:30 Uhr bis Arbeitsende) erhebliche wirtschaftliche Auswirkungen auf die Verfügungsklägerin* (Arbeitgeberin: Anm. des Verfassers) *nicht erkennbar sind*".

[422] Vgl. http://vkl.de/tarif_gegengewicht.shtml.

VII. Die Rechtmäßigkeit des Sympathiestreiks auf Grund historischer Überlegungen

Sympathiearbeitskämpfe wurden in der Vergangenheit, vor allem in der Weimarer Zeit, stets als zulässiges Arbeitskampfmittel der Arbeitnehmerseite anerkannt. Die lange andauernde Anerkennung des Sympathiestreiks könnte bis in die heutige Zeit durchschlagen, da letztlich eine Verneinung der Rechtmäßigkeit ein Zurückgehen hinter dem ursprünglichen Rechtsverständnis darstellen würde.

1. Die Entscheidung des LAG Hamm vom 24.04.1980

Das LAG Hamm hat in seinem Urteil vom 24.04.1980[423] die Zulässigkeit des Sympathiestreiks mit historischen Überlegungen begründet. Der Entscheidung lag folgender Sachverhalt zu Grunde: Die IG Metall rief Arbeitnehmer der Metallindustrie zu Solidaritätsaktionen auf, um die sich im Streik befindenden Arbeitnehmer der Druckindustrie zu unterstützen. Der Kläger (Verband der Metallindustrie NRW) begehrte die gerichtliche Feststellung, dass die Aufrufe der Beklagten (IG Metall) zu Solidaritätsaktionen rechtswidrig seien. Das LAG Hamm hat die Klage abgewiesen. Das Gericht beurteilte die Aktionen der IG Metall nach den Grundsätzen des Sympathiestreiks und führte aus: *„Diese Arbeitsniederlegung war als Maßnahme des Sympathiearbeitskampfes rechtmäßig. Der Sympathiearbeitskampf gehört zu den historisch gewachsenen Arbeitskampfmitteln. Seine Zulässigkeit hängt im Einzelfall davon ab, dass er der Unterstützung eines rechtmäßigen Hauptarbeitskampfes dient, dass er potentielle Einwirkungsmöglichkeiten – auch ideeller Art – auf den sozialen Gegenspieler wahrnimmt und dass er den Grundsatz der Verhältnismäßigkeit wahrt. Diese Voraussetzungen treffen vorliegend zu.“*[424]

Das LAG Hamm geht folglich von der prinzipiellen Zulässigkeit des Sympathiestreiks aus. Auch ein Teil der Literatur rechnet Sympathiestreiks zum *„traditionellen Bestand gewerkschaftlicher Kampftypen“*.[425] *Wohlgemuth*[426] geht sogar so weit, dass er Sympathiestreiks schon (fast) als Gewohnheitsrecht ansieht. Die Verkennung der Rechtmäßigkeit von Sympathiestreiks stelle seiner Ansicht nach einen sozialen Rückschritt dar, was mit der Vorschrift des Art. 9 Abs. 3 GG nicht zu vereinbaren sei.[427]

---

[423] LAG Hamm 24.04.1980 EzA Nr. 39 zu Art. 9 GG Arbeitskampf = DB 1980, 2345.
[424] LAG Hamm 24.04.1980 EzA Nr. 39 zu Art. 9 GG Arbeitskampf = DB 1980, 2345.
[425] Bieback in Däubler Rn. 374 b; Wohlgemuth AuR 1980, 37; ders. AuR 1991, 110; Plander ZTR 1989, 136; Kittner AuR 1981, 297.
[426] Wohlgemuth AuR 1980, 37 Fn. 75.
[427] Wohlgemuth AuR 1980, 37; so auch Kittner AuR 1981, 297.

Das Bundesarbeitsgericht hat in seinen beiden Entscheidungen zum Sympathiestreik keine historische Betrachtungsweise herangezogen. Es erwähnt zwar die Entscheidung des LAG Hamm in seinen Entscheidungsgründen, setzt sich jedoch nicht damit auseinander, ob der Sympathiestreik ein historisch entwickeltes und traditionell anerkanntes Kampfmittel der Arbeitnehmer ist. Der Aussage des LAG Hamm wird damit stillschweigend eine Absage erteilt. Die fehlende Argumentation bzw. Auseinandersetzung des Bundesarbeitsgerichts mit historischen Vergleichen und Überlegungen erstaunt. Im Jahre 1976 hat das Bundesarbeitsgericht mit einer vergleichbaren Argumentation den Boykott als historisch überkommenes Arbeitskampfmittel anerkannt.[428] Aber nicht nur diese Entscheidung des Bundesarbeitsgerichts hätte Anlass zu einer historischen Betrachtungsweise des Sympathiestreiks gegeben. Auch das Bundesverfassungsgericht hat für die Auslegung des Art. 9 Abs. 3 GG und des Arbeitskampfrechts immer wieder die Bedeutung der historischen Entwicklung hervorgehoben.[429] Dementsprechend wäre zu erwarten gewesen, dass das Bundesarbeitsgericht sich mit diesem Argument zumindest ansatzweise bezüglich des Sympathiestreiks befasst. Diese Erwartung wurde leider enttäuscht. Es soll nachstehend versucht werden, die Versäumnisse des Bundesarbeitsgerichts nachzuholen und zu untersuchen, ob Sympathiestreiks tatsächlich als historisch überkommene Kampfmittel anzusehen sind. Im Folgenden stellt sich dann die Frage, ob mit dieser Argumentation die Rechtmäßigkeit des Sympathiestreiks begründet werden kann.

2. Gewohnheitsrechtliche Anerkennung des Sympathiestreiks

Es erscheint zu weit hergeholt, mit *Wohlgemuth* die Ansicht zu vertreten, der Sympathiestreik sei schon (fast) Gewohnheitsrecht geworden. „*Gewohnheitsrecht ist eine Rechtsquelle, die im Unterschied zum gesetzten Recht nicht im Wege eines formalisierten Rechtssetzungsverfahrens, besonders der Gesetzgebung, entsteht, sondern durch stetige, von Rechtsüberzeugung getragene Übung in einer Rechtsgemeinschaft hervorgebracht wird.*“[430] Die Anforderungen an die Bildung von Gewohnheitsrecht sind hoch. Es genügt noch nicht die erhebliche Länge der Zeit, über die sich eine Rechtsprechung als konstant erweist. Geltungsgrund des Gewohnheitsrechts ist die allgemeine Rechtsüberzeugung, die sich in einer konstanten Übung manifestiert. Dazu reicht es nicht aus, dass eine bestimmte Judikatur widerspruchslos hingenommen wird, vielmehr bedarf es einer Rechtsüberzeugung in den beteiligten Kreisen. Darunter ist die Erwartung zu verstehen, dass die Gerichte nach dieser Maxime

---

[428] BAG 19.10.1976 AuR 1977, 254.
[429] BVerfG 01.03.1979 E 50, 290 (367) m.w.N..
[430] Alpmann Brockhaus Fachlexikon Recht zum Begriff „Gewohnheitsrecht“.

verfahren werden, und darüber hinaus die Überzeugung, dass sie dies tun werden, weil es sich um eine sie bindende Norm handelt.[431]
Gewohnheitsrecht ist eine neben dem Gesetz und auf der gleichen Rangstufe stehende ungesetzte Rechtsquelle.[432] Für die Erstarkung eines Rechts zu Gewohnheitsrecht bedarf es längerer Übung. Dabei kann keine Regel aufgestellt werden, wie lange eine solche Übung dauern muss.[433]
Diese Voraussetzungen können für die Frage der Rechtmäßigkeit des Sympathiestreiks nicht als gegeben angesehen werden. Hier kann nicht von einer allgemeinen Rechtsüberzeugung gesprochen werden. In der Vergangenheit haben Sympathiestreiks keine große Rolle gespielt. Lediglich in der Weimarer Zeit war ihre Zulässigkeit anerkannt. Die Bewertung des Arbeitskampfes und des Sympathiestreiks erfolgte damals nach ganz anderen rechtlichen Grundsätzen als zum jetzigen Zeitpunkt. Das Arbeitskampfrecht hat sich weiterentwickelt und verändert, so dass die Bewertung des Streiks in der Weimarer Zeit keine ausschlaggebende Rolle mehr für das heutige Streikgeschehen spielen kann.
Darüber hinaus kann auch aus einer ständigen Rechtsprechung noch nicht ohne weiteres auf die Entstehung von Gewohnheitsrecht geschlossen werden. Denn wäre eine ständige Rechtsprechung schon Gewohnheitsrecht, so wären die Gerichte nunmehr daran wie an ein Gesetz gebunden, dürften also selbst dann nicht mehr von ihr abweichen, wenn sie sie als unzutreffend erkannt hätten. Jedoch kann eine ständige Rechtsprechung dann, wenn sie einer allgemeinen Rechtsüberzeugung entspricht und praktisch unangefochten ist, auf Grund dieser Wirkung auf die Praxis den Geltungsgrad von Gewohnheitsrecht erlangen.[434] Davon kann aber bezüglich Sympathiestreiks nicht im Entferntesten die Rede sein. Nach dem Zweiten Weltkrieg wurde die Zulässigkeit des Sympathiestreiks vom Bundesarbeitsgericht bis Mitte der 80er Jahre offen gelassen. Die Arbeitsgerichte sind zu dieser Frage nur selten angerufen worden. Eine höchstrichterliche Entscheidung hat es bis ins Jahr 1985 hinein zu dieser Frage nicht gegeben. Auch in der Literatur bestand durchweg keine Einigkeit über die Rechtmäßigkeit von Sympathiestreiks. Dieser Problembereich war und ist bis heute umstritten.

---

[431] BAG 10.06.1980 AP Nr. 64 zu Art. 9 GG Arbeitskampf; Heinrichs in Palandt Einl. Rn. 22; Rüthers „Rechtstheorie" Rn. 233; Gamillscheg S. 967.
[432] Heinrichs in Palandt Art. 2 EGBGB Rn. 1.
[433] Gewohnheitsrechtlich anerkannte Rechtsinstitute sind z.B. die positive Vertragsverletzung (pVV) und die culpa in contrahendo (c.i.c.). Im Rahmen der großen Schuldrechtsreform im Jahre 2002 wurden diese Institute gesetzlich verankert und haben nunmehr ihre Anspruchsgrundlage in § 280 BGB und § 311 Abs. 2 BGB gefunden.
[434] Rüthers „Rechtstheorie" Rn. 233 geht davon aus, dass Gewohnheitsrecht nur durch Gerichte geschaffen wird und sieht das Richterrecht eng mit dem Gewohnheitsrecht verknüpft an. Das Richterrecht allein ist aber noch kein Gewohnheitsrecht. Die Trennung zwischen Gewohnheitsrecht und Richterrecht lässt sich aber nicht immer eindeutig vornehmen; so auch Gamillscheg S. 46.

Von einer allgemeinen Rechtsüberzeugung kann nicht gesprochen werden, so dass sich Gewohnheitsrecht nicht bilden konnte.

3. Der Sympathiestreik als historisch überkommenes Kampfmittel

Eine andere Frage ist, ob der Sympathiestreik zu den historisch überkommenen Kampfmitteln zu zählen ist. Geschichtlich überkommene Kampfmittel sind nach Auffassung des Bundesarbeitsgerichts der Streik, die Aussperrung und der Boykott.[435]

Der Sympathiestreik wurde in der Weimarer Zeit als rechtmäßig anerkannt. In den letzten 50 Jahren jedoch herrschte großer Streit über seine Zulässigkeit. Man muss sich in diesem Zusammenhang die Frage stellen, wann denn ein Kampfmittel als geschichtlich überkommen anzusehen ist. Das LAG Hamm, welches sich dieser Argumentation bedient, um zur Zulässigkeit des Sympathiestreiks zu kommen, stützt sich zur Begründung seiner Aussage auf vereinzelte Entscheidungen des Reichsgerichts sowie auf ältere Entscheidungen des Bundesarbeitsgerichts, des Bundessozialgerichts und des Bundesgerichtshofs. Die vom LAG Hamm in seinem Urteil hervorgehobenen Entscheidungen des Bundesarbeitsgerichts und des Bundessozialgerichts können allerdings nicht zur Begründung der Zulässigkeit des Sympathiestreiks herangezogen werden. Zur Frage der Rechtmäßigkeit des Sympathiestreiks enthalten sie, wie bereits dargestellt,[436] keine Aussagen. Diesen Entscheidungen kann höchstens entnommen werden, dass derartige Streiks existent und Teil des Arbeitskampfrechts sind. Rückschlüsse auf eine rechtliche Bewertung lassen sich daraus aber nicht ziehen. Lediglich die Urteile des Reichsgerichts und ein Urteil des Bundesgerichtshofs könnten Bedeutung für die Beurteilung des Sympathiestreiks haben. Bezüglich der Entscheidungen des Reichsgerichts ist deren Einfluss auf Grund der damals ganz anders herrschenden wirtschaftlichen und sozialen Verhältnisse eher als gering einzuschätzen. Das Arbeitskampfrecht hat sich im Laufe der Zeit gewandelt und verändert und unterliegt heute einer grundlegend anderen rechtlichen Bewertung. Dies gilt gerade vor dem Hintergrund der Anerkennung und Ableitung des Arbeitskampfrechts aus der Tarifautonomie und ihrer damit einhergehenden Verbundenheit.

Bedeutung könnte der Entscheidung des Bundesgerichtshofs vom 19.01.1978 zukommen.[437] Der Bundesgerichtshof geht in dieser Entscheidung davon aus, dass es unerheblich sei, ob der Sozialpartner tatsächlich zum Abschluss eines Tarifvertrages gezwungen werden solle. Es genüge, wenn der Arbeitskampf sich

[435] BAG 19.10.1976 AuR 77, 254.

[436] Dazu oben 1. Teil IV 1.

[437] BGH 19.01.1978 AP Nr. 56 zu Art. 9 GG Arbeitskampf = EzA Nr. 21 zu Art. 9 GG Arbeitskampf.

gegen einen tariffähigen Sozialpartner richte, der die Forderung auf Abschluss eines Tarifvertrages erfüllen könne.
Das Gericht hat hier aber vielmehr die Frage des Außenseiter-Arbeitgebers behandelt. Darf eine Gewerkschaft, die einen Verbandstarifvertrag anstrebt, auch Unternehmen bestreiken, die diesem Verband nicht angehören und zwar ohne von diesen einen Tarifvertrag zu fordern? Der Bundesgerichtshof bejaht dies und begründet seine Ansicht mit der Möglichkeit der Druckverstärkung auf den Arbeitgeberverband. Diese Fallkonstellation behandelt nicht direkt den Fall des Sympathiestreiks. Der Bundesgerichtshof erwähnt den Sympathiestreik noch nicht einmal. Aus der Entscheidung können lediglich gewisse Schlussfolgerungen für derartige Kampfformen gezogen werden. Vor allem das Argument der Einwirkungsmöglichkeiten auf den Arbeitgeberverband schwächt die Position der Sympathiestreikgegner. Die Schlussfolgerung zu ziehen, aus dieser Entscheidung würde sich ergeben, dass Sympathiestreiks zu den historisch überkommenen Kampfmitteln zählen, ist aber nicht möglich. Die Entscheidung des Bundesgerichtshofs stammt aus dem Jahre 1976. Damals sah die überwiegende Meinung Sympathiestreiks als zulässig an. Dies hat sich inzwischen – auch auf Grund der Fortentwicklung des Arbeitskampfrechts – ins Gegenteil verkehrt.
Vor allem ist zu beachten, dass der Bundesgerichtshof keine Kriterien nennt, die auf eine Rechtfertigung des Sympathiestreiks schließen lassen. Seine Behauptung wird nicht argumentativ untermauert. Damit der Sympathiestreik aber unter den Schutz des Art. 9 Abs. 3 GG fällt, muss er auch mit den Regeln des Arbeitskampfrechts legitimiert werden. Folglich kann die Entscheidung des Bundesgerichtshofs die Annahme des LAG Hamm nicht bekräftigen.[438]

Bei der Diskussion um die Frage des historisch überkommenen Kampfmittels ist ferner zu beachten, dass eine ständige Rechtsprechung nach langer Zeit noch geändert werden kann.[439] Das Bundesverfassungsgericht hat entschieden, dass es keinen Verstoß gegen Art. 20 Abs. 3 GG darstellt, wenn das Bundesarbeitsgericht seine Rechtsprechung zum Arbeitskampfrecht ändert: *„Höchstrichterliche Urteile sind kein Gesetzesrecht und erzeugen damit keine vergleichbare Rechtsbindung [...] Von ihnen abzuweichen verstößt grundsätzlich nicht gegen Art. 20 Abs. 3 GG. Ihr Geltungsanspruch über den Einzelfall hinaus beruht*

---

[438] Selbst wenn man der eben dargestellten Ansicht nicht folgen will, so ist zu beachten, dass es sich um eine einzige Entscheidung des Bundesgerichtshofs handelt. Es gibt keine durchgehende und einheitliche Rechtsprechung. Aus lediglich einer Entscheidung kann nicht geschlossen werden, dass es sich bei dem Sympathiestreik um ein historisch überkommenes Arbeitskampfmittel handelt. Dies zumal schon nicht, da der Bundesgerichtshof den Sympathiestreik gar nicht erwähnt. Hierzu bedürfte es mehrerer und vor allem eindeutigerer Aussagen.
[439] Vgl. z.B. BGH 05.07.1972 BGHZ 59, 343.

allein auf der Überzeugungskraft ihrer Gründe sowie der Autorität und den Kompetenzen des Gerichts.'[440]

Sogar die Vertreter der Ansicht, die Sympathiestreiks als traditionell anerkannte Kampfmittel ansehen, erkennen, dass dieses Kampfmittel zwar einen besonderen verfassungsrechtlichen Schutz genießt, aber nicht vor jeder Änderung gewahrt ist. Gravierende rechtliche oder tatsächliche Gründe sind in der Lage, dieses Arbeitskampfmittel zu beschränken oder sogar zu beseitigen.[441] Derartige Gründe sind in der Entwicklung und Veränderung des Arbeitskampfrechts zu sehen, welches sich seit dem Zweiten Weltkrieg grundlegend verändert und weiterentwickelt hat. Der Arbeitskampf wird heute ganz anders als zur Zeit der Weimarer Republik beurteilt. Der Streik wird nicht mehr lediglich nach § 826 BGB bewertet, die Arbeitnehmer verletzen ihre vertraglichen Pflichten bei einem Streik nicht, die Hauptpflichten des Arbeitsvertrages werden suspendiert, der Streik wird kollektivrechtlich gesehen, er steht in engem Zusammenhang mit der Tarifautonomie, die Aussperrung wurde begrenzt usw.. Der Streik ist im Laufe der Zeit immer mehr in den Normenzusammenhang des Art. 9 Abs. 3 GG eingefügt worden. Alle diese Umstände stellen erhebliche und schwerwiegende Gründe dar, um alte Wertungen neu zu überprüfen. Die Konsequenz ist, dass die Zulässigkeit des Sympathiestreiks nicht mehr damit begründet werden kann, dass sie früher einmal als zulässig angesehen wurde, sondern dass sie in den Kontext des aus Art. 9 Abs. 3 GG abgeleiteten Arbeitskampfsystems einzupassen ist.

4. Die Boykott-Entscheidung des Bundesarbeitsgerichts vom 19.10.1976

Noch ungeklärt ist, welche Bedeutung der Entscheidung des Bundesarbeitsgerichts zum Boykott zukommt. Auf Grund dieser Entscheidung wurde im Schrifttum zum Teil auf eine generelle Zulässigkeit von Sympathiestreiks geschlossen.[442] Das LAG Hamm ist dieser Ansicht gefolgt, indem es ausführt, dass nach der Entscheidung des Bundesarbeitsgerichts zum Boykott kaum noch Raum sei für eine ablehnende Stellungnahme zum Sympathiearbeitskampf.[443]

Unter einem Boykott als Mittel des Arbeitskampfes versteht man die planmäßig erfolgende Absperrung des Gegners vom geschäftlichen Verkehr. Mit dem Boykott wird Druck auf eine Partei ausgeübt, indem versucht wird, den Kampfgegner von rechtsgeschäftlichen Kontakten auszuschließen. Es soll verhindert werden, dass neue Arbeitsverträge und auch neue anderweitige geschäftliche Verträge abgeschlossen werden. Der Betroffene soll planmäßig vom üblichen

---

[440] BVerfG 26.06.1991 E 84, 212.

[441] Bieback in Däubler Rn. 333 und Rn. 374 b.

[442] Vgl. Nachweise bei Wohlgemuth AuR 1980, 34 Fn. 21, 22.

[443] LAG Hamm 24.04.1980 EzA Nr. 39 zu Art. 9 GG Arbeitskampf.

Verkehr ausgeschlossen werden. Dies kann beispielsweise darin bestehen, dass eine Gewerkschaft ihre Arbeitnehmer auffordert, bei einem bestimmten Arbeitgeber nicht in ein Arbeitsverhältnis einzutreten oder wenn aufgerufen wird, von einem bestimmten Arbeitgeber keine Waren mehr zu beziehen oder sämtliche Geschäftsbeziehungen einzuschränken oder gar abzubrechen. Weiterhin sind Konstellationen denkbar, in denen Arbeitgeber aufgefordert werden, bestimmte Arbeitnehmer nicht einzustellen.[444] Große Bedeutung für die Praxis hat der Boykott fast ausschließlich im Bereich der Seeschifffahrt erlangt.[445] Ein Beispiel aus der jüngeren Zeit ist der Aufruf der Hafenarbeiter, die Entladung solcher Schiffe zu verweigern, deren Reeder nicht zum Abschluss von Tarifverträgen zu Gunsten der Seeleute bereit sind.[446] Der Boykott wird meist als Nebenkampfmittel zur Unterstützung von Streik und Aussperrung eingesetzt. Die streikenden Arbeitnehmer wollen durch den Boykott verhindern, dass der bestreikte Arbeitgeber durch Neueinstellungen den Betrieb aufrechterhalten kann. Hingegen will der aussperrende Arbeitgeber mit einem Boykottaufruf verhindern, dass ausgesperrte Arbeitnehmer anderweitig Arbeit finden.[447]
Der Boykott wurde vom Bundesarbeitsgericht unter Rückgriff auf die historisch überkommenen Kampfmittel und den Grundsatz der freien Kampfmittelwahl gerechtfertigt und ist allgemein als rechtmäßig anerkannt.[448] Die Entscheidung zum Boykott vermag im Ergebnis aber nichts zur Zulässigkeit von Sympathiestreiks auszusagen. Dem stehen mehrere Einwände entgegen:

- Zunächst erscheint es fraglich, ob die Argumentation des Bundesarbeitsgerichts aus dem Jahre 1976 vom Boykott als geschichtlich überkommenes Arbeitskampfmittel noch stichhaltig ist.[449] Wie bereits vorgehend dargestellt, hat die Rolle der geschichtlichen Entwicklung für die Zulässigkeit von Arbeitskampfmaßnahmen stark an Bedeutung verloren. Arbeitskampfmaßnahmen werden nunmehr anhand Art. 9 Abs. 3 GG gemessen. Dies mag auch begründen, warum das Bundesarbeitsgericht in seinen Sympathiestreikentscheidungen keine historische Betrachtungsweise herangezogen hat.

---

444 Kissel § 61 Rn. 122; Lieb „Arbeitsrecht“ Rn. 691; Otto in Mü-Hb § 286 Rn. 115; Brox/Rüthers Rn. 66.
445 Gamillscheg S. 1053.
446 ArbG Bremen 07.10.1999 NZA-RR 2000, 35.
447 Brox/Rüthers Rn. 67; Birk S. 106.
448 BAG 19.10.1976 AuR 1977, 254; ArbG Bremen 07.10.1999 NZA–RR 2000, 35; Buchner RdA 1987, 217; Kissel § 61 Rn. 124; Bieback in Däubler Rn. 369; Gamillscheg S. 1053; Birk S. 99.
449 Vgl. Löwisch 170.2 Rn. 347; Konzen in FS Molitor 1988, 199; ders. in FS 50 Jahre Bundesarbeitsgericht 2004, 550.

- Das Bundesarbeitsgericht hat in seiner Boykott-Entscheidung keine Ausführungen zur Rechtmäßigkeit oder Rechtswidrigkeit von Boykottmaßnahmen gemacht. Weiterhin liegt der Entscheidung lediglich die Maßnahme des Boykottaufrufs und nicht des Boykotts zu Grunde.[450]

- Ein Vergleich zwischen dem Boykott und einem Sympathiestreik zeigt, dass beide sich in zwei wesentlichen Punkten unterscheiden. Beim Boykott wird versucht, sich an dritte Personen zu wenden und diese in die Auseinandersetzung zwischen Arbeitnehmer und Arbeitgeber mit einzubeziehen. Zu unterscheiden ist dabei der Boykottaufruf und der Boykott an sich. Der Aufruf beinhaltet die Mobilisierung Dritter zu einem bestimmten Verhalten. Der Boykott stellt die Absperrung vom Geschäftsverkehr dar.[451] Zeigt der Boykottaufruf nun Wirkung, und beteiligen sich nunmehr andere Arbeitnehmer an dem Boykott, so zeigen sich diese solidarisch und unterstützen die streikenden Arbeitnehmer. Dies kann z.B. durch die Verweigerung von Streikarbeit oder den Nichtabschluss von Arbeitsverträgen oder anderweitigen rechtsgeschäftlichen Verträgen geschehen. Der Boykott weist damit durchaus Ähnlichkeiten mit dem Sympathiestreik auf. Die Arbeitsverweigerung ist aber dennoch nicht als Streik einzustufen, weil von den Arbeitnehmern nicht jede Arbeit schlechthin verweigert wird, sondern nur in Bezug auf das boykottierte Unternehmen.[452] Zum Anderen trifft der Boykott auch in der Regel immer den Gegner des Hauptstreiks und nicht, wie in der Konstellation des klassischen Sympathiestreiks, lediglich den eigenen Arbeitgeber. Dies lässt sich am Beispiel der Seeschifffahrt verdeutlichen. Wenn Arbeiter sich weigern, ein Schiff zu entladen, welches gerade bestreikt wird, so hat dies auch unmittelbare Auswirkungen auf den bestreikten Arbeitgeber, der sein Schiff nicht entladen bekommt und Auswirkungen auf den Arbeitgeber, dessen Arbeiter die Arbeit nicht ausführen. Bei einem klassischen Sympathiestreik wird der Arbeitgeber des Hauptstreiks dagegen nicht unmittelbar getroffen.[453]

Eine Legitimation des Sympathiestreiks unter dem Argument des historisch überkommenen Kampfmittels kann somit nicht erfolgen.

---

[450] Lieb ZfA 1982, 134 f..

[451] Teilweise wird im Schrifttum als Boykott nur die Veranlassung Dritter zur Absperrung vom Geschäftsverkehr verstanden, während die Absperrung an sich dann als „Sperre" bezeichnet wird. Praktische oder rechtliche Unterschiede ergeben sich daraus aber nicht.

[452] Löwisch RdA 1977, 357; Dietrich S. 31; a.A. Birk S. 117, der in diesen Fällen von einer teilweisen Arbeitsniederlegung ausgeht.

[453] Birk AuR 1977, 239.

5. Zusammenfassung

Die lange Anerkennung der Zulässigkeit des Sympathiestreiks in der Vergangenheit vermag im Ergebnis keine Begründung für eine heutige Rechtfertigung zu liefern. Von der Annahme eines historisch überkommenen Arbeitskampfmittels kann beim Sympathiestreik nicht gesprochen werden. Historisch überkommene Kampfmittel sind der Streik, die Aussperrung und der Boykott. Der Sympathiestreik hat in den letzten 50 Jahren wenig Beachtung gefunden und wurde in Rechtsprechung und Literatur nicht einheitlich bewertet. Weiterhin steht dieser Auffassung entgegen, dass in der Rechtsprechung nicht von einer Unabänderlichkeit früherer Betrachtungsweisen ausgegangen werden kann. Hierbei muss auch die rechtliche Bewertung und Entwicklung des Arbeitskampfrechts eine Rolle spielen, welche sich seit der Weimarer Zeit grundlegend verändert hat.

VIII. Die Bedeutung des Grundsatzes der freien Wahl der Kampfmittel für den Sympathiestreik

„Im Rahmen der sozialen Adäquanz gilt aber auch der Grundsatz der Kampffreiheit, genauer der Freiheit der Wahl der Kampfmittel. [...] Dabei darf jede Gruppe in den Grenzen des legitimen Kampfes das ihr gemäße, historisch überkommene, der Natur der Sache entsprechende Kampfmittel wählen, [...].“[454]

Das Bundesarbeitsgericht hat bereits in seiner ersten Entscheidung zum Arbeitskampf den Grundsatz der freien Kampfmittelwahl aufgestellt. In zahlreichen weiteren Entscheidungen wurde diese Ansicht bestätigt. So hat das Bundesarbeitsgericht ausgesprochen, dass unsere Rechtsordnung kein geschlossenes System zulässiger Arbeitskampfmittel kenne.[455] Auch das Bundesverfassungsgericht hat ausgesprochen, dass die Koalitionsfreiheit die Bildung, Betätigung und Entwicklung der Koalitionen in ihrer Mannigfaltigkeit umfasse und ihnen die Wahl der Mittel, die sie zur Erreichung ihres Zwecks für geeignet halten, überlasse.[456] *Nipperdey* sieht in dem Grundsatz der freien Kampfmittelwahl,

---

[454] BAG 28.01.1955 AP Nr. 1 zu Art. 9 GG Arbeitskampf = BAGE 1, 291 (308).

[455] BAG 19.10.1960 AP Nr. 11 zu Art. 9 GG Arbeitskampf = BAGE 10, 111 (114); BAG 25.01.1963 AP Nr. 24 zu Art. 9 GG Arbeitskampf = BAGE 14, 52 (57); BAG 26.10.1971 AP Nr. 44 zu Art. 9 GG Arbeitskampf = BAGE 23, 484 (501); BAG 17.12.1976 AP Nr. 51 zu Art. 9 GG Arbeitskampf = BAGE 28, 295 (297); BAG 10.06.1980 AP Nr. 64 zu Art. 9 GG Arbeitskampf = BAGE 33, 140 (167); BAG 13.07.1993 AP Nr. 127 zu Art. 9 GG Arbeitskampf.

[456] BVerfG 06.05.1964 E 18, 18 (32); Diese Aussage wird von Seiter S. 141 stark eingeschränkt. Er ist der Meinung, dass das Gericht damit lediglich zum Ausdruck bringen wollte, dass eine Koalition ihre Koalitionseigenschaft auch dann bewahre, wenn sie sich nicht an

neben dem Grundsatz der Neutralität des Staates und dem Grundsatz der Waffengleichheit oder der Kampfparität, eines der grundlegenden Prinzipien des Arbeitskampfrechts.[457]
Unter Bezugnahme auf diesen Grundsatz erscheint es auf den ersten Blick nicht abwegig zu versuchen, auch die Zulässigkeit des Sympathiestreiks damit zu begründen. Wenn den Koalitionen die Freiheit der Kampfmittel zusteht, dann könnte darunter auch der Sympathiestreik subsumiert werden. Auf der anderen Seite besteht aber die Gefahr, dass mit der Berufung auf diesen Grundsatz eine grenzenlose unbeschränkte Durchsetzung der Interessen der Gewerkschaften legitimiert werden könnte. Zunächst ist daher zu klären, was der Grundsatz der „Freiheit der Wahl der Kampfmittel" konkret besagt.

Die Bedeutung dieses Grundsatzes wird in der Literatur nicht einheitlich bewertet und reicht dementsprechend von dem Recht, unter den bestehenden Kampfmitteln auszuwählen bis zu der Möglichkeit, neue Kampfmittel zu kreieren sowie von einer Überflüssigkeit und Bedeutungslosigkeit dieses Grundsatzes. Überwiegend wird die Bedeutung der Kampfmittelfreiheit darin gesehen, historisch überkommene Kampfmittel vor Beschränkungen zu bewahren und den Koalitionen die freie Wahl zu lassen, mit welcher Taktik und in welcher Art und Weise sie den Arbeitskampf führen. Das Arbeitskampfrecht muss sich den wirtschaftlichen und gesellschaftlichen Verhältnissen anpassen, um seine Druckwirkung und Effektivität zu bewahren. Die Gegenseite darf nicht bereits vor Beginn des Arbeitskampfes voraussehen können, welche Maßnahmen ergriffen werden. Ein Arbeitskampf kann nicht zum Erfolg führen, wenn er stets in gleicher Weise und mit den gleichen Mitteln ablaufen würde. Eine derartige Kalkulierbarkeit würde dem Arbeitskampf das notwendige Druckpotential nehmen. Durch die freie Wahl der einsetzbaren Kampfmittel wird der Arbeitskampf in einem Maße unvorhersehbar, welches es der kampfführenden Tarifvertragspartei ermöglicht, einen hinreichend starken Verhandlungsdruck auszuüben und tatsächlich Parität herzustellen. Die Koalitionen können somit das für sie jeweils wirkungsvollste Kampfmittel wählen. Damit sei aber nicht die „freie" Wahl der Mittel eröffnet, sondern lediglich eine Auswahl unter den zulässigen historisch überkommenen Kampfmitteln gemeint.[458]

---

einem Arbeitskampf beteiligt; zustimmend Hellenthal NZA 1987, 54; womöglich mag das Bundesverfassungsgericht dies in dieser Entscheidung so gemeint haben. Die neuere Rechtsprechung geht jedoch weiter. Mit Urteil vom 26.06.1991 BVerfGE 84, 212 führt das Bundesverfassungsgericht aus: *„Ein wesentlicher Zweck der von Art. 9 Abs. 3 GG geschützten Koalitionen ist der Abschluss von Tarifverträgen. [...] Die Wahl der Mittel, die sie zur Erreichung dieses Zwecks für geeignet halten, überlässt Art. 9 Abs. 3 GG grundsätzlich den Koalitionen. [...] Soweit die Verfolgung des Vereinigungszwecks von dem Einsatz bestimmter Mittel abhängt, werden daher auch diese vom Schutz des Grundrechts umfasst.*"
[457] Hueck/Nipperdey II 2 S. 929.
[458] Gamillscheg S. 984 m.w.N..

Die Gegenansicht sieht gerade in Bezug auf die Effektivität eines Streiks und die gesellschaftlichen und wirtschaftlichen Veränderungen die Notwendigkeit der Schaffung neuer Streikformen und neuer Arbeitskampfmittel. Legitimiert wird dies mit dem Grundsatz der freien Wahl der Kampfmittel. Diesen Grundsatz dahingehend zu verstehen, dass er lediglich eine Auswahl unter den historisch überkommenen Kampfmitteln zulässt, sei weder zeit- noch sachgerecht. Der Grundsatz der Kampfmittelfreiheit beinhaltet demnach, neben der Möglichkeit unter bereits bestehenden Kampfmitteln auszuwählen, auch das Recht, neue Kampfmittel zu schaffen.[459]
Konzen ist der Ansicht, dass es des Rückgriffs auf den Grundsatz der freien Kampfmittel nicht mehr bedarf. Das Arbeitskampfrecht und die einzelnen Kampfmittel seien allein an der Vorschrift des Art. 9 Abs. 3 GG zu messen. Die Überprüfung von Kampfmitteln müsse ausschließlich an den Maßstäben der Geeignetheit und Erforderlichkeit erfolgen.[460]

Den Grundsatz der freien Wahl der Arbeitskampfmittel lediglich auf eine Auswahl unter den historisch überkommenen Kampfmitteln zu verengen, überzeugt nicht. Vor allem steht diese Ansicht im Widerspruch zu mehreren Aussagen des Bundesverfassungsgerichts und des Bundesarbeitsgerichts. Die Tarifparteien müssen ihre Arbeitskampfmittel den sich wandelnden Umständen anpassen, um dem Gegner gewachsen zu bleiben und ausgewogene Tarifabschlüsse erzielen zu können.[461] Weiterhin stünde dies im Widerspruch zu den Normen der Europäischen Sozialcharta. Art. 6 Abs. 4 ESC erkennt das Recht der Arbeitnehmer und der Arbeitgeber auf kollektive Maßnahmen an und erwähnt das Streikrecht nur als besonders wichtiges Kampfmittel.[462] Zutreffend ist somit davon auszugehen, dass es keinen numerus clausus der Arbeitskampfmittel gibt und dass es den Arbeitskampfparteien frei steht, neue Arbeitskampfmittel anzuwenden. Neue Gegebenheiten, insbesondere im Hinblick auf die Notwendigkeit eines effektiven Arbeitskampfes, können andere Kampfmittel erforderlich machen. Es obliegt der Kompetenz der jeweiligen Gewerkschaft zu beurteilen, welche Mittel sie für welche Zwecke einsetzen will.
Hieraus darf aber nicht der Schluss gezogen werden, dass neue Kampfmittel automatisch auf Grund des Grundsatzes der freien Wahl der Kampfmittel

[459] Seiter S. 142 f.; Czerweny von Arland S. 26; Gegenwart S. 42; Konzen/Scholz S. 131; Nauditt AuR 1987, 154 f.; Scholz in Maunz/Düring Art. 9 Rn. 311.
[460] Konzen Anm. zu BAG 21.06.1988 EzA Nr. 75 zu Art. 9 GG Arbeitskampf im Zusammenhang mit der Frage nach der Zulässigkeit von Betriebsblockaden; ders. FS Molitor 1988, 199; ders. DB 1990, Beilage Nr. 6 S. 8; Müller S. 143 ist der Ansicht, dass neben Streik und Aussperrung andere Kampfmittel nicht erforderlich seien und somit dem Grundsatz der freien Wahl der Kampfmittel keine Bedeutung zukomme. Die Anerkennung von Streik und Aussperrung genüge, um Druck und Gegendruck auszuüben.
[461] BVerfG 04.07.1995 DB 1995, 464.
[462] Seiter S. 142; Bieback in Däubler Rn. 320 und Rn. 332.

zulässig sind. Eine derart weite Bedeutung kann und darf dem Grundsatz der Kampfmittelfreiheit nicht beigemessen werden. Der Grundsatz der freien Kampfmittel besagt lediglich, dass die tariffähigen Parteien bezüglich der Auswahl eines zulässigen Kampfmittels frei sind. Aussagen über die Rechtmäßigkeit des jeweiligen Kampfmittels werden damit aber noch nicht getroffen. Was die Zulässigkeit der einzelnen Maßnahme betrifft, ist eine andere Ebene der rechtlichen Prüfung angesprochen. Die tariffähigen Parteien können nicht einfach bestimmte Maßnahmen als zulässige Kampfmittel qualifizieren. Die Entscheidung über die Rechtmäßigkeit eines Arbeitskampfmittels obliegt dem Gesetzgeber, im Arbeitskampfrecht den Gerichten und nicht den Arbeitskampfparteien selbst.
Die anderweitige Folge wäre, dass man jede denkbare Kampfform in eine Tarifauseinandersetzung einbeziehen könnte. Kampfmittel sind aber nur dann legitim, wenn sie erforderlich, geeignet und verhältnismäßig sind. Ob ein konkretes Arbeitskampfmittel überhaupt rechtmäßig ist, wird somit nicht über den Grundsatz der freien Wahl des Kampfmittels entschieden. Vielmehr besagt dieser Grundsatz nur, dass Kampfmittel nicht bereits deshalb rechtswidrig sind, weil sie nicht dem Bild der geschichtlich gewachsenen Kampfformen entsprechen. Neue Kampfformen sind auf ihre Vereinbarkeit mit den Grundsätzen des geltenden Arbeitskampfrechts hin zu überprüfen. Jede neue Kampfmaßnahme unterliegt daher der gerichtlichen Prüfung und kann nicht aus sich selbst heraus ihre Rechtmäßigkeit für sich in Anspruch nehmen.[463] Somit ist *Konzen* im Grunde zuzustimmen, wenn dieser dem Grundsatz der freien Kampfmittelwahl keine Bedeutung mehr unter der Vorschrift des Art. 9 Abs. 3 GG zumisst. Letztlich ist die Zulässigkeit eines Kampfmittels an der Norm des Art. 9 Abs. 3 GG zu messen und kann nicht lediglich auf den Grundsatz der freien Kampfmittelwahl gestützt werden.

Der Grundsatz der Kampfmittelfreiheit vermag demnach nichts über die Zulässigkeit von Sympathiestreiks auszusagen. Neue Gegebenheiten können – insbesondere im Hinblick auf die Notwendigkeit eines effektiven Arbeitskampfes – andere Kampfmittel erforderlich machen. Dieser Grundsatz beschränkt die Auswahl der Kampfmittel der Arbeitnehmer auf rechtlich zulässige Maßnahmen der Arbeitnehmer und gewährt ihnen die Möglichkeit, unter mehreren rechtmäßigen Mitteln das ihrer Ansicht nach wirkungsvollste auszuwählen. Aussagen über die Rechtmäßigkeit der ergriffenen Arbeitskampfmittel werden damit nicht getroffen. Die tariffähigen Parteien können nicht bestimmte Maßnahmen unter Berufung auf diesen Grundsatz als zulässige Kampfmittel qualifizieren. Dessen

---

[463] Gegenwart S. 42; Seiter S. 143; Scholz/Konzen S. 131 und S. 134; v. Hoyningen-Huene JuS 1987, 506; Treber S. 396 f.; Richter S. 141; Nauditt AuR 1987, 155.

Rechtmäßigkeit bestimmt sich alleine nach den richterrechtlich entwickelten Regeln des Arbeitskampfes.

IX. Die Solidarität von Arbeitnehmer und Arbeitgeber

Einige Vertreter in der Literatur halten den Begriff des Sympathiestreiks für verfehlt und bevorzugen den Begriff des „Solidaritätsstreiks“ oder einem „Streik aus Solidarität“. Bereits diese Wortwahl impliziert, dass die Solidarität der Arbeitnehmer oder Arbeitgeber untereinander Anknüpfungspunkt für eine Zulässigkeit des Sympathiestreiks sein könnte. Von daher verwundert es auch nicht, wenn insbesondere in der älteren Literatur und Rechtsprechung der Sympathiestreik mit der Solidarität der Arbeitnehmer untereinander gerechtfertigt wurde. Dieses Argument wird teilweise auch noch in der neueren Literatur für die Zulässigkeit des Sympathiestreiks herangezogen. Ob eine Argumentation mit dem Begriff der „Solidarität“ überzeugt, bedarf einer näheren Betrachtung.

1. Der Solidaritätsbegriff in der arbeitsrechtlichen Rechtsprechung

Die arbeitsrechtliche Rechtsprechung und das arbeitsrechtliche Schrifttum haben sich des öfteren mit dem Begriff der Solidarität befasst. Dies geschah nicht nur im Zusammenhang mit dem Sympathiestreik, sondern auch in anderen Konfliktsituationen. Die Solidarität zieht sich wie ein roter Faden durch die Geschichte des Arbeitsrechts. Am bekanntesten dürfte die ehemalige – mittlerweile aufgegebene – Begründung der Rechtsprechung zu der Frage arbeitskampfbedingter Produktionsstörungen sein. Das Reichsgericht hatte im Jahre 1923 folgenden Sachverhalt zu entscheiden, der als Kieler Straßenbahnfall bekannt ist:[464] In dem stadteigenen Kraftwerk waren die Arbeitnehmer in den Ausstand getreten, um höhere Löhne durchzusetzen. Infolgedessen wurde der städtische Straßenbahnbetrieb stillgelegt, so dass das Fahrpersonal nicht arbeiten konnte. Die Fahrer, Schaffner und Kontrolleure, die sich an dem Streik nicht beteiligt hatten, verlangten die Fortbezahlung ihrer Bezüge. Das Reichsgericht lehnte den Lohnanspruch für die Dauer des Arbeitskampfes ab, und das Risiko arbeitskampfbedingter Produktionsstörungen wurde pauschal den Arbeitnehmern zugerechnet. Begründet wurde dies damit, dass die streikbedingten Betriebsstörungen aus der Sphäre der Arbeitnehmer herrühren. Wenn auch die Arbeitnehmer des drittbetroffenen Betriebs gar nicht streiken würden, so folge doch aus der Solidarität und der Verbundenheit der Arbeitnehmer untereinander, dass auch sie für die streikbedingten Gefahren einzustehen hätten. Diese Rechtsprechung wurde im

[464] RG 06.12.1923 RGZ 106, 272.

Jahre 1980 aufgegeben, weil die Vorstellung einer Solidarität aller Arbeitnehmer auf eine bloße Fiktion hinausläuft und in die Nähe klassenkämpferischen Denkens führt. Vor allem aber wäre ein solches Zurechnungsprinzip nicht auf das Arbeitskampfrecht begrenzbar; sämtliche Betriebsstörungen, die von einem einzigen Arbeitnehmer verursacht werden, könnten mit dem gleichen Recht allen mittelbar und unmittelbar betroffenen Kollegen angelastet werden.[465]
Das Solidaritätsargument wurde auch direkt für bestimmte Maßnahmen im Arbeitskampf herangezogen. So wurde z.B. die Aussperrung der arbeitswilligen Arbeitnehmer unter anderem damit begründet, dass *„sie auch ohne Streikbereitschaft aus Gründen der Solidarität ausgesperrt werden [können]“.*[466] Ebenso wurde die Zulässigkeit der Aussperrung von Schwangeren und Wöchnerinnen damit gerechtfertigt, dass diese *„– trotz ihrer besonderen arbeitsrechtlichen Stellung – solidarisch die rechtliche und wirtschaftliche Lage der Belegschaft im Arbeitskampf [teilen]“.*[467]
Das Solidaritätsprinzip wurde vom Bundesarbeitsgericht weiter dafür herangezogen, um zu begründen, dass es einem Arbeitnehmer nicht zuzumuten ist, sogenannte direkte Streikarbeit zu leisten. Die zwischen den Arbeitnehmern bestehende Solidarität gebiete es, den streikenden Kollegen nicht in den Rücken zu fallen. Daher müsse die Arbeitspflicht gegenüber der Solidarität mit den Arbeitskollegen zurücktreten.[468]
Der Gesichtspunkt der Solidarität wurde teilweise auch individualrechtlich bei der Frage von Kündigungen relevant. Nach einer Entscheidung des Arbeitsgerichts Hamburg[469] durfte der Arbeitgeber auf Grund der Solidarität der Arbeitnehmer die Teilnahme an einer kollektiven, nicht gewerkschaftlichen Arbeitsniederlegung nicht zum Anlass für eine Kündigung nehmen. Ferner hat das Bundesarbeitsgericht durch Urteil vom 17.12.1976[470] festgestellt, dass es im Rahmen der Interessenabwägung des § 626 BGB dem Arbeitnehmer nicht als zusätzlich erschwerender Umstand vorgeworfen werden kann, dass er sich mit seinen Arbeitskollegen solidarisiert und an einer Arbeitsniederlegung beteiligt hat. Dennoch war die Arbeitsniederlegung an sich zur fristlosen Kündigung geeignet. Bedenken bestanden lediglich hinsichtlich der Vollständigkeit und Ausgewogenheit der Interessenabwägung. Das Bundesarbeitsgericht hat den Rechtsstreit zur weiteren Sachverhaltsaufklärung zurückverwiesen.
In einer weiteren Entscheidung des Bundesarbeitsgerichts hat das Gericht ausgeführt, dass der Gesichtspunkt der Solidarität sogar zu Gunsten des Arbeit-

---

[465] BAG 22.12.1980 AP Nr. 70 zu Art. 9 GG Arbeitskampf = BAGE 34, 331 (342); Weiss AuR 1974, 37.
[466] BAG 29.11.1967 AP Nr. 13 zu Art. 9 GG Arbeitskampf = BAGE 20, 175 (195) m.w.N..
[467] BAG 25.01.1963 AP Nr. 24 zu Art. 9 GG Arbeitskampf = BAGE 14, 52 (58).
[468] BAG 25.07.1957 AP Nr. 3 zu § 615 BGB Betriebsrisiko.
[469] ArbG Hamburg 04.02.1994 AiB 1994, 417.
[470] BAG 17.12.1976 EzA Nr. 20 zu Art. 9 GG Arbeitskampf.

nehmers zu werten sei.[471] Auch dieser Entscheidung lag die Konstellation zu Grunde, dass ein Arbeitnehmer auf Grund der Beteiligung an einer rechtswidrigen Arbeitsniederlegung außerordentlich gekündigt wurde. Der Arbeitnehmer beteiligte sich an einem nicht gewerkschaftlich organisierten Streik, und ihm stand auch kein Notwehrrecht oder Zurückbehaltungsrecht zu. Die rechtswidrige Arbeitsniederlegung sei grundsätzlich geeignet, einen wichtigen Grund nach § 626 BGB zur außerordentlichen Kündigung zu bilden. Aber auch in dieser Entscheidung ging das Bundesarbeitsgericht davon aus, dass die erforderliche Interessenabwägung nicht ordnungsgemäß vorgenommen wurde. Das Landesarbeitsgericht hat in die Interessenabwägung nicht alle wesentlichen Entlastungspunkte zu Gunsten des Arbeitnehmers berücksichtigt. Unter anderem sei dies der Aspekt der Solidarität, der es dem Arbeitnehmer auf Grund einer psychologischen Drucksituation erschwert, sich von einem Streik zu distanzieren. Der Aspekt der Solidarität wird folglich vom Bundesarbeitsgericht zu Gunsten des Arbeitnehmers gewertet. Dies gilt zumindest dann, wenn es sich um eine „schlichte“ Teilnahme handelt, der Arbeitnehmer also keine führende Rolle innehat und sich auch sonst in keiner Weise von den übrigen Streikenden abhebt.

Die Solidarität der Arbeitnehmer untereinander spielt auch in anderen Zusammenhängen eine große Rolle. So entschied das Bundesarbeitsgericht mit Urteil vom 18.12.1964, dass der Gesichtspunkt der Solidarität durchaus dazu führen kann, dass Arbeitnehmer im Konkurs des Arbeitgebers auf ihre ihnen zustehenden Gratifikationen verzichten müssen, damit andere Arbeitnehmer ihre gefährdeten Arbeitsplätze nicht verlieren.[472] Dort heißt es: *„Deshalb können auch der Gesichtspunkt der Solidarität, der auch in sonstiger Beziehung im Arbeitskampf- und Arbeitshaftungsrecht den Arbeitnehmer verpflichtet, Opfer im Interesse seiner Mitarbeiter hinzunehmen [...], sowie der Gesichtspunkt der Betriebsverbundenheit durchaus dazu führen, dass ein Arbeitnehmer im Konkurs des Arbeitgebers auf ihm zustehende Gratifikationen ganz oder teilweise verzichten muss, damit andere, darauf angewiesene Arbeitnehmer ihre sonst gefährdeten Arbeitsplätze noch für eine gewisse Zeit behalten und in dieser Zeit auch ihre sonst gefährdete Arbeitsvergütung erhalten können.“*

Weiterhin werden in Zeiten lang anhaltender Arbeitslosigkeit und schlechter Wirtschaftslage in vielen Betrieben Maßnahmen eingeführt, die von vielen Arbeitnehmern Opfer verlangen, aber dafür Arbeitsplätze sichern. Man denke z.B. an die Einführung von Kurzarbeit oder den Verzicht auf einen Teil des Gehalts oder anderer Vergünstigungen, nur um Kündigungen zu vermeiden. In diesem Zusammenhang sind auch die im Juli 2004 stattfindenden Proteste bei Daimler Chrysler anzuführen. Der Stuttgarter Automobilkonzern Daimler

---

[471] BAG 14.02.1978 EzA Nr. 24 zu Art. 9 GG Arbeitskampf.

[472] BAG 18.12.1964 AP Nr. 51 zu § 611 BGB Gratifikationen = NJW 1965, 1347.

Chrysler forderte von dem Betriebsrat in Sindelfingen Einsparungen in Höhe von 500 Millionen Euro jährlich. Anderenfalls werde das Volumenmodell Mercedes-C-Klasse nicht mehr in Sindelfingen, sondern in den Werken Bremen und wie bisher auch zu geringen Stückzahlen in East London (Südafrika) produziert. Außerdem könnten weitere Modelle dieser Reihe nicht gebaut werden, weil die Kapitalkosten nicht erwirtschaftet werden. Dadurch wären 6.000 Arbeitsplätze in Sindelfingen in Gefahr. Der Standort Sindelfingen, mit den dort bestehenden Arbeitsbedingungen, ist im Vergleich zu anderen Standorten z.B. Bremen wirtschaftlich gesehen unrentabler.[473] Gegen dieses Sparpaket haben in mehreren Städten Arbeitnehmer von Daimler Chrysler die Arbeit kurzfristig niedergelegt. Nach Angaben der IG Metall beteiligten sich 60.000 Arbeiter, nach Angaben von Daimler Chrysler „nur" 25.000, an der Protestaktion.[474] Die Auseinandersetzung bei Daimler Chrysler zeigt, dass die Solidarität der Arbeitnehmer untereinander besteht. An den Protestaktionen nahmen auch Arbeiter teil, deren Betriebe von den Einsparungen nicht betroffen waren. Von der Solidarität der Arbeitnehmer untereinander war laut Pressemiteilungen selbst der Vorstand des Automobilkonzerns beeindruckt.

Ein weiteres Beispiel der Solidarität der Arbeitnehmer ist die Auseinandersetzung bei Opel im Oktober 2004. Nachdem General Motors 10.000 Arbeitsplätze in Bochum, Rüsselsheim und Karlsruhe abbauen wollte, kam es zu Protestaktionen und Arbeitsniederlegungen. An diesen Protestaktionen beteiligten sich nicht nur Arbeiter von Opel, sondern auch von anderen Automobilherstellern, wie Mercedes und Porsche.[475]

Im Juni 2006 gab der Opel-Mutterkonzern General Motors den Startschuss für die Errichtung eines neuen Werkes in Russland. Dafür soll das portugiesische Werk in Azambuja geschlossen werden. Die Beschäftigten in Azambuja legten aus Protest am 13.06.2006 zweimal für eine Stunde die Arbeit nieder und am 16.06.2006 trat die Belegschaft in einen 24-stündigen Streik. Auch die IG Metall rief die Mitarbeiter an den deutschen Standorten zu Protesten gegen die drohende Schließung auf. Opel-Betriebsratschef Klaus Franz kündigte Aktionen in den kommenden Wochen auch an deutschen Standorten an. Bereits am

---

[473] FAZ 13.07.04 S. 9; FAZ 16.07.04 S. 3; „Der Spiegel" Heft Nr. 30/2004 S. 68 ff.; Angesichts der im Betrieb in Sindelfingen anfallenden hohen Kosten muss man froh sein, dass Daimler-Chrysler mit der Produktion (noch) nicht ins Ausland abwandert, sondern die Produktion lediglich auf den deutschen Standort Bremen verlagert.

[474] FAZ 16.07.2004 S. 1.

[475] Die Arbeit in den Opel Werken wurde nach wenigen Tagen wieder aufgenommen. Zahlreiche Beschäftigte werden in sog. Transfergesellschaften übermittelt, zahlreichen anderen Arbeitnehmern wird unter Zahlung einer Abfindung eine Beendigung des Arbeitsverhältnisses angeboten. Das Management und der Betriebsrat schlossen einen „Zukunftsvertrag", der vorsieht, dass es bis 2010 keine betriebsbedingten Kündigungen in den deutschen Opel Werken geben werde. Die interessanteste Frage jedoch lautet: Wie lange bleibt Opel noch in Deutschland?

19.06.2006 verließen mehr als 1000 Opel-Beschäftigte in Kaiserslautern aus Solidarität mit ihren Kollegen in Portugal deutlich vor Schichtende das Werk.[476] Weitere Aktionen gab es auch in Spanien, Österreich und Ungarn.[477]
Aber nicht nur die Solidarität der Arbeitnehmer untereinander ist anzuführen, sondern auch die Solidarität der Arbeitgeber untereinander. So wird für eine Zulässigkeit des Sympathiestreiks argumentiert, dass Adressat und Betroffener stark solidarisch miteinander verbunden seien, so dass sie eine einheitliche Front darstellen, und folglich von einem Auseinanderfallen von Gegner und Betroffenem nicht mehr die Rede sein könne.[478] Nicht nur die Solidarität der aktiven Partei des Sympathiestreiks mit der unterstützten Partei wird behauptet, sondern auch die der passiven Partei mit ihrer im Hauptkampf stehenden Kampfpartei.
Gerade auch die Solidarität der Arbeitnehmer und Arbeitgeber hat zur Bildung der Gewerkschaften und der Arbeitgeberverbände geführt.[479] Die Gewerkschaften zahlen ihren Mitgliedern – nach in der Regel dreimonatiger Zugehörigkeit – Streikgeld[480] und leisten sich auch untereinander Unterstützung. So sieht § 9 der Arbeitskampfrichtlinien vor, dass der DGB unter gewissen Voraussetzungen finanzielle Hilfe aus seinen Mitteln gewähren kann.[481]
Die ablehnende Rechtsprechung des Bundesarbeitsgerichts zum Sympathiestreik führt nunmehr dazu, dass die im DGB organisierten Gewerkschaften einer sich im Arbeitskampf befindenden Gewerkschaft nicht aktiv durch Arbeitsniederlegungen helfen können und somit sehenden Auges eine eventuelle Niederlage dieser Gewerkschaft in Kauf nehmen müssen. Nach *Klimpe-Auerbach*[482] widerspricht dies dem der deutschen Gewerkschaftsbewegung immanenten Solidargedanken und sei nicht mit Art. 9 Abs. 3 GG vereinbar.
Aber nicht nur die Gewerkschaften unterstützen ihre Mitglieder: Der Druck, der von einem Streik auf die Arbeitgeberseite ausgeht, wird ebenso durch die Solidarität der Arbeitgeberseite gemildert. Die Arbeitgeberverbände bilden Unterstützungsfonds, um die im Arbeitskampf stehenden Mitglieder zu unterstützen. Deren Mittel werden im Rahmen der Mitgliedsbeiträge von den Verbandsmitgliedern aufgebracht. Die Höhe der Unterstützung ist so bemessen, dass dem betroffenen Unternehmen ausreichende Mittel zur Deckung der laufenden Kosten beigesteuert werden. Dies sind etwa Steuern, Versicherungsprämien und Kosten für weiterlaufende Energieleistungen. Durch die Unterstüt-

[476] Darmstädter Echo 21.06.2006 S. 5.
[477] Darmstädter Echo 24.06.2007 S. 7.
[478] Haupt S. 125 f.; Hohenester S. 108; Hueck/Nipperdey II 2 S. 1009 Fn. 35.
[479] Haupt S. 125; Hartje S. 251 m.w.N..
[480] Die Höhe des Streikgelds wird in den einzelnen Gewerkschaften unterschiedlich berechnet; die IG Metall z.B. zahlt ihren Mitgliedern pro Woche 12 bis 14 % ihres regulären Bruttomonatseinkommens, die IG BCE dagegen zahlt den vollen Nettoverdienst. Vgl. dazu Otto in Mü-Hb § 288 Rn. 31.
[481] Otto in Mü-Hb § 288 Rn. 35.
[482] Klimpe-Auerbach DuR 1986, 205.

zung wird aber nicht der entgangene Gewinn ersetzt, der dem Unternehmer durch den Streik entsteht.[483]
Die Solidarität zeigt sich weiterhin in jedem Streik, in jeder gewerkschaftlichen Aktion. Der stärkste Ausdruck der Solidarität im Arbeitsleben kommt in einem Sympathiestreik zum Ausdruck. Arbeitnehmer anderer Betriebe und anderer Branchen solidarisieren sich, um anderen Kämpfenden zu helfen und diese zu unterstützen. Dies geschieht zugleich ohne eigenes unmittelbares Interesse. Eine stärkere Form der Solidarität dürfte es kaum geben.

2. Die Anerkennung des Sympathiestreiks auf Grund Arbeitnehmer- bzw. Arbeitgebersolidarität

Festzuhalten ist, dass solidarisches Verhalten im Arbeitsrecht und auch im Arbeitskampfrecht durchaus eine Bedeutung hat. Was aber den Aussagegehalt der Solidarität ausmacht, ist damit noch nicht gesagt. Kann die Solidarität als *„Ausdruck menschlicher Verbundenheit*“[484] Rechtmäßigkeitskriterium für einen Arbeitskampf sein? Besteht einerseits zwischen sämtlichen Arbeitnehmern und andererseits zwischen sämtlichen Arbeitgebern gebiets- und branchenübergreifend eine Solidargemeinschaft, die auch Sympathiestreiks zu rechtfertigen vermag? Ob der Solidaritätsgedanke als Grundlage für eine juristische Argumentation verwendet werden kann, ist fraglich.
Eine allgemeine juristische Definition der Solidarität – explizit für das Arbeitskampfrecht – findet sich in der Rechtsprechung des Bundesarbeitsgerichts nicht. Eine gesetzliche Definition gibt es genauso wenig. Der Begriff der Solidarität im Arbeitsrecht bleibt unklar. In dem allgemeinen Sprachgebrauch bedeutet Solidarität soviel wie das Zusammengehörigkeitsgefühl von Gruppen und Individuen. Sie äußert sich in gegenseitiger Unterstützung und Hilfe. Solidarität ist eines der Grundprinzipien des menschlichen Zusammenlebens. Sie kann mit dem bekannten Satz: „Einer für alle, alle für einen“ beschrieben werden. Damit ist aber noch nicht viel gesagt und vor allem nichts dazu, wie sich das auf die Rechtmäßigkeit von Sympathiestreiks auswirkt.
Das Bundesarbeitsgericht ist in seinen beiden grundlegenden Entscheidungen mit keinem Wort auf das Solidaritätsargument eingegangen. Demgegenüber begründen insbesondere *Plander*[485] und *Bieback*[486] die Zulässigkeit des Sympathiestreiks mit dem Argument der Solidarität. Sie sind beide der Ansicht, dass der Gedanke der Solidarität von Art. 9 Abs. 3 GG umfasst wird und dieses Grundrecht konkretisiert.[487]

---

[483] Otto in Mü-Hb § 288 Rn. 38; Brox/Rüthers Rn. 351.
[484] Kissel § 24 Rn. 35.
[485] Plander ZTR 1989, 138.
[486] Bieback in Däubler Rn. 372.
[487] So auch Zachert/Metzke/Hamer S. 200 f..

Bei dem Begriff der Solidarität handelt es sich um einen unbestimmten Begriff. Aus ihm lassen sich keine detaillierten Aussagen zum Arbeitskampfrecht entnehmen, worauf in der Literatur mehrfach hingewiesen wird.[488] Zu Recht spricht *Birk*[489] in diesem Zusammenhang auch von „*Chiffren, Leerformeln, Begriffhülsen mit unterschiedlichstem Umfang*". *Wiedemann*[490] führt im Zusammenhang mit der Betriebsrisikolehre aus, dass man mit der Annahme der Solidarität und des solidarischen Empfindens aller Arbeitnehmer in die Nähe des klassenkämpferischen Denkens komme. *Otto*[491] zeigt auf, dass es nicht einzusehen sei, warum die Solidarität der Arbeitnehmer diesen ein Recht geben solle, den ihnen gegenüberstehenden Arbeitgeber zu schädigen.
Geib[492] hat sich im Zusammenhang mit dem Sympathiestreik besonders ausführlich mit dem Argument der Solidarität auseinandergesetzt. Er differenziert zunächst zwischen dem Solidaritätsbegriff in der Soziologie und im sozialpolitischen Sprachgebrauch und unterscheidet dabei die unterschiedlichsten Arten der Solidarität, wie z.B. die natürliche, die gewollte, die freiwillige oder die gesetzliche Solidarität. Weiter zeigt er auf, dass der Begriff der Solidarität mehrdeutig gebraucht wird. Auch auf den Solidaritätsbegriff in der juristischen Literatur und Rechtsprechung geht *Geib* ein. Eine nähere tiefergehende Auseinandersetzung mit der Untersuchung von *Geib* und dem Begriff der Solidarität soll hier mangels Relevanz nicht vorgenommen werden. Eine Begriffsdefinition vermag nichts zu der Frage auszusagen, ob mit einer Berufung auf das Solidaritätsargument Arbeitskämpfe zu rechtfertigen sind.

Das Argument, beim Sympathiestreik würden Adressat und Betroffener auf Grund der unter allen Arbeitgebern bestehenden Solidarität nicht auseinander fallen, vermag nicht zu überzeugen. Eine Solidarität aller Arbeitgeber untereinander kann und soll nicht behauptet werden. Das würde auf eine reine Fiktion hinauslaufen. Es gibt keine allgemeingültigen Maßstäbe und Kriterien, nach denen festgestellt werden kann, ob die Arbeitgeber untereinander solidarisch sind oder nicht. Es müssten sich Anhaltspunkte ergeben, an denen die Solidarität festzumachen ist. Allein die Zugehörigkeit zu einer durch bestimmte Merkmale abgrenzbaren Gruppe kann zur Annahme der Solidarität nicht genügen.[493] Die Arbeitgeber haben sich weder in einem Verband zusammengeschlossen, um

---

488 Scholz/Konzen S. 209; Dütz DB 1979, Beilage 14 S. 6; Kissel § 24 Rn. 36; Weiss AuR 1974, 37; Coester RdA 1976, 292; Otto in Mü-Hb § 286 Rn. 43.
489 Birk S. 86.
490 Wiedemann RdA 1969, 326.
491 Otto in Mü-Hb § 286 Rn. 43.
492 Geib S. 74 ff..
493 So Weiss AuR 1974, 40 und Bertelsmann S. 169 f. bezüglich der ursprünglich von der Rechtsprechung angenommenen Solidarität aller Arbeitnehmer untereinander und dem damit einhergehenden Lohnverlust von Arbeitnehmern, die im Gefolge eines Streiks nicht beschäftigt werden konnten.

dauerhaft für einander einzustehen, noch sind sie dazu gesetzlich verpflichtet. Auch die zahlreichen Verflechtungen der Unternehmen untereinander und ihre gegenseitigen Geschäftsbeziehungen vermögen kein anderes Ergebnis zu begründen. Hierbei spielen überwiegend eigene Interessen der Arbeitnehmer eine Rolle, die ihre wirtschaftliche Position ausbauen und festigen, Gewinne erzielen und wettbewerbsfähig sein wollen.

Auch die Solidarität der Arbeitnehmer untereinander vermag nicht als Hauptargument für eine Zulässigkeit von Sympathiestreiks zu sprechen. Es erscheint schon mehr als fraglich, ob man annehmen kann, dass alle Arbeitnehmer untereinander solidarisch sind. Zwischen den einzelnen Arbeitnehmern bestehen zu gravierende Unterschiede, als dass man hieraus eine Verbundenheit annehmen könnte. Die Arbeitnehmerschaft ist vielschichtig und differenziert zusammengesetzt. Dies bezieht sich nicht nur auf die einzelnen Arbeitsverhältnisse,[494] sondern auch auf andere Bereiche, wie Religion, Weltanschauung, Kultur und politische Einstellung. Gemeinsam haben alle wohl nur, dass sie abhängig beschäftigt und auf ihr Einkommen angewiesen sind. Trotz alledem ist es durchaus nicht auszuschließen, dass sich Arbeitnehmer solidarisch verhalten. Dies zeigen letztlich die oben genannten Beispiele, nicht zuletzt auch der Sympathiestreik an sich. Hier wird man unterstellen dürfen, dass die aus Sympathie Streikenden eine starke Solidarität zu den im Hauptstreik stehenden Arbeitnehmern verspüren. Anderenfalls ließe sich nicht erklären, wieso Arbeitnehmer in den Streik treten, um einen anderen Streik zu unterstützen, von dem sie nicht unmittelbar profitieren.
Bei der Solidarität der Arbeitnehmer und der Arbeitgeber handelt es sich aber um kein anerkanntes Rechtsprinzip des kollektiven Arbeitsrechts. Arbeitskämpfe sind anhand der von der Rechtsprechung entwickelten Grundsätze zu beurteilen. Würde man allein die Solidarität als Rechtmäßigkeitsargument zur Arbeitsniederlegung anerkennen, so könnte das zu einer schrankenlose Durchsetzung jeglicher Forderungen berechtigen.[495] Arbeitskämpfe könnten allein unter Berufung auf dieses Argument ausgerufen werden. Dafür fehlen aber die Kriterien für eine ordnungsgemäße Bewertung der Solidarität. Es ist nicht erkennbar, welchen Umfang ein solches Recht haben müsste. Es gibt keinerlei Abgrenzungs- und Anwendungskriterien, mit denen eine nachvollziehbare Prüfung vorgenommen werden kann. Fraglich ist sogar, ob neben der Vorschrift des Art. 9 Abs. 3 GG überhaupt noch Platz für das Solidaritätsargument ist. *Scholz/Konzen* sind der Ansicht, dass das Solidaritätsargument nichts zur Rechtmäßigkeit von Sympathiestreiks auszusagen vermag und verweisen darauf,

---

[494] Zu unterscheiden ist z.B. zwischen einfachen Arbeitern, Angestellten, Facharbeitern und hochqualifizierten Mitarbeitern.
[495] Döhner S. 35; Bulla in FS Molitor 1962, 300.

dass es sich bei dem Gedanken der Solidarität um *„bloße Garnitur“*[496] handelt. Dem ist im Prinzip zuzustimmen. Arbeitskämpfe können nicht mit Kriterien wie Nächstenliebe und Gemeinschaftsgefühl begründet werden. Darunter fällt aber auch das Solidaritätsargument. Dem solidarischen Verhalten kommt somit keine rechtliche Wirkung zu. Dies hat auch die Rechtsprechung durch die Abkehr von der Sphärentheorie bezüglich des Betriebsrisikos erkannt. Selbst wenn man der Ansicht *Planders*[497] und *Biebacks*[498] folgen würde, welche die Solidarität als Teil der Grundrechtsausübung des Art. 9 Abs. 3 GG ansehen, muss bedacht werden, dass damit dem Sympathiestreik immer noch nicht Tür und Tor geöffnet sein kann. Der Sympathiestreik ist in diesem Fall immer noch eigenständig auf seine Rechtmäßigkeit mit den allgemeinen arbeitskampfrechtlichen Regeln zu begründen. Dies erkennt *Plander* auch, der davon spricht, dass auch für Sympathiestreiks Grenzen gelten, die sich sowohl aus dem Paritätsprinzip als auch aus dem ultima ratio Prinzip ergeben.[499] Folglich fordert auch er, in Übereinstimmung mit einem großen Teil der Literatur, eine Überprüfung des Sympathiestreiks nach den allgemeinen Regeln des Arbeitskampfes.

3. Zusammenfassung

Belegbar ist, dass sich sowohl Arbeitnehmer als auch Arbeitgeber solidarisch verhalten. Die bestehende Solidarität zeigt sich im Arbeitsrecht in vielfältiger Weise. Der stärkste Ausdruck der Solidarität dürfte die Durchführung eines Sympathiestreiks sein. Die Solidarität ist aber kein anerkannter Rechtsgrundsatz, mit dem Arbeitskampfmaßnahmen gerechtfertigt werden können. Sie ist als rechtliches Zuordnungs- und Bewertungsmerkmal zu unbestimmt und vermag daher keine Rechtfertigung für den Sympathiestreik zu liefern. Ferner würde eine Rechtfertigung des Sympathiestreiks mit einer derartigen Argumentation eine Vorstellung der Solidarität aller Arbeitnehmer oder Arbeitgeber untereinander kreieren, welche sich zu sehr an der längst überholten Sphärentheorie anlehnt.

---

[496] Scholz/Konzen S. 209.
[497] Plander ZTR 1989, 138.
[498] Bieback in Däubler Rn. 372; diese Sichtweise teilen Pfarr/Kittner RdA 1974, 290 und Birk S. 88.
[499] Plander ZTR 1989, 139.

Dritter Teil

Der Sympathiestreik unter dem Blickwinkel der Arbeitskampfparität und des Verhältnismäßigkeitsgrundsatzes

In Übereinstimmung mit einer in der Literatur weit verbreiteten Ansicht ist davon auszugehen, dass der Sympathiestreik an den allgemeinen Regeln des Arbeitskampfrechts zu messen ist. Maßgebend sind die allgemeinen Grundsätze des Übermaßverbots und der Koalitions- bzw. Kampfparität.[500] Hiernach kann ein Sympathiearbeitskampf jedenfalls dann verfassungsgemäß sein, wenn er zur Unterstützung eines rechtmäßigen Hauptarbeitskampfes geführt wird und erst seinerseits zum kompletten Verhandlungsgleichgewicht führt. So ist auch in § 5 Abs. 3 des Professorenentwurfs für ein Gesetz zur Regelung kollektiver Arbeitskonflikte anerkannt, dass die Einbeziehung weiterer Arbeitnehmer oder Arbeitgeber zulässig ist, soweit ohne sie eine gleichgewichtige Regelung der Arbeitsbedingungen offensichtlich nicht möglich ist. Die Begründung bezieht sich ausdrücklich auch auf den Sympathiestreik. Hierbei soll es sich jedoch um eine Ausnahme handeln, da im Grundsatz davon auszugehen sei, dass Verhandlungs- und Kampfparität im jeweilig umkämpften Tarifgebiet besteht.
Auch das Bundesarbeitsgericht verschließt sich nicht ganz davor, eine Bewertung des Sympathiestreiks an den allgemeinen arbeitskampfrechtlichen Regeln vorzunehmen. In seiner zweiten Sympathiestreikentscheidung vom 12.01.1988[501] führt das Gericht aus, dass auch eine kurzzeitige Unterstützung der IG Metall im Kampf um die 35-Stunden-Woche zur Wahrung der Parität nicht erforderlich war. Ein derartiger Hinweis erstaunt, da von Parität vorher nie die Rede war und die grundsätzliche Unzulässigkeit des Sympathiestreiks nicht mit Gesichtspunkten der Arbeitskampfparität begründet wurde.

Im Folgenden soll geklärt werden ob das Paritätsprinzip nicht eine generelle Einbeziehung von Sympathiestreiks in unserer Rechtsordnung rechtfertigt. Die Einbeziehung des Sympathiestreiks könnte zulässig sein, wenn sie für ein funktionierendes Arbeitskampfsystem erforderlich, wenn also ohne diese Streikart keine Waffen- und Kampfparität gewährleistet wäre. Art. 9 Abs. 3 GG garantiert die Fähigkeit zu einem wirkungsvollen Arbeitskampf. Lässt sich mit den beste-

---

[500] Scholz in Maunz-Düring Art. 9 GG Rn. 318; Scholz/Konzen S. 249; Lieb RdA 1991, 148; ders. Anm. zu BAG 05.03.1985 SAE 1986, 64; ders. ZfA 1982, 142 ff.; Birk S. 67; Löwisch 170.1 Rn. 73; ders. ZfA 1980, 442; Preis Anm. zu BAG 12.01.1988 EzA Nr. 73 zu Art. 9 GG Arbeitskampf; Dorndorf in Muhr S. 151; Seiter S. 506 und S. 537; ders. RdA 1981, 91; Hergenröder S. 281; Rüthers/Berghaus Anm. zu BAG 12.01.1988 AP Nr. 90 zu Art. 9 GG Arbeitskampf; Konzen DB 1990, Beilage 6 S. 9; ders. in FS Molitor 1988, 202 f.; ders. in FS 50 Jahre Bundesarbeitsgericht 2004, 549.

[501] BAG 12.01.1988 AP Nr. 90 zu Art. 9 GG Arbeitskampf.

henden Arbeitskampfmitteln ein wirkungsvoller ökonomischer Druck nicht mehr ausüben, müssen auch neue Kampfmittel in den Schutzbereich des Art. 9 Abs. 3 GG fallen.[502] In diesen Fällen muss die Rechtsordnung es zulassen, dass zur Herstellung eines ursprünglich nicht vorhandenen Kräftegleichgewichts Angehörige der einen oder anderen Seite unterstützend in die Auseinandersetzung eingreifen.[503] Dabei geht es nicht um die Absicherung eines Arbeitskampferfolges, sondern allein um die Möglichkeit, ausreichenden wirtschaftlichen Druck auf den sozialen Gegenspieler zu erzeugen. Ist eine Unterstützung notwendig, oder kann die zu unterstützende Partei sich selbst helfen? Ist der Streik nicht mehr in der Lage, einen wirksamen Arbeitskampf zu garantieren, so ist die Unterstützung anderer Arbeitnehmer zur Herstellung der Parität berechtigt.

I. Der Grundsatz der Parität

Der Grundsatz der Parität wird als das tragende Element des Arbeitskampfrechts angesehen, das unter den allgemeinen Prinzipien des Arbeitskampfrechts die bedeutendste Rolle spielt. In der Rechtsprechung und der Literatur bildet das Paritätsprinzip den *„obersten Grundsatz des Arbeitskampfrechts“*.[504]
Die nähere Bestimmung und Bedeutung der Parität ist spätestens seit der Auseinandersetzung um die Zulässigkeit der Aussperrung stark umstritten und wirft mehrere Fragen auf. So gibt es insbesondere zu der Frage der Anwendung und der Konkretisierung dieses Prinzips eine Vielzahl von Meinungen. Eine einheitliche Begründung und Inhaltsbestimmung lässt sich zum Begriff der Parität nicht finden. Der Begriff der Parität wird in Literatur und Rechtsprechung durchaus uneinheitlich gebraucht. Verwendet werden Begriffe wie *„Kräftegleichgewicht“*[505] *„Waffengleichheit“*,[506] *„Chancengleichheit“*[507] und *„gleichgewichtige Verhandlungschancen“*.[508] Zudem ist im Rahmen der Parität zwischen Verhandlungs- und Kampfparität zu unterscheiden. Der Arbeitskampf ist nicht Selbstzweck, sondern dient der Durchsetzung von Regelungszielen in Vereinbarungen. Die Kampfparität hat die Aufgabe, die Verhandlungsparität zu gewährleisten.[509]

---

502 Wolter in Däubler Rn. 280 n; Bieback in Däubler Rn. 431; Zechlin AuR 1986, 292 bezüglich Streikketten und Betriebsbesetzungen; ders. S. 44.
503 Hartje S. 256.
504 BAG 12.09.1984 AP Nr. 81 zu Art. 9 GG Arbeitskampf; Seiter S. 156 ff.; Raiser S. 64 ff.
505 BVerfG 04.07.1995 E 92, 365 (395).
506 BAG 28.01.1955 AP Nr. 1 zu Art. 9 GG Arbeitskampf = BAGE 1, 291 (308).
507 BAG 30.08.1994 AP Nr. 132 zu Art. 9 GG Arbeitskampf.
508 BAG 10.06.1980 AP Nr. 64 zu Art. 9 GG Arbeitskampf; BAG 12.03.1985 AP Nr. 84 zu Art. 9 GG Arbeitskampf.
509 Seiter S. 159.

Nach dem Paritätsgrundsatz sollen Arbeitnehmer und Arbeitgeber in den Tarifverhandlungen, und vor allem im Arbeitskampf, mehr oder weniger gleichgewichtig einander gegenüberstehen.[510] Stehen sich die Verhandlungsparteien nicht in einer gewissen Gleichgewichtigkeit gegenüber, verbleibt der unterlegenen Seite, wenn die andere nicht will, nur die Resignation oder ein „kollektives Betteln". Das gilt für die Arbeitnehmerschaft wie für die Arbeitgeberschaft in gleicher Weise. Damit der Prozess des tarifautonomen Aushandelns der Arbeits- und Wirtschaftsbedingungen funktioniert, müssen die Tarifpartner annähernd gleich stark sein. Dieser Gedankengang kommt sowohl in der Rechtsprechung des Bundesverfassungsgerichts[511] als auch des Bundesarbeitsgerichts zum Ausdruck. Das Bundesarbeitsgericht führte dazu aus:[512] *„Könnte die eine Seite, nämlich die Arbeitnehmerschaft, vertreten durch die Gewerkschaften, allein das Kampfgeschehen bestimmen und wäre der Arbeitgeber auf ein Dulden und Durchstehen des Arbeitskampfes beschränkt, so bestünde die Gefahr, dass die Regelung der Arbeitsbedingungen nicht mehr auf einem System freier Vereinbarungen beruht, das Voraussetzung für ein Funktionieren und innerer Grund des Tarifvertragssystem ist. Vorbehaltlich der konkreten, insbesondere auch der wechselnden wirtschaftlichen Situation, die vorgegeben ist, muss im Prinzip sichergestellt sein, dass nicht eine Tarifvertragspartei der anderen von vornherein ihren Willen aufzwingen kann, sondern dass möglichst gleiche Verhandlungschancen bestehen. Auf andere Weise kann die Tarifautonomie unter Ausschluss der staatlichen Zwangsschlichtung nicht funktionieren."*[513] Dieses hier zur Stärkung der Arbeitgeberseite verwandte Argument lässt sich natürlich genauso auch für die Arbeitnehmerseite anführen. Wenn ein Streik ohne die umstrittenen Aktionsformen nur kollektives Betteln wäre, dann sind diese Aktionsformen integrale Bestandteile des Streiks und damit durch Art. 9 Abs. 3 GG geschützt. Die herrschende Meinung in der Literatur schließt sich der Ansicht der Rechtsprechung an.[514] Die Rechtsordnung muss folglich die

---

[510] Brox/Rüthers Rn. 166; Kissel § 32 Rn. 1.

[511] BVerfG 04.07.1995 E 92, 365 (395).

[512] BAG 21.04.1971 AP Nr. 43 zu Art. 9 GG Arbeitskampf = BAGE 23, 292 (308).

[513] Bereits in seiner ersten Grundsatzentscheidung zum Arbeitskampf vom 28.01.1955 BAG AP Nr. 1 zu Art. 9 GG Arbeitskampf = BAGE 1, 291 betonte das Bundesarbeitsgericht, dass im Arbeitskampfrecht der Grundsatz der Waffengleichheit gelte und der Staat die Arbeitskampfmittel der beiden Sozialpartner nicht ungleich behandeln dürfe. Eine Fortführung und Verdeutlichung der Parität findet sich in den Entscheidungen des Bundesarbeitsgerichts vom 10.06.1980 AP Nr. 64 und Nr. 65 zu Art. 9 GG Arbeitskampf. Darin stellt das Bundesarbeitsgericht erneut fest, dass ein funktionierendes Tarifsystem annähernd gleiche Verhandlungschancen der Tarifvertragsparteien voraussetzt.

[514] Gamillscheg S. 968 ff.; Kissel § 32 Rn. 1 ff.; Gegenwart S. 114; Löwisch 170.1 Rn. 64; Brox/Rüthers Rn. 166; Ebenso § 2 des Professorenentwurfs: *„Arbeitskämpfe sollen die gleichgewichtige Regelung der Arbeitsbedingungen in Tarifverträgen gewährleisten. Arbeitskämpfe und Kampfmaßnahmen, die dazu nicht geeignet oder nicht erforderlich sind, sind*

arbeitskampfrechtlichen Regeln und Befugnisse so ausgestalten, dass wenigstens in der Regel keine Partei eine übermächtige Verhandlungsposition erlangt und der anderen schwächeren Partei ihre Forderungen diktieren kann. Ein gleichgewichtiges Handeln ist ausgeschlossen, wenn feststeht, dass eine der Parteien in einem eventuell anschließenden Arbeitskampf sowieso obsiegen wird. Es muss sichergestellt sein, dass nicht eine Tarifvertragspartei der anderen von vornherein ihren Willen aufzwingen kann. Zur Sicherung der Tarifautonomie ist die Anerkennung eines Streikrechts allein nicht ausreichend. Erst die Streikfähigkeit begründet und sichert die Tarifautonomie.[515]

Zur Rechtfertigung des Sympathiestreiks wird diesbezüglich auf das veränderte Kräfteverhältnis zwischen Arbeitnehmer- und Arbeitgeberkoalition hingewiesen. Insbesondere von Gewerkschaftsseite wird vorgebracht, dass die Gewerkschaften unabdingbar auf Sympathiestreiks angewiesen seien. Anderenfalls seien sie nicht mehr in der Lage, effektive Arbeitskämpfe zu führen. Von einer ausgeglichenen Kampfparität könne derzeit nicht mehr ausgegangen werden.[516]
Es ist fraglich, ob zum momentanen Zeitpunkt eine ausgeglichene Kampfparität zwischen den Parteien des Arbeitskampfes besteht. Eine Verschiebung des Kräftegleichgewichts zu Lasten der Arbeitnehmerseite hätte durchaus zur Folge, dass den Gewerkschaften neue Kampfmittel zustehen, um die Kampfparität wieder herzustellen. Falls festgestellt wird, dass eine Seite ein tatsächliches Übergewicht erlangt, muss man ihre Arbeitskampfmittel beschränken oder der unterlegenen Partei zusätzliche Kampfmittel bewilligen. Dazu könnte auch die rechtliche Zulässigkeit des Sympathiestreiks zählen. Dies jedoch nur in engen Grenzen, um die hierdurch wieder hergestellte Kampfparität nicht erneut – diesmal zu Lasten der Arbeitgeberseite – zu beeinträchtigen. Nur eine derartige Betrachtungsweise ist mit der Ratio des Grundsatzes der Kampfparität vereinbar, nämlich rechtlich sicherzustellen, dass tatsächlich gleiche Verhandlungschancen bei Tarifverhandlungen bestehen. Entscheidend ist die Frage, ob die Ausdehnung des Sympathiearbeitskampfes dazu beitragen kann, das Kräftegleichgewicht zwischen den Tarifparteien zu erhalten oder wiederherzustellen.
Diesbezüglich ist zu hinterfragen, ob das Kräfteverhältnis sich tatsächlich derart zu Lasten der Arbeitnehmerseite verschoben hat, dass diese unausweichlich auf Sympathiestreiks angewiesen sind. Veränderte Wirklichkeit verlangt nach verändertem Denken. Die Kampfparität ist somit sowohl für die Zulässigkeit des Sympathiestreiks, als auch für dessen Begrenzung relevant. Sympathiestreiks müssen zulässig sein, wenn nur durch sie Kampfparität erreicht werden kann,

---

unzulässig." Lediglich vereinzelt wird die Geltung des Paritätsprinzips abgelehnt, so z.B. Wolter in Däubler Rn. 876 ff.; ders. AuR 1979, 195.

[515] Hartwich in Muhr S. 35.

[516] Diesbezüglich insbesondere Plander ZTR 1989, 138; ders. DB 1987, Beilage Nr. 13 S. 2; Wolter AuR 1988, 357 ff.; Wohlgemuth AuR 1991, 110.

andererseits können sie nur insoweit zulässig sein, als durch sie nicht die Kampfparität tangiert wird.[517]

Bevor auf die einzelnen Faktoren eingegangen wird, welche die gewerkschaftliche Streikfähigkeit beeinflussen, soll vorab der Grundsatz der Parität näher betrachtet werden. Es herrscht durchaus keine Einigkeit darüber, wie das Paritätsprinzip ausgestaltet ist. Ebenso umstritten ist die Frage, nach welchen Maßstäben und Faktoren die Parität im Arbeitskampf zu bestimmen ist und wann noch von einem Verhandlungsgleichgewicht der Sozialpartner auszugehen ist und wann nicht.
Vorab soll klargestellt werden, dass nicht sämtliche ungeklärten bzw. strittigen Fragen bezüglich des Paritätsprinzips im Rahmen dieser Arbeit behandelt werden sollen. Das Paritätsprinzip füllt viele Bücher aus[518], so dass sich die Darstellung im Folgenden auf die Grundzüge beschränkt.

1. Formelle und normative Parität

Ursprünglich herrschte eine rein formelle Sicht vor. Parität lag bereits dann vor, wenn die Kampfmittel der Parteien in ihrer rechtlichen Behandlung und Wertigkeit gleich waren.[519] Beide Parteien sollten in gleicher Lage gleiche Kampfmittel mit gleicher Wirkung zur Verfügung haben. So musste z.B. sichergestellt sein, dass nicht einer Partei ein lösendes Kampfmittel zur Verfügung gestellt wird und der anderen Partei nur ein Suspendierendes. Beide Parteien durften vielmehr gleichermaßen nur ein suspensiv oder nur lösend wirkendes Kampfmittel haben. Auf Aspekte der wirtschaftlichen oder sozialen Verhältnisse der kämpfenden Parteien kam es nicht an. Das entsprach der Rechtsprechung des Reichsgerichts[520] und des Reichsarbeitsgerichts[521] und wurde zunächst auch vom Bundesarbeitsgericht[522] übernommen. Begründet wurde diese Lehre mit der Neutralität des Staates und der historischen Entwicklung. Die Kampfparteien dürften nicht ihrer angestammten Kampfmittel beraubt werden.[523]
Zum gleichen Ergebnis kam die Lehre von der normativen Parität.[524] Auch danach sollte es nicht auf die tatsächlichen Kräfteverhältnisse ankommen.

---

[517] So auch Hartje S. 254 ff.; Haupt S. 72; Freund S. 68; Scholz/Konzen S. 250.
[518] Vgl. z.B. die Literaturangaben bei Kissel § 32.
[519] Vgl. zur formellen Parität Seiter S. 160 f.; Bertelsmann S. 222; Treber S. 404 f.; Gamillscheg S. 970; Ruhland S. 24; Kissel § 32 Rn. 7.
[520] RG 26.03.1903 RGZ 54, 255 (259).
[521] RAG 08.02.1928 ARS 2, 122 (125); RAG 15.02.1928 ARS 2, 128 (131).
[522] BAG 28.01.1955 AP Nr. 1 zu Art. 9 GG Arbeitskampf = BAGE 1, 291 (308).
[523] Hueck/Nipperdey II 2 S. 929.
[524] Vgl. zur normativen Parität Gisbertz S. 40; Mayer-Maly DB 1979, 98.

Die formelle und die normative Parität sind abzulehnen. Die fehlende Berücksichtigung der tatsächlichen Ausgangslagen der Tarifparteien im Arbeitskampf sowie der tatsächlichen Auswirkungen der jeweiligen Kampfmittel sprechen gegen ein derartiges Paritätsverständnis. Im Arbeitskampf geht es um die Erzeugung wirtschaftlichen Drucks und die Möglichkeit der Erzielung von Tariferfolgen. Ein funktionierendes Tarifvertragssystem setzt voraus, dass die sozialen Gegenspieler annähernd gleiche Verhandlungschancen haben. Das Verhandlungsgleichgewicht lässt sich aber weder formal fingieren noch normativ anordnen, es muss wenigstens in groben Zügen tatsächlich feststellbar sein. Die rein formelle Sichtweise gewährleistet dies nicht.[525] Die unterschiedlichen Machtverhältnisse und Ausgangspositionen der Kampfparteien werden bei einer derartigen Sichtweise nicht berücksichtigt.[526] Es bestünde die Gefahr, dass trotz formell gleicher Kampfpositionen ein tatsächliches Machtungleichgewicht zwischen den sozialen Gegenspielern besteht. Die Mittel der Koalitionen sind unterschiedlicher Natur und einem rein formellen Vergleich nicht zugänglich. Der Blick auf das vielfältige Beziehungsgeflecht von Ausgangslagen, Kampfmöglichkeiten und -risiken wird bei einem rein formellen Vergleich nicht berücksichtigt. Zu Recht hat deshalb die Rechtsprechung den Grundsatz der formellen Parität aufgegeben.[527]

2. Materielle Parität

Das materielle Paritätsverständnis basiert auf Art. 9 Abs. 3 GG.[528] Danach kann den im Tarifvertragssystem gefundenen Ergebnissen nur dann eine materielle Richtigkeitsgewähr zukommen, wenn eine tatsächliche Chancengleichheit zwischen den Parteien besteht. Es müsse sichergestellt sein, dass beide Parteien tatsächlich gleiche Einflussmöglichkeiten auf die Ergebnisse der Tarifabschlüsse haben. Das Prinzip der materiellen Parität will gewährleisten, dass die Tarifparteien im Hinblick auf ihre Kampfmittel nicht nur rechtlich gleichwertig sind, sondern dass auch ein Mindestmaß an tatsächlicher Chancengleichheit besteht. Keine Seite darf ein evidentes Übergewicht erhalten. Bei der Verteilung der Kampfmittel müssten die unterschiedlichen Ausgangspositionen und die unterschiedlichen Kampfmittelwirkungen berücksichtigt werden. Diese Sichtweise

---

[525] Ruhland S. 25; Wank in FS Kissel 1994, 1240.
[526] Wolf ZfA 1971, 152.
[527] BAG 21.04.1971 AP Nr. 43 zu Art. 9 GG Arbeitskampf = BAGE 23, 292 (308); BAG 10.06.1980 AP Nr. 64 zu Art. 9 GG Arbeitskampf; dem stimmt der ganz überwiegende Teil der Literatur zu.
[528] Seiter S. 170; Treber S. 409; Scholz/Konzen S.168; Ruhland S. 17; Gamillscheg S. 968.

entspricht der Rechtsprechung des Bundesarbeitsgerichts[529] und weitgehend der Ansicht der Literatur.[530]
Dem materiellen Ansatz ist zuzustimmen. Bei der Beurteilung des Paritätsprinzips ist von dem Ziel auszugehen, den sozialen Gegenspielern gleichgewichtige Einflussmöglichkeiten auf die Gestaltung des Tarifvertrages einzuräumen. Nur so kann die Funktionsfähigkeit der Tarifautonomie gesichert werden. Durch die Festlegung eines materiellen Paritätsbegriffs ist aber noch nicht viel gewonnen. Offen ist, welche Kriterien als paritätserheblich zu berücksichtigen sind. Die Feststellung einer Paritätslage erweist sich als sehr schwierig. Zahlreiche Faktoren werden zur Beurteilung ins Spiel gebracht. Hier haben sich im Wesentlichen zwei Meinungen gebildet:
Zu unterscheiden ist hierbei zwischen einer Gesamtparität und einer materiell-tarifbezogenen Parität. Die Vertreter der Gesamtparität wollen alle denkbaren Einflussfaktoren des Wirtschafts- und Verteilungsprozesses, einschließlich aller Faktoren der gesellschaftlichen und politischen Meinungs- und Willensbildung, bei der Beurteilung der Paritätsfrage einbeziehen.[531] In die Paritätsbewertung sollen eine Vielzahl von Faktoren einfließen. Dazu sollen unter anderem gehören: Lieferhilfeabkommen, Wettbewerbsverbote, sozialpsychologische Folgen der Massenarbeitslosigkeit, die Möglichkeit einer Produktion auf Lager, Berichterstattung der Presse über den Arbeitskampf, personelle Ausstattung der Arbeitgeberverbände und die Einflussnahmemöglichkeiten auf die staatliche Wirtschaftspolitik.[532] Hinzu kommt die Bedeutung der technologischen Entwicklung, der Einfluss der finanziellen Mittel der Gewerkschaften zur Finanzierung eines Arbeitskampfes sowie die erhöhten Arbeitskampfrisiken der Arbeitnehmerseite. Diese Aufzählung ist keineswegs abschließend. Zahlreiche weitere Faktoren können ebenfalls berücksichtigt werden.
Die wohl überwiegende Meinung in der Literatur spricht sich für eine materiell-tarifbezogene Parität aus und hält eine umfassende Berücksichtigung sämtlicher in Betracht kommender Faktoren für zu weitgehend.[533] Eine Berücksichtigung

---

[529] BAG 21.04.1971 AP Nr. 43 zu Art. 9 GG Arbeitskampf = BAGE 23, 292; BAG 10.06.1980 AP Nr. 64 zu Art. 9 GG Arbeitskampf; diese Ansicht wurde vom Bundesverfassungsgericht verfassungsrechtlich als nicht zu beanstanden angesehen. BVerfG 26.06.1991 E 84, 212 (229).

[530] Gamillscheg S. 970; Ruhland S. 25; Otto in Mü-Hb § 282 Rn. 61 f.; Brox/Rüthers Rn. 168; Treber S. 408; Scholz/Konzen S. 174 ff.; Seiter S. 158 ff.; Bertelsmann S. 226 ff.; Kissel § 32 Rn. 10 ff.; Weiss AuR 1974, 45; Lübbe-Wolf DB 1988, Beilage 9 S. 4.

[531] Eine Gesamtparität vertreten Däubler JuS 1972, 645; Wohlgemuth BB 1979, 114; Weiss AuR 1974, 45; Wolter AuR 1979, 197 f.; ders. in Däubler Rn. 886; Kempen AuR 1982, 76; Hensche RdA 1996, 295 ff.; Zachert/Metzke/Hamer S. 125 ff..

[532] Gisbertz S. 42 unter Verweis auf BAG 10.06.1980 AP Nr. 65 zu Art. 9 GG Arbeitskampf.

[533] Wank in FS Kissel 1994, 1241; Brox/Rüthers Rn. 168; Dütz Rn. 638 ff.; Seiter S. 162; ders. RdA 1981, 74; Gamillscheg S. 974; Zöllner/Loritz S. 471 f.; Badura DB 1985, Beilage

aller das tatsächliche Gleichgewicht beeinflussenden Umstände sei nicht möglich und unpraktikabel. Dies verlange von der Rechtsprechung Unmögliches. Sie würde in diesem Fall überfordert, wenn sie alle relevanten Fakten berücksichtigen müsste. Die paritätsrelevanten Faktoren werden hier begrenzt. Diese Auffassung sieht nur tarifbezogene Faktoren als paritätsrelevant an. Relevant könne demnach nur sein, was in direktem Bezug zur Tarifautonomie stehe. Es sei nicht Aufgabe der Parität, einen globalen, allgemein-gesellschaftspolitischen Kräfte- und Interessenausgleich herbeizuführen. Zu berücksichtigen seien nur solche Faktoren, die den erforderlichen Bezug zum Arbeits- und Tarifsystem aufweisen. Auch das Bundesarbeitsgericht legt seiner Rechtsprechung diesen Paritätsgedanken zu Grunde und lehnt eine Berufung auf die Gesamtparität ab.[534]

Dieser überwiegenden Auffassung ist in dem Punkt zuzustimmen, dass es schwierig scheint, sämtliche oben genannten Faktoren des Arbeits- und Wirtschaftslebens in die Paritätsbewertung mit einzubeziehen. Aber die Vertreter der materiellen tarifbezogenen Parität lösen mit ihrem Ansatz keine Probleme und kommen nicht zu befriedigenden Ergebnissen. Sie geben nicht an, welche Faktoren paritätsrelevant sein sollen. Ist nun der Einfluss der öffentlichen Meinung maßgebend oder nicht? Spielt die finanzielle Situation der Gewerkschaften eine Rolle? Was ist mit der fortschreitenden technologischen Entwicklung, der Globalisierung und den Auswirkungen der Massenarbeitslosigkeit auf die Kampfstärke der Gewerkschaften? Kriterien zur Bemessung der Kampfparität werden nicht genannt. Weiterhin fehlt es an einem Maßstab, um ein bestimmtes Ergebnis von Tarifverhandlungen als angemessen oder unangemessen zu bestimmen. Eine Beschränkung der Prüfung der Parität auf tarifbezogene Aspekte ist inkonsequent und führt zu einer willkürlichen Berücksichtigung lediglich einzelner Aspekte.
Wenn man die Geltung der Tarifverträge von einem tatsächlichen Gleichgewicht der Tarifvertragsparteien abhängig macht, kann man die außerhalb der Tarifautonomie liegenden Faktoren nicht unberücksichtigt lassen. Wo bleibt da die materielle Richtigkeitsgewähr? Die Ausgestaltung der Tarifautonomie muss der Wirklichkeit des Arbeits- und Wirtschaftslebens entsprechen, wenn sie sinnvoll und sachgemäß sein soll. *„Der Arbeitskampf ist nämlich nun einmal ein Ausschnitt aus einer im tatsächlichen Leben untrennbaren Gesamtheit von Wirtschaftskreislauf und Arbeitsmarkt. Sich angesichts dessen auf Parameter nur*

14 S. 7; Belling NZA 1990, 216; Müller S. 162 ff.; Buchner RdA 1986, 14; Otto in Mü-Hb § 282 Rn. 70; Kissel § 32 Rn. 12 ff.; Raiser S. 70; Eichmanns RdA 1977, 136.

534 BAG 10.06.1980 AP Nr. 64 bis 66 zu Art. 9 GG Arbeitskampf; BAG 12.09.1984 AP Nr. 81 zu Art. 9 GG Arbeitskampf; BAG 12.03.1985 AP Nr. 84 zu Art. 9 GG Arbeitskampf; BAG 13.07.1993 AP Nr. 127 zu Art. 9 GG Arbeitskampf; BAG 30.08.1994 AP Nr. 132 zu Art. 9 GG Arbeitskampf.

innerhalb des Tarifvertragssystems beziehen zu wollen, ist eine letztlich willkürliche Setzung, die auch nicht durchgehalten werden kann."[535] Im Ergebnis müssen zur Gewährleistung etwa gleicher Verhandlungschancen bei der Paritätsbetrachtung alle Faktoren bedacht werden, die den Verhandlungsausgang beeinflussen können. Folglich müssen auch Faktoren in die Paritätsbewertung einbezogen werden, die bisher ausgeklammert wurden.
Dazu gehören insbesondere:

1) die langfristige wirtschaftliche Situation,
2) die langfristige Entwicklung der Arbeitsmarktsituation,
3) gewisse langfristige technologische Entwicklungen
4) die generelle Kampfbereitschaft der Arbeitnehmer und Arbeitgeber
5) die öffentliche Meinung.[536]

Diese Kriterien haben entgegen der Ansicht des Bundesarbeitsgerichts und der herrschenden Meinung in der Literatur durchaus Einfluss auf die Verhandlungsposition der Tarifvertragsparteien. Dann müssen sie aber auch in die Bewertung miteinbezogen werden, weil anderenfalls ein tatsächliches Gleichgewicht nicht erreicht wird.

3. Konkrete oder abstrakte Parität

Weiterhin umstritten ist, ob die gleichen Verhandlungschancen nur im Allgemeinen gewährleistet sein müssen, oder ob dies in jedem konkreten Einzelfall vorliegen muss. Es geht folglich um die Frage, ob die Parität konkret oder abstrakt zu bestimmen ist.
Nach einer Ansicht im Schrifttum ist als Bezugspunkt der Parität auf die konkrete Verhandlungssituation der Tarifparteien abzustellen.[537] Die Kampfparität solle eine gerechte Tarifvertragsgestaltung gewährleisten. Dieses Ziel sei durch ein generell vorhandenes Gleichgewicht nicht zu erreichen. Für jeden einzelnen Tarifkonflikt müsse überprüft werden, ob ein annäherndes Machtgleichgewicht der Tarifpartner vorhanden sei.
Nach überwiegender Auffassung ist jedoch nicht auf den einzelnen Arbeitskampf abzustellen, sondern auf ein generelles längerfristiges Kräftegleichgewicht der Tarifpartner.[538] Hiernach sind je nach Wirtschaftslage schwankende Kräfteverhältnisse hinzunehmen, solange nicht eine Seite ein längerfristiges Übergewicht erlangt. Nach dieser Auffassung wird die Funktionsfähigkeit der Tarifautonomie, die durch das Paritätsprinzip geschützt werden soll, nicht

---

[535] Kittner AuR 1981, 292.
[536] Aufzählung nach Hensche RdA 1996, 297.
[537] Wolf ZfA 1971, 156 ff..
[538] Brox/Rüthers Rn.168; Wank in FS Kissel 1994, 1241; Otto in Mü-Hb § 282 Rn. 70; Bertelsmann S. 228; Seiter S. 163; Lübbe-Wolf DB 1988, Beilage Nr. 9 S. 4.

dadurch beeinträchtigt, dass im Einzelfall ein Ungleichgewicht besteht. Tarifautonomie bedeutet auch, dass es Verlierer und Gewinner geben darf, solange die Rollen nicht von vornherein festgelegt sind. Die Rechtsordnung braucht nur einzugreifen, wenn die Chancengleichheit absehbar auf Dauer bzw. auf längere Zeit offenkundig gestört und das Druckpotential einer der beiden Seiten nicht mehr vorhanden ist. Diese Auffassung entspricht auch der Ansicht der Rechtsprechung.[539]
Der herrschenden Meinung ist zuzustimmen. Man muss sich vor Augen halten, welche Konsequenzen eine konkrete Paritätsbetrachtung für den Arbeitskampf hätte. Die Praktikabilität des Arbeitskampfes wäre stark beeinträchtigt. Jeder Arbeitskampf könnte durch Prozesse zur Überprüfung der Parität in Frage gestellt werden. Weiterhin ist zu bedenken, dass der einzelne Arbeitskampf in Verlauf und Ergebnis von weiteren Umständen abhängen kann. Eine wirksame Einbeziehung dieser Umstände ist im Ergebnis nicht handhabbar und würde zu weiteren Schwierigkeiten und Unklarheiten führen. Im Interesse der Rechtssicherheit ist es erforderlich, das Arsenal zulässiger Kampfmittel abstrakt zu bestimmen und nicht auf den jeweiligen Arbeitskampf auszurichten.[540] Die Arbeitskampfparteien benötigen gewisse Leitlinien, an denen sie sich orientieren können. Sie müssen sich darauf einstellen können, welche Maßnahmen sie einsetzen dürfen und welche nicht. Zur Förderung der Rechtssicherheit erscheint es daher notwendig, die Parität abstrakt generell zu bestimmen.

Folgt man der herrschenden Meinung, so ist der grundlegende Ansatz zur Bestimmung der Parität ein materielles, tarifbezogenes, abstrakt-typisierendes Paritätsverständnis. Allein mit dieser Aussage ist aber noch Niemandem geholfen. Es bedarf einer Bestimmung, welche Faktoren in die Paritätsbewertung einfließen und welche außen vor bleiben sollen. Bis heute ist jedoch weder in der Literatur noch in der Rechtsprechung geklärt, anhand welcher Kriterien das Verhandlungsgleichgewicht der Arbeitskampfparteien zu messen ist. Wenn die Vertreter einer materiellen Parität nur tarifbezogene Faktoren berücksichtigen wollen und eine Gesamtparität ablehnen, so ist letztendlich fraglich, welche Faktoren denn zu berücksichtigen sind. Das Bundesarbeitsgericht hat ausgesprochen, dass nur Kriterien erfasst werden können, die einer typisierenden Betrachtung zugänglich sind.[541] Welche das sein sollen und welche nicht, bleibt leider unbeantwortet. Da im Rahmen dieser Arbeit die Auffassung vertreten wird, dass zur Beurteilung des Kräfteverhältnisses nicht nur tarifbezogene Kriterien zu berücksichtigen sind sondern auch wirtschaftliche, soll im Folgenden untersucht werden, welche Faktoren das Kräfteverhältnis der Parteien beeinflussen.

---

[539] BAG 10.06.1980 AP Nr. 64 und 65 zu Art. 9 GG Arbeitskampf.
[540] Seiter S. 163.
[541] BAG 10.06.1980 AP Nr. 64 zu Art. 9 GG Arbeitskampf.

Weiterhin unbeantwortet bleibt die Frage nach dem Bewertungsmaßstab für die Kampfparität. Wann kann noch von einem ausgewogenen Kräfteverhältnis gesprochen werden, wann liegt schon eine Ungleichgewichtslage vor? Es gibt kein System, keine Formel, keine Waage und keine wissenschaftlichen Methoden oder Möglichkeiten, mit deren Hilfe sich ein tatsächliches Gleichgewicht exakt feststellen ließe. Ob ein solches besteht, ist vielmehr eine Wertungsfrage, die von unendlich vielen Faktoren abhängt.[542]

Das Kräfteverhältnis ist nicht bereits schon dann zu Lasten einer Seite verschoben, wenn eine Partei in einer Tarifauseinandersetzung unterlegen ist. Richtig erscheint es vielmehr, die Paritätskontrolle im Sinne einer Evidenztheorie zu handhaben. Das Kräftegleichgewicht ist erst dann gestört, wenn es dauerhaft und evident zu Lasten einer Tarifpartei geht. Es muss über einen längeren Zeitraum feststehen, dass die eine oder andere Seite dauerhaft geschwächt ist und die erhobenen Forderungen gegenüber dem sozialen Gegenspieler nicht mehr durchzusetzen sind.[543]

4. Zusammenfassung

Inhalt und Funktion des Paritätsgrundsatzes ergeben sich aus der ratio der Tarifautonomie, also der Wahrung und Förderung der Arbeits- und Wirtschaftsbedingungen. Der Grundsatz der Kampfparität ermöglicht, dass sich Arbeitnehmer und Arbeitgeber in einem Arbeitskampf gleichgewichtig gegenüberstehen. Die Rechtsordnung darf keiner Seite so starke Kampfmittel zur Verfügung stellen, dass dem sozialen Gegenspieler keine gleichwertige Verhandlungschance bleibt, kein kollektives Betteln entsteht. Voraussetzung ist, dass beide Seiten annähernd gleich stark in die Verhandlungen gehen.

Ansatzpunkt der Bestimmung der Parität ist daher ein materielles Paritätsverständnis. Eine formelle oder normative Parität sind abzulehnen. Bei der Ansicht, die dem materiellen Paritätsverständnis folgt ist umstritten, anhand welcher Kriterien die Verhandlungsposition der Tarifparteien zu bestimmen ist. Hier sind entgegen der herrschenden Meinung auch Faktoren aus dem Wirtschaftsleben zu berücksichtigen. Dazu gehören insbesondere die Massenarbeitslosigkeit, technologische Entwicklungen, die Kampfbereitschaft von

---

542 Gerade diese Schwierigkeiten bei der Ermittlung des Kräftegleichgewichts führen dazu, dass Einwende gegen das Paritätsprinzip geltend gemacht werden. Teilweise wird das Paritätsprinzip auch vollkommen abgelehnt. Dieser Grundsatz wird als untauglich angesehen, um damit die Zulässigkeit von Arbeitskämpfen oder seiner Mittel zu beurteilen. Nicht verwunderlich ist dann auch, dass jedes denkbare Ergebnis mit der Parität begründet werden kann. So wird zum Einen auf eine Unterlegenheit der Arbeitnehmer, zum Anderen auf eine Unterlegenheit der Arbeitgeber und auch auf ein Gleichgewicht der Tarifparteien geschlossen.

543 Scholz/Konzen S. 180; Wank in FS Kissel 1994, 1241.

Arbeitnehmern und Arbeitgebern, die öffentliche Meinung sowie die Auswirkungen der Globalisierung auf die Unternehmen und die Beschäftigten.

II. Die Erforderlichkeit des Sympathiestreiks für die Gewerkschaften

Von einigen Autoren in der Literatur wird vorgebracht, dass die Gewerkschaften unabdingbar auf Sympathiestreiks angewiesen sind. Anknüpfungspunkt ist hierbei die Arbeitskampfparität. Das Arbeitskampfrecht hat den Arbeitskampfparteien diejenigen Mittel zur Verfügung zu stellen, welche die Parteien benötigen und welche erforderlich sind, um eine gleichgewichtige Auseinandersetzung und Einigung mit dem sozialen Gegenspieler zu schaffen. Anderenfalls kann der erforderliche Druck auf die Arbeitgeberseite zum Abschluss eines Tarifvertrages nicht erreicht und effektive Arbeitskämpfe nicht mehr geführt werden. In diesen Fällen kann dann nicht mehr von einem tarifautonomen Prozess gesprochen werden. Ausgehend von einer konkreten Paritätsbetrachtung kann der Paritätsgedanke nur dann für eine Zulässigkeit des Sympathiestreiks sprechen, wenn feststeht, dass die Gewerkschaften ohne die Möglichkeit des Sympathiestreiks nicht nur in einem Fall, sondern allgemein den Arbeitgebern bzw. Arbeitgeberverbänden unterlegen sind.
Die Gefährdung der gewerkschaftlichen Streikfähigkeit wird auf verschiedene Faktoren zurückgeführt. Die Ursachen für die Notwendigkeit der Unterstützung können hierbei unterschiedlichster Art sein. Kleine Gewerkschaften könnten nicht in der Lage sein, einen Arbeitskampf um einen Tarifvertrag wirksam zu führen, wenn ihnen nicht andere Gewerkschaften zu Hilfe kommen. Aber auch große und starke Tarifpartner könnten der Unterstützung bedürfen, wenn der Arbeitskampf auf Grund veränderter Arbeits- und Produktionsmethoden keine ausreichende Druckwirkung mehr entfalten könnte.
Die Einführung neuer Technologien kann die gewerkschaftliche Streikfähigkeit in erheblicher Weise beeinträchtigen. Dem Betriebsinhaber kann es trotz Streiks möglich sein, den Betrieb und die Produktion weiterzuführen, mag dies auch nur in einer abgeschwächten Form zum normalen Zustand geschehen. Dies kann beispielsweise durch Vorratshaltung oder durch Vor- oder Nachholarbeit geschehen. Dem Arbeitgeber kann es sogar gelingen, den Betrieb mit wenigen Arbeitnehmern aufrecht zu erhalten, mögen dies Arbeitswillige, Leiharbeitnehmer oder Aushilfskräfte sein. Ziel des Arbeitskampfes muss es aber sein, die Stilllegung der Produktion zu erreichen. Wird dieses Ziel nicht erreicht, so kann nicht uneingeschränkt davon ausgegangen werden, dass der herkömmliche Streik als Kampfmittel der Gewerkschaften ausreicht. Es stellt durchaus eine relevante Beeinträchtigung der Arbeitskampfparität dar, wenn die Entwicklung derart fortgeschritten ist, dass das bedeutendste Arbeitskampfmittel der Arbeit-

nehmer, nämlich der Streik, sich als stumpfe Waffe erweist. Man muss sich die Frage stellen, ob der von *Herzog*[544] bereits im Jahre 1962 aufgeworfene Gedanke des *„unbestreikbaren Betriebs"* schon Wirklichkeit geworden ist. Der Arbeitgeber hat gegenüber den Arbeitnehmern auf Grund seiner Stellung von vornherein bereits eine bessere Position. Ihm obliegt es, Preise, Einkommen und Vermögen festzusetzen.[545] Aber auch noch ganz andere Faktoren spielen für die Streikfähigkeit der Gewerkschaften eine Rolle und können sich negativ auf deren Kampfkraft auswirken. Dazu gehören insbesondere die langanhaltende hohe Arbeitslosigkeit und die damit zusammenhängende Angst der Arbeitnehmer um ihren Arbeitsplatz, die Verknüpfung und Verflechtung von Unternehmen, die Einführung von Kurzarbeit, der verbreitete Abschluss von lediglich befristeten Arbeitsverträgen sowie die Vorschrift des § 146 SGB III (= § 116 AFG a.F.). Last but not least spielt auch die Finanzierung eines Arbeitskampfes und die generelle Kampfbereitschaft der Arbeitnehmer eine entscheidende Rolle. Sollte der Arbeitgeber auf einen Streik mit einer Aussperrung reagieren, kann dies die Streikkassen einiger Gewerkschaften bereits in wenigen Tagen leeren, da diese ihren Mitgliedern Streikunterstützung zahlen.
Ob diese Argumente tatsächlich begründen können, dass sich die Parität einseitig zu Lasten der Gewerkschaften verschoben hat, bedarf näherer Prüfung. Von Arbeitgeberseite wird dies bestritten und vor allem auf die erzielten Erfolge der Gewerkschaften in zurückliegenden Arbeitskämpfen verwiesen. Mit der Frage, ob und in welchem Umfang sich die oben genannten Argumente auf die Streikfähigkeit auswirken, beschäftigt sich das folgende Kapitel.

1. Mitgliederschwund bei den Gewerkschaften

Die gewerkschaftliche Macht hängt im Wesentlichen von ihrem Organisationsgrad ab, d.h. von ihrem Anteil der gewerkschaftlich organisierten Arbeitnehmer. Dem Organisationsgrad kommt zentrale Bedeutung zu.[546] Dies gilt sowohl für die Durchsetzungskraft bei Tarifverhandlungen und Arbeitskämpfen – vor allem auch bei Schwerpunktstreiks in „Schlüsselbetrieben" – als auch auf finanzieller Ebene bezüglich der Finanzierung eines Arbeitskampfes.
Um ihre Aufgaben als Tarifpartner sinnvoll erfüllen zu können, müssen die Gewerkschaften eine gewisse Durchsetzungskraft gegenüber dem sozialen Gegenspieler haben. Das Bundesarbeitsgericht beschreibt diesen Zustand als *„soziale Mächtigkeit"*.[547] Ob eine hinreichende Mächtigkeit vorliegt, prüft das

---

[544] Herzog Der ArbG 1962, 616.
[545] Wolter AuR 1988, 359.
[546] Heenen S. 85.
[547] BAG 16.11.1982 SAE 1984, 133; BAG 10.09.1985 NZA 1986, 332; BAG 06.06.2000 NZA 2001, 160; BAG 14.12.2004 NZA 2005, 697; Das Bundesarbeitsgericht hat für die

Bundesarbeitsgericht anhand mehrerer Kriterien. Erforderlich sei eine Gesamtschau aller Umstände, wie Mitgliederzahl, die Funktion der Arbeitnehmervereinigung im Arbeits- und Wirtschaftsleben, ihre finanzielle und personelle Ausstattung, bisherige Tarifabschlüsse etc..[548] Im Gegensatz zum abstrakt-materiellen Paritätsverständnis im Arbeitskampfrecht wird die soziale Mächtigkeit also anhand der konkreten Fähigkeit der betreffenden Arbeitnehmervereinigung zur Druckausübung bestimmt.
Die Gewerkschaften müssen zumindest so viel Druck ausüben, dass die Arbeitgeberseite sich veranlasst sieht, Tarifverhandlungen zu führen. Es dürfte wohl kaum jemand ernstlich bestreiten, dass es einer Gewerkschaft mit wenigen Mitgliedern schwer fallen wird, zahlreiche Arbeitnehmer zu einem Streik zu bewegen. Den Gewerkschaften obliegt folglich die (schwere) Aufgabe, möglichst viele Arbeitnehmer zu veranlassen, der Gewerkschaft beizutreten, wenn sie Stabilität erlangen wollen. Betrachtet man den Organisationsgrad der Arbeitnehmer in den letzten Jahren, so lag dieser im Schnitt bei 30 % bis 40 %.[549] Im Jahre 2002 waren rund 33,8 % aller Arbeitnehmer Mitglied einer Gewerkschaft.[550] Demgegenüber liegt der Organisationsgrad auf der Arbeitgeberseite deutlich höher. Genaue Zahlen liegen nicht vor, so dass die Prozentangaben lediglich auf Schätzungen beruhen. *Hromadka* und *Maschmann*[551] gehen davon aus, dass schätzungsweise 75 % der Arbeitgeber im Arbeitgeberverband organisiert sind. *Heenen*[552] und *Thüsing*[553] geben mit 80 % bis 90 % den Wert etwas höher an.[554] Aber auch hier sind Rückgänge zu verzeichnen. Vor allem in Ostdeutschland ist der Arbeitgeber-Organisationsgrad wesentlich niedriger als in Westdeutschland.[555]

Tariffähigkeit des einzelnen Arbeitgebers bisher keine vergleichbare soziale Mächtigkeit verlangt.

548 Schaub/Franzen in Erf-Komm § 2 TVG Rn. 12.

549 Vgl. Bertelsmann S.170 und S. 277; Kalb in Ka-Hb 8.2. Rn. 55; Gamillscheg S. 468; Kissel § 4 Rn. 20; Otto in Mü-Hb § 282 Rn. 33 Fn. 74; Treber S. 434 Fn. 265; Löwisch 170.2 Rn. 86.

550 Hromadka/Maschmann § 12 Rn. 2.

551 Hromadka/Maschmann § 12 Rn. 2.

552 Heenen S. 111 Fn. 395.

553 Thüsing S. 21.

554 Im Vergleich mit anderen europäischen Ländern liegt Deutschland damit im unteren Bereich. Die folgenden Zahlen geben den Anteil von Gewerkschaftsmitgliedern aus unselbständiger Arbeit einiger europäischer Länder an. Es handelt sich hierbei um circa Angaben: Belgien 60 %; Dänemark 80 %; Finnland 80 %; Frankreich 9 %; Griechenland 24 %; Großbritannien 35 %; Irland 48 %; Italien 40 %; Luxemburg 45 %; Niederlande 29 %; Österreich 41 %; Portugal 26 %; Schweden 88 %; Spanien 15 %. Quelle: Skriptenreiche Internationale Gewerkschaftsbewegung „Gewerkschaftliche Interessenvertretung in den Ländern der EU" Stand Mai 2002; www.voegb.at/bildungsangebot/skripten/ig/IG-06.pdf.

555 Ausgeführt für den Arbeitgeberverband Gesamtmetall Schnabel S. 11.

Der Organisationsgrad der Parteien im Arbeitsleben weist Unterschiede auf. Erschwerend kommt für die Gewerkschaften hinzu, dass diese in den letzten Jahren einen erheblichen Mitgliederschwund zu verzeichnen haben.[556] Im Zeitraum von 1985 bis 1995 haben die deutschen Gewerkschaften 17 % ihrer Mitglieder verloren.[557] Die IG Metall hatte z.B. im Zeitraum von 1991 bis 1997 einen Mitgliederverlust von 24 % zu beklagen.[558] Ein Ende ist bis heute nicht in Sicht. Die Mitgliederentwicklung vom Jahr 2000 bis zum 1. Halbjahr des Jahres 2004 bei der Gewerkschaft Ver.di sah wie folgt aus: 2000 = 2,89 Millionen Mitglieder, 2001 = 2,81; 2002 = 2,74; 2003 = 2,61; 2004 = 2,53.[559] Dies beinhaltet einen Mitgliederverlust von 360.000 Mitgliedern in oben genanntem Zeitraum. Der IG BAU kamen allein in den vergangenen 7 Jahren mehr als 230.000 Mitglieder abhanden.[560] Auch bei den anderen im DGB organisierten Gewerkschaften hat sich ein Mitgliederrückgang herauskristallisiert.[561] Die DGB Gewerkschaften weisen trotz der rückläufigen Zahlen zu Beginn des Jahres 2005 noch insgesamt eine Mitgliederanzahl von etwas knapp über 7 Millionen auf.[562] Diese Zahl lag jedoch 1999 noch bei etwas über 8 Millionen und Anfang der neunziger Jahre noch bei 11,8 Millionen.[563]

---

[556] Der Mitgliederschwund zeichnet sich nicht nur bei den Gewerkschaften ab. Auch die Arbeitgeberverbände haben in den letzten 10 bis 15 Jahren Verluste hinnehmen müssen. Der Verband Gesamtmetall – Dachverband der metallindustriellen Arbeitgeber – z.B. hat in den letzten 10 Jahren ca. 1/3 seiner Mitgliedsbetriebe verloren. Vgl. dazu Zimmer S. 94 ff.. Die Tarifflucht dürfte durch die von zahlreichen Verbänden angebotene Möglichkeit der sogenannten OT-Mitgliedschaften begünstigt worden sein. OT ist die Abkürzung für Ohne Tarifbindung. Ein Arbeitgeber kann zwar Mitglied in einem Arbeitgeberverband sein, ist aber nicht an die von diesem geschlossenen Tarifverträge gebunden. Die Serviceleistungen des Verbandes, wie Rechtsberatung und Rechtsbeistand, Information und Erfahrungsaustausch und die Vertretung der gemeinsamen Interessen, bleiben erhalten; es entfällt lediglich die Tarifbindung. Trotz der vermehrten „Flucht" aus dem Arbeitgeberverband sind die Arbeitgeber in Deutschland immer noch deutlich stärker organisiert als die ihnen gegenüberstehenden Arbeitnehmer. Vgl. Schnabel S. 14.

[557] Kissel § 4 Rn. 21.

[558] Otto in Mü-Hb § 248 Rn. 13.

[559] Zu den Angaben vgl. Frankfurter Rundschau 23.09.2004 S. 5; „Der Spiegel" Heft Nr. 30/2004 S. 71.

[560] „Der Spiegel" Heft Nr. 36/2004 S. 76.

[561] Anschaulich verdeutlicht eine Tabelle der Zeitschrift „Der Spiegel" Heft Nr. 7/2005 S. 92 die Entwicklung der Mitgliederzahlen im Jahr 2003/2004. Danach haben die DGB Gewerkschaften vom Jahr 2003 zum Jahr 2004 einen Mitgliederverlust von 4,8 Prozent zu beklagen. Dies macht einen Verlust von ca. 350.000 Mitgliedern allein in einem Jahr aus. Die Prozentzahlen schwanken dabei zwischen den einzelnen Mitgliedsgewerkschaften zwischen minus 1,7 % bei der Gewerkschaft der Polizei bis zu minus 7,8 % bei der Gewerkschaft IG Bauen-Agrar-Umwelt.

[562] „Der Spiegel" Heft Nr. 7/2005 S. 92.

[563] Ruhland S. 128; Zimmer S. 104.

Durch den Verlust der Mitglieder verschlechtert sich zugleich die finanzielle Lage der Gewerkschaften. Für das Jahr 2004 kalkuliert die Organisation Ver.di mit einem Defizit zwischen 30 und 40 Millionen Euro.[564] Nach Angaben des Vorstandes der Gewerkschaft Ver.di werde sich bis zum Jahre 2009 ein Defizit in Höhe von 170 Millionen Euro ergeben.[565] Allen im DGB organisierten Gewerkschaften gingen allein im Jahr 2004 ca. 5 % an Mitgliedern verloren. Dadurch verbunden waren Einnahmeverluste in einer Höhe von schätzungsweise rund 85 Millionen Euro.[566]
Die Rückläufigkeit der Mitgliederzahlen hängt von unterschiedlichen Faktoren ab. Dies sind einerseits wirtschaftliche externe Aspekte wie die lang anhaltende Beschäftigungskrise, andererseits auch Faktoren, die vom Inneren der Gewerkschaft ausgehen. Gewerkschaftsmitglieder müssen Beiträge von in der Regel 1 % des Bruttomonatslohns zahlen.[567] Massenhaften Arbeitnehmern dürfte dies zu viel sein. Die Gewerkschaften müssen weiterhin das Interesse der Arbeitnehmer an ihrer Organisation wecken. Sie brauchen Erfolge, wenn sie attraktiv sein wollen. Ohne vorzeigbare Erfolge fällt es jeder Organisation schwer, neue Mitglieder zu werben bzw. alte Mitglieder zu halten. Der Abschluss von Tarifverträgen ist meist nicht ausreichend. Viele Unternehmen zahlen die tariflich vereinbarten Löhne auch an Nicht-Gewerkschafts-Mitglieder gerade auch mit dem Ziel, einen Zulauf zu den Gewerkschaften zu verhindern. *Ruhland*[568] führt als weiteres Argument an, dass sich die Arbeitnehmer nicht mehr mit den Gewerkschaftszielen identifizieren können. Dass die Interessen der Gewerkschaften nicht immer mit denjenigen der Arbeitnehmer übereinstimmen und dass die Gewerkschaften zuweilen entgegen dem Willen der Arbeitnehmer handeln, versucht er unter anderem am Beispiel des Beschlusses des Bundesarbeitsgerichts vom 20.04.1999[569] zu verdeutlichen. In dem dieser Entscheidung zu Grunde liegenden Sachverhalt hat der Arbeitgeber, um Kosten zu sparen, mit den Arbeitnehmern individualvertragliche Vereinbarungen getroffen, nach denen diese auf normativ geltende Tarifbestimmungen verzichten und im

---

[564] Frankfurter Rundschau 23.09.2004 S. 5.
[565] „Der Spiegel" Heft Nr. 30/2004 S. 71.
[566] „Der Spiegel" Heft Nr. 8/2005 S. 90; Frankfurter Rundschau 28.04.2005 S. 4.
[567] § 5 Abs. 2 der Satzung der IG Metall bestimmt: *„Die Beiträge betragen ein Prozent des monatlichen Bruttoverdienstes."*; § 14 Abs. 1 der Satzung von Verdi lautet: *„Mitglieder im Beschäftigungsverhältnis zahlen jeweils ein Prozent ihres regelmäßigen monatlichen Bruttoverdienstes bzw. ihrer regelmäßigen monatlichen Ausbildungsvergütung als Mitgliedsbeitrag pro Monat."*; § 13 Abs. 2 der Satzung der Gewerkschaft NGG lautet: *„Der Mindestbeitrag beträgt: a) für Vollzeitbeschäftigte, Teilzeitbeschäftigte und in Ausbildung stehende Mitglieder ein Prozent des Tarifbruttoeinkommens bzw. der Ausbildungsvergütung."* Geringere Beiträge werden in den Satzungen erhoben z.B. für Rentner, Arbeitslose, Studenten, Sozialhilfeempfänger, Vorruheständler.
[568] Ruhland S. 130.
[569] „Burda Entscheidung" BAG 20.04.1999 NJW 1999, 3281.

Gegenzug dafür eine Beschäftigungsgarantie bis zum 31.12.2000 bekommen. 98,5 % der Arbeitnehmer unterzeichneten diese Vereinbarung. Die zuständige Gewerkschaft ging gegen diese Vereinbarungen gerichtlich vor und erzielte einen Erfolg. Das Bundesarbeitsgericht hat in diesem Fall den Gewerkschaften einen aus Art. 9 Abs. 3 GG abgeleiteten Unterlassungsanspruch gegen den Arbeitgeber zuerkannt, die mit ihren Arbeitnehmern eine vertragliche Einheitsregelung mit dem Ziel abgeschlossen haben, normativ geltende Tarifbestimmungen zu Ungunsten der Arbeitnehmer zu verdrängen. Die betroffene Gewerkschaft soll verlangen können, dass der Arbeitgeber die Durchführung einer solchen vertraglichen Einheitsregelung unterlässt. Auf den ersten Blick ist die Kritik von *Ruhland* nicht völlig unberechtigt, wenn dieser ausführt, dass die Gewerkschaften hier entgegen den Interessen der Arbeitnehmer handeln. Letztlich haben fast alle Arbeitnehmer die Vereinbarung anerkannt. In der rechtswissenschaftlichen Literatur hat der Beschluss des Bundesarbeitsgerichts zahlreiche Aufsätze und Kommentierungen hervorgebracht, die sowohl zustimmender als auch ablehnender Ansicht sind.[570] Die entscheidende Frage ist, ob die Arbeitsplatzsicherheit im Hinblick auf die zwingende Geltung von Tarifverträgen in die Günstigkeitsbewertung miteinbezogen werden darf. Ohne hierauf näher einzugehen, soll Folgendes kurz angemerkt werden: Würde man die Arbeitsplatzsicherheit in die Günstigkeitsbewertung miteinbeziehen, so wäre auf diese Weise letztlich der gesamte Inhalt des Tarifvertrages zur Disposition der Tarifvertragsparteien gestellt. Der Tarifvertrag wird dispositiv, und er verliert von vornherein seine zwingende Wirkung. Die Durchsetzungskraft der Gewerkschaften wäre durch die Unterschreitung der Mindestbedingungen gefährdet, wodurch die Schutzfunktion des Tarifvertrages für die Gesamtheit der tarifgebundenen Arbeitnehmer bedroht wäre. Die Gewerkschaften würden ihre Schlagkraft verlieren, wenn der Arbeitgeber mit der Behauptung, sein Unternehmen befinde sich in einer wirtschaftlichen Notlage, die Arbeitsbedingungen gemeinsam mit den auf den Arbeitsplatz angewiesenen und deshalb wehrlosen Arbeitnehmern verschlechtern könnte.[571] Die Arbeitnehmer stünden dann dem Arbeitgeber genauso machtlos gegenüber wie vor der Schaffung des Tarifvertragssystems. Die Tarifbestimmungen als Mindestarbeitsbedingungen würden damit gänzlich ihre Funktion verlieren. Darüber hinaus würde die in § 4 Abs. 3 TVG erwähnte Möglichkeit der Öffnungsklauseln in Tarifverträgen

570 Vgl. Löwisch BB 1999, 2080; Buchner NZA 1999, 897; Lesch DB 2000, 322; Bauer NZA 1999, 957; Kast/Stuhlmann BB 2000, 614; Freihube DB 2000, 1022; Trappehl/Lambrich NJW 1999, 3217; vgl. weiterhin Adomeit NJW 1984, 26; Buchner DB 1996 Beilage 12; ders. NZA 1996, 1304; Lieb NZA 1994, 289; Kort NJW 1997, 1476, Höfling/Burkiczak NJW 2005, 469.

571 Hier stellt sich wiederum die schwer zu beantwortende Frage, wie schlecht es einem Betrieb gehen muss, um derartige Vereinbarungen abzuschließen. Damit einher geht eine Missbrauchsgefahr, denn verbunden ist damit eine Erpressung der Arbeitnehmerschaft.

keinen eigenen Anwendungsbereich mehr haben. Die Gewerkschaft hatte folglich gute Gründe, eine Unterlassungsklage gegen den Arbeitgeber zu erheben. Ein Handeln gegen die Interessen der Arbeitnehmer kann, wie es *Ruhland* in Bezug auf diesen Fall tut, folglich nicht ohne weiteres behauptet werden.[572] Es kommt hinzu, dass derartige betriebliche Bündnisse für Arbeit – die heutzutage keine Ausnahmeerscheinung mehr sind[573] – in zahlreichen Betrieben

---

[572] Die Argumente der Gegenansicht sollen hier nicht übergangen werden. Hiernach wird eine Unterschreitung der tariflichen Arbeitsbedingungen als günstiger erachtet, sofern sie durch eine gesteigerte Bestandssicherheit des Arbeitsverhältnisses kompensiert wird. Es nützt dem Arbeitnehmer wenig, wenn stur auf den geltenden Tarifvertrag gepocht wird, der Arbeitgeber deshalb aber gezwungen wird, seinen Betrieb zu schließen oder ins Ausland zu verlagern. Ein schlecht bezahlter Arbeitsplatz sei besser als kein Arbeitsplatz. Vertragstreue sei zwar ein wichtiges Gut, nicht aber um jeden Preis.
In diesem Sinne argumentierten auch zwei im Bundestag eingebrachte Gesetzesvorschläge: Die FDP brachte 2002 einen Entwurf eines „Gesetzes zur Sicherung betrieblicher Bündnisse für Arbeit" ein (BT-Drucks. 14/6548). Die Regelung des § 4 Abs. 3 TVG sollte wie folgt ergänzt werden: *„Eine Regelung zu Gunsten des Arbeitnehmers kann auch dann vorliegen, wenn dieser gegen Aufgabe oder Einschränkung einzelner tarifvertraglicher festgelegter Positionen die Aufnahme in ein Arbeitsverhältnis oder den Verzicht des Arbeitgebers auf betriebsbedingte Kündigungen erlangt. Von der Günstigkeit einer solchen Regelung ist dann auszugehen, wenn a) der Arbeitnehmer jederzeit unter Wahrung einer seiner gesetzlichen Kündigungsfristen entsprechenden Ankündigungsfrist die Tarifbindung in Anspruch nehmen kann, oder b) ihr der Betriebsrat oder 75 v.H. der mit einem entsprechenden Angebot des Arbeitgebers bedachten Arbeitnehmers des Betriebs zustimmen."*
Die CDU/CSU forderte mit einem Gesetzesentwurf aus dem Jahre 2003 betriebliche Bündnisse für Arbeit unter erleichterten Bedingungen zuzulassen (BT-Drucks. 15/1182). § 4 Abs. 3 TVG sollte wie folgt neu gefasst werden: *„Abweichende Abmachungen sind nur zulässig, soweit sie durch Tarifvertrag gestattet sind oder eine Regelung zu Gunsten des Arbeitnehmers enthalten. Bei dem Günstigkeitsvergleich sind die Beschäftigungsaussichten zu berücksichtigen. Eine abweichende Vereinbarung gilt als günstiger für den Arbeitnehmer, wenn der Betriebsrat und die Belegschaft mir 2/3 Mehrheit einer solchen Abweichung zustimmen und diese Abweichung nicht über die Laufzeit des Tarifvertrages hinaus reicht, von dem abgewichen werden soll."* Beide Gesetzesentwürfe wurden von der Bundestagsmehrheit abgelehnt.

[573] Betriebliche Bündnisse für Arbeit sind heutzutage in Unternehmen stark verbreitetet. Vgl. zu genauen Zahlen Massa-Wirth/Seifert WSI-Mitteilungen 5/2004 S. 246 ff.. Die prominentesten Fällen sind wohl der bereits erwähnte Fall „Burda" aus dem Jahre 1999 und der Fall „Viessmann" aus dem Jahre 1996 (ArbG Marburg 07.08.1996). Das Heizungsbauunternehmen Viessmann drohte wegen der hohen Arbeitskosten mit einer Verlagerung der Produktion nach Tschechien. Um dies zu verhindern, einigten sich Arbeitgeber und Betriebsrat dahingehend, dass die Belegschaft für die Dauer von 3 Jahren 3 Überstunden pro Woche unentgeltlich ableistet. 96,4 % der Arbeitnehmer stimmten dem zu. Im Gegenzug wurde der deutsche Standort „gerettet" und der Arbeitgeber verzichtete auf betriebsbedingte Kündigungen. Die IG Metall verlangte im Klagewege die Abberufung derjenigen Betriebsratsmitglieder, die der Vereinbarung zugestimmt hatten. Das Arbeitsgericht Marburg sah zwar in einer derartigen Vereinbarung eine gravierende Verletzung der grundgesetzlich garantierten Tarifhoheit und Tarifautonomie, lehnte den Antrag der IG Metall aber mangels Verschuldens ab.

geschlossen werden, in denen überhaupt keine schlechte wirtschaftliche Lage vorliegt.[574]

Auf Grund der dargestellten schlechten Gegebenheiten der Gewerkschaften ist es durchaus nicht vollkommen abwegig davon zu sprechen, dass die Fähigkeit, einen effektiven Arbeitskampf zu führen, beeinträchtigt ist. Dies mag vor allem in Branchen gegeben sein, in denen die Gewerkschaften nur wenige Mitglieder akquirieren konnten, wie z.B. im Dienstleistungssektor, bei Angestellten und bei Arbeitnehmern mit atypischen Beschäftigungsverhältnissen.[575] Ob die rückläufigen Mitgliederzahlen jedoch tatsächlich zu einer schlechteren Arbeitskampffähigkeit der Gewerkschaften führen, bedarf aber keiner näheren Untersuchung. Dieser Aspekt ist nämlich nicht geeignet, um in die Paritätsbewertung miteinbezogen zu werden. Jede Gewerkschaft ist für ihre soziale Mächtigkeit selbst verantwortlich. Nach dem geltenden Tarif- und Arbeitskampfrecht muss sie selbst dafür Sorge tragen, Mitglieder zu werben und zu mobilisieren.[576] Ist sie dazu nicht in der Lage, muss sie die Ursachen dafür bei sich selbst suchen und gegebenenfalls ihre „Politik" ändern. Dies kann z.B. durch Zusammenschlüsse mit anderen Koalitionen oder in der Suche nach neuen Betätigungsfeldern geschehen.[577]

Aus neuerer Zeit sollen kurz die Vereinbarungen bei Daimler Chrysler und VW angesprochen werden. Bei Daimler Chrysler haben sich Vorstand und Betriebsrat im Juli 2004 auf ein Sparpaket geeinigt, dass Kostensenkungen von € 500 Millionen vorsieht. Die wesentlichen Maßnahmen sind: Lohnerhöhungen für das Jahr 2006 entfallen; Beschäftigte in Dienstleistungsbereichen (Kantine, Druckerei, Putzkolonne) sollen nach niedrigeren Branchentarifen bezahlt werden, aber mehr arbeiten; die Arbeitszeit soll auf 39 Stunden ausgeweitet werden; im Bereich Forschung und Entwicklung gibt es jetzt die Möglichkeit der 40 Stunden Woche mit Lohnausgleich auf freiwilliger Basis. Dafür gibt es eine Arbeitsplatzgarantie bis 2012.
Damit bei VW der kleine Geländewagen „Marrakesch" in Wolfsburg und nicht in Portugal gebaut, wird, nimmt die Belegschaft Abstriche in Kauf: Arbeitszeitverlängerungen; Rund 20 % weniger Lohn als nach VW Haustarifvertrag; die Lohnzahlung knüpft nicht an die Arbeitszeit an, sondern an die Erfüllung des Produktionsziels; bei Nichterreichung von Stückzahl und Qualität in der Normalarbeitszeit besteht eine Pflicht zur Nachholung.

[574] Eine Befragung der Unternehmen, welche betriebliche Bündnisse für Arbeit in ihrem Betrieb verwirklicht haben, hat ergeben, dass lediglich 12 % der Betriebe ihre wirtschaftliche Situation als „schlecht" bewerten. Der weit aus überwiegende Teil sieht die Auftragslage als „sehr gut", „gut" oder „zufriedenstellend" an. Vgl. dazu Brecht S. 24.

[575] Schnabel S. 10

[576] Rüthers/Berghaus Anm. zu BAG 12.01.1988 AP Nr. 90 zu Art. 9 GG Arbeitskampf; Wolter in Däubler Rn. 280 p; ders. AuR 1988, 358; Gegenwart S. 124; Richter S. 239; ebenso der Professorenentwurf, der in der Begründung zu § 5 Abs. 3 ausdrücklich aufführt, dass unter § 5 Abs. 3 nicht die Fälle zu verstehen sind, in denen eine Gewerkschaft oder ein Arbeitgeberverband keinen hinreichenden Organisationsgrad erreicht hat, um einen effektiven Arbeitskampf durchzuführen.

[577] Löwisch/Rieble in Mü-Hb § 246 Rn. 16.

Es kann nicht Sache des Arbeitskampfrechts sein, „*fehlende Organisationskraft*" und „*mangelnde Verbandsattraktivität*" auszugleichen.[578] Eine niedrige Mitgliederzahl gehört nicht zu den strukturellen Schwächen, die eine stattliche Schutzpflicht zu Gunsten einer Koalition auslösen würden. Auch das Bundesarbeitsgericht hat ausgesprochen, dass eine tariffähige Koalition, die an der Tarifautonomie teilhaben will, selbst dafür sorgen muss, die dafür erforderliche Mächtigkeit zu erlangen und zu bewahren.[579] Mit der Garantie des Streikrechts ist keine Erfolgsgarantie verbunden.[580] Dafür sind die Koalitionen selbst verantwortlich. Der geringe Anteil der Gewerkschaftsmitglieder ist daher im Rahmen einer Paritätsbewertung nicht als Paritätsverschiebung zu Lasten der Gewerkschaft zu werten.

2. Arbeitsmarktlage/Arbeitslosigkeit

Die seit langem bestehende schlechte Arbeitsmarklage und die hohe Arbeitslosigkeit sind ebenfalls Aspekte, die für eine Ineffizienz des Streiks als alleiniges Arbeitskampfmittel der Arbeitnehmerseite sprechen. Die lang anhaltende Massenarbeitslosigkeit ist das zentrale Problem der Wirtschafts- und Sozialpolitik. Die Arbeitslosigkeit in der Bundesrepublik Deutschland befindet sich seit nunmehr mehr als zwei Jahrzehnten auf einem sehr hohen Niveau und liegt gegenwärtig bei ca. 4,53 Millionen,[581] ohne dass gravierende Veränderungen in Sicht sind. Die Arbeitslosenquote beträgt ca. 10,9 %.[582] Eine Verringerung der Arbeitslosigkeit in den letzen Jahren hat nicht stattgefunden. Ganz im Gegenteil: Die Zahlen der Erwerbslosen sind in den letzten 20 Jahren kontinuierlich gestie-

---

[578] Rüthers/Berghaus Anm. zu BAG 12.01.1988 AP Nr. 90 zu Art. 9 GG Arbeitskampf.

[579] BAG 05.03.1988 AP Nr. 90 zu Art. 9 GG Arbeitskampf; bestätigt durch BVerfG 04.04.1995 E 92, 365 (396).

[580] BAG 13.07.1993 AP Nr. 127 zu Art. 9 GG Arbeitskampf.

[581] Stand Dezember 2005.

[582] Vgl. www.destatis.de. Die Arbeitslosenquote gibt den Anteil der registrierten Arbeitslosen an der Gesamtheit der abhängigen Erwerbstätigen in Prozent an. Die Aussagekraft der Arbeitslosenquote als Maßgröße für „wirkliche" Arbeitslosigkeit ist umstritten. Sie erfasst nur die als arbeitslos registrierten Personen, nicht aber alle Aspekte einer verdeckten Arbeitslosigkeit wie:

- Personen ohne Anspruch auf Arbeitslosengeld, die sich wegen mangelnder Vermittlungschancen nicht arbeitslos melden
- Teilnehmer an staatlichen Arbeitsbeschaffungsmaßnahmen
- Fortbildungs- und Umschulungsmaßnahmen
- Kurzarbeit
- Frühpensionierung
- Verlängerte Ausbildungszeit von Jugendlichen
- Ausübung von Tätigkeiten, die der Qualifikation nicht entsprechen (Lehrer als Hilfsarbeiter).

gen.[583] So hart es auch klingen mag, aber man hat sich schon fast an die Massenarbeitslosigkeit gewöhnt. Die hohe Arbeitslosigkeit beruht auf zahlreichen Gründen, von denen im Folgenden einige hervorgehoben werden sollen:

a) Geringes Wirtschaftswachstum

Eine große Rolle spielt das geringe Wirtschaftswachstum in der Bundesrepublik Deutschland. Das Wirtschaftswachstum wirkt sich auf zahlreichen Ebenen aus. Ohne Wachstum lassen sich Probleme nicht lösen. In den 50er Jahren konnte die deutsche Wirtschaft noch ein Wachstum von durchschnittlich 8 % verzeichnen. Diese Wachstumsrate ist bis heute radikal gesunken. Der Zeitraum von 1970 bis 1980 brachte nur noch Zuwachsraten von 2,6 %. Im Jahre 2002 betrug das Wirtschaftswachstum lediglich 0,2 % und 2003 wies es sogar ein minus von 0,1 % auf. Für das Jahr 2004 belief sich das Wachstum auf 1,7 %.[584] Für das Jahr 2005 wurde ursprünglich mit einer Wachstumsrate von 1 % bis 2 % gerechnet.[585] Diese Prognose wurde allerdings Anfang 2005 nach unten korrigiert. Mittlerweile gehen der Internationale Währungsfond und die EU-Kommission lediglich von einem Wachstum von 0,8 % aus.[586] Für das Jahr 2006 prognostizieren Institute und Regierung ein Wirtschaftswachstum von 1,2 %.
Ein geringes Wachstum ruft erhebliche Schwierigkeiten hervor und erschwert die Lösung bestehender Probleme. Es dürfte auf der Hand liegen, dass nur in einer dynamischen Wirtschaft der Anreiz für neue Investitionen besteht. Nur in

---

[583] Die Arbeitslosigkeit hat im Jahre 2005 einen traurigen Rekord erlangt. Im Folgenden sollen die Zahlen der letzten 35 Jahre aufgezeigt werden:
1970 = 148.846; 1975 = 1.074.217; 1980 = 888.900; 1985 = 2.304.014; 1990 = 1.883.147; 1994 = 3.698.057; 1997 = 4.384.456; 2001 = 3.853.564; 2004 = 4.381.000; Jan. 2005 = 5,037 Millionen; Feb. 2005 = 5,216 Millionen; Dez. 2005 = 4,53 Millionen; bis 1990 wurde nur das Bundesgebiet West berechnet. Es handelt sich um Jahresdurchschnittswerte. Der ungewöhnlich hohe Zuwachs zu Beginn des Jahres 2005 ist unter anderem damit zu erklärten, dass die Erfassung der Arbeitslosen durch die Arbeitsmarktreform Hartz IV umfassender und transparenter geworden ist. Durch die Zusammenlegung von Sozialhilfe und Arbeitslosenhilfe sind ca. 230.000 Menschen neu in die Statistik aufgenommen worden. Ehemalige Sozialhilfeempfänger tauchen als Bezieher des Arbeitslosengeldes II in der BA-Statistik auf. Das Ausmaß an der Arbeitslosigkeit ändert sich dadurch nicht, es wird lediglich präziser angegeben. Die Zahlen beruhen auf Angaben der Frankfurter Rundschau vom 02.02.2005 S. 2 und vom 01.03.2005 S. 1.

[584] Frankfurter Rundschau 14.01.2005 S. 1 und S. 9. Im Vergleich zu anderen Ländern weist Deutschland ein schwaches Wachstum auf.

[585] Frankfurter Rundschau 10.12.2004 S. 15.

[586] Dies wäre der geringste Anstieg aller 25 EU-Länder; „Der Spiegel" Heft Nr. 15/2005 S. 24 f.; Frankfurter Rundschau 13.04.2005 S. 9; Frankfurter Rundschau 18.04.2005 S. 4; das Frühjahrsgutachten der sechs führenden Wirtschaftsinstitute geht von einem Wachstum von 0,7 % aus, die Bundesregegierung von 1 %. Frankfurter Rundschau 27.04.2005 S. 1; Frankfurter Rundschau 29.04.2005 S. 9.

einer wachsenden Wirtschaft kann der Staat auch mit wachsenden Einnahmen rechnen. Je weniger die Steuerquellen sprudeln, umso schwieriger wird es für die öffentliche Hand, neue Aufgaben zu übernehmen bzw. die Bestehenden zu lösen. Ein allzu geringes Wachstum hat auch gravierende Auswirkungen auf die Arbeitslosigkeit. Es lässt nicht genügend neue Arbeitsplätze entstehen, um die Arbeitslosigkeit schnell abzubauen. Bei einem länger andauernden Nullwachstum müssten wir uns in der Bundesrepublik mit einer noch höheren Massenarbeitslosigkeit abfinden, die zudem noch ständig zunehmen würde. Geringes Wachstum bedeutet auch, dass der Spielraum für Lohnerhöhungen und soziale Verbesserungen für die Arbeitnehmer eingeengt wird. Je weniger Einkommen in einer Volkswirtschaft im Laufe eines Jahres hinzuwächst, um so weniger kann verteilt werden. Schließlich geht ohne ausreichendes Wirtschaftswachstum auch schnell die internationale Konkurrenzfähigkeit eines Landes verloren. Im weltweiten Wettbewerb kommt es darauf an, den Anschluss an den technisch-wirtschaftlichen Fortschritt nicht zu verlieren.
Dabei ist es nicht so, dass die deutschen Großkonzerne nicht gut verdienen würden. Ganz im Gegenteil, sie erzielen prächtige Gewinne.[587] Insbesondere die Dax-Unternehmen wiesen im Jahr 2004 einen enormen Gesamtgewinn auf. Auch im Jahr 2005 konnten die großen Unternehmen wieder massenweise Erfolgsmeldungen verbreiten. Die Firmen berichten von „starken Quartalen", „positiven Trends" und „Rekordergebnissen".[588] Dieses Geld wird jedoch im Ausland verdient und auch wieder im Ausland investiert.[589] Arbeitsplätze im Inland dagegen werden abgebaut.[590]

b) Einführung neuer Technologien

Ein weiterer Aspekt für die hohe Arbeitslosigkeit liegt mitunter in der Einführung neuer Technologien.[591] Darunter sind technische Neuerungen zu verstehen, die es ermöglichen, schneller und produktiver zu arbeiten. Als Beispiel sei hier nur die Entwicklung des Computers genannt. Computer sind das herrschende Mittel moderner Technik geworden. Ohne Computer lassen sich die großen

---

587 Frankfurter Rundschau 03.03.2005 S. 9; Frankfurter Rundschau 10.03.2005 S. 12; „Der Spiegel" Heft Nr. 10/2005 S. 23; „Der Spiegel" Heft Nr. 15/2005 S. 25.

588 FAZ 11.11.2005 S. 9.

589 „Der Spiegel" Heft Nr. 10/2005 S. 23; „Der Spiegel" Heft Nr. 15/2005 S. 26; „Der Spiegel" Heft Nr. 17/2005 S. 87 f.; FAZ 11.11.2005 S. 9. Selbst die „Deutsche" Post macht mittlerweile jeden zweiten Euro im Ausland.

590 Dies wird deutlich dargestellt in der Überschrift der Frankfurter Rundschau vom 03.03.2005 S. 9 zum Artikel über die Gewinne der DAX Unternehmen: „*Konzerne scheffeln Profit und streichen Jobs.*" Vgl. auch FAZ 11.11.2005 S. 9. Nachdem z.B. die Großbanken zahlreiche Arbeitsplätze gestrichen haben, waren sie in der Lage, schnell wachsende Gewinne zu erzielen.

591 Hindrichs/Mäulen/Scharf S. 7.

Produktionsapparate nicht mehr kontrollieren und lenken. In jedem Arbeitsbereich sind Computer einsatzfähig und bereits vorhanden. Sie erhöhen die Produktivität und verändern die traditionelle Arbeitsweise. Computer planen ganze Produktionsabläufe, erleichtern das Arbeiten zahlreicher Beschäftigter und lassen sich nahezu von jedem bedienen. Dies geht mit einer entsprechenden Reduzierung von Kapital- und Arbeitskosten einher.
Neue Technologien ermöglichen die Herstellung neuer und die Verbesserung vorhandener Produkte. Die Einführung neuer Technologien führt dazu, dass menschliche Arbeitskraft durch Maschinen ersetzt wird. Mit Hilfe neuer Technologien ist die Wirtschaft in der Lage, immer arbeitssparender und noch produktiver zu arbeiten. Dieser Trend ist nicht neu und hat sich in der Geschichte schon mehrfach gezeigt. Warengüter und Dienste werden vermehrt ohne bzw. mit geringem menschlichen Arbeitseinsatz hergestellt und vorgenommen. Dafür stehen mittlerweile zahlreiche Maschinen und Roboter zur Verfügung, welche die menschliche Arbeitskraft ersetzen und zudem schneller und billiger produzieren als der Mensch. Immer größere Bereiche können von immer weniger Personal ausgefüllt werden, was dazu führt, dass der Bedarf an Arbeitskräften zurück geht. Der Mensch hat sich damit seine eigene Konkurrenz geschaffen.[592] Diese Entwicklung ist nicht nur auf die Produktion und Herstellung von Waren beschränkt. Kaum ein Wirtschaftsbereich dürfte von der technischen Entwicklung ausgenommen sein. Auch in der Verwaltung, der Büroarbeit und im Dienstleistungssektor hat sie ihren Niederschlag gefunden. So wie der Computer in der Fabrik Lagerbestände kontrolliert, so kann er in der Verwaltung Kontostände, Wohnorte und andere Daten registrieren und Arbeitsplätze kostensparend ersetzen. Die Aufgabe der Büroangestellten wird, wie in der Fabrik auch, auf Überwachung und Sonderfälle reduziert, was zu einer Abnahme von Büroarbeitsplätzen führt.
Nicht übersehen wird, dass durch die technischen Neuerungen auch Arbeitsplätze geschaffen werden. Denn selbst die raffiniertesten Errungenschaften der Technik sind von Menschen geschaffen worden und werden von Menschen gesteuert. Die modernste technische Rechenanlage ist nutzlos, solange der denkende Mensch ihr nicht Aufgaben vorschreibt und sie bei der Lösung überwacht. Mond- und Marssonden bringen keine Resultate, wenn menschlicher Geist ihnen nicht die Bahn errechnet und eingibt, ihren Flug kontrolliert und korrigiert. Kein Computer kann eine Antwort auf eine Frage finden, die ihm

[592] Im Jahre 1960 wurden für die Produktion von Gütern und Diensten im Wert von einer Million DM noch 26 Arbeitskräfte benötigt. Im Jahre 1999 waren es für dieselbe Produktionsmenge nur noch 11 Arbeitnehmer. Dafür stieg der Wert der Produktionsanlagen von 3,7 Millionen DM auf 5,3 Millionen DM. Vgl. zu diesen Angaben, Miegel/Wahl S. 57. Weitere Beispiele der technischen Entwicklung und ihrer Auswirkungen auf den Arbeitsmarkt bis zum Jahre 1990 finden sich bei Jungnickel S. 33 ff..

nicht vorher eingegeben wurde. Auch werden Menschen benötigt, um technische Defekte zu beheben.
Die neu entstehenden Arbeitsplätze sind aber keineswegs in der Lage, den Verlust der alten Arbeitsplätze aufzufangen bzw. auszugleichen.[593] Betrachtet man die Produktion von Massenwaren, so wird in diesen Bereichen überwiegend mit Maschinen und nicht mehr mit menschlicher Arbeitskraft produziert. Zahlreiche Arbeitsplätze werden auf diese Weise eingespart. Betroffen sind vor allem gering qualifizierte Arbeitnehmer, da völlig neue Anforderungen hinsichtlich der Qualifikationen von Arbeitnehmern entstanden sind.[594] Generell sind gerade Personen mit niedrigem Ausbildungsstand und ohne abgeschlossene Berufsausbildung sowie Personen in der Altersgruppe zwischen 55 und 60 Jahren deutlich überproportional von der Massenarbeitslosigkeit betroffen.[595]

c) Produktionsverlagerungen ins Ausland

Von weiterer erheblicher Bedeutung ist die vermehrt stattfindende Produktionsverlagerung ins Ausland. Heutzutage werden nicht nur Waren und Industriegüter ins Ausland verlagert, sondern zunehmend auch Arbeitsplätze. Immer mehr Konzerne und Mittelständler verlagern Teile der Produktionen nach Polen, Tschechien, Rumänien, Brasilien oder China. Diese Entwicklung zeigt sich bereits jetzt schon in Deutschland.[596]
Eine endgültige Produktionsverlagerung ins Ausland könnte auch bei den Opel Werken ins Haus stehen. Im Herbst 2004 kündigte General Motors an, zahlreiche Stellen zu streichen, sollte es nicht gelingen, erhebliche Einsparungen durchzusetzen. Jährlich sollen rund 500 Millionen Euro gespart werden. Zwar war in diesem Zusammenhang noch nicht von einer Schließung der Werke oder zahlreichen betriebsbedingten Kündigungen die Rede. Eine Beschäftigungsgarantie hat General Motors aber nicht ausgesprochen. Es sei nur *„die erklärte Absicht, betriebsbedingte Kündigungen und Werksschließungen zu vermeiden“*.[597] Auszuschließen ist dies aber nicht. Die Befürchtung ist weiterhin groß, dass die Werke in Deutschland in den nächsten Jahren geschlossen werden und im Ausland produziert wird. Dennoch werden 9.500 Stellen abgebaut. 6.500 Mitarbeiter sollen zu Beschäftigungsgesellschaften wechseln oder eine Abfindung erhalten, für rund 3.000 sind Altersteilzeit- und Vorruhestandsmodelle

---

593 Hindrichs/Mäulen/Scharf S. 7.
594 Schnabel S. 21
595 Farhauer S. 34.
596 „Der Spiegel“ Heft Nr. 10/2005 S. 24; „Der Spiegel“ Heft Nr. 44/2004 S. 94 ff.; „Der Spiegel“ Heft Nr. 34/2004 S. 68; „Der Spiegel“ Heft Nr. 17/2005 S. 80; Frankfurter Rundschau 23.03.2005 S. 11; Frankfurter Rundschau 08.06.2005 S. 11.
597 Frankfurter Rundschau 09.12.2004 S. 1.

vorgesehen.[598] Im März 2005 schlossen Management und der Betriebsrat der Opel-Werke einen Zukunftsvertrag, in dem sowohl die Konzernführung als auch die einzelnen Arbeitnehmer Zugeständnisse machten. Zumindest bis 2010 soll es in den Opel Werken in Rüsselsheim, Bochum und Kaiserslautern keine betriebsbedingten Kündigungen geben. Dafür nehmen die Arbeitnehmer Lohneinbußen und Nullrunden hin und akzeptieren flexible Arbeitszeiten.[599]
Die Verlagerung eines Werkes an einen anderen Standort hat auch Auswirkungen auf Zuliefererbetriebe. Es ist nicht abwegig, dass mit dem Abgang der Unternehmen auch die Zuliefererbetriebe und wiederum deren Zulieferer ins Ausland abwandern. Die weitere Folge könnte sein, dass auch in diesen Betrieben Arbeitsplätze abgebaut werden, da sich durch die Verlagerung der Unternehmen ins Ausland ebenfalls die Auftragslage für die Zuliefererbetrieb verschlechtert.

Der Standort Deutschland ist im Vergleich zu anderen Ländern für Unternehmen mit Nachteilen verbunden. Die im Ausland beschäftigten Arbeitnehmer weisen längere Arbeitszeiten auf und bekommen weniger Lohn. Ein Arbeitnehmer im Opelwerk Bochum verdient bei einer 35-Stunden-Woche € 2.900,00 brutto im Monat. Im Werk in Polen dagegen arbeitet man 5 Stunden mehr bei einem Verdienst von € 700,00 brutto. Hinzukommt, dass es im Bochumer Opel Werk noch 5 Tage mehr Urlaub im Jahr gibt.[600] Die Firma Fischer Aktiengesellschaft müsste für ein einfaches Rillenkugellager für Inlineskates, das in Schweinfurt gefertigt wird, € 2,14 verlangen. In Rumänien könnte es für € 1,30 und in China für € 0,36 hergestellt werden.[601] Ein deutscher LKW Fahrer verdient ca. € 2.500,00 brutto monatlich. Die Konkurrenz aus Polen oder Litauen fährt für 1/5 davon, nämlich für € 500,00.[602] Hierbei sind die in der Bundesrepublik Deutschland anfallenden hohen Lohnnebenkosten noch nicht mit berücksichtigt. Bei derart gravierenden Unterschieden in der Lohn- und Arbeitszeitgestaltung verwundert es nicht, dass zahlreiche Unternehmen den Standort Deutschland meiden und ihre Produktion vermehrt im Ausland fortführen bzw. neu aufbauen. Den osteuropäischen und asiatischen Staaten kann die Bundesrepublik bei den Löhnen nicht Paroli bieten. Für denjenigen, der heute entscheiden muss, wo er produzieren lässt, ist das Ausland attraktiver als der Standort Deutschland.

---

598 Frankfurter Rundschau 10.12.2004 S. 1; Die Einführung von Transfer- und Beschäftigungsgesellschaften bietet allerdings auch keine sichere Vermittlung von Arbeitsplätzen. Die Angaben bezüglich der Erfolgsquote schwanken zwischen 30 % und 50 %. Der Rest bleibt arbeitslos. Vgl. zu den Angaben Frankfurter Rundschau 11.12.2004 S. 11 und S. 34.
599 Frankfurter Rundschau 05.03.2005 S. 1, 3, 11, 33. Was die Standort-Garantie letztendlich wert ist, wird sich zeigen.
600 „Der Spiegel" Heft Nr. 44/2004 S. 100.
601 „Der Spiegel„ Heft Nr. 44/2004 S. 104.
602 „Der Spiegel" Heft Nr. 10/2005 S. 31/33.

Damit einhergehend werden Arbeitsplätze im großen Stil vernichtet, denn mit der Arbeitsverlagerungen ins Ausland geht ein Arbeitsplatzabbau im Inland einher. Zudem liegt das Wirtschaftswachstum im Ausland höher als in Deutschland. Die Folge ist ein Schrumpfen der Industrie und ein massenhafter Export von Arbeitsplätzen. Die 30 größten börsennotierten Unternehmen beschäftigen weltweit 3,6 Millionen Menschen, davon aber etwa nur noch die Hälfte im Inland.[603] Bereits heute beschäftigt beispielsweise Siemens mehr Mitarbeiter im Ausland als in Deutschland.[604] Die Auswanderung der Betriebe ist noch lange nicht beendet. Nach Angaben des Wirtschaftswissenschaftlers *Wildemann* steht der Großteil der Verlagerungen noch bevor. Gerechnet wird mit einem jährlichen Verlust von 152.000 Arbeitsplätzen.[605] Besondere Auswirkungen hat dies vor allem auf Standardprodukte, die überall hergestellt werden können. Dabei weicht die Qualität der im Ausland produzierten Waren nicht von denen in Deutschland ab. Die Industrieregionen der Welt sind alle wirtschaftlich und technologisch vergleichbar weit entwickelt. Die einzelnen Firmen in den unterschiedlichsten Regionen sind mehr oder weniger gleichwertige Wettbewerber und Konkurrenten, egal ob dies die Produktion von Automobilen, Elektronik, Telekommunikationsgeräten oder Pharmaprodukten betrifft.

d) Geringfügige Beschäftigung und Hartz IV

Die vermehrte Einstellung von geringfügig Beschäftigten wirkt sich ebenfalls negativ auf den Arbeitsmarkt aus. Es gibt momentan (Stand: Dez. 2004) 8 Millionen geringfügig Beschäftigte. Würden Unternehmen und Arbeitgeber Teilzeitarbeitsplätze in Vollzeitarbeitsplätze umwandeln, ergebe dies 2 Millionen Vollzeitarbeitsplätze.[606] Schließlich ist auch fraglich, wie sich die Hartz IV Regelungen auf den Arbeitsmarkt auswirken werden. Danach können Sozialhilfeempfänger ihre Unterstützungsleistung aufstocken, indem sie sogenannte Ein-Euro-Jobs annehmen. Hierbei besteht aber durchaus die Gefahr, dass Arbeitsplätze zerstört werden könnten. Ein-Euro-Kräfte dürfen derzeit nur auf Stellen vermittelt werden, die erstens gemeinnützig und zweitens zusätzlich sind. So soll verhindert werden, dass sie reguläre Arbeitsplätze verdrängen. Die Deutsche Industrie- und Handelskammer hat Anfang des Jahres 2005 vorgeschlagen, Ein-Euro-Arbeitsangelegenheiten für Langzeitarbeitslose auch in Privatbetrieben zu ermöglichen.[607] Die Ausweitung der Ein-Euro-Jobs auf private Unternehmen würde dem Arbeitsmarkt massiven Schaden zufügen. Ein Malermeister, der bislang Gesellen zum regulären Tarif angestellt hat, könnte geneigt sein, sie

[603] Frankfurter Rundschau 09.12.2004 S. 9.
[604] „Der Spiegel„ Heft Nr. 44/2004 S. 94.
[605] „Der Spiegel„ Heft Nr. 44/2004 S. 97.
[606] Aussage des Ökonomen Peter Bofinger in „Der Spiegel“ Heft Nr. 50/2004 S. 98.
[607] Frankfurter Rundschau 12.01.2005 S. 5.

durch einen vom Staat subventionierten Sozialhilfeempfänger zu ersetzen.[608] Reguläre Arbeitsverhältnisse würden folglich vom Arbeitsmarkt verdrängt werden.

e) Auswirkungen der Arbeitslosigkeit auf die Gewerkschaften

Im Rahmen dieser Arbeit soll nicht weiter vertieft auf die Ursachen und Probleme im Zusammenhang mit der Arbeitslosigkeit eingegangen werden. Keineswegs sollen auch Vorschläge unterbreitet werden, wie man das Problem Arbeitslosigkeit ursachenadäquat lösen könnte.[609] Von Interesse ist vielmehr, welchen Einfluss die hohe Arbeitslosigkeit auf die Durchführung von Arbeitskämpfen hat. Zu hinterfragen ist, wie sich Arbeitslosigkeit und Arbeitskämpfe gegenseitig bedingen.

Seit ca. 1975 wird das Ziel der Vollbeschäftigung in der Bundesrepublik Deutschland nicht mehr erreicht. Soziologische Untersuchungen und Statistiken haben ergeben, dass Arbeitskämpfe seitdem rückläufig sind.[610] Dieses Ergebnis erstaunt nicht. In Zeiten hoher Arbeitslosigkeit treten Ängste der Bevölkerung verstärkt auf, weil nicht nur die Arbeitslosen befürchten, längerfristig ohne Beschäftigung zu sein, sondern auch die beschäftigten Gesellschaftsmitglieder um ihre Arbeitsplätze bangen. Die hohe Arbeitslosigkeit verunsichert die Menschen und begründet Sorgen um den Erhalt des Arbeitsplatzes.[611] Zahlreiche Arbeitnehmer passen sich daher den Wünschen und Erfordernissen des Arbeitgebers an.[612] *Hickel* beschreibt die Arbeitslosigkeit als *„stumme Gewalt“*, als *„schleichendes Gift“*, die dazu führt, dass sich die Arbeitnehmer eher den unternehmerischen Interessen unterordnen.[613] Kompromisse sind schneller gefunden als zu Zeiten der Vollbeschäftigung. Die Loyalität gegenüber den Gewerkschaften sinkt, wenn der Arbeitsplatz auf dem Spiel steht. Die Angst vor einer Kündigung und damit dem Verlust des Arbeitsplatzes überwiegt dann

---

608 Aussage des Ökonomen Peter Bofinger in „Der Spiegel“ Heft Nr. 50/2004 S. 98.

609 Zahlreiche Möglichkeiten werden genannt, um die Lohnkosten zu senken und die Produktion der Unternehmen wieder billiger zu gestalten. Im Ergebnis läuft es oft auf das Schema „mehr Arbeit für weniger Geld“ hinaus. Arbeitnehmer verzichten auf Überstundenzuschläge, Weihnachts- und Urlaubsgeld, es werden Nullrunden bei Lohnerhöhungen eingeführt und Arbeitszeiten verlängert.

610 Treber S. 218 m.w.N.; vgl. auch Hartwich in Muhr S. 26 f..

611 Plander DB 1987, Beilage Nr. 13 S. 3; Gamillscheg S. 971; Hickel in Muhr S. 38 und S. 51; Treber S. 218 f.; Lübbe-Wolf DB 1988, Beilage Nr. 9 S. 5. Eine Umfrage für die Zeitschrift „Der Spiegel“ ergab, dass ca. 30 % der Befragten befürchten, dass sie oder eines ihrer Familienmitglieder in nächster Zeit arbeitslos werden. „Der Spiegel“ Heft 10/2005 S. 26.

612 Däubler „Gewerkschaftsrechte“ Rn. 665.

613 *„Es ist die Furcht vor der Arbeitslosigkeit, die die Arbeiter veranlasst, sich der Autorität ihrer Arbeitgeber zu beugen.“*; Hickel in Muhr S. 38 f..

letztlich mehr als die Aussicht auf eine 3 oder 4 %ige Lohnerhöhung. Im Rahmen der Auseinandersetzung in den Opel Werken 2004 waren lediglich 10 % der Arbeitnehmer zu einem Streik bereit. Die Angst der Belegschaft war groß, und sie wurde vor allem noch dadurch verstärkt, dass zwei Beschäftigten im Opel Werk nach den Arbeitsniederlegungen fristlos gekündigt wurde.[614]
Die Angst der Arbeitnehmer um ihren Arbeitsplatz erschwert es den Gewerkschaften, in bestimmten Branchen Arbeitskämpfe mit einer hohen Zahl von Arbeitnehmern durchzuführen, geschweige denn überhaupt streikwillige Arbeitnehmer zu mobilisieren.[615] Selbstverständlich kann eine Kündigung nicht wegen der Teilnahme an einem Streik ausgesprochen werden, solange dieser rechtmäßig war. Allerdings kann sich die Streikteilnahme in der Zukunft negativ auf den teilnehmenden Arbeitnehmer auswirken. Hier dürfte zwar in den meisten Fällen das Kündigungsschutzgesetz anwendbar sein, allerdings kann der Arbeitgeber sich für eine Umorganisation, Umstrukturierung oder Rationalisierung seines Betriebs entscheiden, was den Abbau von Arbeitsplätzen nach sich ziehen kann.[616] Als schwerster Einschnitt wäre wohl die Entscheidung des Arbeitgebers zu werten, sein Unternehmen ins Ausland zu verlagern und den Standort in Deutschland zu schließen. Dies erscheint auf Grund der in Deutschland hohen Löhne und Lohnnebenkosten momentan keinesfalls abwegig, zumal derartige Drohungen bereits existieren.[617] In der Regel verzichten die Arbeitnehmer auf einen Teil ihrer Ansprüche, um eine Abwanderung des Unternehmens ins Ausland zu verhindern. Jeder Arbeitskampf stellt daher für die Arbeitnehmer ein gewisses Arbeitsplatz- und Existenzrisiko dar.
Bei der Durchführung eines Streiks besteht weiterhin die Gefahr, dass der Arbeitgeber die bestreikten Plätze durch arbeitswillige Arbeitslose ersetzt. Es ist sicherlich fraglich, ob ein bestreikter Arbeitgeber in der Lage sein wird, inner-

---

[614] Frankfurter Rundschau 10.12.2004 S. 2.

[615] Wolter in Däubler Rn. 888 b; ders. AuR 1988, 360, der davon ausgeht, dass dies zur Kampfunfähigkeit ganzer Betriebe führen kann; Plander DB 1987, Beilage Nr. 13 S. 7; Für eine Streikerschwerung in Zeiten der Massenarbeitslosigkeit auch Berg/Platow/Schoof/Unterhinninghofen S. 289.

[616] Gamillscheg S. 971; Zachert/Metzke/Hammer S. 132; Wohlgemuth S. 136.

[617] Vgl. z.B. Frankfurter Rundschau 23.03.2005 S. 10. Siemens droht mit der Verlagerung von 800 bis 1250 Stellen nach Tschechien. So auch ähnlich im Fall Viessmann. Dazu oben Fn. 573. Hierbei handelt es sich nicht um Einzelfälle. Es gehört schon fast zum Kampfrepertoire der bestreikten Unternehmen mit einer Produktionsverlagerung zu drohen, um ein schnelles Ende des Arbeitskampfes zu erzielen. Hindrichs/Mäulen/Scharf S. 361 sehen in der Drohung der Unternehmen mit Produktionsverlagerungen ins Ausland eine *„langfristig geplante, strategische Unternehmenspolitik“*. Solange Arbeiter in Polen, Tschechien oder noch weiter östlich nur einen Bruchteil der in Deutschland üblichen Löhne verdienen, werden Unternehmen derartige Drohungen auch weiterhin aussprechen und Produktionsstätten ins Ausland verlagern; „Der Spiegel“ Heft Nr. 17/2005 S. 80 und S. 87; vgl. weiterhin Steiert in Klebe/Roth S. 173; Steinkühler in Klebe/Roth S. 227 f.; Klebe/Roth in Klebe/Roth S. 30 f..

halb kürzester Zeit die streikende Belegschaft durch neue Arbeiter zu ersetzen. Ausgeschlossen ist dies aber nicht, vor allem nicht in Zeiten von knapp 5 Millionen Arbeitslosen. Weiterhin hat der Arbeitgeber die Möglichkeit, bereits im Vorfeld Vorkehrungen für den Fall eines Arbeitskampfes zu treffen, sich z.B. der Loyalität bestimmter Arbeitnehmer zu versichern, womöglich auch durch die Zahlung von Streikbruchprämien.

Zugleich bedingt die hohe Arbeitslosigkeit einen zunehmenden Mitgliederschwund in manchen Einzelgewerkschaften, der zu einer abnehmenden Machtposition in den Tarifverhandlungen sowie zu einer Verringerung des Anwendungsbereichs geltender Tarifverträge führen kann.[618] Die Gewerkschaften verlieren arbeitslos gewordene Mitglieder, da für diese die Gewerkschaftszugehörigkeit keine Vorteile mehr bringt. Der Verlust einer großen Anzahl von Mitgliedern trifft die Gewerkschaften auf den unterschiedlichsten Ebenen. Zum Einen verringert dies die gewerkschaftliche Präsenz in den einzelnen Betrieben. Zum Anderen handelt es sich aber auch um eine Kostenfrage. Die von den Gewerkschaftsmitgliedern zu zahlenden Monatsbeiträge entfallen, was sich auf die Streikfähigkeit der Gewerkschaften auswirkt. Die Beiträge werden unter anderem dazu verwendet, den Streikenden und Ausgesperrten im Arbeitskampf finanzielle Unterstützung zu gewähren. Sind die Streikkassen aber nicht gefüllt, ist dadurch auch die Durchsetzungsfähigkeit der Gewerkschaft betroffen. Bezüglich der von einer Gewerkschaft aufgewendeten Kosten in einem Arbeitskampf wird erst weiter unten eingegangen.[619] Entscheidender dürfte jedoch sein, dass leere Streikkassen auch dazu führen, dass Arbeitnehmer nicht so ohne weiteres bereit sind, einen Arbeitskampf zu führen. Wenn die Arbeitnehmer damit rechnen müssen, während der Dauer des Arbeitskampfes nur einen sehr geringen Teil als Streikunterstützung zu erhalten, wird es den Gewerkschaften nicht leicht fallen, diese zu einem Streik zu bewegen.[620]

Auch das Anwerben von neuen Mitgliedern, um damit den Verlust der Ausgeschiedenen auszugleichen, wird den Gewerkschaften in Zeiten hoher Arbeitslosigkeit nicht leicht gemacht. Die Gründe, warum Arbeitnehmer einer Gewerkschaft nicht mehr beitreten, können unterschiedlichster Art sein. Dies mag daran liegen, dass sie die Mitgliedsbeiträge nicht aufbringen möchten oder generell von der Leistung und Politik der Gewerkschaften nicht überzeugt sind. Aber auch die hohe Arbeitslosigkeit spielt eine Rolle. Die oben beschriebene Angst der Arbeitnehmer vor einem Verlust des Arbeitsplatzes ist nicht zu unterschätzen. Sie führt dazu, dass Arbeitnehmer sich nicht nur vor einer Streikbeteiligung scheuen, sondern sogar vor einem Gewerkschaftsbeitritt. Auch beachtet werden

[618] Plander DB 1987, Beilage Nr. 13 S. 5.
[619] Dazu unten 3. Teil II 4.
[620] Plander DB 1987, Beilage Nr. 13 S. 5 und S. 7.

muss, dass arbeitslose Personen in der Regel keiner Gewerkschaft beitreten werden. In einem Berufssektor, der stark von Arbeitslosigkeit betroffen ist, spiegelt sich dies in den Mitgliederzahlen der Gewerkschaft wieder. Tarifvertragliche Erfolge werden einer Gewerkschaft in diesem Bereich schwer fallen.[621]

Die Massenarbeitslosigkeit führt letztlich auch dazu, dass sich die Gewerkschaften in einer solchen Situation neuen Anforderungen an die eigene Tarifpolitik ausgesetzt sehen. In Zeiten der Vollbeschäftigung, wie sie Anfang der 70er Jahre noch bestand, konnten sich die Gewerkschaften darauf konzentrieren, die einzelnen Arbeitsbedingungen für die Arbeitnehmer zu verbessern, wie z.B. eine Erhöhung des Entgelts und eine Verkürzung der Arbeitszeit. Inzwischen ist der Kampf gegen die Arbeitslosigkeit zum herausragenden Ziel der Tarifpolitik geworden. Dadurch obliegt den Gewerkschaften eine zusätzliche Aufgabe, die sie bewältigen müssen. Andere Aufgaben müssen dementsprechend zurückgestellt werden. Die Gewerkschaften müssen versuchen, dem Abbau der Arbeitsplätze entgegenzuwirken und wieder gesicherte Beschäftigungsverhältnisse zu schaffen.[622] Die Mitglieder wollen mehr als bloße Tarifverträge. Damit einhergehend erschweren sich die Arbeitsbedingungen für die Gewerkschaften. Sie werden in einer derartigen Situation auf Verteidigungslinien zurückgeworfen.[623]
Im Ergebnis ist damit also zusammenfassend festzuhalten, dass die hohe Arbeitslosigkeit die Gewerkschaften schwächt und schlechtere Streikbedingungen schafft.[624]

3. Kampfrisiken der Tarifvertragsparteien

Bei dem Versuch, eine Bewertung der Arbeitskampfparität vorzunehmen, müssen auch die unterschiedlichen Kampfrisiken der jeweiligen am Arbeitskampf beteiligten Parteien Berücksichtigung finden. Bereits in der Ausgangsposition obliegt hier den Arbeitnehmern eine wesentlich schlechtere Stellung im Arbeitskampf als den Arbeitgebern. Die Arbeitnehmer sind in der Regel die Fordernden, ihnen obliegt die „Angreiferposition“, die Arbeitgeber dagegen sind die „Abwehrenden“, sie sind an einer Beibehaltung des Status quo interessiert.[625]

---

[621] Plander DB 1987, Beilage Nr. 13 S. 6.
[622] Plander DB 1987, Beilage 13 S. 4; Treber S. 219; Hickel in Muhr S. 37.
[623] Plander DB 1987, Beilage 13 S. 4.
[624] Bereits in der Weltwirtschaftskrise von 1930 bis 1933 war es die hohe Arbeitslosigkeit unter den Gewerkschaftsmitgliedern, die zu einer Streikunfähigkeit führte. Vgl. Hartwich in Muhr S. 26 f..
[625] Zachert/Metzke/Hamer S. 129.

Darüber hinaus sind die Risiken von Arbeitskämpfen für die Arbeitnehmer wesentlich größer als für die Arbeitgeber.[626] Der Streik bringt dem Unternehmer in der Regel einen Produktionsausfall und damit eine Verminderung seines Gewinns. Die Unternehmen erleiden folglich meistens „nur“ finanzielle Schäden. Diese müssen aber nicht unbedingt erheblich sein. In bestimmten Situationen, vor allem bei Auftragsmangel, kann den Unternehmen ein Streik durchaus gelegen kommen.[627] Weiterhin sind Unternehmen meistens in Verbänden und Unterstützungsfonds organisiert, die finanzielle Einbußen zum großen Teil ausgleichen.[628] Auch besteht die Möglichkeit, sich vor streikbedingten Arbeitsausfällen anhand von Streikklauseln abzusichern, die bei streikbedingten Lieferverzögerungen jeden Schadensersatzanspruch ausschließen. Die Kosten dafür können die Unternehmen auf den Verbraucher abwälzen, indem sie die Preise für Waren und Produkte erhöhen.[629]
Fraglich ist, inwieweit ein bestreiktes Unternehmen auf Grund eines Streiks einem Verlust von Marktanteilen ausgesetzt ist. Dies würde unter anderem einen erheblichen Konkurrenzdruck unter den einzelnen Unternehmen voraussetzen. Im Ergebnis kommt dies zunächst nur einem Umsatzverlust gleich. Kann ein Unternehmen in einem bestimmten Zeitraum seine Produkte nicht auf den Markt bringen, werden die Konsumenten bei Bedarf auf andere Anbieter zurückgreifen. Nach Ablauf des Streiks dürften „verloren gegangene Kunden“ jedoch wieder zum ursprünglichen Unternehmen zurückkehren. Letztlich sind sie von einem bestimmten Produkt überzeugt, da sie es in der Vergangenheit auch schon bezogen haben. Hierbei ist jedoch folgendes zu beachten: Eine derartige Verlagerung ist nur bei Gütern des täglichen Lebens möglich. In der Regel ist nicht davon auszugehen, dass z.B. ein Kunde bei einem Streik in den BMW Werken von dem Kauf eines derartigen Fahrzeugmodells Abstand nimmt und zu einem anderen Autohersteller wechselt. Dass jedoch die Kunden bei alltäglichen Gütern andere Produkte kaufen und ausprobieren, liegt auf der Hand. Das ist bereits durch den bestehenden Wettbewerb bedingt. Dazu wird ein Arbeitskampf nicht den ersten Anstoß bringen. Darüber hinaus ist nicht anzunehmen, dass ein Arbeitskampf von einigen Tagen oder sogar Wochen die Kaufgewohnheiten der Leute derart ändert, dass sich daraus Marktanteilsverluste ergeben.[630]

---

[626] Weiss AuR 1974, 48; Wohlgemuth DB 1979, 113 f. m.w.N. in Fußnote 66.
[627] Däubler in Däubler Rn. 71; Wohlgemuth S. 140. Dazu bereits oben 2. Teil VI.
[628] Wohlgemuth S. 140; Hindrichs/Mäulen/Scharf S. 432 ff.; Die Zahlungen der Verbände an die bestreikten Unternehmen reichen von 70 % bis sogar 100 % der ausgefallenen Lohn- und Gehaltssummen.
[629] Weiss AuR 1974, 48, der sich auf Streiks in Zeiten von Rezession und Auftragsmangel beruft.
[630] Dazu ausführlich Heenen S. 150 bis S. 173 mit Beispielen aus der Druckindustrie; Däubler/Wolter AuR 1982, 145; Richter S. 230.

Die Kampfrisiken der Arbeitnehmer dagegen sehen anders aus. Hier sind vor allem zwei Aspekte hervorzuheben, die sich am gravierendsten auswirken können. Dies ist zum Einen der Lohnverlust und zum Anderen die Gefahr des Verlustes des Arbeitsplatzes.
Der einzelne Arbeitnehmer ist in den überwiegenden Fällen auf seinen monatlichen Lohn angewiesen. Hiervon muss er die Miete, Versicherungsbeiträge, Kleidung, Nahrungsmittel usw. für sich und seine Familie bezahlen. Entfällt die Lohnzahlung, so kann er seinen finanziellen Verpflichtungen nicht gerecht werden. Dies kann entweder unmittelbar auf Grund der Streikteilnahme oder lediglich mittelbar nach den Grundsätzen der Arbeitskampfrisikolehre geschehen. Der Verlust des Lohnes greift daher unmittelbar in die Lebensführung der Arbeitnehmer ein.[631] Der Lohn hat für den Arbeitnehmer hohe persönliche, sogar existenzielle Bedeutung. Selbst wenn er Unterstützungsleistungen von der Gewerkschaft erhalten sollte, gleicht diese Zahlung nicht das reguläre Gehalt aus. Das Streikgeld wird nach Maßgabe der sehr unterschiedlich formulierten Satzungsbestimmungen und Arbeitskampfrichtlinien gewährt. Die Streikunterstützung für die Gewerkschaftsmitglieder beträgt ungefähr 2/3 des Nettomonatsverdienstes.[632] Zur Deckung des Lebensunterhalts reicht dies – zumindest auf Dauer – nicht aus. Die Arbeitnehmer sind dann auf Erspartes angewiesen, sofern dies vorhanden ist.[633] Dies bedeutet aber wiederum eine Einbuße bezüglich anderer Sachen, die mit dem gesparten Geld angeschafft werden sollten. Zudem bedingt dies eine Einschränkung des Lebensniveaus. Schwieriger wird es für die Arbeitnehmer, die nicht in einer Gewerkschaft organisiert sind und keine Streikunterstützung bekommen. Sie sind dann auf die niedrigen Sätze der Sozialhilfe angewiesen. Diesem Umstand kann auch nicht mit dem Argument begegnet werden, diese Arbeitnehmer könnten in die Gewerkschaft eintreten und somit Streikunterstützung erhalten. Dies widerspricht der in Art. 9 Abs. 3 GG grundrechtlich garantierten negativen Koalitionsfreiheit, unter der auch das Recht des Einzelnen zu verstehen ist, einer Koalition fernzubleiben oder aus ihr auszutreten.

Neben dem Verlust des Lohnes spielt zudem die Angst des Arbeitnehmers vor einem Verlust seines Arbeitsplatzes eine große Rolle. Wie bereits dargestellt,

---

[631] Wohlgemuth S. 135; ders. DB 1979, 114; Weiss AuR 1974, 48; Bertelsmann S. 256 ff..

[632] Heenen S. 91; Treber S. 437 Fn. 281 m.w.N.; Die Satzung der IG Metall bestimmt in § 23 dass die wöchentliche Unterstützung bei einer Beitragsleistung über 3 bis 12 Monate das 12fache des Durchschnittsbetrags beträgt. Bei einer längeren Beitragsleistung erhöht sich dieser Betrag. Die Beitragsleistung beträgt gem. § 5 Abs. 2 der Satzung 1 % des monatlichen Bruttoverdienstes.

[633] Bertelsmann weist bezüglich der Sparfähigkeit der Arbeitnehmer auf S. 259 darauf hin, dass diese lediglich soweit besteht, um kurzfristige Verdienstausfälle auszugleichen, nicht aber um längerfristige Arbeitskämpfe durchzustehen.

wird diese Angst in Zeiten hoher und lang anhaltender Arbeitslosigkeit noch verstärkt. Der Verlust des Arbeitsplatzes hat gravierende Auswirkungen auf die betroffenen Personen und ihre Familien. Er führt zu einer Beeinträchtigung der wirtschaftlichen Lage, der Persönlichkeit und des Selbstwertgefühls des Betroffenen.[634] Das Arbeitslosengeld entspricht ungefähr 60 % des ursprünglich verdienten Nettolohnes. Der Anspruch auf Arbeitslosengeld besteht jedoch lediglich für einen Zeitraum von einem Jahr. Danach ist man auf das Arbeitslosengeld II angewiesen. Dies bedeutet eine nochmalige Minderung der vom Staat erbrachten Leistungen. Viele Arbeitnehmer, vor allem Ältere, sind heute nicht mehr, beziehungsweise lediglich unter erschwerten Bedingungen, in ein Arbeitsverhältnis zu vermitteln. Der Erhalt eines neuen Arbeitsplatzes gestaltet sich bei der momentanen Arbeitsmarktlage als ungemein schwer. Heutzutage verfügt nur ein sehr geringer Teil der Bevölkerung über ausreichende Mittel, um seinen eigenen Lebensunterhalt auf Dauer selbständig zu sichern. Aus diesem Grund ist für die meisten Menschen ein Leben ohne Arbeit nicht zu realisieren, denn die Sicherung der eigenen Existenz und gegebenenfalls auch die der unterhaltsberechtigten Angehörigen setzt Erwerbsarbeit voraus.

Wohlgemuth[635] und *Däubler*[636] führen zutreffend an, dass demgegenüber nicht das Risiko der Unternehmer steht, auf Grund eines Streiks den Betrieb schließen zu müssen.[637] Zum Einen verstößt ein Streik, der auf die Existenzvernichtung eines Unternehmens gerichtet ist, gegen das Verhältnismäßigkeitsprinzip[638] und zum Anderen – was viel wichtiger ist – liegt es keineswegs im Interesse der Arbeitnehmer und der Gewerkschaften, den Betrieb zu zerstören und damit zugleich ihre Arbeitsplätze zu vernichten.[639] Die Beschäftigung im Betrieb sichert den Arbeitnehmern ihre Lebensgrundlage, so dass nicht davon auszugehen ist, die Arbeitnehmer würden diese leichtsinnig aufs Spiel setzen. Im Übrigen ist – soweit ersichtlich – kein Fall bekannt geworden, in dem ein Unternehmen auf Grund streikbedingter Schäden derartige wirtschaftliche Verluste erlitten hat, dass eine Stilllegung notwendig wurde.[640] Wäre dies anders, so hätten es sich die Unternehmen sicherlich nicht nehmen lassen, derartige

---

[634] So auch BVerfG 27.04.1999 E 100, 271 (287), das der Bekämpfung der Massenarbeitslosigkeit Verfassungsrang beimisst und sich diesbezüglich auf das Sozialstaatsprinzip Art. 20 Abs. 1 GG stützt.

[635] Wohlgemuth S. 141; ders. DB 1979, 114.

[636] Däubler JuS 1972, 645.

[637] So aber Mayer-Maly RdA 1968, 434.

[638] BAG 21.04.1971 AP Nr. 43 zu Art. 9 GG Arbeitskampf = BAGE 23, 292 (307): *„Ein Arbeitskampf darf nicht auf Vernichtung des Gegners abstellen, sondern er hat den gestörten Arbeitsfrieden wieder herzustellen.“*; weiterhin Schumann in Däubler Rn. 204 b; Wolter in Däubler Rn. 280 q; Löwisch 170.2 Rn. 218 und Rn. 231; Brox/Rüthers Rn. 165; Seiter S. 532 ff.; Lieb „Arbeitsrecht“ Rn. 604; Zöllner/Loritz S. 462.

[639] Zachert/Metzke/Hamer S. 134; Heenen S. 149; Seiter S. 533.

[640] Bertelsmann S. 260; Wohlgemuth S. 141.

Entwicklungen aufzuzeigen und für sich zu verwenden.[641] Praktische Relevanz kommt dieser Möglichkeit folglich nicht zu. Dem Verlust des Arbeitsplatzes des Arbeitnehmers steht somit kein entsprechendes Risiko des Arbeitgebers entgegen.[642]

Diese eben dargestellten Umstände haben Auswirkungen auf die Streikbereitschaft und Durchhaltefähigkeit der Arbeitnehmer. Unüberlegte und voreilige Arbeitsniederlegungen können folglich so gut wie ausgeschlossen werden. Die Streikbereitschaft ist in schlechten Zeiten rückläufig.[643] Ein Kompromiss wird schneller gefunden als noch zu Zeiten der blühenden Wirtschaft und der guten Arbeitsmarktlage. Damit obliegt den Gewerkschaften eine schwächere Position gegenüber den Unternehmen. Den Arbeitgebern gelingt es in der heutigen Zeit schneller, Arbeitnehmer und Gewerkschaften durch Teilzugeständnisse zum Einlenken und zu einer Beendigung eines Streiks zu bewegen. Dies wurde durchaus auch bei den Arbeitsniederlegungen in den Opel Werken im Herbst 2004 ersichtlich. Sechs Tage haben die Bochumer Opelaner durchgehalten. Am sechsten Tag wurde auf einer Belegschaftsversammlung über den Fortgang des Widerstandes abgestimmt. Die Mehrheit votierte dagegen.
Auch die wirtschaftlichen Gegebenheiten, wie Globalisierung, vernetzte Produktion, Drohung mit Produktionsverlagerung spielen für die Streikbereitschaft und Durchhaltefähigkeit der Arbeitnehmer eine große Rolle. Die Androhung, die Produktion innerhalb Deutschlands zu verlagern oder den deutschen Produktionsstandort endgültig ins Ausland zu verlegen, kann unter Umständen das Ende des Streiks bewirken. Betriebe und Standorte werden bewusst gegeneinander ausgespielt. Zumindest können damit Eingeständnisse der Gewerkschaften und der Arbeitnehmer „erzwungen" werden. Es ist nichts Ungewöhnliches mehr, wenn Arbeitnehmer unbezahlte Überstunden leisten oder generell auf einen Teil ihres Lohnes verzichten, um eine angedrohte Betriebsverlagerung ins billigere Ausland zu verhindern oder zumindest zu verzögern.

Zusammenfassend lässt sich festhalten, dass die Arbeitnehmer den höheren Risiken ausgesetzt sind als die Arbeitgeber, was sich nachhaltig auf die Streikbereitschaft und Streikfähigkeit der Arbeitnehmer auswirkt. Eine derartige Betrachtung ist in die Paritätsbewertung mit einzubeziehen. Das Bundesarbeitsgericht ist in seiner Aussperrungsentscheidung vom 10.06.1980[644] ebenfalls davon ausgegangen, dass den Gewerkschaften die Angreiferrolle zukommt, die

---

[641] In diesem Sinne auch Heenen S. 175, der angibt, dass ein unfreiwilliges Ausscheiden auf Grund eines Arbeitskampfes leicht nachzuweisen wäre.
[642] Bertelsmann S. 261; Zachert/Metzke/Hammer S. 133.
[643] Wolter in Däubler Rn. 280 vd spricht davon, dass die hohe Arbeitslosenzahl die Arbeitnehmer *„in hohem Maße diszipliniert"*.
[644] BAG 10.06.1980 AP Nr. 64 zu Art. 9 GG Arbeitskampf.

auch notwendig und gerechtfertigt ist. Nicht berücksichtigt wurden allerdings die Risiken, die sich für die einzelnen Arbeitnehmer ergeben. Der Verlust des Arbeitsplatzes für die einzelnen Arbeitnehmer war nicht derart gravierend wie heute, ebenfalls nicht der im Rahmen der Globalisierung stattfindende Wettbewerb und Konkurrenzdruck der Unternehmen untereinander, der sich negativ auf deutsche Arbeitskräfte auswirkt. Es handelt sich um Folgen, die in unmittelbarem Zusammenhang mit dem Arbeitskampf stehen, auf den die Arbeitnehmer aber angewiesen sind, um eine einseitige Festsetzung der Arbeits- und Wirtschaftsbedingungen durch die Unternehmer zu verhindern. Ohne das Druckmittel des Streiks wird die Tarifautonomie nicht gewährleistet, die Arbeitnehmer folglich einem Diktat der Unternehmen unterworfen. Man kann den Arbeitnehmern jedoch nicht den Kampf zubilligen, ohne die damit untrennbar verbundenen Folgen zu berücksichtigen.

4. Die Finanzierung des Arbeitskampfes

Neben den bisher angesprochenen Punkten stellt die Finanzierung eines Arbeitskampfes einen den Streik begrenzenden Faktor dar.[645] Es versteht sich fast von selbst, dass ein Arbeitskampf ohne ausreichende finanzielle Mittel nicht geführt werden kann oder zumindest von Anfang an unter keinem guten Stern steht. Eine Gewerkschaft ohne Vermögen ist in der Bundesrepublik Deutschland kampfunfähig. Die Leistungen, welche die Gewerkschaften bei Arbeitskämpfen erbringen, können beträchtliche Summen erreichen. Einen großen Teil davon macht vor allem die an die streikenden Arbeitnehmer zu erbringende Streikunterstützung aus. Selbstverständlich gilt das Argument der finanziellen Belastung genauso für die Arbeitgeber und Arbeitgeberverbände. Auch hier spielen die finanziellen Mittel eine wesentliche Rolle im und für den Ausgang eines Arbeitskampfs. Auch ein Unternehmen kann einen Arbeitskampf nicht unbegrenzt durchstehen. Zur Verdeutlichung der im Arbeitskampf zu erbringenden Leistungen folgende Zahlen:

- Der im Jahre 1971 stattgefundene Arbeitskampf in der Metallindustrie hat die IG Metall ca. 75 bis 80 Millionen DM gekostet. Dies entsprach in etwa 53 % der Einnahmen aus Mitgliedsbeiträgen bzw. dem 2,5fachen des Jahresüberschusses.[646]
- Der Streik in der Chemieindustrie 1971 kostete ca. 10 Millionen DM.[647]
- Im Arbeitskampf 1976 musste die IG Druck und Medien allein 32,8 Millionen DM an Streikunterstützung zahlen.[648]

---

645 BAG 10.06.1980 AP Nr. 64 zu Art. 9 GG Arbeitskampf; Heneen S. 87 ff.; Treber S. 435.
646 Bertelsmann S. 265.
647 Bertelsmann S. 265.
648 Hindrichs/Mäulen/Scharf S. 283.

- Im Jahre 1978 musste die IG Metall ca. 130 Millionen DM an Streikkosten aufbringen.[649]
- In der bisher härtesten und schwersten Tarifauseinandersetzung in der Bundesrepublik Deutschland im Jahre 1984 hatte die IG Metall Streikkosten in Höhe von ca. 500 Millionen DM zu tragen.[650] Davon entfielen allein 325 Millionen DM auf Unterstützungsleistungen streikender und ausgesperrter Arbeitnehmer. 33 Millionen DM beliefen sich auf organisatorische Arbeitskampfkosten und 144 Millionen DM stellten den Zinsausfall dar.[651] Den Arbeitgeberverbänden ist diesbezüglich ein finanzieller Schaden von sogar 640 Millionen DM entstanden.[652]
- Die ÖTV hatte für einen elftägigen Streik im Jahr 1992 allein mindestens 200 Millionen DM an Streikunterstützung zu zahlen.[653]

Diese Zahlen zeigen, dass sowohl Gewerkschaften als auch Arbeitgeberverbände erhebliche Streikzahlungen zu leisten haben. Bei der Durchführung eines kurzen Arbeitskampfes dürften Unterstützungszahlungen keine nennenswerten Probleme darstellen. Lang andauernde Streiks oder Aussperrungen dagegen könnten jedoch die finanzielle Belastbarkeit der Gewerkschaften an ihre Grenzen stoßen und zu einem „*finanziellen Ausbluten*“ der Gewerkschaften führen.[654] *Löwisch*[655] stellte fest, dass die finanzielle Situation der Gewerkschaften zum schwachen Punkt der Arbeitskampfrechtsordnung werden könnte. Folglich hat auch das Bundesarbeitsgericht im Rahmen der Bewertung der Aussperrung der finanziellen Situation der Gewerkschaften Bedeutung zugemessen. Es erkennt, dass die finanzielle Belastung die Gewerkschaften an die Grenze der Leistungsfähigkeit drängt und damit zum Einlenken zwingen kann.[656] Diese Überlegung des Bundesarbeitsgerichts hat dazu geführt, die Aussperrung zahlenmäßig zu begrenzen, da die Belastungen durch Unterstützungszahlungen derart einschneidend sind, dass Aussperrungen ab einem bestimmten Punkt nicht mehr erforderlich sind.[657]

---

[649] Bertelsmann S. 265.
[650] Hindrichs/Mäulen/Scharf S. 434.
[651] Benda S. 49.
[652] Otto in Mü-Hb § 282 Rn. 45.
[653] Otto in Mü-Hb § 282 Rn. 45.
[654] Bertelsmann S. 274 ff..
[655] Löwisch RdA 1980, 8; relativ schwer zu ermitteln ist jedoch, über welches Vermögen die Gewerkschaften generell verfügen. Vgl. hierzu Heenen S. 187 f..
[656] BAG 10.06.1980 AP Nr. 64 zu Art. 9 GG Arbeitskampf.
[657] Heenen S. 186 ff. hat daher vorgeschlagen, die Aussperrungsbefugnis der Arbeitgeber an den Stand der gewerkschaftlichen Streikkassen zu binden. Sofern sich die finanzielle Lage der Gewerkschaften verschlechtere, würden sich damit einhergehend die Streikschäden vermindern und dementsprechend würde ein relevantes Interesse an der Durchführung der Aussperrung entfallen. Dieser Ansatz begegnet erheblichen Bedenken. Wie soll festgestellt werden,

Mit dem zunehmenden und anhaltenden Mitgliederschwund ist zugleich ein geringeres Beitragsaufkommen der Gewerkschaften verbunden. Dies hat zugleich Auswirkungen auf die Finanzsituation der Gewerkschaften. Die Einnahmen der Gewerkschaften bestehen zum überwiegenden Teil aus den Beitragszahlungen ihrer Mitglieder. Diese machen in etwa 9/10 der laufenden Gesamteinnahmen aus.[658] Ab einer gewissen Grenze ist es den Gewerkschaften nicht mehr möglich, ihre Mitglieder zu unterstützen, was zur Folge haben könnte, allein aus finanziellen Gründen nicht mehr streikfähig zu sein.[659] Die Gewerkschaften darauf zu verweisen, die Beiträge der Mitglieder zu erhöhen, kann nicht der richtige Weg sein.[660] Eine Beitragserhöhung könnte zu einem weiteren Mitgliederschwund und damit zu noch geringeren finanziellen Einnahmen führen.[661]

Das Bundesarbeitsgericht hat festgestellt, dass eine Verschiebung des Kräftegleichgewichts nicht erst bei einem finanziellen Ruin einer Tarifvertragspartei durch den Arbeitskampf anzunehmen ist. *„Schon vorher, wenn die Bereitschaft zum Arbeitskampf im Blick auf die Liquiditätsentwicklung nicht mehr glaubhaft erscheint, werden gewerkschaftliche Forderungen weitgehend wirkungslos.“*[662] Schwierigkeiten bereitet jedoch die Feststellung, wann eine Gewerkschaft finanziell derart schwach ist, dass die Streikdrohung nicht mehr realistisch erscheint. Abzustellen ist hierbei auf das konkrete Vermögen, welches die Gewerkschaft im konkreten Arbeitskampf zur Verfügung hat.[663] In arbeitskampffreien Jahren hat die Gewerkschaft sicherlich finanzielle Rücklagen gesammelt, die für den Arbeitskampf zur Verfügung stehen. Lange andauernde und damit für die Gewerkschaft teure Streiks gab es in den letzten Jahren kaum. Der Annahme *Ruhlands* dürfte folglich zuzustimmen sein, wenn er behauptet, die Kampfkassen seien gut gefüllt.[664] Zu erkennen gilt jedoch, dass diese Rücklagen durch einen lang geführten Arbeitskampf oder mehrere Arbeitskämpfe in Folge aufgezehrt werden können und die Gewerkschaften damit in finanzielle Schwierigkeiten bringen. Führt die Gewerkschaft in einem Jahr einen Arbeitskampf durch, der ihre finanziellen Reserven stark angreift, ist es ihr durchaus nicht mehr möglich, im nächsten Jahr einen vergleichbaren Arbeitskampf zu führen, da sie mit leeren Kassen dasteht.

---

wann den die Gewerkschaften finanzielle Not erleiden. Hängt dies von ihrer subjektiven Sichtweise ab, ist dem Missbrauch Tür und Tor geöffnet. Dieser Ansatz ist daher nicht praktikabel und abzulehnen.

[658] Heenen S. 185.

[659] Plander DB 1987, Beilage 13 S. 6.

[660] So aber Zöllner DB 1985, 2455.

[661] BAG 10.06.1980 AP Nr. 64 zu Art. 9 GG Arbeitskampf; Wohlgemuth S. 135.

[662] BAG 10.06.1980 AP Nr. 64 zu Art. 9 GG Arbeitskampf.

[663] Heenen S. 90.

[664] Ruhland S. 132.

Geklärt ist damit aber immer noch nicht, wann denn die finanziellen Reserven aufgebraucht sind, mit der Folge, dass eine Gewerkschaft allein auf Grund dessen kapitulieren muss. *Bertelsmann*[665] hat für den Zeitraum von 1971 bis 1973 und 1974 bis 1976 eine Einnahmen/Ausgabenberechnung der IG Metall erstellt. In sämtlichen Zeiträumen musste die Gewerkschaft trotz Arbeitskämpfen keine Verluste verbuchen. Im Gegenteil, sie konnte noch einen Vermögenszuwachs verzeichnen. Auch *Heenen*[666] hat eine Gegenüberstellung der Einnahmen und Ausgaben der IG Metall für einen Zeitraum von 1971 bis 1985 vorgenommen und ist zum selben Ergebnis gekommen. Die Gewerkschaft musste in den stattfindenden Arbeitskämpfen erhebliche Zahlungen leisten, geriet deswegen aber nicht in finanzielle Schwierigkeiten. Die Finanzen der IG Metall wurden in den stattfindenden Arbeitskämpfen zwar erheblich belastet, jedoch gingen diese Belastungen nicht so weit, dass die Gewerkschaft keine Durchschlagskraft mehr besaß.[667] Hinzu kommt, dass Gewerkschaften auch Leistungen in Form von Spenden der DGB Gewerkschaften in Anspruch nehmen.[668] Bezüglich der Zahlen erscheint eine differenzierte Betrachtungsweise angebracht. Bei der IG Metall handelt es sich um eine sehr mitglieds- und finanzstarke Gewerkschaft. Kleine Gewerkschaften verfügen dagegen nicht über ein derartiges finanzielles Polster. Dies zeigte sich bereits bei der Gewerkschaft IG Druck, deren Aufwendungen für Arbeitskampfunterstützungen im Arbeitskampf 1976 die gesamten Einnahmen übertrafen. Dasselbe gilt für den Arbeitskampf 1984, der zu einer Vermögensminderung der Gewerkschaft führte. Allerdings kam es auch hier nicht zu einem finanziellen Zusammenbruch der Gewerkschaft, da diese durch Zuschüsse des DGB und durch Spenden unterstützt wurde.[669]

Nicht übersehen werden soll aber auch die finanzielle Belastung der Arbeitgeber bzw. der Arbeitgeberverbände. Auch diese können einen Streik nicht unbegrenzt lange durchhalten, geschweige denn jedes Jahr einen Arbeitskampf durchführen.[670] Die Arbeitgeber mögen zwar in der Regel über größere finanzielle Reserven bzw. das größere finanzielle Vermögen verfügen,[671] daraus kann jedoch nicht geschlossen werden, auf welcher Seite größere finanzielle Mittel zur Durchführung und Durchhaltung eines Arbeitskampfes vorhanden sind. Während die Gewerkschaften gezielt Gelder für den Arbeitskampf zur Verfügung haben, ist bei den Arbeitgebern das Vermögen zum überwiegenden Teil in

[665] Bertelsmann S. 270 f..
[666] Heenen S. 129 ff..
[667] Heenen S. 129 ff.; so auch Zöllner DB 1985, 2454.
[668] Heenen S. 140; Raiser S. 78; Hindrichs/Mäulen/Scharf S. 298.
[669] Vgl. Heenen S. 139 ff..
[670] Zöllner DB 1985, 2454; Seiter S. 284.
[671] Hindrichs/Mäulen/Scharf S. 434, was allerdings umstritten ist. Vgl. Raiser S. 78 f..

den zur Betriebsführung erforderlichen Einrichtungen gebunden. Nicht zu unterschätzen ist auch die Möglichkeit der Unterstützung durch die Arbeitgeberverbände, denen aber wiederum eine Unterstützung der Gewerkschaften durch den DGB gegenübersteht.
Beide Seiten sind im Ergebnis finanziellen Belastungen ausgesetzt. Die Arbeitnehmerseite mag nach eben Gesagtem einem höheren finanziellen Risiko ausgesetzt sein als die Arbeitgeberseite. Jedoch ist auch dieses Risiko begrenzt. Zum Einen wurde die Aussperrung durch das Bundesarbeitsgericht quotenmäßig begrenzt, was die Gewerkschaften nunmehr in die Lage versetzte, ihre Kosten im Arbeitskampf einigermaßen zu kalkulieren. Zum Anderen hat sich in der Vergangenheit gezeigt, dass auch lange und kostenintensive Arbeitskämpfe nicht zu einer finanziellen Niederlage der Gewerkschaften geführt haben.[672] Der Dauer eines Streiks müssen auch zeitliche Grenzen gesteckt werden. Das Streikrecht kann nicht derart ausgerichtet sein, dass die Gewerkschaften jederzeit einen langen Arbeitskampf führen bzw. durchstehen können. Dies würde zu einer Verschiebung des Kräftegleichgewichts zu Lasten der Arbeitgeberseite führen. Wenn diese Grenzen nunmehr in den finanziellen Verhältnissen liegen, ist dies hinzunehmen, zumal die Gewerkschaften nicht derart geschwächt sind, dass sie nicht einmal in der Lage wären, einen Arbeitskampf zu führen,[673] und zumal das Bundesarbeitsgericht der finanziellen Situation der Gewerkschaften bereits im Rahmen der Paritätsbetrachtung in den Aussperrungsentscheidungen Rechnung getragen hat. Eine Störung der Arbeitskampfparität ist daher im Ergebnis durch die finanzielle Belastung der Gewerkschaften in einem Arbeitskampf nicht gegeben.

5. Erosion von Normalarbeitsverhältnissen

Bei der vertraglichen Gestaltung von Arbeitsverhältnissen zeigt sich immer öfter, dass der Trend vom Normalarbeitsverhältnis weggeht. Unter einem Normalarbeitsverhältnis versteht man allgemein ein auf unbestimmte Dauer vereinbartes Vollzeitarbeitsverhältnis.[674] Immer öfter schließen Arbeitgeber mit neu eingestellten Arbeitnehmern Teilzeitverträge, bieten lediglich befristete Arbeitsverhältnisse von einem oder zwei Jahren an oder beschäftigten Leiharbeitnehmer. Teilzeit- und Befristungsverträge sind heute schon fester Bestandteil der arbeitsrechtlichen Vertragsgestaltung und aus dem Arbeitsrecht gar nicht mehr wegzudenken. Laut der Gesetzesbegründung gab es 1999 in der Bundesrepublik Deutschland nach Angaben des Statistischen Bundesamtes bei

[672] Dazu bereits Heenen S. 129 ff.; Bertelsmann S. 270; Zöllner DB 1985, 2454; Scholz/Konzen S. 193 f..
[673] Dies bedingt momentan auch der hohe Mitgliederschwund nicht, zumal dafür wieder die Gewerkschaften selbst verantwortlich sind.
[674] Plander „Normalarbeitsverhältnis" Rn. 1.

32,5 Millionen abhängig Erwerbstätigen rund 6,3 Millionen Teilzeitbeschäftigte, davon nach Angaben der Bundesanstalt für Arbeit rund 4,3 Millionen sozialversicherungspflichtig Beschäftigte. Daraus errechnet sich eine Teilzeitquote von 19,5 %.[675]
Zu den befristeten Arbeitsverhältnissen wird in der Gesetzesbegründung ausgeführt: *„Von den 28,4 Millionen Arbeitnehmern hatten im Jahre 1999 2,34 Millionen Arbeitnehmer einen befristeten Arbeitsvertrag. Dies entspricht einer Befristungsquote von 8,3 Prozent (alte Bundesländer: 7,1 Prozent, neue Bundesländer: 13,1 Prozent). Zum Vergleich: Im Jahre 1985 betrug die Befristungsquote in den alten Bundesländern 5,4 Prozent, im Jahre 1999 in Gesamtdeutschland 6,3 Prozent (alte Bundesländer: 5,1 Prozent, neue Bundesländer: 10,3 Prozent).“*[676]
Auf Seiten des Arbeitgebers besteht ein großes Interesse an dem Abschluss von befristeten Arbeitsverhältnissen vor allem dann, wenn nur ein vorübergehender Bedarf für eine Arbeitskraft vorliegt, oder wenn die Dauer des Bedarfs unsicher ist. Der Arbeitgeber erreicht dadurch zunehmend eine Flexibilisierung seiner Beschäftigten, da er nicht mehr auf Dauer an einen bestimmten Arbeitnehmer gebunden ist. Er ist in der Lage, seinen Bedarf an Arbeitskräften je nach wirtschaftlicher Situation und je nach Bedarf zu erweitern oder zu reduzieren. Auch auf Seiten der Arbeitnehmer kann durchaus ein Interesse an einem befristeten Arbeitsvertrag bestehen.[677] Dennoch ist davon auszugehen, dass ein unbefristeter Vertrag mit der Möglichkeit der Kündigung in der Regel für die Arbeitnehmer vorteilhafter ist als ein befristeter Arbeitsvertrag. Dies vor allem auch im Hinblick darauf, dass bei dem Abschluss eines befristeten Arbeitsvertrages die Sicherheit des Arbeitsplatzes nicht gewährleistet ist. Der Arbeitnehmer muss immer damit rechnen, dass sein Arbeitsvertrag entweder nicht oder erneut nur befristet verlängert wird.[678] Der Gesetzesbegründung ist zu entnehmen, dass in der Zeit zwischen den Jahren 1988 und 1992 rund die Hälfte der befristeten Arbeitsverträge nach dem Beschäftigungsförderungsgesetz in unbefristete Arbeitsverhältnisse übergegangen sind.[679] Wie aber derartige Zahlen heute aussehen, ist nicht ersichtlich.

---

675 BT-Drucks. 14/4374 S. 11.
676 BT-Drucks. 14/4374 S. 12.
677 Nach der EUROSTAT Arbeitskräfteerhebung für die Jahre 1995 bis 2000 sind in Deutschland nur etwa 10 % aller befristet Beschäftigten Arbeitnehmer unfreiwillig befristet tätig. Dennoch sind aber zahlreiche befristet eingestellte Arbeitnehmer mit ihrer Situation nicht zufrieden und beklagen vor allem den Aspekt des unsicheren Arbeitsplatzes. Annuß/Thüsing Rn. 18.
678 Eine rechtliche Kontrolle derartiger Verträge wird anhand des am 01.01.2001 in Kraft getretenen Teilzeit- und Befristungsgesetzes vorgenommen.
679 BT-Drucks. 14/4374 S. 12.

Besonderes Augenmerk soll aber der Frage gewidmet werden, wie sich Teilzeit- und Befristungsarbeitsverhältnisse auf die Streikfähigkeit der Gewerkschaften auswirkt. Wie bereits dargestellt, kann eine Gewerkschaft einen effektiven Streik nur mit einer breiten Unterstützung der Arbeitnehmer ausführen. Weist ein Betrieb viele Arbeitnehmer auf, die lediglich einen befristeten Arbeitsvertrag haben oder nur in Teilzeit arbeiten, so müssen auch diese Personen zu einer Arbeitsniederlegung motiviert und organisiert werden. Dies wird der Gewerkschaft wesentlich schwerer fallen als bei Arbeitnehmern, die in einem unbefristeten Arbeitsverhältnis stehen.
Arbeitnehmer, die lediglich einen befristeten Arbeitsvertrag vorweisen können, haben keinen gesicherten Arbeitsplatz. Nach Ablauf der Befristung ist das Arbeitsverhältnis zunächst erloschen und der Arbeitnehmer wieder arbeitssuchend. Der Arbeitgeber kann den Arbeitnehmer aber auch in ein unbefristetes Arbeitsverhältnis übernehmen oder das bereits bestehende Arbeitsverhältnis im Rahmen der gesetzlichen Regelungen abermals befristen. Diese Maßnahmen werden vom Arbeitgeber aber nur ergriffen, wenn dieser mit dem Arbeitnehmer selbst und dessen Leistungen zufrieden ist. Eine Beteiligung des Arbeitnehmers an einem in der Vergangenheit liegenden Streik dürfte sich in diesen Fällen negativ auf dessen Bewertung auswirken. Bei befristet Beschäftigten besteht immer die Hoffnung, nach Ablauf der Befristung in ein unbefristetes Arbeitsverhältnis übernommen zu werden. Mit Hinblick auf dieses Ziel werden sie in der Regel nichts unternehmen, was dem schaden könnte. Dazu gehört auch die Teilnahme an einem Streik bzw. in diesem Fall die Nichtteilnahme. Bei befristet Beschäftigten ist die Angst um den Verlust des Arbeitsplatzes groß, so dass es schwer ist, derartige Arbeitnehmer zu einer Streikteilnahme zu mobilisieren.[680] Die Streikbereitschaft von befristet Beschäftigten geht sogar *„deutlich gegen Null*“.[681] Zugleich wächst auf der anderen Seite die Bereitschaft, Streikarbeiten auszuführen. Letztlich geht es darum, sich dem Arbeitgeber gegenüber loyal zu verhalten und seine Chancen auf eine Verlängerung des Arbeitsvertrages zu verbessern oder sogar den Abschluss eines unbefristeten Arbeitsvertrages zu erreichen.

Bei den Teilzeitbeschäftigten ergibt sich das Hindernis, dass diese im Vergleich zu den Vollzeitbeschäftigten nicht in gleicher Weise in den Betrieb eingegliedert sind. Dies ruft Kommunikationsprobleme mit dem Betriebsrat, den Kollegen und der Gewerkschaft hervor. Die Beteiligung an einem Warnstreik kann bei Teilzeitbeschäftigten bereits daran scheitern, dass diese gar nicht im Betrieb sind. Nicht nur, dass befristet Beschäftigte oder Teilzeitbeschäftigte sich in der Regel nicht an einer Arbeitsniederlegung beteiligen werden. Erschwerend

[680] Wolter in Däubler Rn. 889 e; Gamillscheg S. 971; Gegenwart S. 29.
[681] Plander DB 1987, Beilage Nr. 13 S. 8; so auch Gegenwart S. 29 f..

kommt hinzu, dass sie bereits den Beitritt zur Gewerkschaft scheuen. Der Grund mag darin liegen, dass sie *„dies angesichts der begrenzten Dauer ihrer Arbeitsverhältnisse und der Unsicherheit über ihr späteres Schicksal nicht für lohnend halten mögen“*.[682] Damit geht zugleich ein Mitgliederschwund und ein wirtschaftlicher Verlust in Form der Gewerkschaftsbeiträge einher. Selbst in den Unternehmen, in denen überwiegend Normalarbeitsverhältnisse bestehen, dürfte es schwer sein, die breite Masse der Arbeitnehmer zu erfassen und zum Streik zu mobilisieren. Dies wird zunehmend erschwert durch das Vorherrschen von flexiblen Arbeitszeiten in einem Betrieb. Dort, wo in einem Betrieb viele verschiedene Arbeitszeiten vereinbart sind, ist ein Streik ungleich schwerer zu organisieren und aufrecht zu erhalten als dort, wo die gesamte Belegschaft zum selben Zeitpunkt die Arbeit aufnimmt.[683]

Ein weiterer Aspekt ist die zunehmende Verbreitung von Tele- oder Heimarbeit. Eine allgemeingültige Definition des Begriffs der Telearbeit ist schwierig. In der Literatur finden sich dazu mehrere Vorschläge.[684] Allgemein gesprochen ist Telearbeit jede auf Informations- und Kommunikationstechnik gestützte Tätigkeit, die ausschließlich oder zeitweise an einem außerhalb der zentralen Betriebsstätte liegenden Arbeitsplatz verrichtet wird. Telearbeit tritt in den verschiedensten Formen auf. Sie kann z.B. in der Wohnung des Mitarbeiters (heimbasierte Telearbeit) oder auch unterwegs (mobile Telearbeit) erbracht werden. Überwiegend wird diese in einer alternierenden Form derart ausgeübt, dass der Beschäftigte einen Teil seiner Arbeit zu Hause erbringt und einen Teil an seinem Arbeitsplatz im Betrieb.[685] Ebenso setzen manche Arbeitgeber ihre Mitarbeiter bei ihren Kunden ein, wobei die gesamte Ausstattung, mit der diese arbeiten, dem eigenen Arbeitgeber gehört (On-Site-Telearbeit). Schließlich kann Telearbeit auch ausgeführt werden, indem Telearbeitsplätze in Telecentern gebündelt werden.[686]
In der Bundesrepublik Deutschland liegt die Telearbeit im Vergleich zu anderen europäischen Ländern etwa im Mittelfeld. Dennoch gewinnt sie zunehmend an Bedeutung für Beschäftigte und Unternehmen. 12,6 % der Erwerbstätigen sind auf Telearbeitsplätzen beschäftigt. Dies ist eine beachtliche Steigerung, wenn man sich die Prozentzahlen in den zurückliegenden Zeiträumen vergegenwär-

---

682 Plander DB 1987, Beilage Nr. 13 S. 6.
683 Wolter in Däubler Rn. 889 g; Däubler „Gewerkschaftsrechte“ Rn. 667.
684 Vgl. die tabellarische Aufstellung bei Gattermann-Kasper S. 15 ff..
685 Ruhland S. 107 ff..
686 Vgl. zu den unterschiedlichen Arten der Telearbeit Ruhland S. 107 ff.; Schierbaum S. 24 ff.; www.bremer. cx/paper2/; www.bmwa.bund.de.

tigt. 1994 lag die Zahl bei 1,4 % und 1999 bei 6,0 %.[687] Diese Art der Arbeitsplatzgestaltung ist aus dem heutigen Arbeitsleben nicht mehr wegzudenken. Telearbeit kann sowohl mit Vor- als auch mit Nachteilen für die Beschäftigten verbunden sein. Vorliegend ist allerdings lediglich von Interesse, ob und wie sich eine derartige Arbeitsform auf die Arbeit der Gewerkschaften und ihre Streikfähigkeit auswirkt.
Durch die Auslagerung von Arbeitsplätzen und die fehlende persönliche Anwesenheit der einzelnen Beschäftigten im Betrieb sind die Gewerkschaften nicht direkt in der Lage, Einfluss zu nehmen. Der Informationsfluss erfolgt hier nur über Telekommunikationsmittel wie Telefon, E-Mail und Internet. Dies gilt zugleich auch für die Kommunikation mit anderen Kollegen. Die Teilnahme am Betriebsleben entfällt und damit auch der unmittelbare persönliche Kontakt mit den Arbeitskollegen. Die Gewerkschaftsarbeit wird dadurch erschwert. Derartige Arbeitnehmer sind schwer(er) zu einem Streik zu mobilisieren, allein auf Grund dessen, dass sie schwerer zu erreichen sind und auch nicht unmittelbar mit den Arbeitsbedingungen im Betrieb konfrontiert sind. Derartige Probleme stellen sich beim „klassischen" Arbeitnehmer nicht.
Welche Bedeutung allerdings den Telearbeitsplätzen für die Arbeitskampfparität zukommt oder in der Zukunft zukommen wird, lässt sich noch nicht abschließend sagen. Es handelt sich, zumindest zum momentanen Zeitpunkt, um einen Bereich, der überwiegend von Angestellten ausgeübt wird. Lediglich beispielhaft werden im Folgenden Arbeiten aufgezählt, in denen Telearbeit vorkommt bzw. Aufgaben, die für Telearbeit als geeignet angesehen werden: Sekretariatsdienste, Sachbearbeitung, Buchhaltung, Erstellen von Konzepten, Prospekten, Studien, Verfassen von Reden und Beiträgen, Vorbereitung von Joint Ventures, Zusammenfassung von Rohdaten in Tabellen und Diagrammen, PR-Tätigkeiten, Forschungstätigkeiten.[688]
Hierbei handelt es sich nicht um die klassischen streikbetroffenen Betriebe, wie der Metall-, Elektro- oder Chemieindustrie. *Ruhland*[689] misst daher der Telearbeit noch keine Bedeutung für die Arbeitskampfparität zu. Dies mag zur Zeit durchaus richtig sein, doch sollte die weitere Entwicklung nicht aus den Augen verloren werden. Zukünftig kann sich die Telearbeit auch in anderen Branchen ausbreiten und immer mehr an Gewicht gewinnen. Dann wird die Frage nach der Beeinträchtigung der Arbeitskampfparität wieder aktuell. Eine Verneinung der Verschiebung der Parität zu Lasten der Gewerkschaften kann dann nicht mehr so pauschal behauptet werden.

---

687 Zu den Prozentangaben und den Zahlen im europäischen Vergleich www.AuS-innovativ.de Stand 16.06.2004 sowie Schierbaum S. 31.
688 Vgl. dazu Gattermann-Kasper S. 132 Abbildung 19 und Abbildung 20; Schierbaum S. 30.
689 Ruhland S. 109.

Als Ergebnis ist festzuhalten, dass jedenfalls die Erosion des Normalarbeitsverhältnisses die Bedingungen einer gewerkschaftlichen Interessenorganisierung und somit auch die Streikfähigkeit erschwert.

6. Der Einfluss der öffentlichen Meinung auf Arbeitskämpfe

Bei der Durchführung eines Arbeitskampfes und der Einschätzung der Chancengleichheit spielt die öffentliche Meinung eine bedeutende Rolle.[690] Über die Durchführung von Arbeitskämpfen und die von den Gewerkschaften erhobenen Forderungen wird in Presse, Fernsehen und Rundfunk berichtet. Derartige Veröffentlichungen und Kommentierungen und die damit zusammenhängenden Stimmungslagen in der Öffentlichkeit haben – wenn auch nur mittelbar – als Rahmenbedingungen auf die Verhandlungsplanung durchaus Gewicht. Dies kann z.B. dadurch geschehen, dass man aus Angst vor negativen Schlagzeilen teilweise von Forderungen absieht bzw. schneller Kompromisse eingeht, um die Kampfmaßnahmen schnell zu beenden.[691] Dagegen können positive Meldungen die Streikenden in ihrer Kampfkraft stärken, wenn auch in der Öffentlichkeit der Eindruck besteht, dass für eine „gute Sache" gekämpft wird.
Die Auswirkungen und Folgen der öffentlichen Meinung auf einen Arbeitskampf sind schwer abzuschätzen. *Kissel*[692] ist der Ansicht, dass sich keine eindeutige Tendenz der öffentlichen Meinung zu Gunsten oder zu Lasten einer Arbeitskampfpartei ergibt. Er geht daher davon aus, dass die öffentliche Meinung nicht in die Paritätsbetrachtung mit einbezogen werden kann. Ähnlich argumentiert *Seiter*,[693] indem er behauptet, es ließe sich nicht feststellen, dass die öffentliche Meinung eindeutig zu Gunsten einer Seite ausschlägt. Dies hänge im Wesentlichen von den Kampfforderungen und Kampfzielen ab. Ungeklärt sei aber auch, welche Auswirkungen eine negative öffentliche Meinung auf das Kampfverhalten der Kämpfenden hat. Fest steht seiner Ansicht nach aber, dass eine positive öffentliche Meinung als Rückendeckung den Kämpfenden gelegen kommt.
Diesen ablehnenden Auffassungen kann nicht zugestimmt werden. Die öffentliche Meinung darf nicht unberücksichtigt bleiben, da sie durchaus Einfluss auf das Verhalten der Arbeitskampfparteien hat. Empirische Untersuchungen und Umfragen zeigen, dass sich der Einfluss der öffentlichen Meinung überwiegend

[690] Zachert/Metzke/Hamer S. 152; Benda S. 234; Bertelsmann S. 308; Seiter S. 160; Wolter in Däubler Rn. 889; Hindrichs/Mäulen/Scharf S. 435 ff.; dies. in Muhr S. 80; Wohlgemuth AuR 1978, 325 ff.; Ramm in FS Abendroth 1968, 301 ff.; Kittner S. 1.
[691] Kissel § 32 Rn. 45.
[692] Kissel § 32 Rn. 45.
[693] Seiter S. 287.

zu Lasten der Gewerkschaften auswirkt.[694] Bei einer Umfrage aus dem Jahre 1976 zeigte sich, dass lediglich ca. 19 % der Bevölkerung positiv einem Streik gegenüberstehen, ca. 70 % waren gegen die Durchführung von Streiks.[695] Auch die Presse und die Medien stehen einem Streik ablehnend gegenüber. Zeitungsartikel weisen überwiegend negative und streikfeindliche Tendenzen auf.[696] Dies mag auch daran liegen, dass Zeitungsverlage Unternehmen sind, die den Gewerkschaften gegenüberstehen.[697] Dem Einfluss der öffentlichen Meinung sind sich auch die Kampfparteien bewusst, die in einer Tarifauseinandersetzung versuchen, die öffentliche Meinung für sich zu gewinnen und auf ihre Seite zu ziehen.[698]

Für eine negative Bewertung des Streiks in den öffentlichen Medien sprechen mehrere Umstände. Bereits der Ausgangspunkt der Gewerkschaften ist ein schlechterer als der der Arbeitgeber. Die Gewerkschaften stehen in einem Arbeitskampf bzw. bereits im Vorfeld als die Fordernden, als Angreifer dar.[699] Sie verlangen etwas und müssen dafür Druck auf die Gegenseite ausüben. Die Arbeitgeber dagegen sind die Betroffenen, die Opfer, von denen etwas gefordert wird. Greifen diese zum Kampfmittel der Aussperrung, so wird diese als Abwehraussperrung bezeichnet. Bereits die Wortwahl impliziert die bessere Ausgangslage der Arbeitgeber, die nur etwas abwehren, sich nur verteidigen wollen.[700] Man kann fast vom Notwehrcharakter[701] der Aussperrung sprechen. Streik und Arbeitskampf stehen daher schon allein aus der Wortlautinterpretation in einem schlechten Licht da. Die Gewerkschaften müssen jedoch zum Mittel des Streiks greifen oder zumindest mit einem solchen drohen, um den wirtschaftlichen Druck zu erhöhen. Sie müssen in der Wirtschaftswelt die notwendigen Anpassungen an die sich ständig verändernden Verhältnisse vornehmen. Die Arbeitgeber dagegen sind in der Regel mit der Beibehaltung des Status quo zufrieden.

---

694 Wohlgemuth S. 153; ders. AuR 1978, 327; Zachert/Metzke/Hamer S. 152 ff.; Bertelsmann S. 308; Hindrichs/Mäulen/Scharf S. 435; Herzog Der ArbG 1962, 618 unter Bezugnahme auf den Arbeitskampf 1962 in der papiererzeugenden Industrie.

695 Wohlgemuth AuR 1978, 327

696 Dazu Wohlgemuth AuR 1978, 328; genannt werden mehrere Beispiele aus den 70er Jahren, in denen Autoren bei Arbeitskämpfen mehrere Tages- und Wochenzeitungen untersuchten und feststellten, dass die negativen Meldungen die positiven deutlich überwiegen.

697 Bertelsmann S. 310.

698 Vgl. Wohlgemuth S. 155; Kittner S. 1.

699 Zachert/Metzke/Hamer S. 156; Wohlgemuth AuR 1987, 327; Nikisch II S. 96; Seiter S. 163; Ramm in FS. Abendroth 1968, 302; Zöllner DB 1985, 2450.

700 Bertelsmann S. 310 Fn. 226 unter Bezugnahme auf Matthöfer: „*Fordern ist nicht nur strategisch ungleich schwieriger als vorhandenen Besitzstand zu verteidigen, es ist auch psychologisch schwerer verständlich zu machen.*“

701 Bertelsmann S. 312.

Weiterhin werden Streiks immer noch als gemeinschädlich und unerwünscht angesehen. Sie verursachen volkswirtschaftliche Schäden und sind mit Nachteilen für die Allgemeinheit verbunden. Mit Arbeitskämpfen werden immer negative Auswirkungen verbunden. So hat das Bundesarbeitsgericht ausgesprochen, dass Arbeitskämpfe *„im allgemeinen unerwünscht sind, da sie volkswirtschaftliche Schäden mit sich bringen und den im Interesse der Gesamtheit liegenden sozialen Frieden beeinträchtigen"*.[702] Diese negativen Auswirkungen sind jedoch in der Regel nicht zu vermeiden, wenn nicht der Arbeitskampf als Druckmittel auf den Tarifvertragsgegner in seiner Hilfsfunktion für die Tarifautonomie wirkungslos werden soll. In Zeiten schwacher Wirtschaft und hoher Arbeitslosigkeit erscheinen Streiks in der Öffentlichkeit als noch schädlicher. Das Unverständnis für die Forderungen der Arbeitnehmer steigt in derartigen Fällen an, was zusätzlich durch Stellungnahmen von Wirtschaftsexperten, Wirtschaftsforschungsinstituten oder der Regierung verstärkt wird, die zur Mäßigung in der Lohnpolitik auffordern.[703]

Auch jüngst zeigte sich, dass Arbeitskämpfen allgemein negativ begegnet wird. Als Beispiel ist der Metallerstreik der IG Metall in Ostdeutschland im Jahre 2003 zu nennen. In den Bundesländern Sachsen, Brandenburg und Berlin kam es zu einem vierwöchigen Streik in der Metall- und Stahlindustrie um die Einführung der 35-Stunden-Woche. Dieser Streik löste eine Welle der Entrüstung aus und wurde von Vertretern der Wirtschaft, der Medien und der Politik als wahnsinnig angesehen. Es war die Rede davon, dass dieser Streik die wachsende Arbeitslosigkeit fördere, die Wettbewerbsfähigkeit der Wirtschaft angreife und es sich nicht mehr um einen nachvollziehbaren Konflikt handele[704], die Gewerkschaften zu viel Macht besäßen und das Streikrecht beschnitten werden müsse. Die öffentliche Meinung war vernichtend für die IG Metall. Dabei wollten die ostdeutschen Gewerkschaften lediglich eine Anpassung der Arbeitszeiten an den Westen erreichen.[705] Die IG Metall war durch eine derartig negative Medienkampagne sichtbar eingeschüchtert und erstrebte folglich eine schnelle Einigung. Die drei Stunden, die im Osten mehr gearbeitet werden, sollten nunmehr für die Qualifizierung der Beschäftigten verwendet werden. Der Streik war damit (im Prinzip ohne Ergebnis) beendet bzw. wurde abgebrochen. Dies stellte die größte Niederlage der Gewerkschaften seit Jahrzehnten dar.
Die Schuld für die Niederlage ist selbstverständlich nicht ausschließlich in der negativen öffentlichen Meinung zu sehen. Sie ist lediglich einer von vielen Aspekten, die bei den Erfolgsaussichten eines Streiks eine Rolle spielen. Nach der Niederlage wurde vermehrt die Tatsache angeführt, dass es unterlassen

---

702 BAG 28.01.1955 AP Nr. 1 zu Art. 9 GG Arbeitskampf = BAGE 1, 292 (300).
703 Zachert/Metzke/Hamer S. 156.
704 „Der Spiegel" Heft Nr. 17/2005 S. 28.
705 Vgl. dazu www.wsws.org/de/2003/jun2003/igm-28.shtml.

wurde, Arbeitnehmer aus dem Westen zu mobilisieren, um die streikenden Ostkollegen zu unterstützen. Den Arbeitskampf hätte man unter keinen Umständen allein im Osten führen dürfen, sondern nur als gesamtdeutschen Kampf der Metaller. Eine derartige Fallkonstellation spricht zutreffend die Problematik des Sympathiestreiks an. Der Unterschied zu den Entscheidungen des Bundesarbeitsgerichts liegt darin, dass hier nur eine Gewerkschaft auftritt. Zu beachten ist aber, dass die Metaller im Westen keine eigenen Forderungen erheben würden. Für sie ist die 35-Stunden-Woche bereits seit Jahren existent. Die Unterstützung der Kollegen im Osten ist rechtmäßig, wenn die IG Metall im Osten alleine keinen effektiven Arbeitskampf führen kann.
Aber auch die Mobilisierung der Arbeitnehmer im Osten funktionierte nicht optimal. Von den 284.000 Mitgliedern im Osten wurden nur etwa 10.000 in den Arbeitskampf einbezogen. Weiterhin gab es innerhalb der Gewerkschaftsführung zahlreiche Unstimmigkeiten, so dass keine geschlossene Führung erzielt werden konnte.[706]

All diese Punkte bergen die Gefahr, dass die Verhandlungsposition der Gewerkschaften von vornherein als schlechter gegenüber der Position der Arbeitgeber anzusehen sind. Die öffentliche und die veröffentlichte Meinung ist folglich durchaus geeignet, streikende Arbeitnehmer und Gewerkschaften zum Nachgeben zu veranlassen. Es ist nicht von der Hand zu weisen, dass damit ihre Verhandlungsposition beeinträchtigt ist.

7. Die Regelung des § 146 SGB III (§ 116 AFG a.F.)

Eines der wichtigsten Elemente für das Gleichgewicht zwischen den Verhandlungspartnern ist die Neutralität des Staates. Gesetzgeber, Verwaltung, Gerichte dürfen nicht für die eine oder andere Seite Partei ergreifen.[707] Dies gilt sowohl bei Tarifverhandlungen als auch gegenüber dem Arbeitskampf. Die Koalitionen sollen in eigener Verantwortung und ohne staatliche Einflussnahme die Lohn- und Arbeitsbedingungen selbständig festlegen.[708] Die staatliche Neutralität verbietet es dem Staat, einseitig zu Gunsten einer Partei mittels hoheitlicher Maßnahmen in den Arbeitskampf einzugreifen.[709] Die staatliche Neutralitätspflicht gilt jedoch nicht unbegrenzt. Sie findet dort ihre Grenzen, wo es um die Wahrung und Durchsetzung der Rechtsordnung geht.[710] Es herrscht keine

---

[706] Zum Streik in der ostdeutschen Metallindustrie Kittner S. 692 ff..
[707] Kissel § 75 Rn. 1; Hueck/Nipperdey II 2 S. 927.
[708] Colneric in Däubler Rn. 755.
[709] Scholz/Konzen S. 181; Seiter S. 173 ff.; Brox/Rüthers Rn. 162; Hueck/Nipperdey II 2 S. 927.
[710] Kissel § 75 Rn. 4; Bertelsmann S. 232; Brox/Rüthers Rn. 162; Seiter S. 175; Scholz/Konzen S. 183 Hueck/Nipperdey II 2 S. 928; Wank in FS Kissel 1994, 244.

„*passive Neutralität*“, die dem Staat eine „*Nachtwächterrolle*“ zuspricht.[711] Vielmehr besteht eine Verpflichtung des Staates zum Handeln, wenn sich das Gleichgewicht der Kräfte als strukturell gestört erweist, so dass keine Parität mehr zwischen den Tarifvertragsparteien besteht.[712] In diesen Fällen kann – vielmehr muss – der Gesetzgeber eingreifen. Dementsprechend wird die Neutralitätspflicht als eine Pflicht zur „*positiven Neutralität*“ bezeichnet.[713] Paritätsprinzip und Neutralitätsprinzip sind folglich eng miteinander verbunden.[714]

a) Die Neuregelung des § 116 AFG auf Grund des Arbeitskampfes 1984 in der Druck- und Metallindustrie

Ein Beispiel des Tätigwerdens des Gesetzgebers ist die Reform des § 116 Arbeitsförderungsgesetz (AFG), das am 24.05.1986 in Kraft trat und die alte Fassung des § 116 AFG 1969 erheblich modifizierte. Der als „*Streikparagraph*“[715] bezeichnete § 116 AFG entspricht dem heutigen § 146 SGB III.[716] Kernstück der Neuregelung war die Ruhensbestimmung von Arbeitslosengeld – nach § 174 Abs. 1 SGB III gilt die Vorschrift entsprechend für die Gewährung von Kurzarbeitergeld – für mittelbar Betroffene des Arbeitskampfes in Abs. 3.[717]

---

[711] Seiter S. 174; Bertelsmann S. 232.

[712] Otto in Mü-Hb § 282 Rn. 52; Bertelsmann S. 232; Friauf RdA 1986, 194.

[713] Scholz/Konzen S. 183; Otto in Mü-Hb § 282 Rn. 55 spricht von aktiver Neutralität.

[714] Friauf RdA 1986, 193 sieht das Paritätsprinzip als untrennbar mit der Neutralität des Staates im Arbeitskampf verbunden.

[715] Vgl. Zachert AuR 2000, 53; Seiter NJW 1987, 1; Papier DVBL 1986, 577.

[716] § 146 SGB III ist mit Wirkung vom 01.01.1998 ohne eine inhaltliche Änderung an die Stelle des § 116 AFG getreten.

[717] § 146 Abs. 3 SBG III lautet:

„*Ist der Arbeitnehmer durch einen inländischen Arbeitskampf, an dem er nicht beteiligt ist, arbeitslos geworden, so ruht der Anspruch auf Arbeitslosengeld bis zur Beendigung des Arbeitskampfes nur, wenn der Betrieb, in dem der Arbeitslose zuletzt beschäftigt war,*

1. *dem räumlichen und fachlichen Geltungsbereich des umkämpften Tarifvertrages zuzuordnen ist oder*
2. *nicht dem räumlichen, aber dem fachlichen Geltungsbereich des umkämpften Tarifvertrages zuzuordnen ist und im räumlichen Geltungsbereich des Tarifvertrages, dem der Betrieb zuzuordnen ist,*
   a) *eine Forderung erhoben worden ist, die einer Hauptforderung des Arbeitskampfes nach Art und Umfang gleich ist, ohne mit ihr übereinstimmen zu müssen, und*
   b) *das Arbeitskampfergebnis aller Voraussicht nach in dem räumlichen Geltungsbereich des nicht umkämpften Tarifvertrages im wesentlichen übernommen wird.*

Eine Forderung ist erhoben, wenn sie von der zur Entscheidung berufenen Stelle beschlossen worden ist oder auf Grund des Verhaltens der Tarifvertragsparteien als beschlossen anzusehen ist. Der Anspruch auf Arbeitslosengeld ruht nach S. 1 nur, wenn die umkämpften oder

Während es schon fast selbstverständlich ist, dass unmittelbar am Arbeitskampf Beteiligte keinen Anspruch auf staatliche Leistungen haben, ist dies bei lediglich mittelbar vom Arbeitskampf betroffenen Arbeitnehmern nicht ganz so einfach. Der Gesetzgeber hat derartige Fallkonstellationen in § 116 AFG geregelt. Nach der alten Fassung von 1969 ruhte der Anspruch auf Arbeitslosengeld nur, wenn entweder der Arbeitskampf auf eine Änderung der Arbeitsbedingungen in dem Betrieb, in dem der Arbeitnehmer zuletzt beschäftigt war, abzielte oder die Gewährung des Arbeitslosengeldes den Arbeitskampf beeinflussen würde.[718] Dies hatte zur Folge, dass die Bundesanstalt für Arbeit im Arbeitskampf 1984[719] Leistungen nach § 116 AFG an ca. 300.000 mittelbar vom Arbeitskampf betroffene Arbeitnehmer in einer Gesamthöhe von rund 300 Millionen DM erbringen musste.[720] Dies wurde dadurch ermöglicht, indem gezielt Betriebe bestreikt wurden, durch deren Stilllegung als Zulieferer alsbald eine Vielzahl anderer Betriebe zum Erliegen kamen. Mit einem Minimalaufwand an Streik und Streikunterstützung wird ein Maximum an Druck auf den Arbeitgeber ausgeübt. Auf Grund der wirtschaftlich engen Verflechtungen der Betriebe kam es zu erheblichen Produktionsausfällen in mittelbar betroffenen Unternehmen.

Die Arbeitnehmer der mittelbar betroffenen Betriebe, die außerhalb des umkämpften Tarifbezirks lagen, bekamen Lohnersatzleistungen von der Bundesanstalt für Arbeit.[721] Daraufhin wurde diese als Streikkasse der Gewerk-

---

geforderten Arbeitsbedingungen nach Abschluss eines entsprechenden Tarifvertrages für den Arbeitnehmer gelten oder auf ihn angewendet würden."

[718] § 116 AFG vor der Reform im Jahre 1986 lautete:

„*Ist der Arbeitnehmer durch einen inländischen Arbeitskampf, an dem er nicht beteiligt ist, arbeitslos geworden, so ruht der Anspruch auf Arbeitslosengeld, wenn*

1. *der Arbeitskampf auf eine Änderung der Arbeitsbedingungen in dem Betrieb, in dem der Arbeitnehmer zuletzt beschäftigt war, abzielt oder*
2. *die Gewährung des Arbeitslosengeldes den Arbeitskampf beeinflussen würde.*

Die Bundesanstalt kann Näheres durch Anordnung bestimmen; sie hat dabei innerhalb des Rahmens des Satzes 1 die unterschiedlichen Interessen der von den Auswirkungen der Gewährung oder Nichtgewährung Betroffenen gegeneinander abzuwägen."

[719] Hierbei handelte es sich um einen der schwersten Arbeitskämpfe in der Geschichte der Bundesrepublik Deutschland. Der Streik in der Metallindustrie dauerte 7 Wochen und in der Druckindustrie 12 Wochen. In der Metallindustrie endete der Streik mit einem Tarifvertrag, dem sog. Leber/Rüthers-Kompromiss, der eine wöchentliche Regelarbeitszeit von 38,5 Stunden bei vollem Lohnausgleich vorsah, wobei die 38,5-Stunden-Woche durch eine Betriebsvereinbarung auf 37 bis 40 Stunden festgelegt wurde und die Umsetzung der Arbeitszeitverkürzung variabel gestaltet werden konnte. Für die Druckindustrie galt ebenfalls die 38,5-Stunden-Woche, wenn auch ohne betriebliche Differenzierungen bei den Vollzeitbeschäftigten. Vgl. Gamillscheg S. 921 und S. 813.

[720] Kissel § 34 Rn. 96.

[721] Die Arbeitnehmer der Betriebe in dem umkämpften Bereich, die auf Grund wirtschaftlicher Unzumutbarkeit nicht beschäftigt werden konnten, verloren ihren Lohnanspruch auf Grund der Arbeitskampfrisikolehre. Die gewerkschaftlich organisierten Mitglieder erhielten jedoch Streikunterstützung von Seiten der Gewerkschaft.

schaften betitelt.[722] Der Gesetzgeber sah darin eine Verletzung der Neutralität der Bundesanstalt für Arbeit bei Arbeitskämpfen und änderte daraufhin die Vorschrift in seine heutige Fassung. § 116 Abs. 3 AFG ordnet nun das Ruhen von Lohnersatzleistungen bei Arbeitsausfall infolge Fernwirkungen eines Arbeitskampfes an, wenn für die betroffenen Arbeitnehmer eine nach Art und Umfang gleiche (nicht identische) Forderung wie im Arbeitskampf erhoben worden ist, und das Arbeitskampfergebnis aller Voraussicht nach im Wesentlichen in ihrem Bezirk übernommen wird. Der Neuregelung liegt das Prinzip zu Grunde, dass das Lohnausfallrisiko bei Arbeitskämpfen von denjenigen nicht am Arbeitskampf selbst beteiligten Arbeitnehmern mitgetragen werden soll, die in (annähernd) gleicher Weise am Erfolg der streikenden Arbeitnehmer interessiert sind wie diese selbst, weil er auch ihnen voraussichtlich zu Gute kommt.[723]

b) Auswirkungen der Neuregelung auf die Arbeitskampfparteien

Die im Jahre 1986 erfolgte Neuregelung des § 116 AFG hat nach Ansicht von gewerkschaftsnaher Seite zu einer Verschlechterung der Kampfbedingungen der Gewerkschaften geführt.[724] Zahlreiche Arbeitnehmer in mittelbar von einem Streik betroffenem Unternehmen, die nach der alten Regelung noch einen Anspruch auf Unterstützungszahlungen von der Bundesanstalt für Arbeit hatten, könnten eine solche nach der Neuregelung nunmehr nicht mehr erwarten.[725] Unterstützungszahlungen an mittelbar Betroffene seien nunmehr eventuell von den Gewerkschaften zu erbringen. Dies führe zu einer finanziellen Mehrbelastung und damit zu einer Beeinträchtigung der Führung von Arbeitskämpfen.[726] Auf Grund dessen entbrannte eine intensive Auseinandersetzung, die auch das Bundesverfassungsgericht beschäftigte. Das Bundesverfassungsgericht musste sich mit der Verfassungsmäßigkeit des § 116 AFG befassen und kam zu dem Ergebnis, dass diese Vorschrift verfassungsrechtlich unbedenklich sei. Sie

---

[722] Vgl. Kittner/Unterhinninghofen AuR 1986, 5; Benda S. 235; Mückenberger S. 11.

[723] BVerfG 04.07.1995 E 92, 365 (397).

[724] Hickel in Muhr S. 52; Plander DB 1987, Beilage 13 S. 7; Zachert AuR 2000, 55; Heilmann/Menke AuR 1996, 11; Colneric in Däubler Rn. 830 j ff.; Bieback/Mayer/Mückenberger/Zachert/Seegert BB 1987, 676 ff.; Hartwich in Muhr S. 33; Hindrichs/Mäulen/Scharf in Muhr S. 73; Mückenberger S. 98; Benda S. 235.

[725] Plander DB 1987, Beilage 13 S. 7; Hindrichs/Mäulen/Scharf S. 225.

[726] Zu beachten ist aber auch der Standpunkt der Arbeitgeberseite. Erbringt nämlich die Bundesanstalt für Arbeit Zahlungen an mittelbar vom Arbeitskampf betroffene Arbeitnehmer, so kann darin ein Verstoß gegen die Neutralitätspflicht des Staates und damit einhergehend eine Verschiebung des Kräftegleichgewichts der Arbeitskampfparteien eintreten. Wird den Arbeitnehmern der Lohn ganz oder teilweise ersetzt, so tritt eine Änderung des allgemeinen Arbeitskampfrisikos zu Gunsten der Arbeitnehmer ein. Gerade um eine Paritätsverschiebung zu Lasten der Arbeitgeberseite rückgängig zu machen, hat der Gesetzgeber die Neuregelung des § 116 AFG beschlossen. Vgl. Ruhland S. 143.

verletze insbesondere nicht die Koalitionsfreiheit der Gewerkschaften aus Art. 9 Abs. 3 GG, auch sei eine Verschiebung des Kräftegleichgewichts, und damit eine Störung der Tarifautonomie, durch die Neuregelung (noch) nicht eingetreten.[727] Die Arbeitnehmerseite werde zwar durch die angegriffene Regelung beim Einsatz ihrer Kampfmittel eingeschränkt und in ihrer Kampffähigkeit beeinträchtigt, jedoch würden die seit Inkrafttreten der Neuregelung geführten Arbeitskämpfe zeigen, dass *„der von den bestreikten Betrieben ausgehende Druck noch ausgereicht [habe], um die Arbeitgeber insgesamt zum Einlenken zu veranlassen"*.[728]

Die Entscheidung des Bundesverfassungsgerichts ist bezüglich des Ergebnisses allerdings mit deutlichen Vorbehalten versehen. Das Bundesverfassungsgericht kommt zwar zu dem Ergebnis, dass § 116 AFG in seiner neuen Fassung (noch) nicht zu einer Störung der Kampfparität und der Funktionsfähigkeit der Tarifautonomie führt, macht aber durch die Verwendung des Wortes „noch" eine bedeutende Beschränkung. Dadurch erhält die Entscheidung eine starke Einschränkung und ruft Unsicherheiten und Spekulationen über die künftige Rechtslage hervor.[729]
Sobald sich herausstellen sollte, dass die Regelung in Zukunft zu einer Verschiebung des Kräftegleichgewichts führe, müsse der Gesetzgeber entsprechende Maßnahmen zur Wahrung der Tarifautonomie treffen. Momentan sei dies aber (noch) nicht der Fall. Begründet wird dies mit dem Kampferfolg der Gewerkschaften. Durch die Umgestaltung des § 116 AFG sei die Durchsetzungsfähigkeit der Gewerkschaften weder in Tarifauseinandersetzungen noch in Arbeitskämpfen geschwächt. Als Beispiel nennt das Bundesverfassungsgericht den Arbeitskampf in Bayern im Jahre 1994/95. *„Auch soweit Arbeitskämpfe stattgefunden haben, hat sich die Beschwerdeführerin nicht als ungleiche Partnerin erwiesen. Insbesondere die Tarifauseinandersetzung des Jahres 1994/95 in Bayern hat gezeigt, dass sie in der Lage ist, auch unter der Geltung der angegriffenen Regelung ihre Positionen gleichgewichtig zu verteidigen."*[730]
Das Bundesverfassungsgericht nennt keine Anhaltspunke, aus denen sich ergeben könnte, wann denn das Kräftegleichgewicht durch die Regelung des § 116 AFG verletzt ist. Möglicherweise ist es erforderlich, dass die Gewerkschaften in Zukunft in sämtlichen Tarifauseinandersetzungen unterliegen. Den Gewerkschaften wird die Beweislast dafür obliegen, den Umstand darzulegen, dass sie nicht mehr streikfähig sind, um eine Korrektur der gesetzlichen Regelung zu erreichen.

---

[727] BVerfG 04.07.1995 E 92, 365 ff..
[728] BVerfG 04.07.1995 E 92, 365 (400).
[729] Lieb Anm. zu BVerfG 04.07.1995 JZ 1995, 1176.
[730] BVerfG 04.07.1995 E 92, 365 (400).

Ferner stützt das Bundesverfassungsgericht seine Erwägungen in oben genannter Entscheidung lediglich auf einen einzigen Arbeitskampf, nämlich die Tarifauseinandersetzung in Bayern 1994/1995. Ob die Entscheidung anders ausgefallen wäre, wenn die Arbeitgeberseite in diesem Tarifkonflikt besser abgeschnitten hätte oder sogar in vollem Umfang erfolgreich gewesen wäre, bleibt nur zu spekulieren. Durch das Abstellen auf einen einzelnen konkreten Arbeitskampf bedient sich das Gericht eines konkreten-materiellen Paritätsprinzips. Dieses ist jedoch zu Recht von der Rechtsprechung und herrschenden Lehre abgelehnt worden. Darüber hinaus ist die Argumentation mit den Erfolgen der Gewerkschaften in Arbeitskämpfen nicht geeignet, um die Stärke der Gewerkschaften in Tarifverhandlungen zu bestimmen.[731] *Henssler/Suckow* sehen daher in dem Erfolg der Gewerkschaft in diesem Arbeitskampf folglich zu Recht einen Pyrrhussieg.[732]

Wie dem auch sei. Auf die Begründung des Bundesverfassungsgerichts soll nicht näher eingegangen werden. Für die vorliegende Untersuchung ist lediglich die Frage entscheidend, ob durch die Neufassung des § 116 AFG tatsächlich das Kräftegleichgewicht zu Lasten der Gewerkschaften verschoben worden ist. Diesbezüglich ist die Neufassung des § 116 AFG in enger Verbindung mit der finanziellen Situation der Gewerkschaften zu sehen. Die Finanzstärke der Gewerkschaften stellt einen den Streik limitierenden Faktor dar. Verfügen die Gewerkschaften nicht über ausreichende finanzielle Mittel, so beeinträchtigt dies ihre Kampfstärke und Durchhaltefähigkeit in einem Arbeitskampf. Nach der Neuregelung des § 116 AFG wird nunmehr vorgebracht, dass sich dadurch die finanzielle Lage der Gewerkschaften verschlechtert habe, da zahlreiche Arbeitnehmer kein Geld mehr vom Staat bekämen und auf Streikunterstützungen zurückgreifen würden.
Wäre es so, dass die Gewerkschaften an sämtliche auch lediglich mittelbar betroffene Arbeitnehmer Streikunterstützungen zahlen würden, so wären die Kampfkassen innerhalb weniger Tage leer.[733] Sie müssten den Streik abbrechen und wären den Unternehmen hilflos ausgeliefert. Dies könnte sich in mehrfacher Hinsicht negativ auf die Gewerkschaften auswirken. Zum Einen könnten Mitgliederentwicklung und Motivation erheblich beeinträchtigt werden[734], zum Anderen könnte dies nicht nur Auswirkungen auf aktuelle, sondern auch auf

[731] Dazu weiter unten 3. Teil II 10.
[732] Henssler/Suckow Anm. zu BVerfG 04.07.1995 EzA Nr. 5 zu § 116 AFG.
[733] Zachert AuR 2000, 53; Colneric in Däubler Rn. 830 m; auch das Bundesverfassungsgericht erkennt die möglicherweise entstehende finanzielle zusätzliche Belastung der Gewerkschaften: „*Offensichtlich ist auch, dass es die Beschwerdeführerin erheblich belasten würde, wenn sie allen mittelbar betroffenen Mitgliedern bundesweit Streikunterstützung gewähren müsste.*“; BVerfG 04.07.1995 E 92, 365 (399).
[734] Zachert AuR 2000, 53.

kommende Tarifrunden haben. Tatsache ist aber, dass die Gewerkschaften an indirekt vom Streik Betroffene keine Unterstützung aus der Streikkasse zahlen.[735] Zurückgeführt wird dies auf die ansonsten dadurch entstehende finanzielle Belastung der Gewerkschaften. Die Neuregelung des § 116 AFG hat daher keinerlei Auswirkungen auf die Streikkassen der Gewerkschaften.

§ 116 AFG ist aber auch noch unter einem anderen Aspekt zu beleuchten, der sich durchaus negativ auf die Stärke der Gewerkschaften auswirken könnte. Das Bundesverfassungsgericht hält auf Grund des von den mittelbar betroffenen Arbeitnehmern ausgehenden Binnendrucks[736] einen Streik gegenüber Unternehmen mit einer starken Produktionsverflechtung für praktisch unmöglich: „*Insgesamt ist daher nicht zu übersehen, dass die Beschwerdeführerin durch die angegriffene Regelung in ihrer Kampffähigkeit beeinträchtigt ist. Sie ist nicht nur an einer Kampfstrategie gehindert, die darauf angelegt ist, Produktionsausfälle in anderen Bezirken gezielt herbeizuführen, um auch dort Druck auf die Arbeitgeberseite auszuüben. Vielmehr muss sie es umgekehrt darauf anlegen, die Arbeitskampffolgen auf den umkämpften Bezirk zu beschränken, weil sonst die Arbeitnehmer in anderen Bezirken den vollen Druck der Fernwirkungen zu spüren bekämen, den sie ohne Kurzarbeitergeld nicht lange durchstehen könnten. [...] Betriebe, deren Produktion mit Betrieben derselben Branche in anderen Tarifbezirken stark verflochten ist, kann sie praktisch nicht mehr bestreiken.*“[737] Dies zeigte sich auch im Arbeitskampf in Bayern 1994/95. Die IG Metall hat hier einen vernünftigen Kompromiss gefunden, war aber zu einer Streiktaktik gezwungen, die Produktionsausfälle – Fernwirkungen – in nicht umkämpften Tarifgebieten vermeidet.[738] Die Arbeitgeber könnten durch gezielte Aussperrungen Fernwirkungen in anderen Bezirken auslösen, um dadurch verstärkt Druck auszuüben, wovon im Arbeitskampf in Bayern abgesehen wurde. Dadurch wird das Streikrecht eingeschränkt.[739] Die Gewerkschaften müssen sich folglich nun darauf beschränken, lediglich Betriebe zu bestreiken, deren Produktionseinstellungen gar keine oder wenige Fernwirkungen auslösen.

---

[735] BVerfG 04.07.1996 E 92, 365 (376); Heenen S. 98 ff.; Lieb Anm. zu BVerfG 04.07.1995 JZ 1995, 1175; Konzen Anm. zu BVerfG 04.07.1995 SAE 1996, 221; Kreßel NZA 1995, 1126.

[736] Unter Binnendruck versteht man die Einflussnahme der Arbeitnehmer, die lediglich mittelbar vom Arbeitskampf betroffen sind und auf eine rasche Beendigung des Arbeitskampfes drängen, da ihnen während dieser Zeit weder Lohn noch Lohnersatzleistungen zustehen. Lieb Anm. zu BVerfG 04.07.1995 JZ 1995, 1177; Seiter NJW 1987, 4.

[737] BVerfG 04.07.1995 E 92, 365 (399 f.).

[738] Heilmann/Menke AuR 1996, 11.

[739] BVerfG 04.07.1995, E 92, 365 (399); Zachert AuR 2000, 53; Heilmann/Menke AuR 1967, 11; Hickel in Muhr S. 39 und S. 51 ff.; Treber S. 227; Nach Ansicht von Colneric ist die Kampffähigkeit der Gewerkschaften (explizit der IG Metall) ernsthaft gefährdet. Colneric in Däubler Rn. 830 j ff..

Führen die Gewerkschaften nunmehr einen Streik durch, in dem sich derartige Fernwirkungen nicht vermeiden lassen, sind sie größeren Belastungen ausgesetzt als vorher. Der Druck auf die Gewerkschaften erhöht sich auf Grund der Einflussnahme der mittelbar betroffenen Arbeitnehmer, die keinen Lohn, keine Streikunterstützung und keine Lohnersatzleistungen der Bundesanstalt für Arbeit erhalten. Die eigenen Mitglieder, die mittellos dastehen, könnten auf die Gewerkschaft einen starken Druck ausüben, damit der Streik abgebrochen wird. Ihre Not und ihr Unwille könnten zu einer Belastung der Kampfkraft und Durchsetzungsfähigkeit der Gewerkschaften führen. Dies bedingt einen zunehmenden moralischen und psychologischen Druck.[740]

Heenen[741] ist hierbei allerdings der Ansicht, dass diesem Druck keine Paritätsrelevanz zukomme. Solange die Gewerkschaften keine Unterstützungszahlungen leisten würden, hätte der Binnendruck keine Auswirkungen auf die Gewerkschaften. Gegebenenfalls müsse die Gewerkschaft ihre Taktik ändern, dürfe sich aber ansonsten nicht von dem Druck der mittelbar Betroffenen beeindrucken lassen. Dieser Ansicht kann nicht gefolgt werden. Oben wurde bereits dargestellt, dass der öffentlichen Meinung eine nicht unerhebliche Bedeutung im Arbeitskampf zukommt.[742] Die öffentliche Meinung ist geeignet, die Gewerkschaften schneller zum Nachgeben zu bewegen und den Streik zu beenden. Wenn nunmehr zum öffentlichen Druck der Druck mittelbar betroffener Arbeitnehmer hinzu kommt, sieht sich die Gewerkschaft von mehreren Seiten „angegriffen". Die Gewerkschaft muss befürchten, dass sich die mittelbar Betroffenen im Stich gelassen fühlen und zahlreich aus der Gewerkschaft austreten.[743] Dies hätte schwere Folgen für den Mitgliederbestand und damit einhergehend auf die Kampfkassen der Gewerkschaften, die sich weitgehend durch die Mitgliedsbeiträge finanziert.

Eine derartige Gefahr mag durchaus gegeben sein. Es ist nicht auszuschließen, dass die unterlassene Zahlung von Streikunterstützung die betroffenen Arbeitnehmer gegen die Gewerkschaft aufbringt. Aus Frust und dem Gefühl, alleine

---

[740] So führte die IG Metall in einem einstweiligen Verfügungsverfahren im Jahre 1984 gegen die Weigerung der Bundesagentur, Lohnersatzleistungen an mittelbar betroffene Arbeitnehmer zu zahlen, aus, dass diese Weigerung unzumutbar sei und ein ungeheures Druckmittel darstelle, um sie zum schnellen Einlenken und damit zu einer Abkürzung des Arbeitskampfes zu Lasten ihrer tarifpolitischen Forderungen zu zwingen. Weiterhin hätten Gewerkschaftsmitglieder gegenüber der Gewerkschaft Unterstützungszahlungen oder den Abbruch der Arbeitskampfmaßnahmen gefordert und ihrer Forderung mit Austrittsdrohungen Nachdruck verliehen. Vgl. Raiser NZA 1984, 370 und Lucy in Apitsch/Klebe/Schumann S. 41.

[741] Heenen S. 105.

[742] Dazu oben 3. Teil II 6.

[743] Colneric in Däubler Rn. 830 m; ders. AuR 1986, 15; Benda S. 233; Hindrichs/Mäulen/Scharf S. 226.

gelassen worden zu sein, könnten zahlreiche Mitglieder der Gewerkschaft den Rücken kehren. Letztlich lassen sich diese Behauptungen aber nicht durch tatsächliche Zahlen untermauern. Belege für einen Austritt aus der Gewerkschaft genau aus diesem Grund lassen sich nicht finden.
Letztlich kommt es aber darauf nicht an. Der eben dargestellte Binnendruck ist nämlich nicht nur auf Arbeitnehmerseite vorhanden, auch die Arbeitgeber in mittelbar betroffenen Betrieben erleiden auf Grund der Fernwirkungen Gewinneinbußen, sind mit den laufenden Kosten belastet, tragen den Verlust von Marktanteilen usw.. Auch hier sind betroffene Unternehmen unter Umständen auf Unterstützungen der Verbände angewiesen und üben Druck auf diese aus. Dem Binnendruck der Arbeitnehmerseite steht folglich ein Binnendruck der Arbeitgeberseite gegenüber.[744] Wenn aber die Arbeitgeber ihren Schaden selbst tragen müssen, muss man diese Konsequenzen auch der Arbeitnehmerseite aufbürden. Bei einer derartigen Verteilung ist der von Fernwirkungen ausgehende Binnendruck paritätsneutral. Die Zahlung von Arbeitslosen- oder Kurzarbeitergeld führt in diesen Fällen dann automatisch dazu, dass der Binnendruck auf Arbeitnehmerseite nachlässt, während er auf Arbeitgeberseite in vollem Umfang bestehen bleibt. Dies hätte eine Störung des Gleichgewichts zur Folge, da die Arbeitgeberseite die Lasten des Arbeitskampfes überproportional zu tragen hätte. Ob der Binnendruck auf beiden Seiten in etwa gleich ist oder auf einer Seite überwiegt, lässt sich mathematisch nicht feststellen. Es gibt (leider) keine Maßeinheit oder Waage für die Bestimmung des Kräftegleichgewichts der Parteien.
Interessengebundene Literatur wird immer zu Gunsten oder zu Lasten einer Partei argumentieren. Im Ergebnis ist der Regelung des § 146 SGB III (§ 116 AFG a.F.) daher keine Paritätsrelevanz zuzumessen.

8. Verwendung neuer Technologien

Die Einführung von neuen Technologien und die fortschreitende Verwendung von Maschinen und Robotern hat nicht nur Auswirkungen auf die Arbeitslosenzahlen, sondern auch auf die Möglichkeiten der Gewerkschaften, einen effektiven Arbeitskampf zu führen. Die produktionstechnischen Neuerungen sind zahlreich und unterschiedlichster Art. Elektronische Datenverarbeitungsvorgänge nehmen zu, Produktionsvorgänge werden automatisiert, Material wird im Wege des „just-in-time-Konzepts" direkt ohne Zwischenlagerung in die Weiterverarbeitung geliefert, die Produktion wird flexibler, es besteht eine teilweise weltweite konzerninterne Arbeitsteilung. Bereits hier sei angemerkt, dass der technische Fortschritt nicht vorrangig dem Ziel dient, Streikwirkungen besser begeg-

[744] BVerfG 04.07.1995 E 92, 365 (397 f.); Konzen Anm. zu BVerfG 04.07.1995 SAE 1996, 221; Lieb Anm. zu BVerfG 04.07.1995 JZ 1995, 1177; Seiter NJW 1987, 4; Otto in Mü-Hb § 282 Rn. 84.

nen zu können oder die Arbeitskampfparteien schwerer zu belasten. Technische Neuerungen und Fortentwicklungen lassen sich nicht stoppen und sind erforderlich, um die Leistungsfähigkeit der Unternehmen im weltweiten Wettbewerb zu erhalten bzw. zu verbessern. Dennoch haben die technischen Neuerungen – wenn auch nur mittelbar – Auswirkungen auf das Streikrecht und das Verhalten der Tarifparteien im Arbeitskampf.

Einhergehend mit der technischen Entwicklung verändern sich auch die Streikbedingungen für die am Arbeitskampf beteiligten Parteien. Vor allem das Streikabwehrpotential auf Arbeitgeberseite ist erheblich verbessert worden.[745] Insbesondere zur Begründung und Rechtfertigung von Betriebsbesetzungen und Betriebsblockaden im Arbeitskampf wird auf die fortschreitende technologische Entwicklung abgestellt, welche es trotz Streiks ermöglicht, die Produktion aufrechtzuerhalten.[746] In bestimmten Fällen sind Unternehmen heute in der Lage, die Arbeitskraft bestimmter Arbeitnehmer kurzfristig durch Aushilfskräfte und längerfristig durch Maschinen zu ersetzen, weshalb in solchen Fällen eine Nichtleistung der Arbeit nur ein schwaches Druckmittel darstellt. Ein anschauliches Beispiel hierfür bildet der Arbeitskampf in der Druck- und Metallindustrie im Jahre 1984 um die Einführung der 35-Stunden-Woche bei vollem Lohnausgleich. Trotz des Streiks war es den Arbeitgebern der Druckindustrie möglich, Zeitungen zu produzieren. Der überwiegende Anteil der Unternehmen konnte zumindest verkürzte Ausgaben herausbringen. 15 % der Unternehmen gelang es sogar, die kompletten Ausgaben herzustellen.[747] Ein gänzlicher Produktionsausfall war folglich in der Regel nicht zu erzielen. Zurückzuführen ist dies auf die Einführung neuer Produktionsmethoden. Eingeführt wurde u.a. das „News-Layout-System“. Damit können von einer Person Artikel geschrieben, korrigiert, gesetzt, ganze Zeitungsseiten umbrochen und Druckvorlagen hergestellt

---

[745] Wolter in Däubler Rn. 889 a sieht dadurch die Fähigkeit der Gewerkschaften, einen effektiven Arbeitskampf zu führen, ernstlich bedroht.

[746] Betriebsblockaden und Betriebsbesetzungen sind nach bisher entwickelten arbeitsrechtlichen Grundsätzen unzulässig, insbesondere keine den Gewerkschaften zur Verfügung stehenden Arbeitskampfmittel. Vgl. Gamillscheg mit zahlreichen Nachweisen S. 1057 ff. insb. Fn. 466.

Die Richtigkeit dieser Ansicht soll hier nicht untersucht werden. Anzumerken ist lediglich, dass verstärkt über eine Zulässigkeit neuer Kampfformen nachgedacht werden muss, sobald die Arbeitgeberseite über ein derart starkes Abwehrpotential gegenüber Streiks verfügt, dass die Gewerkschaften nicht mehr in der Lage sind, einen effektiven Druck auf die Arbeitgeber auszuüben und sich der Streik nur noch als „kollektives Betteln“ darstellt. Ob dazu die Möglichkeiten der Betriebsbesetzung und der Betriebsblockade geeignet und erforderlich sind, muss hier offen bleiben.

[747] Hindrichs/Mäulen/Scharf S. 299 und S. 307. Im Arbeitskampf der papiererzeugenden Industrie im Jahre 1962 gelang es den bestreikten Betrieben zwischen 25 % bis 65 % der Normalproduktion fortzuführen. Vgl. Herzog Der ArbG 1962, 616.

werden.[748] Die Einführung des Fotosatzes und die damit einhergehende Ablösung des Bleisatzes reduzierten die Arbeitsvorgänge, was zum Entfallen von Betriebsabteilungen führte.[749] Mit wenigen arbeitswilligen Redakteuren und Hilfskräften – dies können sowohl Streikbrecher als auch betriebsfremde Aushilfskräfte sein – gelang die Erstellung von Notausgaben. Die Belegschaft wurde im Grunde nicht mehr benötigt.[750] Gegen Ende des Arbeitskampfes konnte mit wenigen Arbeitswilligen eine 96-seitige Ausgabe der FAZ produziert werden.[751] Die technische Entwicklung hat aber nicht nur Einfluss auf die Druckindustrie. Auch andere Branchen sind davon betroffen.[752] In vielen Betrieben ist ein traditioneller Arbeitskampf, d.h. die bloße Arbeitsniederlegung der Belegschaft, nicht mehr möglich. Langfristig gesehen ersetzen Maschinen die menschliche Arbeitskraft oder führen zumindest dazu, dass einer einzelnen Person nicht mehr nur eine Arbeitsaufgabe zukommt, sondern dass von einer Person eine unterschiedliche Anzahl von Arbeiten ausgeführt werden kann.[753]

Durchaus bedenkenswert ist die Überlegung von *Rüthers*, dass der *„Spieß von den Gewerkschaften auch umgedreht werden kann"*.[754] Infolge der hohen Automatisierung und der fortschreitenden technischen Entwicklung ist es möglich, wenige wichtige Schlüsselpositionen zu bestreiken und bereits mit wenigen Arbeitnehmern einen Erfolg zu erzielen. Dies wird begünstigt durch die zunehmende Verzahnung der Zulieferer- und Herstellerfirmen, die zu einer höheren Störanfälligkeit der Betriebe führt.[755] Wenn in einem bestimmten Werk die Produktion streikbedingt unterbrochen wird, so hat dies auch Auswirkungen auf andere Werke im In- und Ausland, die soweit gehen, dass auch die dortige Produktion zum Stillstand gebracht wird. Diese „minimax Taktik" wird von den Gewerkschaften bereits angewendet und ist keineswegs eine neue Erscheinung. Mit minimalem Einsatz wird versucht, einen maximalen Erfolg zu erzielen. *Ruhland*[756] sieht in dieser Möglichkeit der Kampfführung der Gewerkschaften bereits eine Verschiebung des Kräftegleichgewichts zu Lasten der Arbeitgeberseite.

Dem kann nicht gefolgt werden. Eine derartige Sichtweise ist nicht mit einer Unterlegenheit der Arbeitgeber bzw. einem Kampferfolg der Gewerkschaften

---

[748] Gegenwart S. 12.
[749] Gegenwart S. 16 ff. und S. 21 ff..
[750] Klebe/Roth in Apitsch/Klebe/Schumann S. 35.
[751] Gegenwart S. 15.
[752] Treber S. 220; Chaldoupis S. 227.
[753] Koubek in Muhr S. 142.
[754] Rüthers BB 1990, Beilage 25 S. 7; in Bezug auf die zunehmende „just in time" Produktion Rüthers „Beschäftigungskrise und Arbeitsrecht" S. 127 f.; so auch Wank in FS Kissel 1994, 1241 f..
[755] Ruhland S. 100.
[756] Ruhland S. 101.

verbunden. Dem stehen mehrere Aspekte entgegen. Zunächst hat der Arbeitgeber mehrere Möglichkeiten, auf eine derartige Vorgehensweise der Gewerkschaften zu reagieren. Große Unternehmen können sich vor einer derartigen Streiktaktik bereits in der Weise schützen, dass sie sich nicht nur auf einen Zuliefererbetrieb verlassen. Die Unternehmen werden von den unterschiedlichsten Firmen beliefert und halten die unterschiedlichsten Geschäftsbeziehungen aufrecht. Bezüglich Schlüsselzubehörteilen wird man sich nicht nur auf eine Quelle verlassen. Hier können parallele Bezugsquellen aufgebaut werden, die sich sowohl im In- als auch im Ausland finden lassen. Weiterhin kann der Arbeitgeber versuchen, die Produktion mit arbeitswilligen Arbeitnehmern aufrecht zu erhalten, um so den wirtschaftlichen Schaden gering zu halten. Zur Erreichung dieses Zwecks hat er womöglich bereits im Vorfeld Arbeiter angelernt, Streikbruchprämien oder Sonderzahlungen in Aussicht gestellt. Daneben können Leiharbeitnehmer, Arbeitnehmer aus anderen Betrieben oder befristet Beschäftigte eingespannt werden. Die Anzahl der Arbeitnehmer, welche zur Streikarbeit bereit sind, ist nicht zu unterschätzen. *Bertelsmann*[757] sieht in der Aufrechterhaltung des Betriebsablaufs eine der *„entscheidenden Waffen“* des Arbeitgebers im Arbeitskampf. Hierbei handelt es sich auch nicht lediglich um ein rein theoretisches Problem. Die Arbeitskämpfe in der Vergangenheit vor allem im Zeitungsgewerbe haben gezeigt, dass es möglich ist, mit wenigen Arbeitnehmern – und mögen diese auch betriebsfremd sein – die Produktion (zumindest teilweise) aufrecht zu erhalten.

Die Voraussetzungen zur Produktionsfortführung während eines Streiks haben sich in den letzten Jahren deutlich verbessert. Diese Möglichkeit wird durch mehrere Umstände begünstigt. Auf Grund der unterschiedlichen Belegschaftsverhältnisse im Betrieb lassen sich immer leichter Streikbrecher finden. Ganz zu schweigen von der Massenarbeitslosigkeit, die sich negativ auf Arbeitskämpfe auswirkt sowie die Möglichkeit, kurzfristig Ersatzkräfte neu einzustellen. Fraglich ist, ob Betriebe in der Lage sind, die gesamte streikende Belegschaft zu ersetzen. Der Vorwurf, dies sei utopisch, ist entschieden zurückzuweisen.[758] Einige in der Vergangenheit stattgefundenen Arbeitskämpfe haben bereits gezeigt, dass es möglich ist, durch die Ersetzung einzelner Belegschaftsmitglieder oder sogar der gesamten Belegschaft die Produktion aufrechtzuerhalten.[759] *Raiser*[760] schrieb in seiner Abhandlung zur Aussperrung aus dem Jahre 1975, dass die Besetzung durch einen Streik freigewordener Arbeitsplätze nur ausnahmsweise in Zeiten allgemeiner Arbeitslosigkeit möglich sei. Bei einer

---

[757] Bertelsmann S. 286.
[758] So aber Buchner RdA 1987, 219.
[759] Vgl. die Nachweise bei Treber S. 445 f..
[760] Raiser S. 77.

Anzahl von ca. 5 Millionen Arbeitslosen dürfte diese Ausnahme mittlerweile zur Regel geworden sein.

Dennoch erscheint mit *Heenen* eine differenzierte Betrachtungsweise angebracht. *Heenen*[761] ist zuzustimmen, wenn er der Auffassung ist, dass dies bei großen Betrieben mit mehreren tausend Arbeitnehmern wohl kaum möglich sein werde. Dies vor allem bei Arbeitskämpfen, die lediglich von kurzer Dauer sind. Es ist kaum vorstellbar, dass z.B. die Opel Führung in Rüsselsheim in kurzer Zeit die gesamte Belegschaft durch andere Arbeiter ersetzen kann. Relevant könnte diese Möglichkeit daher vor allem für kleinere Betriebe sein, in denen zudem noch die Streikbeteiligung gering ist. Dazu ist die technologische Entwicklung derart fortgeschritten, dass immer mehr Aufgaben von Maschinen erledigt werden, die von wenigen oder sogar von nur einer Person bedient werden können.

Auch ist der Arbeitgeber dem Streik nicht machtlos ausgeliefert, da ihm seinerseits das Kampfmittel der Aussperrung zur Verfügung steht. Bei einem begrenzten Teilstreik oder Schwerpunktstreik[762] kann der Arbeitgeber im Rahmen der rechtlichen Zulässigkeit von sich aus zu Arbeitskampfmaßnahmen greifen und auf diese Weise schneller die Kampfkassen der Gewerkschaften leeren. Die Arbeitgeber müssen in derartigen Fällen teilweise sogar noch nicht einmal zu dem Kampfmittel der Aussperrung greifen. Ihnen kommt die Rechtsprechung zum Arbeitskampfrisiko zu Gute. Zahlreiche Arbeitnehmer, die auf Grund des Streiks in demselben Betrieb oder in anderen Betrieben nicht weiterbeschäftigt werden können, verlieren ebenfalls ihren Lohnanspruch.[763] Erhalten diese Arbeitnehmer nunmehr auch Streikunterstützung von den Gewerkschaften, werden die Gewerkschaftskassen in gleicher Weise belastet, wie wenn die Gewerkschaft dort sogleich streiken würde[764] oder die Arbeitgeber zum Mittel der Aussperrung greifen würden. Weiterhin machen zahlreiche Unternehmen von ihrer Möglichkeit der teilweisen oder vollständigen Betriebsstilllegung Gebrauch. Durch die Schließung von Abteilungen und Betrieben werden Entgeltansprüche der Arbeitswilligen zurückgewiesen. Dass die Produktion

---

[761] Heenen S. 116 f..

[762] *„Schwerpunktstreiks sind solche Teilstreiks, bei denen der Streik einzelne Betriebe oder Betriebsteile umfasst, deren Produkte für die Produktion anderer Betriebe benötigt werden, in denen also der Stillstand dieses Betriebes den Stillstand anderer Betriebe bedingt.“* Wolter AuR 1979, 200.

[763] Dies hat das Bundesarbeitsgericht bereits in seiner Aussperrungsentscheidung vom 10.06.1980 AP Nr. 64 zu Art. 9 GG Arbeitskampf bezüglich des Betriebsrisikos entschieden: *„Entscheidend sei, dass bei den Lasten eines Teilstreiks die mittelbaren Betriebsrisikofolgen mitberücksichtigt werden müssen. Durch sie weitet sich praktisch jeder Arbeitskampf im Laufe der Zeit mehr oder weniger stark aus, ohne dass ein einziger Arbeitnehmer ausgesperrt werden müsste. Das Ruhen des Beschäftigungs- und Lohnanspruchs führt wirtschaftlich zum gleichen Ergebnis wie eine Aussperrung.“*

[764] Wolter AuR 1979, 201.

störanfälliger geworden ist, lässt sich nicht von der Hand weisen. Durch die unterschiedlichen Lieferverpflichtungen und das Angewiesensein auf Zuliefererbetriebe können Streiks innerhalb kürzester Zeit umfangreiche Fernwirkungen entfalten. Dem sind die Arbeitgeber aber – wie bereits dargestellt – nicht hilflos ausgeliefert. Vor allem bescheren die technischen Entwicklungen den Unternehmen immer größere Gewinne. Durch die „just-in-time-Produktion" werden Lagerhaltungskosten vermieden, da jedes Teil erst und nur dann im Lager und am Arbeitsplatz ist, wenn es unmittelbar zur Weiterverarbeitung gebraucht wird. Zuliefererunternehmen bauen Produktionsstätten in unmittelbarer Nähe zum Herstellerwerk auf und können auf Grund bestehender EDV-Verbindungen Lieferabrufe innerhalb kürzester Zeit bearbeiten.[765] Die daraus resultierende Kostenersparnis in Milliardenhöhe[766] stärkt die Wettbewerbsfähigkeit und erhöht den Gewinn der Unternehmen. Die erhöhte Störanfälligkeit bei Arbeitskämpfen tritt als Risiko hinter die enormen Kosteneinsparungen zurück. Eine paritätsrelevante Verschiebung ist daher in der „minimax" Streiktaktik der Gewerkschaften zu Lasten der Arbeitgeberseite nicht zu sehen.[767]

Vor allem stellt die Ansicht von *Rüthers* und *Ruhland* nur eine Seite der Medaille dar. Die Produktion mag zu Gunsten der Gewerkschaften auf einer Seite störanfälliger geworden sein, auf der anderen Seite haben sich aber auch die Reaktionsmöglichkeiten der Arbeitgeber bezüglich Streiks verbessert, denen – wie nachfolgend zu zeigen sein wird – nunmehr die Möglichkeit der Produktionsverlagerung erleichtert wird.

Große Bedeutung kommt der heute nicht mehr wegzudenkenden Verwendung von EDV Anwendungen und dem generellen Einsatz der Computertechnik zu.[768] Dies beinhaltet Internet, Telefon, Fax, Satellitenverbindungen und die zunehmende höhere Leistungskapazität der Computer. Die einzelnen Unternehmen sind technisch derart miteinander verbunden, dass es möglich ist, Produktionen

[765] Wagner AuR 1990, 245.
[766] Vgl. Klebe/Roth in Apitsch/Klebe/Schumann S. 34; Lucy in Apitsch/Klebe/ Schumann S. 40; Steinkühler in Klebe/Roth S. 227; Hindrichs/Mäulen/Scharf S. 214.
[767] Hindrichs/Mäulen/Scharf in Muhr S. 60 sehen die erhöhte Streikanfälligkeit auf Grund der „just in time" Produktion allein in der Eigenverantwortung der Arbeitgeber. Sie allein sind es, die sich für eine derartige Strategie entschieden haben, und sie müssen nunmehr die Folgen und Konsequenzen tragen. Ob diese Sichtweise angemessen ist, erscheint fraglich. Die Unternehmen bezwecken damit, die Kosten niedrig zu halten und dem hohen Wettbewerbsdruck standzuhalten und konkurrenzfähig zu bleiben. Sie verfolgen damit folglich verständliche und nachvollziehbare Motive. Andererseits erzielen die Unternehmen damit hohe Kosteneinsparungen, so dass sie auch die damit verbundenen Risiken in Kauf nehmen müssen.
[768] Hindrichs/Mäulen/Scharf in Muhr S. 60.

innerhalb kürzester Zeit *„per Knopfdruck“* zu verlagern.[769] Kaum ein großes Unternehmen produziert nur noch in einem Land. Vermehrt wird im Ausland investiert und es werden dort neue Fabriken eröffnet. In nahezu jedem Land ist es auf Grund der modernen Produktionstechniken und der fortschreitenden Technologisierung möglich, qualitative Spitzenprodukte herzustellen.[770] Unternehmen haben heutzutage sowohl Standorte im In- als auch im Ausland. Teilweise werden in verschiedenen Betrieben in verschiedenen Ländern parallele Produktionen aufgebaut.[771] Sollte nunmehr in einem Land gestreikt werden, können Lieferverträge und anderweitige Verpflichtungen dennoch erfüllt werden, indem kurzfristig auf andere Betriebe zurückgegriffen wird, die dieselben Waren und Produkte herstellen.[772] Diese Möglichkeit besteht sowohl für unmittelbar vom Streik betroffene Unternehmen als auch für Zuliefererbetriebe.[773] Sollte beispielsweise ein Zuliefererbetrieb bestreikt werden, kann in einem anderen Betrieb die Produktion erhöht und der Abnehmer dennoch beliefert werden. Insbesondere multinationale Konzerne haben die Möglichkeit, die Produktion aus Ländern abzuziehen und in anderen Ländern verstärkt anzukurbeln. Der wirtschaftliche Druck auf den Streik kann damit teilweise unterlaufen werden, da Lieferverpflichtungen dennoch eingehalten werden können. Das Erzielen von Fernwirkungen bei Abnehmerbetrieben durch das Bestreiken von Zuliefererbetrieben wird somit erschwert, wenn nicht sogar komplett verhindert. Der parallele Produktionsaufbau findet noch nicht einmal in verschiedenen Ländern statt. Auch innerhalb Deutschlands unterhalten Unternehmen zahlreiche Niederlassungen, die kurzfristig die Produktion übernehmen können. Streikausfallbedingte Arbeiten werden somit auf andere Betriebe verlagert.[774] Hinzu kommt die in den letzten Jahren geschaffene Möglichkeit des Internets. Das Internet hat sämtliche Länder, Unternehmen und Konzerne weltweit vernetzt, so dass Informationen an jedem Ort der Welt in sekundenschnelle verfügbar sind. Konzerne können heute ihre Daten weltweit an einem beliebigen Standort eingeben und an einem anderen beliebigen Standort abrufen. Die Computertech-

---

769 Wolter in Däubler Rn. 889 d; Treber S. 227 ff.; Hindrichs/Mäulen/Scharf in Muhr S. 60; Lübbe-Wolf DB 1988, Beilage 9 S. 5.

770 Rüthers „Beschäftigungskrise“ S. 27.

771 Wolter in Däubler Rn. 280 ve; Hindrichs/Mäulen/Scharf S. 263.

772 Wolter in Däubler Rn. 280 vh m.w.N. in Fn. 88; Wohlgemuth S. 146; Klebe/Roth in Klebe/Roth S. 20 und S. 31; Fröhlich S. 181.

773 Hindrichs/Mäulen/Scharf S. 266.

774 Im Metallarbeitskampf im Jahre 1984 verlagerte der Opel Betrieb in Rüsselsheim, nachdem er bestreikt wurde, seine Planungs- und Steuerungsfunktion mit EDV-Mitteln auf angemietete Hotels aus. Damit war es möglich, auf die Datenbanksysteme im Unternehmen zurückzugreifen, so dass die Materialdispositionen, die Auftragssteuerung und die Liefereinteilungen europaweit aufrechterhalten werden konnte. Plander DB 1987, Beilage 13 S. 9; Hindrichs/Mäulen/Scharf S. 271; vgl. weiterhin Treber S. 228 f.; Hindrichs/Mäulen/Scharf in Muhr S. 60.

nologie hat es ermöglicht, Informationen leicht und schnell weltweit auszutauschen. Nationale Grenzen spielen keine Rolle mehr.[775] Vermehrt werden über das Netz Geschäfte getätigt, Waren eingekauft und Produkte versendet. Produktionsverlagerungen sind in der heutigen Zeit nichts undenkbares mehr und sie bieten eine gute Möglichkeit, die Wirkung von Streiks effektiv zu unterlaufen. Wenn die Produktion ohne weiteres ins Ausland verlagert werden kann, wird ein nationaler Streik zur stumpfen Waffe. Nicht zu unterschätzen ist auch die Möglichkeit der Unternehmen, einen Streik zum Anlass zu nehmen, um die Produktion endgültig ins Ausland zu verlagern und die deutschen Produktionsstätten zu schließen. Standorte und Regionen werden unter Druck gesetzt und gegeneinander ausgespielt. Zu Recht wirft daher der Opel-Gesamtbetriebsratsvorsitzender der General-Motors Führung im Rahmen der beabsichtigten Opel Werksschließung im portugiesischen Azambuja und dem Aufbau eines neuen Werkes in Russland im Juni 2006 vor, dass sie neue Überkapazitäten schaffe, um die westeuropäischen Standorte unter Druck zu setzen. Die Schließung des portugiesischen Werkes habe grundsätzliche Bedeutung für den Konzern und die gesamte Brache. *„Sie ist ein Symbol für den Einstieg in den Ausstieg aus der Fahrzeugproduktion in Westeuropa.“*[776]
Gerade dieses aktuelle Beispiel zeigt anschaulich, dass viele Unternehmen offenbar die Strategie verfolgen, sich nach und nach aus westeuropäischen Standorten zurückzuziehen und die Produktion nach Osteuropa zu verlagern.

Wie der Arbeitskampf in der Druckindustrie 1984 zeigte, sind die Arbeitsabläufe in den Unternehmen derart organisiert, dass es möglich ist, mit wenigen Arbeitnehmern die Produktion, wenn auch nicht vollumfänglich, zumindest aber teilweise aufrechtzuerhalten. Dies wird ermöglicht und begünstigt, indem Maschinen ganze Arbeitsabläufe übernehmen, für die früher mehrere Arbeitnehmer benötigt wurden. Zugleich entfallen zahlreiche Zwischenabteilungen, denn an einem Arbeitsplatz lassen sich zahlreiche Betriebsvorgänge vornehmen. Durch den zunehmenden Einsatz von Maschinen und Robotern hat eine Verdrängung der menschlichen Arbeitskraft stattgefunden.[777] Heutzutage können zahlreiche Arbeitsvorgänge – solange es sich nicht um besonderes spezielles Fachwissen handelt – von nahezu jedem Arbeiter ausgeführt werden.[778] Eine große Anzahl der Beschäftigten kann problemlos ausgetauscht und ersetzt werden. Dies erweitert die Anzahl der für Streikbrucharbeiten in Betracht kommenden Arbeitnehmer.[779] Die Bereitschaft zur Verrichtung von

---

[775] Ruhland S. 115; es versteht sich fast von selbst, dass dies erst recht bloße betriebliche Grenzen im Inland betrifft.
[776] Darmstädter Echo 14.06.2006 S 8; Darmstädter Echo 17.06.2006 S. 5.
[777] Däubler „Gewerkschaftsrechte“ Rn. 666; Plander DB 1987, Beilage Nr. 13 S. 9.
[778] Treber S. 222 ff.; Gegenwart S. 121; Chaldoupis S. 222.
[779] Hindrichs/Mäulen/Scharf S. 65, S. 272 und S. 386.

streikausfallbedingter Arbeit ist vor allem bei denjenigen Beschäftigten groß, die keinen gesicherten Arbeitsplatz haben. Dies können Teilzeitbeschäftigte, befristet Beschäftigte oder Leiharbeitnehmer sein.[780] Vor allem aber auch die hohe Zahl der Arbeitslosen erhöht die Anzahl der möglichen Streikbrecher, zumal sich für diese die Möglichkeit eines neuen Arbeitsplatzes bietet. Hinzu kommt, dass durch den vermehrten Einsatz von EDV bereits geleistete Arbeit als Streikbrecherarbeit eingesetzt werden kann. Vor allem im Druck- und Verlagsbereich können im Voraus Artikel, Texte und Reportagen geschrieben und gespeichert werden, die dann während eines Arbeitskampfes abgerufen werden.[781]

Am deutlichsten haben sich die technischen Neuerungen in der Metall- und Druckindustrie niedergeschlagen. Gerade diese Branchen sind es aber, in denen sich das Arbeitskampfgeschehen zum großen Teil abspielt. Hier besteht die Gefahr, dass gerade in Betrieben, die diesen Bereichen zuzuordnen sind, der herkömmliche Streik im Wege der Arbeitsniederlegung nicht mehr als effektives Arbeitskampfmittel angesehen werden kann.[782]

Sobald die bloße Arbeitsniederlegung nicht mehr dazu geeignet ist, Druck auf den Arbeitgeber auszuüben, bestehen keine gleichen Verhandlungschancen zwischen den Tarifparteien mehr. Ist eine derartige Situation gegeben, ist es geboten, der Arbeitnehmerseite neue Kampfmittel zuzusprechen. Hier gewinnt auch die Möglichkeit des Sympathiestreiks an Bedeutung. Betrachtet man die intensiven Unternehmensverflechtungen und den Bestand von zahlreichen bundes- und europaweiten Niederlassungen eines Unternehmens, so könnte die Arbeitsniederlegung von Arbeitnehmern aus Sympathie in nicht bestreikten Betrieben den Druck auf die Arbeitgeber erheblich erhöhen und das Verhandlungsgleichgewicht wieder herstellen. Der Sympathiestreik gewinnt aber vor allem in Betrieben an Bedeutung, in denen die Produktion verlagert wird oder verlagert werden soll. Gerade hier ist es notwendig, dass die Arbeitnehmer ihren streikenden Kollegen zu Hilfe kommen und ein Leerlaufen des Streiks durch Produktionsverlagerungen verhindern. Eine derartige Konstellation sieht wohl auch das Bundesarbeitsgericht als Rechtfertigung für einen Sympathiestreik an, wenn es ausführt: *„So ließe sich der Sympathiestreik rechtfertigen, wenn der von dieser Kampfmaßnahme betroffene Arbeitgeber zuvor seine „Neutralität" im Hauptarbeitskampf verletzt hätte, etwa durch Übernahme der Produktion.*"[783]

---

[780] Treber S. 224; Der Anteil der Streikbrecher ist nicht zu unterschätzen. Im Arbeitskampf 1984 wurden im Opel Werk 8.500 Angestellte zum Streik aufgefordert. Die in der Gewerkschaft organisierten Arbeiter befolgten den Streikaufruf fast geschlossen. Bei den Nichtorganisierten allerdings betätigten sich ca. 70 % als Streikbrecher. Im Arbeitskampf 1962 konnten 42,2 % der Belegschaft als Streikbrecher mobilisiert werden. Herzog Der ArbG 1962, 616.

[781] Chaldoupis S. 223.

[782] Wolter in Däubler Rn. 280 vk; Gegenwart S. 122.

[783] BAG 05.03.1985 AP Nr. 85 zu Art. 9 GG Arbeitskampf.

Die Bedingungen für die Gewerkschaften haben sich in den letzten Jahren auch dadurch zum Nachteil verändert, dass Unternehmen dazu übergegangen sind, ihre Betriebe aufzuspalten und in kleinere Einheiten zu überführen, z.B. durch die Maßnahme des Outsourcing.[784] Dies hat zur Folge, dass die Belegschaft auseinandergerissen und neu zusammengesetzt wird.[785] Die Kommunikation der Belegschaft untereinander, die Reichweite der gewerkschaftlichen Betätigung sowie die Vertretung der Arbeitnehmerinteressen im Betrieb werden dadurch erheblich erschwert. Zugleich kann eine Betriebsspaltung zur Änderung der Tarifzuständigkeit führen, wenn der abgespaltene Teil des Betriebs in einen anderen Tarifbereich fällt.[786] Parallel sind derartige Maßnahmen in der Regel mit dem Verlust von Arbeitsplätzen verbunden. Aber nicht nur die Aufspaltung der Betriebe erschwert die Interessenvertretung für die Arbeitnehmerseite, auch die Entwicklung der Unternehmen auf internationaler Ebene, durch Aufkäufe, Fusionen und Expansion führt dazu, dass zahlreiche betriebliche Entscheidungen außerhalb des Staates getroffen werden, in dem sie sich auswirken. Dies ist z.B. der Fall, wenn die zentrale Leitung in Amerika die Stilllegung eines Betriebs in Deutschland beschließt. Bis die Arbeitnehmervertretung in dem betroffenen Betrieb von den Plänen der Stilllegung erfährt, kann es bereits zu spät sein, um geeignete Gegenmaßnahmen zu treffen. Weiterhin ist es möglich, dass Arbeitnehmer in einem Betrieb Mehrarbeit leisten, um streikausfallbedingte Arbeit in einem anderen Betrieb aufzufangen, ohne dies überhaupt zu wissen.

Es dürfen aber keine voreiligen Schlüsse gezogen werden. Es ist nicht abzustreiten, dass sich die Reaktionsmöglichkeiten der Arbeitgeber auf einen Streik verbessert haben. Dies wird begünstigt durch zahlreiche technische Neuerungen. Weiterhin nicht zu unterschätzen sind Lieferhilfeabkommen, Wettbewerbsverbote zu Gunsten bestreikter Unternehmen, vorausschauende Produktions- und Lagerhaltungspolitik, Solidaritätsabkommen, Arbeitskampfklauseln in Allgemeinen Geschäftsbedingungen und Lieferverträgen.[787] Auch sind die Arbeitgeber den streikenden Arbeitnehmern nicht hilflos ausgeliefert. Zu Gute kommen ihnen der Lohnverlust der Arbeitnehmer nach der Arbeitskampfrisikolehre sowie die Möglichkeit zur Aussperrung und Betriebsstilllegung.

Zu fragen ist jedoch, ob die technologische Entwicklung bereits derart fortgeschritten ist, dass tatsächlich die Arbeitskampfparität zu Lasten der Arbeitnehmer verschoben ist.[788] Die Arbeitskampfparität ist nur dann grundrechtsrelevant beeinträchtigt, wenn die technische Entwicklung den Streik als herkömmliche

---

[784] Chaldoupis S. 389.
[785] Hindrichs/Mäulen/Scharf S. 368 und S. 378 ff.; dieselben in Muhr S. 63.
[786] Hindrichs/Mäulen/Scharf S. 380 f.; Chaldoupis S. 389.
[787] Wolter in Däubler Rn. 889.
[788] Dies verneint Richter S. 238 ff..

Waffe derart stumpf werden lässt, dass die Gewerkschaften ohne ein weiteres Waffenarsenal nur noch kollektiv um Verbesserungen der tariflichen Regelungen „betteln“ können. Führt die technische Entwicklung, wie z.B. gerade in der Druckindustrie, dazu, dass nur wenige Angestellte oder betriebsfremde Streikbrecher in der Lage sind, Zeitungsnotausgaben herauszubringen, selbst wenn alle zum Streik aufgerufenen Arbeiter den Streikaufruf befolgen, liegen Paritätsstörungen zu Lasten der Arbeitnehmer vor. Wie bereits oben dargestellt, müssen den Arbeitnehmern in derartigen Fällen neue Kampfmittel zur Verfügung stehen. Für die Frage der Verschiebung der Parität zu Lasten der Arbeitnehmerseite oder auch der Arbeitgeberseite darf aber nicht vereinzelt auf bestimmte Aspekte zurückgegriffen werden, folglich auch nicht nur vereinzelt auf die technologische Entwicklung. Erforderlich ist eine Gesamtschau aller die Parität beeinflussenden Faktoren des Arbeits- und Wirtschaftslebens.

9. Auswirkungen der Globalisierung

In engem Zusammenhang mit den technischen neuen Möglichkeiten der Unternehmen, insbesondere der Möglichkeit der Produktionsverlagerung, ist die Globalisierung zu sehen. Die Globalisierung bietet zahlreiche Möglichkeiten für eine weltweite Entwicklung. Man versteht darunter die Zunahme der nationenübergreifenden, wirtschaftlichen, kulturellen und sozialen Beziehungen. Sie bezieht sich auf die steigende Integration der Volkswirtschaften auf der ganzen Welt, insbesondere durch Handel und Finanzströme. Umfasst ist auch die Bewegung von Menschen (Arbeitskräften) und Wissen (Technologie) über nationale Grenzen hinweg. Im Rahmen der Globalisierung werden internationale Transaktionen und zunehmend auch Produktionsverlagerungen möglich gemacht. Zentrale Merkmale der Globalisierung sind der Bedeutungsverlust nationaler Grenzen und die Entstehung eines Weltmarktes.[789]
Die Globalisierung hat die deutsche Industrie weltweit gestärkt aber auch zu einer Verschärfung des Wettbewerbdrucks geführt. Die deutschen Unternehmen sind auf dem Weltmarkt flexibler geworden, sehen sich andererseits aber einem immer stärker werdenden weltweiten Wettbewerb ausgesetzt.[790] Es ist eine Standortkonkurrenz eingetreten, bei der auch Deutschland nicht ausgeschlossen ist. Dies betrifft unter anderem Personalkosten, Steuern, Abgaben und allgemeine Arbeitsbedingungen.[791] Dennoch behauptet sich Deutschland wirtschaftlich gesehen auf den Weltmärkten gut.[792] Die Öffnung der Märkte gibt vielen Unternehmen, stärker und einfacher als in der Vergangenheit, die Möglichkeit, Teile ihrer Produktion ins Ausland zu verlagern. Arbeitsplätze und Produktions-

---

789 Zur Globalisierung der Wirtschaft vgl. Scherer S. 59 ff.
790 Feudner DB 2004, 982.
791 Feudner DB 2004, 982.
792 FAZ 20.04.2005 S. 13.

stätten können dorthin verlagert werden, wo die Kosten gering sind. Dies kann überall auf der Welt und innerhalb kürzester Zeit der Fall sein.[793] Zahlreiche deutsche Unternehmen sind transnational verflochten und unterhalten heutzutage Niederlassungen und Betriebsstätten auf dem weltweiten Markt. Ganze Unternehmen kooperieren in Form hierarchischer Produktionsnetzwerke. Auffallend ist der Auf- und Ausbau von Betriebsstätten im Ausland oder die Beteiligung an ausländischen Unternehmen. Die Konzentration in der Wirtschaft hat in den letzten Jahren weiter zugenommen. Vermehrt treten Aufkäufe und Fusionen zwischen Unternehmen auf der ganzen Welt auf.[794] Die Ausbreitung der multinationalen Unternehmen,[795] die grenzüberschreitend tätig sind, wurde durch die Globalisierung verstärkt. Dies hat mehrere Gründe. Zum Einen wollen die Unternehmen ihre weltweite Präsenz festigen und der Konkurrenz standhalten. Die Erreichung einer ausreichenden Unternehmensgröße ist ein wichtiger Aspekt, um auf den Weltmärkten bestehen zu wollen. Zum Anderen bestehen im Rahmen eines multinationalen Unternehmens zwischen den einzelnen beteiligten Unternehmen dauerhafte Austauschbeziehungen, die Waren, Software, Personal, Dienstleistungen, Know-how, Ideen etc. umfassen, was erhebliche Vorteile auf dem Weltmarkt bietet. Nicht zu vergessen ist, dass auch finanzielle Gründe eine wesentliche Rolle spielen. Durch das Zusammenlegen von Betriebsabteilungen werden Sach- und Personalkosten gespart. Negative Auswirkungen hat dies auf die Arbeitnehmer, denn ein Unternehmenszusammenschluss ist in der Regel mit dem Abbau von Arbeitsplätzen auf Grund von Doppelbelegungen verbunden. Idealerweise streben die Unternehmen das „*multifunktionale Team*“[796] an, d.h. Arbeitnehmer, die in der Lage sind, ohne Zwischenumwege, ohne unnötige Überschneidungen und ohne unnötige Arbeitsschritte Produkte zu entwickeln, zu produzieren und auf den Markt zu bringen. Im Ergebnis sind derartige Umstrukturierungen mit Nachteilen für die Arbeitnehmer verbunden.

Bezüglich der Auswirkungen dieser Entwicklung auf die Arbeitskampfparität wird argumentiert, dass teure Tarifabschlüsse dazu führen könnten, dass Unternehmen – wenn sie es nicht sowieso bereits getan haben – endgültig ins Ausland

---

[793] Scherer S. 107 spricht von wenigen Tagen.

[794] Vgl. zu den zahlreichen Fusionen die Beispiele bei Ruhland S. 116 ff. sowie www.eiro.eurofound.eu.int/2001/02/study/tn0102403s.html.

[795] Unter einem multinationalen Unternehmen versteht man nach Eser S. 25 f. einen „*Unternehmenskomplex, der sich aus mehreren, teilweise rechtlich verselbständigten, in zwei oder mehreren Staaten agierenden Teilunternehmen zusammensetzt, der entsprechend einer globalen Unternehmensstrategie auf mehreren nationalen und internationalen Märkten gleichzeitig operiert, wobei diese ökonomischen Aktivitäten durch die Konzernspitze koordiniert werden und die Teilunternehmen (Tochtergesellschaften, Zweigniederlassungen etc.) im Rahmen eines regelrechten Systems einer Kontrolle durch die Konzernspitze unterliegen*“.

[796] Herrigel in Mückenberger/Menzl S. 228 f..

abwandern. Dies würde zum Abbau weiterer Arbeitsplätze führen.[797] Streiks führen zu Wettbewerbsnachteilen für deutsche Unternehmen.[798] Die Globalisierung hat nach dieser Ansicht eindeutig eine Kräfteverschiebung zu Lasten der Arbeitgeber bewirkt.[799]

Nicht zu bestreiten ist, dass die Unternehmen sich einem immer weiter steigenden Konkurrenzdruck ausgesetzt sehen. Dem steht aber wiederum die Möglichkeit der Arbeitgeber gegenüber, streikbedingte Ausfälle über andere Betriebe im In- und Ausland auszugleichen und aufzufangen. Ein Streik kann auf Grund der technologischen Entwicklung seine Druckwirkung nicht mehr voll entfalten und verliert an Einfluss. Tarifverträge müssen aber derart zu Stande kommen, dass beide Seiten zufrieden sind. Es kann auch nicht zu Lasten der Arbeitnehmer gehen, dass im Ausland geringere Löhne gezahlt werden und sich die Unternehmen einem stärkeren Wettbewerb ausgesetzt sehen. Beachtet werden müssen auch die Lebenshaltungskosten, die im Ausland wie Polen, Tschechien oder China deutlich geringer sind als in Deutschland. Die Globalisierung hat zwar dazu geführt, dass die Unternehmen sich in einem stärkeren Wettbewerb wiederfinden. Dies kann aber nicht auf den Schultern der Arbeitnehmer ausgetragen werden, indem hier das Streikrecht eingeschränkt wird. Dafür können die Arbeitnehmer nichts.

Hinzu kommt, dass deutsche Unternehmen überwiegend Gewinne verbuchen und ihren Profit steigern.[800] Die Investitionen der Betriebe im Ausland bescheren diesen weitere Gewinne und steigern den Umsatz. Von einer Rezession kann hier nicht gesprochen werden. Dennoch investieren die Unternehmen nicht im Inland, sondern im Ausland und entlassen in Deutschland zahlreiche Arbeitnehmer. Mit einer Verlagerung der Produktion und damit von Arbeitsplätzen wird bezweckt, den Gewinn weiterhin zu steigern, auch auf Kosten der Arbeitnehmer. Allein mit einer Drohung der Verlagerung der Produktion ins Ausland können die Unternehmen ihren Arbeitnehmern Zugeständnisse abzwingen.

Für die Unternehmen bedeutet die Globalisierung auch die Möglichkeit, auf zahlreiche Zulieferer zurückzugreifen, die kostengünstig im Ausland produzieren. Dadurch können eigene Vorhaltekapazitäten zurückgefahren werden. Weltweit können auf Grund der technologisch neuen Möglichkeiten Arbeitskräfte eingesetzt werden, etwa in Form von Verlagerungen ganzer Betriebe oder lediglich einzelner Abteilungen. Mit der Errichtung neuer Produktionsstätten in Niedriglohnländern in Osteuropa oder Asien geht eine erhebliche Kostenerspar-

---

[797] Ruhland S. 121.

[798] Gentz in FS Däubler 1999, 423.

[799] Ruhland S. 121; Heinze in FS Däubler 1999, 431 differenzierend, wenn er davon spricht, dass die Arbeitgeber in einigen Branchen nicht mehr kampffähig sind.

[800] Frankfurter Rundschau 03.03.2005 S. 9 *„Konzerne scheffeln Profite und streichen Jobs.“*; Frankfurter Rundschau 10.03.2005 S. 12; „Der Spiegel“ Heft Nr. 10/2005 S. 23; „Der Spiegel“ Heft Nr. 15/2005 S. 25; „Der Spiegel“ Heft Nr. 17/2005 S. 87 f..

nis für deutsche Unternehmen einher. Die großen Unternehmen der Welt haben weltweit Standorte aufgebaut, unterhalten mannigfache Beziehungen zu Lieferanten, Zulieferern und anderen Vertragspartnern. Sie sind nicht mehr nur von einem einzigen Lieferanten abhängig. Auf Störungen können sie spontan und schnell reagieren. Auf diese Weise erhalten sie sich genügend Flexibilität, die Lieferanten kurzfristig zu wechseln und bei Bedarf sogar gegeneinander auszuspielen. Eine Kräfteverschiebung zu Lasten der Arbeitgeber ist in der Globalisierung daher nicht zu sehen.

10. Erfolge der Gewerkschaften

Als Indiz dafür, dass die Arbeitnehmerseite in einem Arbeitskampf alles andere als unterlegen und damit ein Kampfgleichgewicht vorhanden ist, wird in der Literatur mit den Erfolgen der Gewerkschaften in zurückliegenden Arbeitskämpfen argumentiert.[801] So führt *Gaudecki*[802] aus, dass die Gewerkschaften in der Vergangenheit ihre Arbeitskampffähigkeit deutlich unter Beweis gestellt haben, was sich darin zeige, dass kein Streik mit einer Niederlage geendet habe. *Gamillscheg*[803] sieht in der Entwicklung der Arbeitsbedingungen im Rahmen einer blühenden Wirtschaft den Beweis dafür, dass in den letzten 45 Jahren eine ausgeglichene Arbeitskampfparität bestanden hat. *Raiser*[804] argumentiert mit einer Steigerung der Lohnquote[805] für den Zeitraum von 1960 und 1974 und sieht darin „*eher ein Indiz für ein Über- als ein Untergewicht der Arbeitnehmerseite*".
Eine derartige Betrachtung und die daraus gezogenen Schlussfolgerungen weisen allerdings an mehreren Stellen Schwächen auf, die zu einer Unverwertbarkeit einer derartigen Argumentation führen.

a) Streikerfolge der Gewerkschaften

Die Autoren, die sich im Wesentlichen auf die Arbeitskampfergebnisse berufen, stützen ihre Argumentation überwiegend auf eine Statistik, welche die Erfolgsquote von Streiks für einen Zeitraum von 1949 bis 1957 wiedergibt. Die Tabelle ist nach drei Kategorien unterteilt; nämlich „voller Erfolg", „teilweiser Erfolg"

---

801 Buchner RdA 1986, 15; Raiser S. 82; Gaudecki S. 53; Gamillscheg S. 974; Löwisch ZfA 1985, 62; Zöllner DB 1985, 2456; Eichmanns RdA 1977, 138; Wank in FS Kissel 1994, 1242; Rüthers/Berghaus Anm. zu BAG 12.01.1988 AP Nr. 90 zu Art. 9 GG Arbeitskampf.

802 Gaudecki S. 53.

803 Gamillscheg S. 974.

804 Raiser S. 82 f.; so auch Zöllner DB 1985, 2456; Löwisch RdA 1980, 8 f.; ders. ZfA 1985, 62; Eichmanns RdA 1977, 138.

805 Die Lohnquote gibt den Anteil der Arbeitnehmerentgelte („Bruttoeinkommen aus unselbständiger Arbeit") am gesamten Volkseinkommen an. Alle anderen Primäreinkommen werden der gesamtwirtschaftlichen Gewinnquote zugeordnet.

und „ohne Erfolg". Aus ihr ergibt sich, dass der überwiegende Teil der Arbeitskämpfe zumindest mit einem Teilerfolg für die Gewerkschaften endete.[806]
Für *Raiser*[807] ergeben die Zahlen ein Indiz dafür, dass die Gewerkschaften überwiegend erfolgreich waren und eine Unterlegenheit nicht auszumachen war. Er führt noch die Daten bezüglich der Arbeitskämpfe in den Jahren 1963 und 1971 an.[808] Im Ergebnis konnten die Gewerkschaften 50 % ihrer Forderungen durchsetzen, was wiederum für ihre Überlegenheit spreche.
Die Statistik, welche die Autoren ihrer Argumentation zu Grunde legen, ist für derart weitreichende Schlussfolgerungen allerdings nicht geeignet. Aus ihr kann keineswegs die Überlegenheit der Gewerkschaften im Arbeitskampf heraus interpretiert werden. Zunächst wird keineswegs deutlich, nach welchen Kriterien sich der Erfolg bemisst. Angenommen die Gewerkschaft fordert eine Lohnerhöhung um 5 %, erringt jedoch lediglich eine Erhöhung um 1 %. Ist dies nun als ein Erfolg, als ein teilweiser Erfolg oder sogar als Niederlage zu werten? Kriterien für eine Differenzierung werden nicht genannt. Vor allem stellt sich die Frage, welche Kriterien dies sein sollen. Es mag durchaus richtig sein, dass die Gewerkschaften in der Vergangenheit so gut wie nie einen Arbeitskampf verloren haben.[809] Die überwiegende Anzahl der Arbeitskämpfe endeten jedoch auch so gut wie nie in einem vollen Kampferfolg, d.h. in der Weise, dass das was gefordert auch erreicht wurde. Der ganz wesentliche Teil endete in Kompromissen, die mal gut, mal weniger gut für eine der Kampfparteien ausgegangen sind.[810] Ein Arbeitskampf kann jedoch auch mal mit einer herben Niederlage für die Gewerkschaften enden, wie der ostdeutsche Streik der IG Metall um die 35-Stunden-Woche Mitte des Jahres 2003 beweist. Gerade diese Niederlage lässt die Befürchtung aufkommen, dass die Arbeitgeberseite nunmehr austestet, wie konfliktfähig die IG Metall und die Gewerkschaften generell wohl noch sind.
Letztlich spielt es auch eine Rolle, dass es den Unternehmen obliegt, Preise auf Waren und Produkte festzulegen. Die eventuellen Zugeständnisse in einem Arbeitskampf und die damit verbundenen „Mehrkosten" können die Unternehmen wieder auf die Verbraucher, zu denen auch die Arbeitnehmer gehören, abwälzen. Ob die erzielten Tarifergebnisse als Erfolg anzusehen sind, hängt von zahlreichen unterschiedlichen Faktoren ab. Bei der Bestimmung des Erfolges kann nicht nur auf das Endergebnis abgestellt werden. Zu berücksichtigten sind auch die Kampftaktik, die Strategie, die wirtschaftlichen Verhältnisse, die Infla-

---

806 Die Tabelle ist abgedruckt bei Raiser S. 81 und Bertelsmann S. 253.
807 Raiser S. 82.
808 Raiser S. 82.
809 Nach Hindrichs/Mäulen/Scharf S. 441 haben die Gewerkschaften in einem Zeitraum von ca. 1970 bis 1990 keinen großen Tarifstreik verloren.
810 Vgl. die Auswertung bei Goll S. 176 ff.; Birk S. 105; Mückenberger S. 94.

tionsrate usw.. Das Endergebnis an sich ist demnach wenig aussagekräftig darüber, ob ein Kräftegleichgewicht zwischen den Parteien besteht oder nicht.[811] Darüber hinaus vermag eine 50 Jahre alte Statistik nichts über die momentane Situation der Arbeitskampfparteien auszusagen. Aktuelle Untersuchungen über die Erfolge oder Misserfolge der Gewerkschaften in Arbeitskämpfen fehlen jedoch. *Goll* beschäftigte sich in seiner Abhandlung „*Arbeitskampfparität und Tariferfolg*" noch mit dem Erfolg von Arbeitskämpfen und wertete 25 Arbeitskämpfe in einem Zeitraum von 1956 bis 1979 aus. Im Durchschnitt lag der Erfolg der Gewerkschaften bei ca. 50 %.[812] Aber auch dieser Auswertung stehen die eben genannten Unsicherheiten gegenüber, die selbst *Goll* vorträgt.[813]
Die Argumentation mit dem Kampferfolg der Gewerkschaften mündet daher bei Fehlen von empirisch gesicherten Daten letztlich in bloßen Vermutungen, Spekulationen und Mutmaßungen.[814] Sie ist daher nicht geeignet, eine Aussage über die aktuelle Kampfkraft der Gewerkschaften zu machen.

b) Die Entwicklung der Lohnquote

Neben dem eben dargestellten spekulativen Argument der Gewerkschaftserfolge wird in der Literatur auf die Entwicklung der Lohnquote verwiesen, um ein Gleichgewicht zwischen den Tarifvertragsparteien zu begründen.[815] Eine hohe Lohnquote (= niedrige Gewinnquote) ist ein Indiz für eine gerechte Einkommensverteilung. Die Autoren beziehen sich im Wesentlichen auf den Zeitraum von 1960 bis 1973, in dem die Lohnquote stetig gestiegen ist.

Die Lohnquote erscheint jedoch bereits als ungeeignetes Kriterium, um Kampfkraft und Überlegenheit der Arbeitnehmer zu messen. Die Lohnquote ist von zahlreichen wirtschaftlichen Faktoren abhängig und wird von diesen beeinflusst.[816] Die Stärke der Gewerkschaften spielt dabei keine ausschlaggebende Rolle. Im Wirtschaftsabschwung steigt die Lohnquote, im Aufschwung geht sie zurück. Die Lohnquote schwankt also antizyklisch. Die Lohnquote als verteilungspolitische Kennziffer hat zudem einen Konstruktionsfehler: Sie steigt (fällt) auch dann, wenn der Anteil der abhängig Beschäftigten an der Gesamtzahl der Erwerbstätigen steigt (fällt), ohne dass sich an den Einkommensverhältnissen etwas geändert hat. Im Konzept der bereinigten Lohnquote wird

---

811 Treber S. 454.
812 Goll S. 176.
813 Goll S. 197 These 12.
814 Scholz/Konzen S. 193; Treber S. 454; selbst Raiser erkennt die Schwäche einer derartigen Argumentation, verwendet sie aber dennoch.
815 So z.B. Raiser S. 82 f.; Löwisch RdA 1980, 8 f.; ders. ZfA 1985, 62; Eichmanns RdA 1977, 138; Konzen AcP 177, 531; Zöllner DB 1985, 2456.
816 Bertelsmann S. 251; Hensche RdA 1996, 298 f..

dieser Aspekt herausgerechnet. Es wird dabei die Lohnquote ermittelt, die sich ergeben würde, wenn das Verhältnis zwischen Selbständigen und unselbständig Beschäftigten so geblieben wäre wie in einem Basisjahr.
Selbst wenn man die Lohnquote dennoch als Kriterium zur Bestimmung der Kampfkraft der Arbeitnehmer und Gewerkschaften heranzieht, spricht diese nicht für eine Überlegenheit der Arbeitnehmer. Die Entwicklung der Lohnquote in der Vergangenheit lässt sich anhand von statistischem Material ermitteln. Den Vertretern in der Literatur ist zuzustimmen, wenn sie auf eine ständige Erhöhung der Lohnquote im Zeitraum von 1960 bis 1973 verweisen. Hierbei wird jedoch lediglich ein Zeitraum von 13 Jahren betrachtet.[817] Von Interesse ist jedoch die Entwicklung der Lohnquote in der jüngeren Vergangenheit. Hier kann Folgendes zusammenfassend festgehalten werden:

Insbesondere mit Beginn der 60er Jahre ist die Lohnquote bis 1980 kontinuierlich gestiegen. Seit Anfang der 80er Jahre bis heute ist der Trend der bereinigten Lohnquote rückläufig. Wirtschaftsinstitute erwarten weiterhin einen Rückgang. Die Durchschnittswerte sehen wie folgt aus:

50er Jahre	59,37 %
60er Jahre	64,40 %
70er Jahre	72,70 %
80er Jahre	73,70 %
90er Jahre	72,64 %

Für das Jahr 2005 wird eine Lohnquote von 68,9 % prognostiziert.[818] Im ersten Halbjahr 2005 betrug sie nur 65,7 %.[819]

Damit kann auch nicht mehr mit einer dauerhaften Steigerung der Lohnquote argumentiert werden. Diese hat sich vielmehr in den letzten Jahren bei ca. 70 % eingependelt, und zukünftig wird ein Rückgang der Lohnquote erwartet.

817 Zachert/Metzke/Hamer S. 139 verweisen richtigerweise darauf, dass es nicht einsichtig ist, warum gerade dieser Zeitraum genommen wird. Bezieht man nämlich den Zeitraum von 1950 bis 1960 in die Betrachtung mit ein, so ergibt sich ein anderes Bild, nämlich ein Absinken der Lohnquote von 58,4 auf 56,9 v.H.
818 Zahlenangaben nach WISO Institut für Wirtschaft und Soziales GmbH www.wiso-gruppe.de und www.einblick.dgb.de.
819 Vgl. www.wsws.org/de/2005/dez2005/wsi-d02.shtml.

Zur Verdeutlichung soll folgende Tabelle dienen:

Jahr	*Lohnquote*	*Jahr*	*Lohnquote*	*Jahr*	*Lohnquote*
1950	58,2	1969	65,7	1988	71,5
1951	58,0	1970	68,0	1989	70,3
1952	57,1	1971	69,7	1990	69,6
1953	58,8	1972	70,3	1991	72,3
1954	60,1	1973	71,4	1992	73,6
1955	59,7	1974	73,9	1993	74,5
1956	60,3	1975	74,1	1994	73,6
1957	60,4	1976	72,9	1995	73,1
1958	60,9	1977	73,7	1996	72,8
1959	60,2	1978	72,9	1997	71,6
1960	60,1	1979	73,3	1998	70,9
1961	62,4	1980	75,8	1999	71,4
1962	63,9	1981	76,8	2000	72,8
1963	64,9	1982	76,9	2001	72,9
1964	64,5	1983	74,6	2002	72,8
1965	65,3	1984	73,4	2003	72,1
1966	66,4	1985	73,0	2004	70,1[820]
1967	66,1	1986	72,1	2005*	68,9
1968	64,7	1987	72,6		

* bisher lediglich Prognose

Quelle: vgl. www.wiso-gruppe.de und www.einblick.dgb.de

11. Zusammenfassung und Ergebnis

Ziel der Arbeitskampfparität ist es, ein Verhandlungsgleichgewicht zwischen den Gewerkschaften und den Arbeitgebern bzw. den Arbeitgeberverbänden herzustellen. Beide Parteien sollen sich in einem Arbeitskampf gleichgewichtig gegenüberstehen. Nur auf diese Weise wird der Tarifautonomie Rechnung getragen.

Im Ergebnis ist von einer Erschwerung gewerkschaftlicher Streikfähigkeit auszugehen. Dies mag bei getrennter Betrachtung der einzelnen Punkte anders sein, zur Beurteilung der Arbeitskampfparität sind allerdings sämtliche eben dargestellten Auswirkungen als Summe zu berücksichtigen. Es darf keine vereinzelte Betrachtung vorgenommen werden. Der Arbeitskampf ist ein Phänomen, das in untrennbarem Zusammenhang mit der wirtschaftlichen Entwicklung in der Bundesrepublik Deutschland steht. Daher ist bei einer Paritätsbewertung auch auf die hohe Arbeitslosigkeit und die Kampfrisiken der

[820] Bezüglich der Angabe für das Jahr 2004 vgl. www.diezeit.de/2005/17/Analyse.

Arbeitnehmer abzustellen. Auch diese Entwicklung geht, genau wie der technische Fortschritt und die damit einhergehende Möglichkeit der Arbeitgeber, Streikwirkungen zu unterlaufen, unmittelbar mit der Fähigkeit der Arbeitgeber einher, einem Arbeitskampf seine Wirkung zu nehmen. Es mag durchaus fraglich sein, konjunkturelle Faktoren wie die Arbeitslosigkeit in die Betrachtung mit einzubeziehen. Zu beachten ist aber, dass die Massenarbeitslosigkeit kein neues Phänomen ist, sondern die Bundesrepublik Deutschland bereits seit Jahren beschäftigt. Ferner ist eine Besserung auf absehbare Zeit nicht in Sicht. Mit der Massenarbeitslosigkeit geht aber auch eine Schwächung der Arbeitnehmerseite und der Gewerkschaften einher. Die Durchsetzungsfähigkeit der Arbeitnehmerschaft und der Gewerkschaften wird eingeschränkt, so dass die Massenarbeitslosigkeit durchaus Wirkungen auf das deutsche Streikrecht zeigt und damit auch in die Bewertung mit einfließen muss.
Bei einer Betrachtung der Gesamtumstände ist eine Störung des Verhandlungs- oder Kampfgleichgewichts zu Lasten der Arbeitnehmer und der Gewerkschaften festzustellen. Ein Streik trifft die Arbeitgeber heute nicht mehr in ausreichendem Maße, um wirksamen Druck auf diese auszuüben. Ohne die Möglichkeit, effektiv Druck auf die Arbeitgeber auszuüben, müssen sich diese nicht veranlasst sehen, den Forderungen stattzugeben oder sich kompromissbereit zu zeigen. Der Streik verliert dann seine Wirkung.
Dies wird durch die eben dargestellten Umstände mitverursacht. Der Arbeitgeberseite gelingt es zunehmend, in einem Streik die Belegschaft zu ersetzen und die Produktion weiterhin aufrechtzuerhalten. Dies wird begünstigt durch die Erosion des Normalarbeitsverhältnisses und der Massenarbeitslosigkeit. Die technische Entwicklung ermöglicht die Fortführung der Produktion mit wenigen Arbeitnehmern bzw. schafft die Voraussetzungen für eine Verlagerung der Produktion in andere Betriebe ins In- oder Ausland. Gerade auch der Aufbau von neuen Produktionsstätten im billigeren Ausland ermöglicht es den Unternehmen einzelne Standorte gegeneinander auszuspielen. In derartigen Fällen verliert der Streik seine Wirkung und wird in gewissem Maße sinnlos. Die bezweckte und verfolgte Druckausübung auf den sozialen Gegenspieler wird nicht erreicht. In derartigen Fällen ist das Kräftegleichgewicht zu Lasten der Arbeitnehmer verschoben, die gewerkschaftliche Streikfähigkeit beeinträchtigt. Hier muss dann auch das Arbeitskampfrecht in einem anderen Lichte gesehen werden. Die Folge muss die notwendige Zulassung neuer Kampfmittel sein. Dazu gehört auch der Sympathiestreik. Gerade auch wegen der starken internationalen Ausrichtung der Unternehmen und Konzerne auf den Weltmärkten erscheint ein Arbeitskampfmittel erforderlich, das nicht vor den Grenzen eines Tarifgebietes halt macht. Für Unternehmen bestehen nationale Grenzen auf Grund der wirtschaftlichen Betätigungsfreiheit so gut wie nicht mehr. Waren, Produkte, Arbeitskräfte und Dienstleistungen werden über die Ländergrenzen hinaus ausgetauscht und gegeneinander ausgespielt. Die Europäische Union hat

es möglich gemacht, Handelsbeschränkungen einzugrenzen und den europaweiten, sogar weltweiten Markt auszubauen und zu festigen.
Der Grundsatz der Arbeitskampfparität – so unbestimmt und umstritten er sein mag – macht es erforderlich, den Arbeitnehmern in gewissen Situationen neue Kampfmittel zur Verfügung zu stellen. Dazu zählt auch der Sympathiestreik. Hier ist jedoch Vorsicht geboten. Auch zulässige Kampfmittel haben ihre Grenzen, die vor allem im Grundsatz der Verhältnismäßigkeit liegen. Auch Sympathiestreiks müssen sich an diesen Schranken messen lassen. Dies führt notwendigerweise zu einer Einschränkung des Sympathiestreiks. Auch sie können nicht immer und unbegrenzt zulässig sein. Die Möglichkeit seiner Anwendbarkeit, aber auch zugleich seiner Begrenzung, ist anhand des Verhältnismäßigkeitsprinzips festzustellen.

III. Die Einschränkung des Sympathiestreiks nach dem Grundsatz der Verhältnismäßigkeit

Der Grundsatz der Verhältnismäßigkeit ist ein weiteres Grundprinzip des Arbeitskampfrechts. Der Verhältnismäßigkeitsgrundsatz, für den auch bisweilen der Begriff des Übermaßverbotes[821] verwendet wird, besagt, dass eine Maßnahme nur dann verhältnismäßig ist, wenn sie geeignet, erforderlich und verhältnismäßig (= proportional) zur Erreichung eines bestimmten Zieles ist; der Arbeitskampf muss das letzte Mittel (ultima-ratio) sein. Unverhältnismäßige Maßnahmen sind unzulässig und rechtswidrig.[822] Auch der Sympathiestreik muss diesen Anforderungen genügen. Abzustellen ist folglich auf die Geeignetheit und Erforderlichkeit des Sympathiestreiks zur Erreichung des Koalitionszwecks.

Würde man den Sympathiestreik bereits allein aus Gründen der Parität für nicht erforderlich halten, so würde es keine Schwierigkeiten bereiten, auch seine Unverhältnismäßigkeit festzustellen. Es wurde jedoch festgestellt, dass das Kräfteverhältnis im Arbeitskampf zu Lasten der Arbeitnehmerseite verschoben ist. Die zu Lasten der Arbeitnehmer verschobene Kampfparität begründet die grundsätzliche Erforderlichkeit und Proportionalität. Aber keine Regel ohne Ausnahme. Die Erforderlichkeit muss in den Fällen verneint werden, wo offensichtlich ist, dass keine Unterstützung der Streikenden notwendig bzw. möglich ist. In derartigen Fallkonstellationen ist es aber mehr als unwahrscheinlich, dass

---

[821] Vgl. v. Hoyningen-Huene JuS 1987, 507; BAG 10.06.1980 AP Nr. 64 zu Art. 9 GG Arbeitskampf.

[822] BAG 21.04.1971 AP Nr. 43 zu Art. 9 GG Arbeitskampf = BAGE 23, 292; Hromadka/ Maschmann § 14 Rn. 59 ff.; Kissel § 29 und § 30; Czerweny von Arland S. 40 ff.; Gamillscheg S. 1127 ff..

eine Gewerkschaft zu einem Unterstützungsstreik greifen wird. Vor allem die Fälle, in denen es dem Arbeitgeber gelingt, die Produktion mit Arbeitswilligen aufrecht zu erhalten oder die Produktion zu verlagern, dürften hier ihren Hauptanwendungsfall haben.

Schwieriger ist die Frage nach der Geeignetheit zu beantworten. Eine Maßnahme ist zur Erreichung eines bestimmten Zweckes geeignet, wenn mit ihrer Hilfe der gewünschte Erfolg gefördert wird. Der Erfolg muss nicht eintreten, es ist ausreichend, wenn er zumindest näher rückt.[823] Entscheidendes Merkmal ist, dass das gewählte Arbeitskampfmittel geeignet ist, auf den sozialen Gegenspieler Druck auszuüben. Oben wurde bereits festgestellt, dass gewisse Einwirkungsmöglichkeiten der aus Sympathie Streikenden auf den Gegner im Hauptarbeitskampf bestehen.[824] Dies wird entweder bedingt durch einen engen wirtschaftlichen, geschäftlichen oder persönlichen Kontakt oder durch die gemeinsame Zugehörigkeit zum Arbeitgeberverband. Die Möglichkeit der Eignung ist ohne weiteres gegeben, wenn es sich bei den Betrieben außerhalb des Tarifgebietes handelt, die rechtlich demselben Arbeitgeber zuzuordnen sind, oder wenn es sich um Mutter- oder Tochtergesellschaften handelt. Durch deren Bestreikung wird der Druck auf den Arbeitgeber des Hauptarbeitskampfes erhöht und kann die Streikenden ihrem Ziel näher bringen.[825]

Der Sympathiestreik muss folglich geeignet sein, dem Hauptstreik zum Erfolg zu verhelfen. Dies bedingt die Feststellung, dass der Sympathiestreik nicht generell zulässig ist. Hierbei spielt ein großes praktisches Problem eine Rolle, nämlich die Frage, anhand welcher Kriterien man feststellt, ob der Sympathiestreik geeignet ist, den Hauptstreik zu fördern oder nicht.

Letztlich ist dies eine Aussage, die nur am konkreten Einzellfall getroffen werden kann, was zunächst eine große Rechtsunsicherheit bedingt. Es wird sicherlich Fallkonstellationen geben, in denen derartige Einwirkungsmöglichkeiten nicht bestehen. Diese dürften aber in der relevanten Praxis eher gering sein. Dies zeigt bereits schon die Tatsache, dass Sympathiestreiks generell kaum in Erscheinung treten. Keine Gewerkschaft wird zur Unterstützung anderer Streikender in den Streik treten, wenn sie sich keine messbaren Erfolge davon versprechen würde. Arbeitskämpfe sind mit erheblichen Kosten und mit finanziellen Nachteilen für die Arbeitnehmer verbunden. Die Gewerkschaft wird folglich nur dann zu einem (Sympathie-)Streik aufrufen, wenn sie sich hiervon tatsächlich eine Einflussnahme zu Gunsten des Hauptarbeitskampfes verspricht. Ein Sympathiestreik könnte in der Tat nicht als geeignetes Mittel angesehen werden, wenn er nicht einmal in der Lage wäre, mittelbaren Druck auf den Gegner im Hauptarbeitskampf auszuüben. Allein aber die Tatsache, dass eine

[823] BVerfG 16.03.1971 E 30, 292 (316); BVerfG 19.03.1975 E 39, 210 (230); Kissel § 29 Rn. 21.
[824] Dazu oben 2. Teil IX.
[825] Lieb ZfA 1982, 154.

Gewerkschaft einen Sympathiestreik durchführt, dürfte bereits zeigen, dass sie dieses Kampfmittel als erfolgsversprechend erachtet. Sollte es Fallkonstellationen geben, in denen es offenkundig ist, dass der Sympathiestreik sich in keinerlei Weise auf den Hauptstreik auswirken würde, so müsste in der Tat seine Ungeeignetheit als Kampfmittel festgestellt werden. *Preis*[826] führt diesbezüglich das Beispiel an, dass ein Streik im öffentlichen Dienst wohl kaum geeignet sei, um einen Tarifabschluss im Metallbereich zu unterstützen. Dem kann nicht uneingeschränkt gefolgt werden, wie folgendes Beispiel zeigt: Anfang des Jahres 2006 kann es im Öffentlichen Dienst zu großen Streikaktionen in den Bundesländern Nordrhein-Westfalen, Rheinland-Pfalz, Niedersachsen, Schleswig-Holstein, Sachsen, Bayern, Bremen und Hamburg. Betroffen waren unter anderem die Müllabfuhr und Straßendienste. Gerade in diesen Bereichen wurden Überlegungen angestellt, die Arbeiten an private Unternehmen zu vergeben und damit dem Streik seine Druckwirkung zu nehmen. In diesen Branchen könnte die kurzfristige Ersetzung der Belegschaft oder die Verlagerung der Arbeiten an dritte private Unternehmen eine Kompensation der Streikwirkungen ermöglichen. Als paritätswahrende Modifikationen kommen hier Sympathiestreiks in Betracht, denen die Verhältnismäßigkeit, insbesondere der Grundsatz der Geeignetheit, nicht abzusprechen ist. Durch jene Sympathiestreiks werden auch keine Disparitäten auf der Arbeitgeberseite erzeugt. Dieser verbleiben jene Abwehrmittel, die auch in Betrieben bestehen, in denen die Voraussetzungen einer paritätsstörenden Streikfolgenkompensation nicht vorliegen.

Selbst wenn einmal ein Sympathiestreik nicht unter den Grundsatz der Verhältnismäßigkeit zu subsumieren wäre, würde eine derartige Feststellung nur die einzelne Streikmaßnahme betreffen. Schlussfolgerungen auf das Arbeitskampfmittel des Sympathiestreiks an sich lassen sich daraus nicht ableiten.

Ein positives Ergebnis für die Zulässigkeit von Sympathiestreiks im Rahmen des Verhältnismäßigkeitsprinzips dürfte der Streik in einem Konzern- oder Unternehmensverbund sein. In derartigen Fällen sind zwar die einzelnen Unternehmen und Betriebe rechtlich selbständig, aber wirtschaftlich miteinander verbunden und zwar über eine einheitliche Führungsspitze.[827] Auch Streiks derselben Gewerkschaft gegen Unternehmen derselben Branche dürften als zulässig anzusehen sein. Genannt sei aus jüngster Zeit der Streik der IG Metall in Ostdeutschland 2003. Eine Unterstützung durch die IG Metall im Westen des Landes wäre durchaus geeignet gewesen, den Streik mit einem besseren Ergebnis zu beenden. Dies gilt vor allem für Gewerkschaften, die in einem Tarifgebiet derart klein und schwach sind, dass sie so gut wie nicht in der Lage sind, einen erfolgreichen Tarifabschluss zu erzielen. In derartigen Fällen kann nur die Unterstützung anderer Gewerkschaften einen gerechten Tarifabschluss erzielen.

---

[826] Preis Anm. zu BAG 12.01.1988 EzA Nr. 73 zu Art. 9 GG Arbeitskampf.

[827] Zum Sympathiestreik im Konzern unten 3. Teil V 2.

Spezielle Ausprägung des Merkmals der Erforderlichkeit ist das ultima-ratio-Prinzip. Das Bundesarbeitsgericht hat in seiner zweiten grundlegenden Arbeitskampfentscheidung klargestellt, dass *„jede Arbeitskampfmaßnahme – sei es Streik, sei es Aussperrung – [...] ferner nur nach Ausschöpfung aller Verständigungsmöglichkeiten ergriffen werden (darf); der Arbeitskampf muss also das letztmögliche Mittel (ultima-ratio) sein.“*[828] Arbeitskämpfe dürfen folglich erst dann ergriffen werden, wenn alle Verhandlungsmöglichkeiten ausgeschöpft sind. Solange noch die Möglichkeit einer friedlichen Lösung, einer Einigung, besteht, darf nicht zu dem Mittel des Streiks oder der Aussperrung gegriffen werden. Auf eine formelle Erklärung des Scheiterns der Verhandlungen wird aber verzichtet. Diese ist bereits konkludent in dem Beginn des Streiks zu sehen, mit dem die Gewerkschaft unmissverständlich zu erkennen gibt, dass sie die Verhandlungsmöglichkeiten für ausgeschöpft ansieht.[829] Ein Teil der Literatur ist der Auffassung, dass der Sympathiestreik gegen den ultima-ratio-Grundsatz verstößt.[830] Die aus Sympathie Streikenden erstreben für sich keine eigenen tariflichen Forderungen. Welche Verhandlungsmöglichkeiten sollen dann letztlich ausgeschöpft werden, wenn die Sympathisierenden für sich nichts erkämpfen wollen bzw. können?

Diesem Argument wird in der Literatur und der Rechtsprechung die Akzessorietät des Sympathiestreiks entgegengehalten. Der Sympathiestreik steht immer in unmittelbarem Zusammenhang mit einem Hauptstreik. Durch den Sympathiestreik sollen die den Hauptkampf führenden Arbeitnehmer unterstützt werden. Das Vorliegen eines Sympathiestreiks ohne einen Hauptstreik ist nicht denkbar. Der Sympathiestreik wäre ansonsten Hauptstreik. Diese Akzessorietät zwischen Haupt- und Sympathiestreik führe nach dieser Ansicht dazu, dass beide Streiks als einheitliches Geschehen aufzufassen seien. Sei somit der Hauptarbeitskampf das letzte Mittel für die Auseinandersetzung der Tarifpartner, so greife dies auf den Sympathiestreik über. Das ultima-ratio-Prinzip sei nur auf den Streikausbruch selbst anzuwenden, der den Hauptarbeitskampf in Gang setzt, nicht aber auf den Sympathiestreik selbst.[831]
Betrachtet man den Sympathiestreik als ein zusätzliches Arbeitskampfmittel der Streikenden, welches unter Paritätsgesichtspunkten zulässig ist, erscheint es vertretbar, den Sympathiestreik lediglich als Erweiterung des Kampfrahmens

---

[828] BAG 21.04.1971 AP Nr. 43 zu Art. 9 GG Arbeitskampf = BAGE 23, 292.
[829] BAG 21.06.1988 AP Nr. 108 zu Art. 9 GG Arbeitskampf; Rüthers „Beschäftigungskrise und Arbeitsrecht“ S. 110 sieht in dieser Entscheidung des Bundesarbeitsgerichts und dem Umstand, dass nunmehr generell auf das Scheitern der Verhandlungen verzichtet wird, die weitgehende Auflösung des ultima-ratio-Prinzips.
[830] Brox/Rüthers Rn. 145; Döhner S. 29.
[831] BAG 20.12.1963 AP Nr. 34 zu Art. 9 GG Arbeitskampf = BAGE 15, 211; Haupt S. 119; Bora S. 99; Siebrecht S. 62 und S. 90

anzusehen und diesen dem Hauptstreik zuzuordnen. Betrachtet man ihn als eigenständigen Arbeitskampf, so muss er den arbeitskampfrechtlichen Regeln unterliegen. Dies würde voraussetzen, dass auch er nur als ultima-ratio eingesetzt werden kann. Folglich wäre es erforderlich, dass die Sympathisierenden ihre Arbeitsniederlegung ankündigen und Forderungen gegenüber ihren Arbeitgebern aufstellen, bevor die Arbeit niedergelegt wird. Die von einem Sympathiestreik betroffenen Arbeitgeber könnten bereits dann ihren Einfluss auf den im Hauptkampf stehenden Arbeitgeber geltend machen. Dies mag auch allein durch die Einwirkung auf den Arbeitgeberverband geschehen. Eine derartige Vorgehensweise ist auch als zumutbar für die Gewerkschaften anzusehen, da eine Gefährdung des Streikerfolges damit nicht verbunden ist. Außerdem kann unter Umständen bereits allein die Drohung mit einem Sympathiestreik erfolgsversprechend sein und die Arbeitskampfparteien kompromissbereiter machen.

IV. Die Sympathieaussperrung

Die Sympathieaussperrung ist eine Aussperrung, die ohne unmittelbares eigenes Kampfziel auf Seiten der aussperrenden Kampfpartei geführt wird, um andere, bereits im Arbeitskampf stehende Arbeitgeber, durch Ausweitung der Kampffront und damit durch Verstärkung des Drucks auf die Arbeitnehmerschaft zu unterstützen.[832] Nach der Auffassung des Reichsgerichts vom 26.03.1903[833] folgt aus der Zulässigkeit des Sympathiestreiks zugleich die Zulässigkeit der Sympathieaussperrung. Diese Auffassung wird auch in der arbeitsrechtlichen Literatur geteilt.[834] Die Zulassung des Sympathiestreiks würde eine neue Stufe der Angriffs- und Verteidigungsmittel, über die herkömmlichen Mittel des Streiks und der Aussperrung hinaus, schaffen. Dies hätte zur Konsequenz, dass nun den Arbeitgebern ihrerseits wieder ein neues wirksames Arbeitskampfmittel zur Verfügung gestellt werden müsste, was zu vermehrten Nachteilen bei der Allgemeinheit und anderen vom Arbeitskampf nicht direkt betroffenen Personen führen würde.

Einer derartigen Sichtweise ist entschieden entgegenzutreten. Das Bundesarbeitsgericht hat im Rahmen seiner Aussperrungsentscheidungen vom 10.06.1980[835] gerade von einer formellen Betrachtungsweise der Arbeitskampfparität Abstand genommen, weil diese nicht praktikabel, geschweige denn sachgerecht war. Würde man allein auf Grund der Anerkennung des Sympathiestreiks auch zwingend die Sympathieaussperrung anerkennen, liefe dies im

---

[832] Bulla in FS Molitor 1962, 295; Brox/Rüthers Rn. 142; RG 26.03.1903 RGZ 54, 255 (258).

[833] RG 26.03.1903, RGZ 54, 255 (259).

[834] Kissel § 53 Rn. 55, Rüthers BB 1990, Beilage 25 S. 9 und S. 13; Brox/Rüthers Rn. 151; Raiser S. 94.

[835] BAG 10.06.1980 AP Nr. 64 bis 66 zu Art. 9 Abs. 3 GG Arbeitskampf.

Ergebnis auf eine formelle Sichtweise hinaus. Der Grundsatz der Parität soll lediglich die gleichgewichtige, nicht jedoch gleichartige, Ausgestaltung der Arbeitskampfmittel der Parteien gewährleisten. Hierbei ist es durchaus in Kauf zu nehmen, dass einer Seite mehr Kampfmittel zur Verfügung stehen können als der anderen. Der Sympathiestreik ist letztlich doch nur deshalb als Arbeitskampfmittel anzuerkennen, weil er in bestimmten Fällen dazu dient, die Kampfparität wieder herzustellen. Ein momentan bestehendes Kräfteungleichgewicht wird durch die Zulässigkeit des Sympathiestreiks gerade ausgeglichen. Die oben genannte Ansicht wäre nur dann richtig, wenn ein tatsächliches Kräftegleichgewicht zwischen den Tarifvertragsparteien bestehen würde und man der Arbeitnehmerseite zusätzlich zu den bisherigen Arbeitskampfmitteln ein neues Arbeitskampfmittel in der Form des Sympathiestreiks zubilligen würde. Dies würde zu einer einseitigen Belastung der Arbeitgeberseite und damit zu einer Verschiebung des Kräftegleichgewichts führen. Zum Ausgleich müsste der Arbeitgeberseite nunmehr wieder ein Kampfmittel – dies mag die Sympathieaussperrung sein – zugestanden werden. In diesen Fällen wäre es aber generell nicht erforderlich, den Sympathiestreik als rechtmäßig anzuerkennen.

V. Relevante Fallkonstellationen des Sympathiestreiks in der Praxis

Zur besseren Verdeutlichung und Anschauung der gefundenen Ergebnisses sollen im Folgenden Fallkonstellationen aufgeführt und erläutert werden, welche den Sympathiestreik und seine Einwirkungen auf den Gegner des Hauptarbeitskampfes zeigen und in der Praxis eine erhebliche Bedeutung spielen können. Hierbei sind insbesondere die Fälle hervorzuheben, in denen Unternehmen ihre Produktion auf andere Betriebsstätten oder andere Unternehmen verlagern sowie auf Sympathiestreiks im Konzern.

1. Die Übernahme der Produktion durch ein anderes Unternehmen

Wie bereits dargestellt, haben sich die Arbeitskampfbedingungen der Unternehmen auf Grund der technischen Entwicklung dauerhaft verbessert. Zugleich bietet die Globalisierung den Arbeitgebern vermehrt die Möglichkeit, ihre Produktion im Falle eines Arbeitskampfes – oder bereits im Vorfeld – auf andere Unternehmen oder Betriebe, mag es auch im Ausland sein, zu verlagern. Von dieser Möglichkeit und dem Aufbau paralleler Betriebsstätten wird bereits zahlreich Gebrauch gemacht. Damit werden beabsichtigte Streikwirkungen unterlaufen. Unternehmen können weiterhin ihre Aufträge, Lieferverpflichtungen und vertraglichen Vereinbarungen einhalten. In vielen Fällen ist es heutzutage noch nicht einmal notwendig, fremde Unternehmen bezüglich derartiger

Produktionsübernahmen in Anspruch zu nehmen. Viele Unternehmen haben parallele Produktionsstätten im In- und Ausland aufgebaut, auf welche die Produktion verlagert werden kann. Darin ist effektiv eine Einschränkung der Wirkungen des Streikrechts zu sehen, welches zusammen mit anderen Aspekten zu einer Verschiebung des Kräftegleichgewichts zu Lasten der Arbeitnehmerseite führt. Die Problematik soll anhand zweier Beispiele veranschaulicht werden:

> Beispiel 1: Das Elektronikunternehmen X besitzt innerhalb Deutschlands mehrere Betriebsstätten unter anderem in Darmstadt und Mannheim. Im Werk im Mannheim wird zur Verbesserung der Arbeitsbedingungen ein rechtmäßiger Streik geführt. Um Lieferaufträge dennoch erfüllen zu können, beschließt die Unternehmensführung die Produktion in Darmstadt anzukurbeln und Kunden mit Waren aus Darmstadt zu beliefern. Auf Grund der miteinander verbundenen EDV-Systeme der einzelnen Betriebe werden die Bestellungen ans Darmstädter Werk weitergeleitet.

> Beispiel 2: Die Gewerkschaft X bestreikt das Metallbauunternehmen Y-AG, um den Abschluss eines Firmentarifvertrages. Gerade zu diesem Zeitpunkt hat das Unternehmen einen großen Auftrag zu bewältigen, der von wirtschaftlich großer Bedeutung ist. Um den Auftrag dennoch erfüllen zu können und den Auftraggeber nicht zu verlieren, lässt die Unternehmensführung die Arbeiten nunmehr von der Z-AG ausführen, welche gerade Kapazitäten frei hat und die Arbeiten kurzfristig übernehmen kann. Beide Unternehmen haben bereits in der Vergangenheit zusammengearbeitet und halten wirtschaftliche Beziehungen zueinander aufrecht.

Das Beispiel 1 zeigt, dass die Druckausübung auf die zunächst bestreikte Betriebsstätte in Mannheim begrenzt ist. Die Produktion der Waren kann zwar auf Grund des Arbeitskampfes nicht mehr in Mannheim erfolgen, aber durch die Verlagerung der Arbeiten auf eine andere Produktionsstätte kann dem Streik seine Druckwirkung genommen werden. Nicht bestritten werden soll, dass ein Stillstand der Produktion dem Betrieb keine Vorteile, sondern eher Nachteile bringt. Diese sind aber nicht derartig schwerwiegend, dass dem Betrieb keine Möglichkeit mehr verbleibt, dem Streik ohne weiteres nachzugeben. Das Gegenteil ist der Fall. Gerade die Produktionsverlagerung nimmt dem Streik das erforderliche Druckpotenzial und schwächt die Position der Arbeitnehmer. Die vertraglichen Verpflichtungen kann die Unternehmensführung auf Grund der Verlagerung weiterhin erfüllen. Um die Druckwirkung des Streiks wieder aufzubauen, ist ein Sympathiestreik der in Darmstadt beschäftigten Arbeitnehmer erforderlich. Auch kann in einer derartigen Konstellation nicht davon gesprochen werden, dass der falsche soziale Gegenspieler betroffen sei, da als

einheitlicher Gegner die Unternehmensführung anzusehen ist. Auch der Geeignetheit im Rahmen der Verhältnismäßigkeitsprüfung ist ausreichend Rechnung getragen.
Nicht selten wird es, wie das Beispiel 2 zeigt, vorkommen, dass bestreikte Betriebe ihre Produktion im Falle eines Arbeitskampfes auch auf andere Unternehmen auslagern, mag dies auch nur gegen Zahlung einer bestimmten Prämie der Fall sein. Auch in dieser Fallkonstellation wird das Merkmal der Eignung, und zwar in Bezug auf die Möglichkeit, den Druck auf den Arbeitgeber des Hauptstreiks zu verstärken, zu bejahen sein.
Wirtschaftlich muss der Streik Druck auf Arbeitgeber und Arbeitgeberverband ausüben. Dies wird durch Produktionsverlagerungen zumindest erschwert, wenn nicht ganz unmöglich gemacht. Die technische Entwicklung hat dem „klassischen" Streik bei einer derartigen Fallkonstellation die Wirkung genommen. Ein einzeln geführter Streik hat in diesen Fällen kaum Aussicht auf Erfolg. Wenn der Streik aber seine Wirkung nicht mehr entfalten kann, müssen neue Kampfmittel zum Einsatz kommen, die z.B. in der Bestreikung des Unternehmens liegen, welches die Produktion fortführt.[836] Hier kommt dem Sympathiestreik seine Bedeutung zu, mit dessen Hilfe die Arbeitnehmer in der Lage sind, eine einheitliche Streikfront aufzubauen. Die auf Grund eines Sympathiestreiks bestehende Parallelität der einzelnen Kampfgeschehen wirkt sich rechtstatsächlich dahin aus, dass es dem Unternehmen erschwert oder unmöglich gemacht wird, im Arbeitskampf auf andere Standorte auszuweichen. Auch das Bundesarbeitsgericht, welches dem Sympathiestreik grundsätzlich ablehnend gegenübersteht, erkennt in derartigen Fällen der Produktionsübernahme den Sympathiestreik als rechtmäßig an, indem es ausführt: *„So ließe sich ein Sympathiestreik rechtfertigen, wenn der von dieser Kampfmaßnahme betroffene Arbeitgeber zuvor seine „Neutralität" im Hauptarbeitskampf verletzt hätte, etwa durch Übernahme der Produktion."*[837]
Dem kann auch nicht entgegengehalten werden, dass die Möglichkeit der Produktionsverlagerung ein zulässiges Arbeitskampfmittel des Arbeitgebers sei,

---

836 So im Ergebnis auch Gamillscheg S. 1136.

837 BAG 05.03.1985 AP Nr. 85 zu Art. 9 GG Arbeitskampf. Gerade im Hinblick auf die Verwendung des Wortes „Neutralität" wurde argumentiert, dass lediglich der Staat Neutralität zu wahren habe und nicht der einzelne Arbeitgeber. So Lieb „Arbeitsrecht" Rn. 689; ders. Anm. zu BAG 05.03.1985 SAE 1986, 65; Dietrich S. 100; Preis in Anm. zu BAG 12.01.1988 EzA Nr. 73 zu Art. 9 GG Arbeitskampf; Löwisch 170.2 Rn. 165; Rüthers/Berghaus Anm. zu BAG 12.01.1988 AP Nr. 90 zu Art.9 GG Arbeitskampf; Kissel § 24 Rn. 48. Den Kritikern ist vorzuwerfen, dass sie dem Begriff der Neutralität eine zu große Bedeutung beimessen. Das Bundesarbeitsgericht hat den Begriff in Anführungsstriche gesetzt, so dass nicht ohne weiteres klar ist, was genau damit gemeint ist. Anhand des verwendeten Beispiels der Produktionsverlagerung ist eher anzunehmen, dass damit Konstellationen gemeint sind, in denen ein anderer Arbeitgeber aktiv in das Kampfgeschehen eingreift. In diesen Fällen erscheint es gerechtfertigt auch diesen Arbeitgeber zu bestreiken.

um den Streik möglichst unbeschadet durchzustehen und es sich daher bei der Übernahme bzw. der Verlagerung der Produktion durch ein anderes Unternehmen bzw. auf ein anderes Unternehmen um einen Umstand handelt, der paritätsneutral sei. Einer Berücksichtigung der Produktionsverlagerung bei der Paritätsbewertung könne keine Bedeutung zugemessen werden, da dies zu unangemessenen Vorteilen der Arbeitnehmerseite führen würde.[838]
Keineswegs soll bestritten werden, dass die Produktionsverlagerung ein zulässiges Arbeitskampfmittel der Arbeitgeberseite ist. Jedoch führt dies dazu, dass Arbeitskämpfe ihre Druckwirkung nicht mehr im Ganzen entfallen können, die Wirkung der Arbeitsniederlegung abgeschwächt wird. Der Arbeitnehmerseite muss es aber gewährleistet sein, auf die verbesserten Möglichkeiten der Arbeitgeberseite angemessen zu reagieren. Die Arbeitnehmerseite ist dabei nicht auf den herkömmlichen Streik beschränkt, sondern darf im Rahmen der freien Wahl der Kampfmittel neue Streikformen kreieren, wenn dies erforderlich und notwendig ist. Hierzu gehört auch die Möglichkeit des Sympathiestreiks. Der Umstand, dass es sich bei der Produktionsverlagerung um eine zulässige Abwehrmaßnahme handelt, kann dafür keine Rolle spielen. Es ist den Arbeitgeberverbänden und Gewerkschaften auch gestattet, ihre Mitglieder während der Dauer eines Arbeitskampfes finanziell zu unterstützen. Derartige Zahlungen werden vom Bundesarbeitsgericht jedoch auch in die Paritätsbewertung miteinbezogen, da die finanzielle Kampfkraft der jeweiligen Partei durchaus Relevanz auf das Ergebnis eines Arbeitskampfes hat.
Löwisch[839] ist der Meinung, dass die Produktionsverlagerung bzw. Übernahme auch den Gewerkschaften zu Gute komme. Auf Grund der Weiterführung der Produktion komme es nicht zu Leistungsstörungen in Drittbetrieben, was die Kampfkassen der Gewerkschaften schone. Eine derartige Sichtweise geht fehlt. Durch die Aufrechterhaltung der Produktion kommt dem Streik keine bzw. eine lediglich verminderte Druckwirkung zu. Der Arbeitgeber wird bei Aufrechterhaltung der Produktion kaum unter dem Druck des Arbeitskampfes leiden. Die streikenden Arbeitnehmer werden von der Arbeit suspendiert und die Produktion wird dennoch – nunmehr mit anderen Arbeitnehmern oder in anderen Betrieben – weitergeführt. Ein Streik soll gerade bezwecken, die Produktion lahm zu legen. Geschieht dies nicht oder nicht ausreichend, wird die Arbeitsniederlegung sinnlos bzw. uneffektiv. In derartigen Fällen wird erst durch die Ausweitung des Arbeitskampfes und der Verbreiterung der Kampffront die Funktionsfähigkeit des Streiks wieder hergestellt.
Wenn *Lieb*[840] anführt, dass die Zulässigkeit des Sympathiestreiks bei Produktionsverlagerungen den Gewerkschaften zu „*Maximalerfolgen*" verhelfen

[838] Lieb Anm. zu BAG 05.03.1985 SAE 1986 S. 65; so schon Lieb ZfA 1982, 160; einschränkend Löwisch 170.2 Rn. 166.
[839] Löwisch 170.2 Rn. 166.
[840] Lieb Anm. zu BAG 05.03.1985 SAE 1986 S. 65.

würde, so kann dem ebenfalls nicht zugestimmt werden. Den Arbeitgebern werden durch einen Solidaritätsstreik nicht die Bedingungen eines Tarifvertrages diktiert. Zum Einen tritt nicht die Situation ein, dass der Arbeitgeber seine Verhandlungsposition rapide verschlechtert und er nunmehr keinen Einfluss auf Tarifvertragsverhandlungen mehr hat, und zum Anderen ist zu bedenken, dass der Sympathiestreik der Gewerkschaft finanzielle Mittel abverlangt, die zu einer Verkleinerung der Streikkassen führen. Die Erweiterung des Arbeitskampfes um einen Sympathiestreik belastet die Gewerkschaften doppelt, da sie nunmehr zwei Belegschaften bezahlen muss. Die finanzielle Leistungsfähigkeit ist ein wesentlicher Punkt bei der Durchführung von Arbeitskämpfen. Gerade auch die geringe Anzahl der in der Vergangenheit stattfindenden Sympathiestreiks zeigt, dass es einer Gewerkschaft nicht ohne weiteres leicht gelingen wird, Arbeitnehmer zu einem fremdnützigen Streik zu mobilisieren, bei denen ihnen Entgelteinbußen drohen. Ein „*Maximalerfolg*" gegenüber den Unternehmen wird den Gewerkschaften bei der Zulässigkeit des Sympathiestreiks folglich nicht garantiert.

2. Der Sympathiestreik im Konzern

Unter einem Konzern versteht man eine Zusammenfassung mehrerer, rechtlich selbständiger Unternehmen unter einer einheitlichen Leitung.[841] Gerade in den letzten Jahren hat die Bedeutung der Konzerne erheblich zugenommen, was vor allem auch grenzüberschreitende Unternehmens- und Konzernbildungen betrifft. Die ökonomische Entwicklung der letzten Jahre und Jahrzehnte ist durch eine wachsende Internationalisierung gekennzeichnet. Die Anzahl großer, häufig multinationaler Unternehmen wächst ständig. Zahlreiche Unternehmen unterhalten grenzüberschreitende Geschäftstätigkeiten und sind im In- und Ausland vertreten. Die weitere Entwicklung wird zu einer noch höheren Internationalisierung der Unternehmen führen. Das multinationale Unternehmen weitet sich auf dem Weltmarkt immer mehr aus. Heutzutage sind multinationale Unternehmen zu einem bedeutenden Akteur der internationalen Wirtschaft geworden. Zu Beginn der 90er Jahre gab es weltweit 37.000 Muttergesellschaften, die ca. 170.000 ausländische Tochtergesellschaften kontrollierten. Diese Zahl ist im

---

[841] § 18 Abs. 1 AktG: „*Sind ein herrschendes und ein oder mehrere abhängige Unternehmen unter der einheitlichen Leitung des herrschenden Unternehmens zusammengefasst, so bilden sie einen Konzern; die einzelnen Unternehmen sind Konzernunternehmen. Unternehmen, zwischen denen ein Beherrschungsvertrag (§ 291) besteht oder von denen das eine in das andere eingegliedert ist (§ 319), sind als unter einheitlicher Leitung zusammengefasst anzusehen. Von einem abhängigen Unternehmen wird vermutet, dass es mit dem herrschenden Unternehmen einen Konzern bildet.*
(Abs. 2): *Sind rechtlich selbständige Unternehmen, ohne dass das eine Unternehmen von dem anderen abhängig ist, unter einheitlicher Leitung zusammengefasst, so bilden sie auch einen Konzern; die einzelnen Unternehmen sind Konzernunternehmen.*"

Laufe der Jahre weiter gestiegen. Ende der 90er Jahre gab es ca. 60.000 multinationale Unternehmen, denen über 820.000 Niederlassungen oder Tochtergesellschaften unterstanden.[842] Die Kostensenkung und Produktivitätssteigerung sind Beweggründe für eine konzernweite und damit die einzelnen Unternehmen übergreifende Optimierung der Geschäftstätigkeit.

Im Rahmen der Globalisierung haben sich immer mehr Unternehmen zu einem Konzernverbund zusammengeschlossen oder den Konzern erweitert, ganz im Sinne einer Welt AG.[843] Im Ergebnis hat in den letzten Jahren eine erhebliche Zunahme grenzüberschreitender wirtschaftlicher Verflechtungen stattgefunden. Der letzte Schritt zu dieser Entwicklung zeichnet sich auf europäische Ebene ab, mit der seit neuestem vom Europäischen Gerichtshof geschaffenen Möglichkeit der Europäischen Aktiengesellschaft (Societas Europaea – SE).[844] Am 08. Oktober 2004 trat die EU-Verordnung über das Statut der Europäischen Gesellschaft (Societas Europaea – SE) – Verordnung (EG) Nr. 2157/2001 – als unmittelbar geltendes Recht in Kraft. Die Verordnung wird durch die Richtlinie 2001/86/EG vom 08.10.2001 ergänzt, in der die Beteiligung der Arbeitnehmer geregelt ist. Am 29. Oktober 2004 verabschiedete der Deutsche Bundestag das Gesetz zur Einführung der Europäischen Aktiengesellschaft (SEEG). Mit ihm werden alle entsprechenden EU-Vorgaben in deutsches Recht umgesetzt. Nunmehr sind in der EU ansässige Unternehmen nicht mehr darauf beschränkt, eine nationale Rechtsform wie die deutsche AG oder eine französische SA zu wählen. Vielmehr kann zukünftig auf die Rechtsform der Europäischen Aktiengesellschaft zurückgegriffen werden. Die SE ist eine Handelsgesellschaft mit einem in Aktien zerlegten Grundkapital in Höhe von mindestens € 120.000,00.

---

[842] Eser S. 27; Scherer S. 98 f.; Herkenrath S. 30 f..

[843] Z.B. der Automobilhersteller General Motors, der Sportartikelhersteller Nike sowie BASF, Daimler Chrysler, VW, Bayer, Thyssen, Siemens etc.. Diese Konzerne sind so gut wie auf allen Kontinenten zu Hause. Die einzelnen Unternehmen und Betriebe eines Konzerns können gegeneinander ausgespielt werden. Wer billiger und besser produziert, hat einen sicheren Arbeitsplatz.

[844] Die Europäische Aktiengesellschaft ist keine neue Erscheinung. Vorschläge für die Entwicklung einer transnationalen Gesellschaft gab es schon vor 40 Jahren. Bereits im Jahre 1966 formulierte Professor Sanders erste Vorschläge für eine europäische Handelsgesellschaft und entwarf mit Hilfe weiterer Sachverständiger einen Entwurf für ein Statut der Europäischen Aktiengesellschaft. Die EG-Kommission griff diese Idee auf und erstellte 1970 einen Verordnungsentwurf, der 1975 nochmals überarbeitet wurde. Diese Entwürfe stießen aus zahlreichen Gründen auf Schwierigkeiten, so dass die Arbeiten zunächst eingestellt wurden und erst wieder 1988 von der EG-Kommission aufgegriffen wurden.1989 legte die Kommission dem Rat einen weiteren Entwurf für das Statut der SE vor, der aus zwei Teilen bestand. Dieser Entwurf wurde 1991 erneut überarbeitet. Nach zahlreichen weiteren Unstimmigkeiten und Schwierigkeiten, vor allem in Fragen der Arbeitnehmermitbestimmung, wurden am 20.12.2000 der Verordnungs- und Richtlinienentwurf zum Abschluss gebracht. Vgl. zur geschichtlichen Entwicklung der SE ausführlich Blanquet ZGR 2002, 20 ff..

Zwingende Voraussetzung ist, dass die Gründungsgesellschaften ihren Sitz in mindestens zwei EU-Mitgliedsstaaten haben.
Diese Rechtsform ermöglicht es, auf komplizierte Konzernstrukturen zu verzichten. Denn eine einzige Gesellschaft ist für Europa zuständig und unterhält in den einzelnen EU-Staaten nur noch rechtlich unselbständige Niederlassungen. Ob sich die SE als wettbewerbsfähige Rechtsform in Europa durchsetzen wird, bleibt abzuwarten. Zumindest bieten sich zahlreiche Möglichkeiten und Vorteile für die Gründung einer SE an. Eine SE kann durch Verschmelzung sowie durch Bildung einer Holding- oder einer Tochtergesellschaft gegründet werden. Darüber hinaus ist die Möglichkeit einer formwechselnden Umwandlung bestehender Gesellschaften in eine SE vorgesehen. Voraussetzung ist dabei jeweils, dass die an der Gründung bzw. Umwandlung beteiligten Gesellschaften entweder dem Recht der unterschiedlichen Mitgliedstaaten unterliegen oder über eine Tochtergesellschaft oder Niederlassung in einem anderen Mitgliedstaat verfügen.
Erstmals können grenzüberschreitende Zusammenschlüsse bzw. Verschmelzungen von Unternehmen sowohl durch Aufnahme als auch durch Neugründung durchgeführt werden. Eine SE kann ihren Satzungssitz in einen anderen Mitgliedstaat verlegen, ohne dass dies zur Auflösung und Neugründung führt.[845] Es handelte sich um eine identitätswahrende Sitzverlegung. Konzerne, die bereits europaweit tätig sind, können unter der Rechtsform der SE in allen Mitgliedstaaten einheitlich unter einem Namen auftreten. Nach außen hin wird bei Kunden und öffentlichen Stellen ein einheitliches Erscheinungsbild vermittelt. Nicht zu unterschätzen dürfte die damit verbundene europäische Ausrichtung und das europäische Auftreten nach außen hin sein. Die Firmierung als Europa AG signalisiert Internationalität und Prestige nach außen. Die SE kann Zweigniederlassungen in den verschiedenen Mitgliedstaaten haben. Dies kann Kosten für die Verwaltung und Führung von Tochtergesellschaften in anderen Mitgliedstaaten sparen. Damit einher geht eine effizientere Steuerung und Kontrolle sowie die Vermeidung der Publizität von Einzelabschlüssen der ausländischen Tochtergesellschaften. Ein weiterer Vorteil besteht darin, dass die Gründer einer SE für die Organisationsverfassung die freie Wahl haben zwischen dem dualistischen Verwaltungssystem mit einem Leitungs- und einem Aufsichtsorgan (entspricht dem deutschen System der Aktiengesellschaft) und dem monistischen Verwaltungssystem (entspricht dem anglo-amerikanischen

---

[845] Zu beachten ist aber, dass jede Sitzverlegung einer bestehenden SE von einem Mitgliedstaat in einen anderen hinsichtlich des ergänzend anwendbaren nationalen Gesellschaftsrechts einen Wechsel zur Folge hat. Bsp: Die deutsche SE, die ihren Hauptverwaltungssitz nach Italien verlegt, muss dies auch hinsichtlich ihres statuarischen Sitzes tun; anderenfalls droht ihr die Auflösung (Art. 64 Abs. 2 SE-VO; § 52 SEEG). Mit der Neubestimmung des statuarischen Sitzes in Italien wird italienisches Gesellschaftsrecht anwendbar. Der SE ist es also nicht gestattet, beim Wegzug ihr nationales Gesellschaftsrecht mitzunehmen.

„board" System) mit einem einheitlichen Verwaltungsorgan. Die Gründung einer SE ermöglicht somit auch in Deutschland den Übergang auf das monistische System. Damit können die Gründer konzernweit die gleiche Verwaltungsform nutzen. Auf Grund der zahlreichen – hier nicht abschließend dargestellten – Vorteile der Gründung einer SE kann diese Unternehmensform in den kommenden Jahren einen hohen Stellenwert in der Wirtschaft erlangen.
Die ersten Europäischen Aktiengesellschaften sind bereits gegründet worden:

- *MPIT Structured Financial Services SE:* Finanzdienstleistungsunternehmen, an dessen Gründung Gesellschaften aus Belgien, Luxemburg, Dänemark und den Niederlanden beteiligt sind. Der Hauptsitz ist Amsterdam, gegründet am 08.Oktober 2004.[846]
- *Bauholding Strabag SE: B*auunternehmen mit Sitz in Österreich und 500 Standorten weltweit; umgewandelt am 12. Oktober 2004.[847]
- *Elcoteq Network SE:* Elektronikproduzent mit Sitz in Finnland und Standorten in Estland, Ungarn, Deutschland und Schweden.
- *Brenner Basis Tunnel BBT SE:* Unternehmen mit Sitz in Österreich; Finanzierung und Planung sowie Ausschreibungsvergabe für den Bau des weltweit längsten Eisenbahntunnels im Auftrag von Österreich, Tirol und Italien.[848]
- Die Versicherungsgesellschaft *Allianz* bedient sich ebenfalls der Europäischen Aktiengesellschaft um ihren Konzern umzubauen. Sitz der Allianz bleibt München.[849]

Der Trend zur Internationalisierung wird sich in Zukunft weiterhin verstärken. Bevor allerdings auf die Frage des grenzüberschreitenden Arbeitskampfes, dem anhand der zahlreichen multinationalen Unternehmen und der SE große Bedeutung zukommen kann, eingegangen wird, wird erst die Bedeutung des Sympathiestreiks im Konzern dargestellt.[850]

Der Konzern wird in der Literatur überwiegend mit dem Gesellschaftsrecht in Einklang gebracht. Das Arbeitsrecht im Konzern und vor allem das Arbeitskampfrecht bleibt nahezu ausgeblendet bzw. wird nur rudimentär behandelt. Der

---

[846] Vgl. www.euro-betriebsrat.de/ebr/115php.
[847] Vgl. www.strabag.at.
[848] Vgl. www.bbt-ewiv.com.
[849] Frankfurter Rundschau 13.09.2005 S. 13.
[850] Weiterhin werden auf Grund der am 15. Dezember 2005 in Kraft tretenden Richtlinie über die grenzüberschreitende Verschmelzung von Kapitalgesellschaften (2005/56/EG) grenzüberschreitenden Verschmelzungen erleichtert. Vgl. dazu FAZ 07.12.2005 S. 23.

Konzern als solcher ist weder rechtsfähig, noch rechtsgeschäftsfähig und kann daher auch keine Tarifverträge abschließen.[851]

Obwohl die einzelnen in einem Konzern verbundenen Unternehmen rechtlich selbständig sind, sind die Unternehmen dennoch miteinander verbunden. Dies bedingt bereits das wichtigste Merkmal eines Konzerns, nämlich die einheitliche Führung. Die Unternehmen haben sich in einem Konzern zu einer gemeinsamen Willensbildung zusammengeschlossen und verfolgen gleichgerichtete Interessen. In diesem Zusammenhang ist darauf zu verweisen, dass zwischen den einzelnen Gesellschaften Materialien, Informationen, Know-how usw. ausgetauscht werden, was die Beziehungen der einzelnen Unternehmen verstärkt. Konzernobergesellschaften sind in der Lage, auf die konzernangehörigen Unternehmen einzuwirken. Nicht verkannt wird, dass die einzelnen Unternehmen unabhängig von der Konzernspitze handeln und agieren. Die Konzernspitze verteilt nicht konkrete Aufgaben oder macht konkrete Vorgaben, was in Anbetracht der Größe einiger Konzerne kaum möglich sein dürfte. Die Einzelunternehmen handeln überwiegend eigenverantwortlich. Allerdings kann die Konzernspitze in Ausnahmefällen, wie z.B. in Konfliktsituationen, einen inhaltlichen Einfluss auf die Entscheidungen der Gesellschaften ausüben. Angenommen in den Rolls Royce Werken in England wirkt gestreikt. Ein zusätzlicher Streik in Bezug auf die BMW Werke in Deutschland und damit auf die Muttergesellschaft erhöht den Druck auf den gesamten Konzern. Die Muttergesellschaft wird sich dem Streik in den Tochtergesellschaften annehmen, um diesen schnell und möglichst ohne Schaden zum Ende zu bringen. Auch wenn die Muttergesellschaft nicht aktiv in einen Arbeitskampf verwickelt sein wird, ist es sehr wahrscheinlich, dass die Konzernzentrale bei einem Streik in einem ihrer Tochtergesellschaften aktiv in das Geschehen eingreifen wird.[852] Durch die Druckverstärkung wird auch der Tarifautonomie Rechnung getragen, da es im Ergebnis um den Abschluss des Tarifvertrages der Hauptstreikenden geht. Ein Sympathiestreik im Konzernunternehmen X zur Unterstützung des zum selben Konzern gehörenden Unternehmens Y trifft damit auch die eigentlichen Entscheidungsträger, die Konzernspitze selbst.

Weiterhin stehen dem Konzern bessere Möglichkeiten zur Verfügung, auf Arbeitskämpfe zu reagieren als einzelnen Betrieben. Wenn eine Betriebsstätte durch einen Streik gelähmt wird, kann sie durch eine andere Betriebsstätte ersetzt werden, die manchmal auch in einem anderen Land liegt. Die Produktion kann ganz oder teilweise, unbegrenzt oder zeitweilig von einem Konzernteil in

---

[851] Löwisch/Rieble TVG § 2 Rn. 147; Kempen/Zachert TVG § 2 Rn. 74.

[852] Zu diesem Ergebnis kommt Blake in einer Befragung von zahlreichen multinationalen Konzernen. Nicht sämtliche Unternehmen haben die Fragen beantwortet. Zumindest hat sich aber herauskristallisiert, dass bei manchen Konzernen die Zentrale insbesondere bei Streiks und bei kollektiven Tarifverhandlungen häufig selbst aktiv eingreift. Blake in Tudyka S. 252 ff..

einen anderen Konzernteil in einem anderen Land verlegt werden. Polyvalente und mobile Arbeitsgruppen können Ersatz für die Streikenden bieten. Die Möglichkeiten, einen Streik zu unterlaufen und wirkungslos zu machen, sind vielfältiger als bei einzelnen Betrieben oder Unternehmen. Dem Konzern stehen mehrere Produktionsstätten zur Verfügung, und die Belegschaft ist leichter austauschbar. Allein schon die Drohung mit diesen Maßnahmen kann in einem Arbeitskampf die gewünschte Wirkung gegenüber den Gewerkschaften haben. Diesbezüglich kann auf die Ausführungen zur Produktionsübernahme verwiesen werden.

Gerade bei im Konzern verbundenen Unternehmen ist auch das Argument des Bundesarbeitsgerichts, dass der unmittelbare Gegenspieler auf den Arbeitskampf nicht einwirken kann, nicht gegeben. Konzernunternehmen sind miteinander verbunden, so dass die Erweiterung des Kampfrahmens ebenfalls eine Verstärkung des vom Streik ausgehenden Drucks bewirkt. Dies wiederum bedingt eine erhöhte Verhandlungsbereitschaft und eine schnelle(re) Beendigung des Arbeitskampfes. Wenn es – wie bei einem Konzern – möglich ist, Entscheidungen auf eine Stelle zu verlagern, muss es auch möglich sein, den Druck auf diese Stelle zu erhöhen, z.B. durch die Bestreikung von Tochterunternehmen oder Beteiligungsgesellschaften.[853]
Das Bundesarbeitsgericht hat dem Konzern im Arbeitskampf bereits in seiner Entscheidung zum Arbeitskampfrisiko[854] Bedeutung zugemessen. Konzernunternehmen sind wirtschaftlich derart miteinander verflochten, dass die Bestreikung eines Unternehmens Wirkungen auf andere Unternehmen entfaltet. Die gemeinsame Konzernzugehörigkeit rechtfertigt es daher, bei Fernwirkungen von Arbeitskämpfen die Lohnzahlungspflicht des Arbeitgebers entfallen zu lassen, wenn dadurch Störungen im Produktionsablauf eintreten. Sofern die Arbeitnehmer in einzelnen Konzernbetrieben nicht beschäftigt werden können, weil die Arbeitnehmer in anderen Konzernbetrieben streiken oder ausgesperrt sind, sollen die Entgeltansprüche entfallen, auch wenn sich das Streikgeschehen und der Arbeitsausfall in verschiedenen Konzerngesellschaften und verschiedenen Tarifbereichen ereignet.[855]

Auch wenn man den Blick vom Konzern abwendet, gibt es zahlreiche weitere Konstellationen von Unternehmenszusammenschlüssen und Verflechtungen, welche die Durchführung eines Sympathiestreiks notwendig erscheinen lassen. Ein Unternehmen besitzt z.B. zwei Betriebe in unterschiedlichen Bundesländern, die auch verschiedenen Tarifzuständigkeiten unterliegen. Wird nun der

---

[853] Birk S. 56.
[854] BAG 22.12.1980 AP Nr. 70 zu Art. 9 GG Arbeitskampf = BAGE 34, 331.
[855] Gegen die Bewertung des Konzerns als einheitliches Gebilde im Arbeitskampf vgl. Lieb „Arbeitsrecht" Rn. 689; Konzen DB 1990, Beilage Nr. 6 S. 14.

Betrieb A in Hessen bestreikt, kann die Gewerkschaft des Unternehmens B in Nordrhein-Westfallen diesen Streik unterstützen. Beide Betriebe sind wirtschaftlich selbständig, aber rechtlich über die gemeinsame Unternehmensführung verbunden. Auch bloße wirtschaftliche Verbindungen mehrerer Betriebe untereinander, vermögen einen Sympathiestreik zu rechtfertigen. Der Zulieferer A hält jahrelange enge wirtschaftliche Beziehungen zu den Betrieben B und C aufrecht. Legen im Betrieb B die Beschäftigten die Arbeit nieder, ist ein Sympathiestreik im Zuliefererbetrieb A geeignet, den Druck auf den Hauptstreik zu erhöhen. Die enge Beziehung zwischen den Unternehmen, die wirtschaftlich voneinander abhängig sind, kann auf Grund einer Ausweitung des Streikgeschehens zu einer schnelleren Einigung im Hauptstreik führen. In diesen Fällen kann folglich auch nicht davon gesprochen werden, dass das dritte Unternehmen keinen Einfluss auf den Hauptarbeitskampf hat.

Auch das Bundesarbeitsgericht hebt in einer Entscheidung aus dem Jahre 1963 die wirtschaftlich enge Verzahnung von Betrieben hervor und rechtfertigt damit eine Ausweitung des Streiks auf ein drittes Unternehmen.[856] In diesen Fall wurde die G.-KG von einer Gewerkschaft des DGB bestreikt. Einzig persönlich haftende Gesellschafterin ist Frau G.. Deren Tochter, die Klägerin, ist an der Gesellschaft als Kommanditisten beteiligt, betreibt aber selbständig einen Großhandel. Nachdem die G.-KG bestreikt wurde, übernahm die Klägerin völlig selbständig die Produktion der Waren in den Räumen und den Mitteln der G.-KG. Die Gewerkschaft weitete daraufhin den Arbeitskampf auf die Produktion der Klägerin aus.
Das Bundesarbeitsgericht sah in diesem Fall die Erweiterung des Kampfrahmens der Gewerkschaft auf ein drittes Unternehmen als rechtmäßig an, da dieses Unternehmen bei wirtschaftlicher Betrachtung einen Teil des bestreikten Unternehmens darstelle. Zwischen der Klägerin und der G.-KG bestehe eine „*besonders enge Verzahnung*", so dass „*die Klägerin trotz einer rechtlichen Selbständigkeit wirtschaftlich nur als eine Art Vertriebsabteilung der G.-KG angesehen werden*" kann. „*Die auf die rechtliche Selbständigkeit der Klägerin ablehnende Betrachtungsweise des Landesarbeitsgerichts verkennt, dass der Arbeitskampf als eine Auseinandersetzung auf wirtschaftlicher Ebene mit wirtschaftlichen Mitteln und Zielen den Kampfgegner auch als wirtschaftliche Größe treffen können muss.*"[857]

---

[856] BAG 20.12.1963 AP Nr. 34 zu Art. 9 GG Arbeitskampf = BAGE 15, 211.
[857] BAG 20.12.1963 AP Nr. 34 zu Art. 9 GG Arbeitskampf = BAGE 15, 211 (217).

3. Streik bei British Airways

Der Streik bei der britischen Fluggesellschaft British Airways im August 2005 bietet ein anschauliches Beispiel für einen Sympathiestreik. Mitarbeiter der US-Catering Firma Gate Gourmet, die unter anderem Maschinen der Fluggesellschaft British Airways mit Bordverpflegung versorgen, legten auf Grund von Sparplänen ihres Unternehmens spontan die Arbeit nieder. Im Rahmen eines Restrukturierungsprogrammes sollten die Mitarbeiter von Gate Gourmet einen neuen Vertrag zu schlechteren Bedingungen unterschreiben oder sie würden entlassen. Ein entsprechendes „Angebot" hatte die Belegschaft abgelehnt. Dabei wurden die Gate Gourmet Beschäftigten auch zuvor schon niedrig entlohnt, viele verdienten nicht mehr als 12.000 Pfund im Jahr – in der teuren Region London ein Niedriglohn. Gate Gourmet stellte nunmehr günstige Saisonkräfte ein, wogegen aus Protest mehrere hundert Mitarbeiter gestreikt hatten. Das Unternehmen entließ die Mitarbeiter daraufhin.[858] Es wurden auch Mitarbeiter entlassen, die krankgeschrieben oder in Mutterschutz waren. Aus Solidarität legten rund 1000 Gepäckträger, Busfahrer und Frachtarbeiter von British Airways für die Dauer von 2 Tagen ebenfalls die Arbeit nieder. Die Arbeiter bei British Airways und bei Gate Gourmet sind beide in der Gewerkschaft Transport and General Workers Union (TGWU) organisiert. Der Caterer Gate Gourmet gehörte ursprünglich zu British Airways und wurde 1997 von British Airways an den US-Konzern Texas Pacific Group verkauft.

Im Folgenden soll nicht der Frage nachgegangen werden, ob der Streik bei Gate Gourmet oder der Streik bei British Airways rechtmäßig war oder nicht. Von Interesse ist vielmehr die Fallkonstellation. Hier spielen zwei Aspekte eine Rolle. Erstens wird sowohl der Haupt- als auch der Sympathiestreik von ein und derselben Gewerkschaft getragen und Zweitens handelt es sich bei der Cateringfirma um eine ehemalige, nunmehr ausgegliederte Tochter von British Airways, die deren Flugzeuge mit Bordverpflegung versorgt. Viele der Gate Gourmet Beschäftigten waren vorher selbst bei British Airways beschäftigt. Die Arbeitnehmer kennen sich und sind in der gleichen Gewerkschaft organisiert.
Neben den zahlreichen Zusammenschlüssen und Fusionen, die auf Unternehmensebene stattfinden, zeigt sich ferner der Trend, dass Unternehmen dazu übergehen, einzelne Betriebsabteilungen auszugliedern und an Fremdfirmen zu vergeben. Die Rede ist vom Outsourcing. Vor allem in Branchen, die sehr hohe Lohn- und Gehaltstarife haben, versuchen Unternehmen durch gezielte Outsourcingmaßnahmen Bereiche auszugliedern, um so in billigere Tarifverträge zu kommen. So werden zum Beispiel Verpflegungsbetriebe/Kantinen an Fremd-

[858] Die Zahlenangaben bezüglich der von der Kündigung betroffenen Mitarbeiter sind in der Presse nicht einheitlich und bewegen sich ca. zwischen 600 bis 800.

firmen vergeben, um nicht mit den dafür zuständigen Gewerkschaften verhandeln zu müssen. Dennoch wird aber die Leistung des outgesourcten Betriebsteils in Anspruch genommen und die Geschäftsbeziehung aufrechterhalten.
Der outgesourcte Betriebsteil und der Hauptbetrieb sind zwar zwei rechtlich selbständige Unternehmen, stehen aber in einer wirtschaftlichen Abhängigkeit zueinander. Ein Streik bei einem der Betriebe wirkt sich auch auf den anderen Betrieb aus. Beide Arbeitgeber werden daher ein großes Interesse daran haben, den Streik schnell zu beenden.
Zu beachten ist auch, dass der outgesourcte Betrieb derart klein ist, dass die Mitarbeiter nicht alleine in der Lage sind, einen effektiven Arbeitskampf zu führen. Wäre die Ausgliederung nicht vorgenommen worden, wären die Mitarbeiter Teil eines großen Unternehmens und eine Streikunterstützung anderer Arbeitnehmer des Betriebs wäre, auf Grund des Grundsatzes der „Einheit der Belegschaft", aller Wahrscheinlichkeit nach möglich und zulässig gewesen. Durch die Ausgliederung jedoch erfolgt eine Abspaltung von Betriebsabteilungen. Damit einher geht auch eine Schwächung der Streikkraft. Unternehmen können auf diese Weise das Streikrecht der Arbeitnehmer in gewisser Weise einschränken bzw. beschneiden. Gerade in diesen Fällen erscheint eine Unterstützung durch Arbeitnehmer des Hauptbetriebs für sachgerecht und notwendig. Durch die in der Regel noch bestehenden engen wirtschaftlichen Verbindungen sind auch ein Interesse und sogar Einwirkungsmöglichkeiten des vom Sympathiestreik betroffenen Arbeitgebers auf den Hauptstreik gegeben.
Gerade der Sympathiestreik hat den Beschäftigten von Gate Gourmet die erforderliche Aufmerksamkeit und Unterstützung gewährleistet, die diese alleine nicht erreicht hätten.

4. Streik bei AEG in Nürnberg

Ein weiteres aktuelles und anschauliches Beispiel bieten die Arbeitsniederlegungen im Oktober 2005 im AEG Stammwerk in Nürnberg. Der AEG Mutterkonzern Elektrolux, mit Sitz in Schweden, hatte angekündigt, das Nürnberger Werk aus Kostengründen zu schließen und die Produktion nach Polen verlagern zu wollen. Dort entstehen derzeit für rund 77 Millionen Euro zwei neue Werke zur Fertigung von Waschmaschinen und Geschirrspülern. Im Nürnberger Werk standen 1.750 Arbeitsplätze auf dem Spiel. Von der geplanten Werksschließung sind weiterhin 900 Mitarbeiter in der Auslieferung, der Ersatzteilbeschaffung und dem Kundendienst betroffen. Ein von Arbeitnehmervertretern in Auftrag gegebenes unabhängiges Gutachten war zu dem Ergebnis gekommen, dass das Nürnberger Werk durch Kosteneinsparungen gerettet werden könnte. Dazu hatte sich die Belegschaft zu millionenschweren Zugeständnissen bereit erklärt, was von der Konzernspitze ausgeschlagen wurde. Bereits zum momentanen Zeitpunkt verzichten die Beschäftigten in Nürnberg auf 16 % ihres Lohnes und arbeiten nur noch 30 Stunden die Woche. Aber nicht nur das Werk in Nürnberg ist von einer Betriebsschließung betroffen. Der Elektrolux Konzern beabsichtigt, 13 bis 14 seiner 27 Produktionsstätten in Westeuropa in Niedriglohnländer zu verlagern. Im Zusammenhang mit den Warnstreiks und Protestaktionen im Nürnberger Stammwerk wurde von Seiten des Europäischen Metall-Gewerkschaftsbundes auch mit Arbeitsniederlegungen in anderen Werken des Elektrolux Konzerns gedroht. Europaweit würden alle Fabriken in den Ausstand treten.[859]

Am Ende halfen die Arbeitsniederlegungen, das Protestieren und weitreichende Zugeständnisse der Arbeitnehmer nichts. Das Werk in Nürnberg wird bis Ende 2007 geschlossen. 1.750 Mitarbeiter verlieren ihre Arbeitsplätze. Die Produktion von Waschmaschinen und Geschirrspülern soll nach Polen und Italien verlagert werden. Die IG Metall will für die Beschäftigten nun einen Sozialtarifvertrag durchsetzten. Das Werk in Nürnberg wird nicht das letzte sein, das geschlossen wird. Der Trend, dass Unternehmen mit Standorten ins Ausland abwandern, wird sich fortsetzten. Dabei sind es längst nicht mehr nur Unternehmen in der Krise, die Jobs im Inland streichen und ins Ausland verlagern. Vermehrt gehen auch hochprofitable Unternehmen diesen Weg. Auch bei Electrolux ging es letztlich nur darum, die Gewinnergebnisse zu erhöhen. Nach Angaben des Betriebsratschefs hat Electrolux im Jahr 2005 satte Gewinne eingefahren.[860] Dies erhöht selbstverständlich die Wut der betroffenen Arbeitnehmer, die nunmehr auf der Straße stehen.

Gerade in derartigen Fallkonstellationen sind die Gewerkschaften auf die Möglichkeit des Sympathiestreiks angewiesen. Streiken neben den Arbeitern im Nürnberger Werk anderweitige Betriebe des Elektrolux Konzerns, sei es im In- oder Ausland, wird der Druck auf das Mutterunternehmen erhöht, der womöglich eine Verlagerung des Unternehmens ins Ausland verhindert, zumal die Beschäftigten kompromissbereit sind und weitere Zugeständnisse bezüglich ihrer Arbeitsbedingungen machen. Gerade mit der Unterstützung anderer Betriebe können Betriebsschließungen und Verlagerungen ins billigere Ausland verhindert werden. Alleine wird es der Gewerkschaft nicht gelingen, einen Arbeitskampf gegen eine große Konzerngesellschaft zu gewinnen, zumal dort wahrscheinlich die Würfel zu Gunsten einer Verlagerung des Betriebs ins Ausland bereits gefallen sind. Gegen die drohenden Massenentlassungen müssen sich die Beschäftigten europaweit wehren. Bei derartigen Fallkonstellationen wird es schwer sein zu behaupten, dass die jeweiligen betroffenen Arbeitnehmer nicht in der Lage sind, den Streik zu beenden. Einheitlicher Gegner ist hier der Mutterkonzern, auf den über die einzelnen bestreikten Betriebe eingewirkt werden soll. Nicht immer wird es möglich sein, durch die

---

[859] Die rechtliche Problematik, die sich im Zusammenhang mit grenzüberschreitenden Sympathiestreiks stellt, wird im nächsten Abschnitt der Arbeit behandelt.

[860] Frankfurter Rundschau 14.12.2005 S. 10.

Arbeitsniederlegungen eine Standortschließung zu verhindern. Vor allem stellt sich in diesem Zusammenhang das Problem des rechtlich zulässigen Streikziels. Womöglich hätte mit einem Sympathiestreik in anderen Betrieben die Entscheidung anders ausgesehen. Zumindest aber könnte es den Gewerkschaften gelingen, einen für die Arbeitnehmer günstigen Sozialtarifvertrag zu erstreiken, der erhöhte Abfindungen, längere Kündigungsfristen oder den zeitweisen Übergang von Arbeitnehmern in eine Beschäftigungs- und Qualifizierungsgesellschaft vorsieht.

5. Zusammenfassung

Die Möglichkeit der Verlagerung von Produktionen und Dienstleistungen auf andere Betriebsstätten oder Unternehmen können das Kräftegleichgewicht der Arbeitskampfparteien zu Lasten der Arbeitnehmerseite verschieben. Großen Unternehmen und Konzernen gelingt es noch leichter als einzelnen Betrieben streikbedingte Ausfallarbeiten zu verlagern und damit die Produktion von Waren und Gütern fortzuführen. Bei derartigen Produktionsverlagerungen kommt dem Sympathiestreik eine erhebliche Bedeutung zu. Gerade die Bestreikung eines dritten Arbeitgebers ist hier in der Lage, das Kräftegleichgewicht wieder herzustellen. Vor allem in den Fällen des Arbeitskampfes im Konzern kann auf Grund der einheitlichen Führung der Unternehmen nicht von dem Arbeitgeber als Dritten gesprochen werden. Auf Grund der wirtschaftlich engen Verbundenheit der einzelnen Unternehmen ist im Grunde von einer Identität des Arbeitgebers des Hauptarbeitskampfes und des Sympathiearbeitskampfes auszugehen.

Vierter Teil

Die rechtliche Problematik grenzüberschreitender Sympathiearbeitskämpfe

I. Grenzüberschreitende Sachverhalte

Die praktische Bedeutung von grenzüberschreitenden drittbezogenen Arbeitskampfmaßnahmen muss bisher, wenn man von den veröffentlichten gerichtlichen Entscheidungen und den in der Vergangenheit aufgetretenen Fällen ausgeht, als nicht besonders groß bezeichnet werden. Ein Grund dafür, weshalb von derartigen Kampfmaßnahmen in der Bundesrepublik Deutschland nur relativ wenig Gebrauch gemacht wird, liegt sicherlich darin, dass ein solcher Arbeitskampf von den einzelnen Arbeitnehmern und den Gewerkschaften eine außergewöhnliche Opferbereitschaft abverlangt, die nur in wenigen Ausnahmesituationen aktiviert werden kann. Durch die wachsende wirtschaftliche und technologische Verflechtung und Verzahnung der einzelnen Unternehmen, Industrien und Märkte auf nationaler und vor allem auf internationaler Ebene sowie die zunehmende Konzentration der Unternehmen könnte es gleichwohl zu einer Zunahme drittbezogener grenzüberschreitender Arbeitskampfmaßnahmen durch die Arbeitnehmer kommen.

Im Rahmen dieser Arbeit soll und kann nicht das gesamte internationale Arbeitskampfrecht durchleuchtet werden. Im folgenden Abschnitt soll z.B. nicht der Frage nachgegangen werden, wie Arbeitskämpfe im Ausland rechtlich behandelt werden oder wie ein im Ausland beschäftigter Arbeitnehmer eines deutschen Unternehmens sein Streikrecht ausüben kann. Von Interesse ist lediglich die Durchführung eines Sympathiestreiks im Inland zur Unterstützung eines Hauptarbeitskampfes im Ausland. Dies vor allem vor dem Hintergrund der zahlreichen multinationalen Unternehmen und der Europäischen Aktiengesellschaft. Angenommen eine Europäische Aktiengesellschaft hat Niederlassungen in Deutschland, Frankreich, Polen und Spanien. Im spanischen Betrieb legen die Arbeitnehmer die Arbeit nieder und streiken für bessere Arbeitsbedingungen. Die deutschen Arbeitnehmer und Gewerkschaften halten die Forderungen der spanischen Arbeitnehmer für berechtigt und wollen sie in ihren Forderungen bestärken und unterstützen. Ob ein derartiger Sympathiestreik zulässig wäre, was für Auswirkungen und/oder Probleme der Auslandsbezug aufwirft, anhand welcher rechtlicher Grundsätze der deutsche beziehungsweise der ausländische Arbeitskampf zu bewerten ist und ob die Erforderlichkeit des Sympathiestreiks auch mit der Arbeitskampfparität begründet werden kann, ist fraglich. Für die Frage des grenzüberschreitenden Sympathiestreiks ergeben sich anhand des Merkmals der Akzessorietät weiterhin Probleme, da nicht geklärt ist, was in den

Konstellationen gilt, in denen der Hauptstreik nach ausländischem Recht unzulässig, aber eventuell nach deutschem Recht zulässig ist. Genauso kommt die entgegengesetzte Konstellation in Betracht.

Sympathiestreiks, die über die nationalen Grenzen hinweg geführt werden, kommen nicht häufig vor. Dementsprechend sind die Darstellungen zu derartigen Arbeitskämpfen recht bruchstückhaft. Vorab seien einige kurze Beispiele genannt:

- Anfang August 2005 haben mexikanische Berg- und Stahlarbeiter für kurze Zeit die Arbeit niedergelegt, um bereits streikende Arbeitnehmer einer amerikanischen Kupfermine in ihren Forderungen nach besseren Tarifbedingungen zu unterstützen.[861]
- Im August 2001 streikten Beschäftigte von Daimler Chrysler in Deutschland, um ihre Kollegen in Südafrika im Arbeitskampf zu unterstützen.[862]
- Am 24.06.1999 streikten Arbeiter des Werkes Continental in Südafrika für die Dauer von zwei Stunden zur Unterstützung eines Arbeitskampfes der Arbeiter des Reifenherstellers General Tire Corporation in Amerika. Bei der Firma Continental handelt es sich um den Mutterkonzern von General Tire Corporation.[863]
- Im Jahre 1997 weitete die International Transport Workers Federation (ITF) einen Arbeitskampf gegen das US-Unternehmen UPS in Amerika auf andere Kontinente aus. Es kam zu weltweiten Solidaritätsaktionen, die sämtlich von der ITF getragen wurden. Diese Demonstration von Stärke und Zusammengehörigkeit stärkte die Verhandlungsposition der Gewerkschaften und führte letztlich zu einem erfolgreichen Arbeitskampf.[864]

Gerichtliche Entscheidungen über grenzüberschreitende Sympathiestreiks liegen für die Bundesrepublik Deutschland kaum vor. Mit einem Fall befasste sich das Arbeitsgericht Wuppertal in seiner Entscheidung vom 24.11.1959,[865] in dem deutsche Drucker zu Gunsten britischer Arbeitnehmer streikten. Dieser Entscheidung lag folgender Sachverhalt zu Grunde: Vom 22.06.1959 bis zur ersten Augustwoche 1959 streikten in England die Arbeitnehmer des britischen Druckereigewerbes. Noch vor Ausbruch dieses Streiks, nämlich am 06.06.1959, beauftragte eine britische Firma eine deutsche Druckerei mit der Abwicklung zweier Aufträge. Ende August rief die IG Druck und Papier ihre Mitglieder auf, sich mit den englischen Kollegen solidarisch zu erklären und Druckaufträge aus

[861] Vgl. www.rf-news.de.
[862] Vgl. www.landesregierung.schleswig-holstein.de.
[863] Zimmer S. 200.
[864] Zimmer S. 200 f..
[865] ArbG Wuppertal 24.11.1959 AP Nr. 20 zu Art. 9 GG Arbeitskampf = BB 1960, 443.

England nicht auszuführen. Daraufhin lehnten die Arbeiter der deutschen Druckerei jede weitere Arbeit an den britischen Druckaufträgen ab. In dem Rechtsstreit machte die deutsche Firma gegen die Gewerkschaft Schadensersatzansprüche wegen des Streiks geltend. Die Klage hatte Erfolg. Das Arbeitsgericht Wuppertal entschied, dass der Sympathiestreik sozialinadäquat und daher rechtswidrig war.

Interessanter als das Ergebnis ist die Begründung des Arbeitsgerichts. Das Arbeitsgericht Wuppertal führte aus, dass ein Sympathiestreik nur dann zulässig sei, wenn er zur Unterstützung eines rechtmäßigen sozialadäquaten Hauptstreiks geführt werde. Auf Grund der Tatsache aber, dass der Hauptstreik hier nicht in Deutschland, sondern in England stattgefunden habe, sei es unmöglich, diesen auf seine Sozialadäquanz hin zu untersuchen. „*Die Frage, unter welchen Voraussetzungen ein Arbeitskampf sozialadäquat ist, ist nach der geschichtlich gewordenen sozialethischen Ordnung des Gemeinschaftslebens, besonders des Arbeitslebens zu beurteilen. Hauptstreik war im hier zu entscheidenden Fall der englische Druckerstreik. Dieser müsste also, will man die Rechtmäßigkeit des Sympathiestreiks prüfen, sozialadäquat gewesen sein. Man müsste also, allgemein gesehen, einen ausländischen – hier britischen – Streik an einem nur der deutschen Rechtsordnung bekannten und von dieser entwickelten Begriff, nämlich der sozialen Adäquanz prüfen. Man müsste diesen Begriff in englische Verhältnisse hineinverlegen. Dies ist unmöglich; denn es stehen sich hier völlig andere und sich getrennt entwickelt habende Rechts-, Wirtschaft- und Lebensverhältnisse gegenüber.*“ Auch seien Koalitionsfreiheit, Koalitionsrecht und das Streikrecht im Grundgesetz in Art. 9 Abs. 3 verwurzelt und dieses gelte nicht außerhalb der Bundesrepublik Deutschland. Genauso wenig können auch Rechte, die sich aus dem Grundgesetz ergeben oder dort ihre Wurzeln haben, über die nationalen Grenzen der Bundesrepublik hinaus Bedeutung haben. Das Arbeitsgericht Wuppertal geht davon aus, dass der ausländische Hauptstreik nach deutschem Recht zu beurteilen sei und ist der Ansicht, dass derartiges unmöglich sei. Im Ergebnis bedeutet diese Entscheidung eine generelle Verneinung von grenzüberschreitenden Sympathiearbeitskämpfen.[866]

[866] So auch Haupt S. 140.

II. Die Akzessorietät des Sympathiestreiks zum ausländischen Hauptstreik und die Frage nach der Anwendbarkeit der Rechtsordnung auf den Hauptstreik

1. Kritik am Urteil des Arbeitsgerichts Wuppertal

Das Arbeitsgericht Wuppertal hat wichtige Aspekte beim Fällen seiner Entscheidung außer Acht gelassen. Unabhängig von der Frage, wie die Begründung des Arbeitsgerichts im Jahre 1959 zu werten ist, kann sie in der heutigen Zeit nicht überzeugen. Die internationale Ausrichtung der Unternehmen ist extrem gestiegen und die wirtschaftlichen Verbindungen der Unternehmen machen an nationalen Grenzen nicht halt. Konzerne und Unternehmen sind durch zahlreiche Tochtergesellschaften und Niederlassungen auf der ganzen Welt miteinander vernetzt. Liefer- und Geschäftsbeziehungen bestehen zwischen Unternehmen weltweit. Diese internationale Verflechtung der Wirtschaft muss auch beim Streikrecht Berücksichtigung finden.
In diese Richtung wurde das Urteil des Arbeitsgerichts Wuppertal bereits von mehreren Autoren kurz nach seiner Veröffentlichung kritisiert. *Herschel*[867] wies darauf hin, dass die Gewerkschaften untereinander international verflochten und auf internationale Wirksamkeit angelegt seien. *Erdsiek*[868] formuliert es noch zutreffender, wenn er von *„der gegenwärtigen Entwicklung zur Großraumwirtschaft, der zunehmenden internationalen Verflechtung und fortschreitenden Arbeitsteilung zwischen den nationalen Wirtschaften"* spricht. Weiter führt er noch den wichtigen Fall der Produktionsverlagerung ins Ausland an. Der Sympathiestreik dürfe an den nationalen Grenzen nicht halt machen, denn die Konsequenz wäre eine Auftragsverlagerung ins Ausland. *Löwisch*[869] weist auf die Entwicklung des europäischen Wirtschaftraums hin und steht zumindest in diesem Bereich einem Sympathiestreik positiv gegenüber. *Haupt*[870] ist, unter Bezugnahme auf die eben genannten Autoren und deren Ansichten, der Meinung, dass es nicht richtig sein könne, grenzüberschreitende Arbeitskämpfe schlechthin als unzulässig anzusehen. Auch *Birk*[871] und *Nipperdey*[872] weisen auf die wachsende internationale Entwicklung und Verflechtung des Wirtschaftsraums und der Unternehmen hin und sprechen sich für eine Notwendigkeit und Erforderlichkeit von grenzüberschreitenden Arbeitskampfmaßnahmen aus. In diesem Zusammenhang wird immer wieder die internationale Solidarität der

[867] Herschel BB 1960, 443.
[868] Erdsiek NJW 1959, 2198.
[869] Löwisch RdA 1962, 316.
[870] Haupt S. 142.
[871] Birk S. 127.
[872] Nipperdey in FG Küchenhoff 1967, 133.

Arbeitskampfparteien erwähnt.[873] Gerade die internationale Solidarität kann aber nicht als durchschlagendes Argument angesehen werden. Zwar besteht im Arbeitsleben durchaus eine Solidarität auf beiden Seiten der Parteien, allerdings handelt es sich hierbei um eine zu vage Annahme, um damit die Wirkungen und Rechtsfolgen eines Arbeitskampfes zu rechtfertigen.[874] Abzustellen ist hier auf die wachsende wirtschaftliche Verflechtung und Verzahnung der Weltwirtschaft und der Unternehmen untereinander. Auch das Argument des Arbeitsgerichts Wuppertal, Art. 9 Abs. 3 GG könne nicht außerhalb der nationalen Grenzen Anwendung finden, wurde beanstandet. So wurde vorgebracht, Art. 9 Abs. 3 GG schütze die Gewerkschaften auch in ihrer internationalen Funktion und umfasse auch die Unterstützung ausländischer Arbeitskämpfe.[875]

2. Das auf den Hauptarbeitskampf anwendbare Recht

Bevor detailliert auf die wirtschaftliche Entwicklung der Unternehmen und eine damit verbundene eventuelle Notwendigkeit grenzüberschreitender Arbeitskampfmaßnahmen eingegangen wird, ist vorab die Frage zu stellen, nach welcher Rechtsordnung ein ausländischer Hauptstreik zu beurteilen ist, damit ein Sympathiestreik zumindest nicht an der Rechtswidrigkeit des Hauptstreiks scheitert. Eine andere Frage ist dann nachgeschaltet, nämlich die, ob ein inländischer Sympathiestreik zur Unterstützung eines ausländischen Hauptstreiks im konkreten Fall rechtmäßig ist.

Einhellige Auffassung ist, dass ein Sympathiestreik nur dann zulässig ist, wenn er der Unterstützung eines rechtmäßigen Hauptarbeitskampfes dient. Ein Sympathiestreik zur Unterstützung eines rechtswidrigen Hauptstreiks kann nicht als rechtmäßig angesehen werden.[876] Bei einem grenzüberschreitenden Sympathiestreik liegt zwischen Hauptstreik und Sympathiestreik eine Staatsgrenze. Beide Streiks unterliegen damit unterschiedlichen Rechtsordnungen. Auf Grund der unterschiedlichen einzelnen Rechtsordnungen ist vorprogrammiert, dass die Beurteilung sämtlicher Arbeitsniederlegungen nicht überall einheitlich erfolgen wird. Unter den einzelnen Rechtsordnungen gibt es zahlreiche Unterschiede, was sich auch auf die Bewertung von Arbeitskämpfen auswirkt. Relevant für die Frage der Rechtmäßigkeit des Sympathiestreiks ist die Frage der Rechtmäßigkeit des Hauptarbeitskampfes. Findet dieser nunmehr im Ausland statt, stellt sich die Frage, nach welcher Rechtsordnung er zu beur-

---

[873] So z.B. Löwisch RdA 1962, 315; Nipperdey in FG Küchenhoff 1967, 144; Birk S. 127; Coester RdA 1976, 292; Haupt S. 140. Wintrich S. 154; ArbG Offenbach 27.03.1981 Az: 4 Ca 542/80 teilweise zitiert in Hergenröder S. 275.
[874] Zur Solidarität oben 2. Teil IX.
[875] Herschel BB 1960, 443 f.; Haupt S. 140; Bieback in Däubler Rn. 398.
[876] Dazu oben 2. Teil I 1.

teilen ist. Dass eine Überprüfung des Sympathiestreiks immer anhand des Rechts vorzunehmen ist, in dem er stattfindet, ist einhellige Auffassung.[877]

Für die rechtliche Bewertung und Prüfung des ausländischen Arbeitskampfes stehen drei Möglichkeiten zur Verfügung:

1. Der ausländische Hauptstreik wird nach dem Recht beurteilt, in dem er stattfindet.[878]

2. Der ausländische Hauptstreik wird nach dem Recht beurteilt, in dem der Sympathiestreik dazu stattfindet (in diesem Fall Deutschland).[879]

3. Der ausländische Hauptstreik wird nach beiden Rechtsordnungen beurteilt.[880]

Sämtliche dieser Ansatzpunkte werfen Fragen auf und bedürfen einer näheren Betrachtung. Der letzte Punkt jedoch, die Beurteilung des ausländischen Hauptstreiks nach beiden Rechtsordnungen, dürfte die wenigsten Unklarheiten hervorrufen. Sobald der Hauptarbeitskampf nach ausländischem als auch nach inländischem Recht rechtmäßig ist, kann zumindest aus der Akzessorietät des Sympathiestreiks zum Hauptstreik kein negatives Ergebnis für den Sympathiestreik hergeleitet werden. Mit einer Bewertung des ausländischen Hauptarbeitskampfes sowohl nach in- als auch nach ausländischem Recht ist beiden Rechtsordnungen genügend Rechnung getragen. Dies bedarf keiner ausführlicheren Darstellung. Probleme und Fragen treten erst dann auf, wenn beide Rechtsordnungen zu einem unterschiedlichen Ergebnis kommen. Hier stellt sich dann aber die Frage, welche Rechtsordnung dazu berufen ist, über die Rechtmäßigkeit des ausländischen Hauptstreiks zu entscheiden. Eine Beurteilung des Hauptarbeitskampfes nach zwei Rechtsordnungen ist aber – wie zu zeigen sein wird – nicht notwendig.

Birk[881] ist der Auffassung, dass für den zweiten Ansatz, nämlich der Beurteilung des ausländischen Hauptstreiks nach deutschem Recht, kaum haltbare Gründe

---

877 Gitter ZfA 1971, 149; Birk S. 140; ders. RdA 1984, 137; Bieback in Däubler Rn. 398; Zaum S. 47; Hergenröder S. 67 und S. 297; Otto in Mü-Hb § 285 Rn. 244; Nipperdey in FG Küchenhoff S. 136; Junker „Internationales Arbeitsrecht" S. 488.

878 Wintrich S. 157; Birk S. 133; ders. AuR 1975, 198; ders. RdA 1984, 137; Gitter ZfA 1971, 149, Coester RdA 1976, 292; Otto in Mü-Hb § 285 Rn. 244; Bieback in Däubler Rn. 399; Hergenröder S. 296.

879 ArbG Wuppertal 24.11.1959 AP Nr. 20 zu Art. 9 GG Arbeitskampf = BB 1960, 443; Nipperdey in FG Küchenhoff 1967, 145.

880 Haupt S. 142 f.; Herschel BB 1960, 444.

881 Birk S. 132.

sprechen, ohne dies allerdings näher zu begründen. Dieser Ansicht ist dennoch zuzustimmen. Bereits das Arbeitsgericht Wuppertal hat festgestellt, dass sich die Grundsätze der Sozialadäquanz nicht auf einen ausländischen Arbeitskampf übertragen lassen. Das deutsche Arbeitskampfrecht und seine Regeln können nicht ohne weiteres auf ausländische Rechtsordnungen übertragen werden. Im Ausland bestehen andere Rechtsgrundsätze als in der Bundesrepublik Deutschland. Würde man eine Überprüfung des ausländischen Arbeitskampfes anhand der deutschen Rechtsordnung vornehmen, könnte dies zu Abweichungen von der ausländischen Rechtsordnung führen. Dies könnte die Konstellation beinhalten, dass der Hauptarbeitskampf nach ausländischem Recht unzulässig wäre, nach deutschem Recht aber zulässig. Damit würde eine deutsche Gewerkschaft einen ausländischen rechtswidrigen Arbeitskampf unterstützen, nur weil das deutsche Recht von anderen Voraussetzungen ausgeht. Dies kann nicht richtig sein. Zum Einen verbietet der Akzessorietätsgedanke die Unterstützung rechtswidriger Arbeitskämpfe, und zum Anderen muss die betroffene ausländische Rechtsordnung anerkannt und respektiert werden. Der Akzessorietätsgedanke gilt auch für grenzüberschreitende Sachverhalte und macht nicht an den nationalen Grenzen halt. Würde man die ausländische Rechtsordnung einfach durch die nationale Rechtsordnung „ersetzen", würde das unter Umständen dem gesamten Kampfmittelsystem des ausländischen Staates widersprechen. Der Arbeitskampf ist in die jeweilige nationale Arbeits- und Wirtschaftsordnung eingebettet, und diesbezüglich hat jeder Staat seine eigenen Regeln aufgestellt, die sich zu einem Gesamtbild zusammenfügen. Ein Eingreifen von außen würde dieses Gesamtbild verschieben.[882] Eine Bewertung des Arbeitskampfes allein nach deutschem Recht kann infolgedessen nicht zulässig sein.

Grundsätzlich ist davon auszugehen, dass jeder Arbeitkampf mit seinen Folgen nach den Regeln der Rechtsordnung zu beurteilen ist, in dem er stattfindet und zu dem er die engsten Beziehungen hat. Das Recht des ausländischen Staates ist am ehesten dazu berufen, die entscheidende Rechtssache – konkret den Arbeitskampf – zu bewerten. Folglich ist die Grundregel aufzustellen, dass der ausländische Hauptstreik auch nach dem Recht der Rechtsordnung zu beurteilen ist, in dem er stattfindet.

Die Anknüpfung an die ausländische Rechtsordnung bei der Beurteilung des Arbeitskampfes ist nicht vollkommen unproblematisch. Es kann bei Nichtübereinstimmung der Zulässigkeitsvoraussetzungen des ausländischen und des deutschen Rechts die Situation eintreten, dass Sympathiestreiks zu Gunsten ausländischer Hauptstreiks weniger strengen Regeln unterliegen als solche zur Unterstützung inländischer Arbeitskämpfe. In der Literatur wurde diesbezüglich die

[882] Hergenröder S. 295.

Befürchtung erhoben, dass damit die Unterstützung ausländischer Arbeitskämpfe gegenüber inländischen Arbeitskämpfen bevorzugt werde. Zur plastischeren Darstellung und Verdeutlichung dieser Ansicht wird überwiegend das Beispiel des politischen Streiks genannt. So erscheine es möglich, dass eine ausländische Rechtsordnung – im Gegensatz zu der überwiegenden deutschen Auffassung – politische Streiks zulasse. Dies führe dann zu dem Ergebnis, dass ein deutscher Sympathiestreik rechtmäßig einen politischen ausländischen Streik unterstützen könne.[883]
Um dies zu vermeiden, ist vorgeschlagen worden, die Rechtmäßigkeit des Hauptarbeitskampf anhand beider Rechtsordnungen, folglich sowohl nach dem Recht des betreffenden Landes als auch nach deutschem Recht zu überprüfen.[884]
Die Prüfung der Zulässigkeit des Hauptarbeitskampfes anhand beider Rechtsordnungen ist allerdings nicht notwendig. Die geschilderte Auffassung von der Maßgeblichkeit ausländischen Rechts kann dadurch relativiert werden, dass unbillige Ergebnisse über die ordre public Klausel des Art. 6 EGBGB korrigiert werden können.[885]

3. Korrektur über den ordre public

Die Anwendbarkeit ausländischen Rechts darf die inländischen Gerichte nicht zu einer Entscheidung nötigen, deren Ergebnis grundlegenden inländischen Rechtsvorstellungen eklatant widerspricht. Für solche Ausnahmefälle schließt Art. 6 EGBGB zum Schutz der inländischen öffentlichen Ordnung die Anwendung ausländischen Rechts auf den konkreten Sachverhalt aus: *„Eine Rechtsnorm eines anderen Staates ist nicht anzuwenden, wenn ihre Anwendung zu einem Ergebnis führt, das mit wesentlichen Grundsätzen des deutschen Rechts offensichtlich unvereinbar ist. Sie ist insbesondere nicht anzuwenden, wenn die Anwendung mit den Grundrechten unvereinbar ist.“*
Art. 6 EGBGB ist eine Ausnahmevorschrift, bei deren Anwendung große Zurückhaltung geboten ist.[886] Sie lässt sich nicht auf sämtliche unterschiedliche Rechtsansichten im In- und Ausland anwenden. Es kann nicht genügen, dass die anzuwendende fremde Rechtsnorm mit deutschen Rechtsvorstellungen nicht in Einklang steht oder *„den in Deutschland herrschenden sittlichen Anschauun-*

---

[883] So z.B. Arbeitsgericht Wuppertal 24.11.1959 AP Nr. 20 zu Art. 9 GG Arbeitskampf = BB 1960, 443; Gitter ZfA 1971, 149; Wintrich S. 164 f..
[884] So z.B. Haupt S. 142 f., Herschel BB 1960, 444.
[885] So auch Birk S. 142; Bieback in Däubler Rn. 400; Gitter ZfA 1971, 149; Wintrich S. 164 f.; diese Ansichten erfolgten unter Bezugnahme auf die alte Vorschrift des Art. 30 EGBGB, der allerdings seinem sachlichem Inhalt her Art. 6 EGBGB entspricht; vgl. Heldrich in Palandt Art. 6 EGBGB Rn. 14; BGH 28.04.1988 BGHZ 104, 240 (243); BT-Drucks. 10/504 S. 42.
[886] Junker S. 243; Heldrich in Palandt Art. 6 EGBGB Rn. 6; Sonnenberger in MüKo Art. 6 EGBGB Rn. 14.

gen"[887] widerspricht. Dies hätte automatisch zur Folge, dass das ausländische Recht nicht zur Anwendung kommen würde. Eine ausländische Rechtsnorm ist dann nicht anzuwenden, wenn es sich um eine erhebliche, mit der deutschen Rechtsanschauung absolut unvereinbare Vorschrift handelt. Das Ergebnis der Anwendung des ausländischen Rechts muss zu den Grundgedanken der deutschen Regelung und der in ihnen liegenden Gerechtigkeitsvorstellungen in so starkem Widerspruch stehen, dass dies nach der deutschen Rechtsordnung für untragbar gehalten wird.[888] Es darf im Einzelfall nicht zu Ergebnissen kommen, die den Kernbestand der inländischen Rechtsordnung antasten.
Verstößt die ausländische Rechtsordnung folglich „offensichtlich" gegen wesentliche Grundsätze des deutschen Rechts, ist sie nicht anzuwenden. Für den Fall der Bewertung des Hauptstreiks nach ausländischem Recht heißt das, dass dieses als irrelevant anzusehen ist. Anstelle des ausgeschalteten ausländischen Rechts tritt das deutsche Arbeitskampfrecht. Für das Arbeitskampfrecht ist daher entscheidend, ob das Ergebnis der Anwendung ausländischen Rechts mit den Grundgedanken des deutschen Arbeitskampfrechts, insbesondere dem Aussagegehalt des Art. 9 Abs. 3 GG in so starkem Widerspruch steht, dass es offensichtlich unhaltbar ist.

Bei der Anwendung des ordre public ist zwischen einer streikfreundlichen ausländischen Rechtsordnung und einer streikfeindlichen ausländischen Rechtsordnung zu unterscheiden. Streikfreundliche ausländische Rechtsordnungen erklären im Gegensatz zum deutschen Recht bestimmte Arbeitskampfmaßnahmen für rechtmäßig an. Als Beispiele seien erwähnt: der politische Streik, der „wilde" Streik sowie der nicht tarifgebundene Streik. Bei streikfeindlichen ausländischen Rechtsordnungen dagegen ist das Streikrecht erheblich eingeschränkt oder sogar generell verboten.

a) Streikfreundliche Rechtsprechung

Zunächst soll Bezug auf streikfreundliche ausländische Rechtsordnungen genommen werden. Erkennen ausländische Rechtsordnungen z.B. einen Streik ohne gewerkschaftliche Führung an, stellt dies eine Diskrepanz zum deutschen Recht dar. Dennoch handelt es sich um einen Arbeitskampf, der dem Arbeitsleben zuzurechnen ist und um die Gestaltung der Arbeits- und Wirtschaftsbedingungen geführt wird. Die unterschiedliche ausländische Rechtsauffassung bei der Bewertung eines „wilden" Streiks kann nicht als Verletzung der nationalen ordre public Klausel angesehen werden. Bei der Anerkennung eines „wilden"

---

[887] Simitis S. 204.

[888] BGH 28.04.1988 BGHZ 104, 240 (243); BGH 04.06.1992 BGHZ 118, 312 (330); BGH 16.09.1993 BGHZ 123, 268 (270); BVerfG 30.11.1988 NJW 1989, 1275; BAG 24.08.1989 AP Nr. 30 zu Internationales Privatrecht; Zaum S. 207; Junker S. 240 ff.; Simitis S. 204.

Streiks durch eine ausländische Rechtsordnung handelt es sich nicht um einen derart eklatanten Widerspruch zur deutschen Rechtsauffassung, mit der Folge, dass ein inländischer Sympathiestreik dazu von vornherein unzulässig wäre. Selbst in der Bundesrepublik Deutschland ist das Erfordernis eines gewerkschaftlich getragenen Streiks keineswegs unbestritten. Zahlreiche Autoren und auch vereinzelte Gerichte haben sich, mit teilweise unterschiedlichen Argumenten, für die Zulässigkeit eines „wilden" Streiks ausgesprochen.[889] Wenn selbst nach deutscher Auffassung der „wilde" Streik unterschiedlich behandelt wird, kann eine entgegengesetzte ausländische Rechtsansicht nicht mit den Hinweis auf Art. 6 EGBGB verworfen werden.

Keine andere Sichtweise kann bei der Bewertung eines nach ausländischem Recht zulässigem Streik an den Tag gelegt werden, der nicht dem Abschluss eines Tarifvertrages oder erstreikbarer tariflicher Regelungen dient. Werden beispielsweise Arbeitskämpfe im Ausland geführt, um Massenentlassungen entgegenzuwirken, um die Schließung eines Betriebs oder einer Betriebsabteilung zu verhindern oder um einen Standortsicherungsvertrag zu erkämpfen, ist ein dazu geführter inländischer Sympathiestreik als zulässig anzuerkennen.

Nach der deutschen Rechtsordnung wären Arbeitsniederlegungen mit einer derartigen Zielsetzung (noch) rechtswidrig. Weit überwiegend herrscht die Ansicht vor, dass der Streik lediglich zum Abschluss eines Tarifvertrages zulässig ist und die Stilllegung eines Betriebs einer freien Entscheidung des Unternehmers vorbehalten bleiben müsse und deshalb einer tarifvertraglichen Regelung nicht zugänglich sei.[890] Das Streikrecht wird in diesem Fall im Hinblick auf das Grundrecht der Berufsfreiheit des Unternehmers eingeschränkt. Tariflich erstreikbar sollen lediglich Regelungen sein, welche die Folgen für die betroffenen Arbeitnehmer abmildern.[891] Eine entgegengesetzte und damit offenere Rechtsauffassung verstößt aber nicht gegen den ordre public und bedarf keiner Korrektur.

In Literatur und Rechtsprechung herrscht zwar noch die überwiegende Ansicht vor, dass ein Streik nur zum Abschluss eines Tarifvertrages möglich und rechtmäßig ist. Aber auch diese Ansicht ist nicht unbestritten. Dass die Auffassung der (noch) herrschenden Meinung weder eine Stütze im Gesetz findet, noch überzeugend ist, wurde bereits oben dargestellt.[892] Folglich ist bei einem deutschen Sympathiestreik, der entweder einen „wilden" Streik oder einen nicht tarifvertragsgebundenen Streik im Ausland unterstützt, keine Korrektur über

---

[889] Vgl. dazu die Nachweise oben 1. Teil 3.

[890] Demgegenüber kann eingewandt werden, dass der Tarifautonomie sämtliche unternehmerische Entscheidungen zugeordnet werden können, welche Auswirkungen auf die Beschäftigten haben können. Letztlich gehört eine Betriebsstillegung oder Standortverlagerung zu den wesentlichen „Arbeits- und Wirtschaftsbedingungen".

[891] Dazu oben Fn. 282.

[892] Vgl. dazu oben 2. Teil II.

Art. 6 EGBGB vorzunehmen. Es kommt auch nicht auf eine Bewertung des ausländischen Streiks nach den deutschen Rechtsgrundsätzen an. Einzig und allein die Bewertung des Hauptarbeitskampfes nach ausländischem Recht ist ausschlaggebend. Folglich ist es nicht erforderlich, den ausländischen Hauptarbeitskampf nach zwei Rechtsordnungen zu beurteilen. Damit kann die Unterstützung eines ausländischen Arbeitskampfes auch dann zulässig sein, wenn sie es nach der inländischen Rechtsordnung nicht wäre. Dieser Unterschied ist unter Berücksichtigung und Beachtung der ausländischen Rechtsordnung in Kauf zu nehmen.

Bei der Vereinbarkeit einer ausländischen Rechtsnorm mit dem ordre public sind auch internationale Bewertungen und Rechtsauffassungen zu berücksichtigen.[893] Folglich sind auch die Aussagen der Sachverständigenausschüsse der IAO und der ESC zu beachten, die z.B. für ein Streikrecht ohne unmittelbaren Bezug zum Tarifvertrag plädieren.

Schwieriger ist die Frage beim politischen Streik zu beantworten. Nach wohl herrschender Meinung sollen politische Streiks, welche im Ausland als rechtmäßig anerkannt werden, in den Anwendungsbereich des Art. 6 EGBGB fallen.[894] Rechtsfolge wäre, dass trotz der positiven Beurteilung des ausländischen Rechts inländische Sympathiestreiks zu einem entsprechenden ausländischen Arbeitskampf nicht mehr zulässig wären. Denn an die Stelle des ausländischen Rechts würde das deutsche Recht treten und den Hauptarbeitskampf für rechtswidrig erklären mit der Folge, dass auf Grund des Akzessorietätsgebots auch ein dazu geführter Sympathiestreik rechtswidrig wäre.

Beim politischen Streik ist zu differenzieren. Grundsätzlich herrscht die Auffassung vor, dass ein politischer Streik ein Streik ist, der nicht gegen eine Partei aus dem Arbeitsleben, sondern gegen den Staat und seine Einrichtungen geführt wird. Mit dem politischen Streik soll ein Verhalten staatlicher Organe erreicht werden. Gesetzgebung, Regierung oder Verwaltung werden zur Erreichung eines bestimmten Ziels unter Druck gesetzt. Hierbei wird übersehen, dass ein politischer Streik in zahlreichen Fällen zur Wahrung und Förderung der Arbeits- und Wirtschaftsbedingungen geführt wird. Erwähnt seien hier für die Bundesrepublik Deutschland nur der Streik zur Senkung der Arbeitszeit oder der Lohnfortzahlung im Krankheitsfall. Diese Bedingungen betreffen die Arbeitnehmer

---

[893] Junker S. 247; Sonnenberger in MüKo Art. 6 EGBGB Rn. 62.

[894] So z.B. Gitter ZfA 1971, 149; Birk S. 142; Nipperdey in FG Küchenhoff 1967, 145. Wintrich S. 158 ff. und Hergenröder S. 300 f. sehen in der Unterstützung ausländischer politischer Streiks kein Problem des ordre public. Sie überprüfen den politischen Streik anhand nationalen inländischen Rechts und kommen mit der herrschenden Meinung überein, dass dieser rechtswidrig ist. Haben Unterstützungsmaßnahmen nun das Ziel, einen ausländischen politischen Streik zu unterstützen, fallen sie bereits nicht mehr in den Anwendungsbereich des Art. 9 Abs. 3 GG und sind damit unzulässig.

direkt und haben unmittelbare Auswirkungen auf ihr Arbeitsverhältnis. Weiterhin sind Arbeitsniederlegungen zu berücksichtigen, die im öffentlichen Dienst erfolgen. Arbeitgeber ist hier der Staat. Sollte eine ausländische Rechtsordnung den politischen Streik als zulässig anerkennen, so führt dies nicht ohne weiteres dazu, dass ein dazu geführter ausländischer Sympathiestreik auf Grund Art. 6 EGBGB unzulässig ist. Art. 6 EGBGB ist eine Ausnahmevorschrift, welche nur bei offensichtlicher Unvereinbarkeit mit wesentlichen Grundsätzen der deutschen Rechtsordnung anwendbar ist. Das Ergebnis muss daher vor der deutschen öffentlichen Ordnung so erheblich abweichen, dass es für die deutschen Anschauungen von Recht und Sitte schlechthin untragbar ist. Erkennt eine ausländische Rechtsordnung den politischen Streik als rechtmäßig an, ist dies auch durch die deutsche Rechtsordnung zu akzeptieren. Dies gilt vor allem in den Fällen, in denen der Streik zur Verbesserung der Arbeits- und Wirtschaftsbedingungen geführt wird. Ein dazu geführter Sympathiestreik kann daher nicht mit der ordre public Klausel eingeschränkt werden.

Neben der Grundvoraussetzung der Akzessorietät ist der Sympathiestreik aber noch an den Grundsätzen der Verhältnismäßigkeit zu messen. Letztlich kann nicht allein aus der Zulässigkeit des Hauptstreiks auf die Zulässigkeit des Sympathiestreiks geschlossen werden. Der Sympathiestreik ist immer noch eigenständig auf seine Rechtmäßigkeit hin zu untersuchen. Hier ist im Wesentlichen darauf abzustellen, dass der Sympathiestreik in der Lage ist, den Hauptstreik zu unterstützen. Diese Frage bedarf einer Prüfung am Einzelfall. So mag es fraglich erscheinen, ob ein im Inland geführter Sympathiestreik auf einen ausländischen politischen Streik Wirkung zeigt. *Wintrich* ist der Ansicht, dass ein der ausländische Staat sich durch einen Sympathiestreik in einem anderen Lande nicht beeindrucken lassen wird. Die aus Sympathie Streikenden könnten keinerlei Druck ausüben. Von daher sei ein politischer Sympathiestreik ohne Einflussmöglichkeiten.[895]

Eine derart pauschale Aussage verbietet sich. Hierbei wird übersehen, dass der politische Streik auch der Förderung von Arbeits- und Wirtschaftsbedingungen dienen kann. Ferner bleibt unberücksichtigt, dass zahlreiche ausländische Unternehmen auch in Deutschland Zweigniederlassungen oder Betriebsstätten unterhalten. Wenn den Unternehmen auf Grund der Globalisierung die Möglichkeit zusteht, Arbeitsplätze und Produktionen ins Ausland zu verlagern, muss den Arbeitnehmern auch die Möglichkeit zustehen, Arbeitskämpfe grenzüberschreitend durchzuführen. Die Druckmöglichkeit eines Sympathiestreiks ist hierbei auch bei einem ausländischen politischen Streik nicht von vornherein auszuschließen. Alleine schon durch die grenzüberschreitend gezeigte Solidarität könnten Einflussmöglichkeiten bejaht werden. Ferner ist davon auszugehen,

---

[895] Wintrich S. 159.

dass die Gewerkschaft, die einen Sympathiestreik ausruft, zu Recht vermuten kann, durch ihren Streik auf den Hauptstreik einwirken zu können.

b) Streikfeindliche Rechtsordnung

Den Gegenpol dazu bilden Rechtsordnungen, welche das Streikrecht stark einschränken oder generell verbieten. Ein generelles Streikverbot ist mit der Regelung des Art. 9 Abs. 3 GG nicht vereinbar. Art. 9 Abs. 3 GG erwähnt zwar das Streikrecht nicht, es ist aber allgemein anerkannt, dass das Streikrecht verfassungsrechtlich anerkannt ist. Jedermann hat das Recht, zur Wahrung und Förderung der Arbeits- und Wirtschaftbedingungen Vereinigungen zu bilden. Davon umfasst ist auch eine funktionierende Tarifautonomie. Diese wiederum setzt die Freiheit zum Arbeitskampf als Funktionsbedingung voraus. Ohne die Möglichkeit des Arbeitskampfes wäre die Tarifautonomie nicht sinnvoll. Der Fordernde müsste sich immer mit dem begnügen, was ihm die Gegenseite freiwillig zugestehen wollte. Wenn die ausländische Rechtsordnung jeden Streik grundsätzlich verbietet, würde man damit auch den deutschen Arbeitnehmern das Recht zum Sympathiestreik nehmen. Auf Grund der bestehenden Rechtswidrigkeit des ausländischen Hauptstreiks, wäre nach dem Akzessorietätsgrundsatz auch der Sympathiestreik rechtswidrig und dürfte nicht durchgeführt werden. Eine fremde Rechtsordnung würde in diesem Fall das Grundrecht auf Streik ausschließen.[896]
Nach Art. 6 Satz 2 EGBGB sind Rechtsnormen eines fremden Staates insbesondere dann nicht anzuwenden, wenn ihre Anwendung mit den Grundrechten unvereinbar ist. Art. 9 Abs. 3 GG umfasst als Grundrecht die freie Bildung von Gewerkschaften und das Recht, durch spezifische koalitionsmäßige Betätigung die Arbeits- und Wirtschaftsbedingungen zu wahren und fördern. Hierzu zählen auch Arbeitskampfmaßnahmen. Ein generelles Streikverbot – und damit auch eine Unzulässigkeit des Sympathiestreiks – ist sowohl mit internen deutschen Rechts- und Wertvorstellungen als auch mit international herrschenden Rechtsauffassungen (ESC, IAO) nicht vereinbar. In diesen Fällen hat eine Korrektur über den ordre public zu erfolgen.[897] Daher genügt es, wenn der ausländische Arbeitskampf den deutschen Grundsätzen einer rechtmäßigen Kampfführung entspricht. Die ausländische Rechtsordnung ist auf Grund von Art. 6 EGBGB nicht anwendbar.

Weiterhin stellt sich ein praktisches Problem, was in der Literatur noch keine Beachtung gefunden hat. Ob ein Arbeitskampf bereits rechtswidrig oder gerade noch rechtmäßig ist, ist eine Frage, die sich in zahlreichen Fällen nicht ohne

[896] So zutreffend Wintrich S. 163.
[897] So auch Otto in Mü-Hb § 286 Rn. 251; Birk S. 133; Junker „Internationales Arbeitsrecht“ S. 473 f.; Bieback in Däubler Rn. 400.

weiteres beantworten lassen wird. Unter Umständen werden über diese Frage gerichtliche Verfahren anhängig gemacht und erst nach Monaten oder sogar Jahren entschieden. Eine deutsche Gewerkschaft, die zu einem Sympathiestreik zur Unterstützung eines ausländischen Arbeitskampfes aufruft wird nicht ohne weiteres beurteilen können, ob der ausländische Arbeitskampf rechtmäßig ist. Diese Schwierigkeit kann letztlich das Rechtswidrigkeitsverdikt über den Sympathiestreik sprechen. Bereits nach deutschem Recht ist es nicht einfach zu beurteilen, ob ein Arbeitskampf-Sachverhalt noch den Anforderungen an eine verhältnismäßige und rechtmäßige Arbeitsniederlegung genügt. Die Abgrenzung zwischen einem noch rechtmäßigen oder schon rechtswidrigen Streik dürfte in zahlreichen Fällen schwierig sein. Da die Beurteilung des Hauptarbeitskampfes nach ausländischem Recht zu erfolgen hat, setzt dies voraus, dass die Gewerkschaften die ausländische Rechtsordnung kennen und anwenden können. Allein im Rahmen der EU bedeutet das, dass die Gewerkschaften 25 verschiedene Rechtsordnungen, zumindest was das Arbeitskampfrecht betrifft, kennen müssten, um beurteilen zu können, ob sie einen rechtmäßigen oder rechtswidrigen Streik unterstützen. Das dies Schwierigkeiten hervorrufen wird, ist vorprogrammiert. Dennoch handelt es sich nicht um ein unlösbares Problem. In diesem Fall ist die internationale Zusammenarbeit der Gewerkschaften und der Betriebsräte, vor allem auf Europaebene, gefragt. Die einzelnen im In- und Ausland tätigen Gewerkschaften und Betriebsräte müssen untereinander zusammenarbeiten, Informationen austauschen und sich international solidarisieren. Grenzüberschreitende Zusammenarbeit der Gewerkschaften wird vor diesem Hintergrund zu einer Notwendigkeit.[898] Ein Verständnis als nationale Interessenvertreter muss aufgegeben werden. Große Bedeutung kommt hierbei auch den überstaatlichen gewerkschaftlichen Organisationen zu.[899] Auf diese

[898] Die gilt nicht nur für grenzüberschreitende Sympathiestreiks, sondern für das gesamte Arbeitsrecht. Ohne den Blick auf Europa kommt das gesamte Arbeitsrecht nicht mehr aus. Immer mehr Funktionäre und Arbeitnehmervertreter kommen bei ihrer gewerkschaftlichen Arbeit mit Interessenvertreter anderer Länder in Kontakt. Den Problemen der betrieblichen Vertretung von Arbeitnehmern von in Europa agierenden Unternehmen kann nur auf europäischer Ebene begegnet werden. Ein Instrument dazu ist bereits die Errichtung Europäischer Betriebsräte und des Europäischen Gewerkschaftsbundes, die in zahlreichen – aber längst noch nicht allen – Unternehmen vertreten sind. Ein Beispiel für die internationale Zusammenarbeit bildet der Abschluss einer europäischen Solidaritätsvereinbarung bei den Arbeitnehmervertretungen aller europäischen Werke der Opel-Mutter General Motors. Betriebsrat und Gewerkschaften wollen bei künftigen Produktionsentscheidungen geschlossen auftreten, um ein Ausspielen der einzelnen Standorte untereinander zu verhindern. Dazu Frankfurter Rundschau 14.12.2005 S. 9.

[899] Dies gilt vor allem auch für die Organisation und die Durchführung von grenzüberschreitenden Arbeitskämpfen. Internationale Gewerkschaftsdachverbände sind z.B.: Europäischer Gewerkschaftsbund (EGB); Internationaler Metallgewerkschaftsbund (IMT); Internationaler Bund Freier Gewerkschaften (IBFG); Internationale Transportarbeiter-Föderation (ITF);

Weise ließe sich durchaus eine realistische Einschätzung der Bewertung des Hauptarbeitskampfes vornehmen. Ein gewisses Restrisiko bleibt dennoch immer bestehen, denn endgültig obliegt die Entscheidung über die Rechtmäßigkeit des Streiks den Gerichten.

4. Zusammenfassung

Der ausländische Arbeitskampf ist nach der Rechtsordnung zu beurteilen, in der er stattfindet. Es hat nicht noch einmal eine Überprüfung des ausländischen Arbeitskampfes anhand der deutschen Rechtsordnung zu erfolgen. Dem Akzessorietätsgrundsatz ist ausreichend Rechnung getragen, wenn der ausländische Arbeitskampf nach ausländischem Recht zulässig ist. Unbillige Härten, die sich lediglich in Ausnahmefällen ergeben könnten, sind über die ordre public Klausel auszugleichen. Dies kann jedoch nur explizit am konkreten Einzelfall überprüft werden. Solange eine ausreichende europäische Harmonisierung fehlt und derartige Fälle auf europäischer Ebene nicht gesetzlich geregelt sind oder durch höchstrichterliche Rechtsprechung überzeugend gelöst werden, bleibt die Rechtsunsicherheit und Rechtsunklarheit bei der Beurteilung derartiger Sachverhalte leider bestehen.[900] Zur Überwindung der praktischen Probleme ist eine

---

Internationale Union der Lebens- und Genussmittelarbeiter-Gewerkschaften; Union Network International (UNI); Internationale Gewerkschaft der Öffentlichen Dienste (IÖD).

[900] Eine ähnliche Problematik und Diskussion lässt sich auch im Gesellschaftsrecht finden. In letzter Zeit lässt sich der Trend feststellen, dass immer mehr deutsche Unternehmen anstelle einer Kapitalgesellschaft nach deutschem Recht eine englische Private Limited Company (Limited) gründen. Nach der Gründung können diese Gesellschaften ihren Sitz ohne Änderung ihres Gründungsstatuts in die Bundesrepublik Deutschland verlagern. Die Vor- und Nachteile der Gründung einer Limited sollen hier nicht erörtert werden. Anreiz für die zahlreichen Gründungen im Gegensatz zur deutschen GmbH ist, dass die Haftungseinlage in Höhe von € 25.000,00 nicht erforderlich ist. Die Gründung einer Limited ist für 1 britischen Pfund möglich. Ermöglicht wurde diese reizvolle Alternative durch vier EuGH Entscheidungen zur Niederlassungsfreiheit: EuGH 27.09.1988 – Rs. 81/87 Daily Mail; EuGH 09.03.1999 – Rs. C. 212/97 Centros; EuGH 05.11.2002 – Rs. C-208/00 Überseering; EuGH 30.09.2003 – Rs. C-167/01 Inspire Art.

Vielfach wird die Frage aufgeworfen, nach welchem Recht eine Beurteilung der ausländischen Kapitalgesellschaft zu erfolgen hat. Gilt das deutsche Kapitalgesellschaftsrecht, z.B. das Kapitalerhaltungsinteresse, die Existenz-vernichtungshaftung oder die Insolvenzverschleppungshaftung, oder soll der Gläubigerschutz künftig allein nach dem Recht des Gründungsstaates gewährleistet werden, welches die deutschen Gerichte anzuwenden hätten? Hier werden im Wesentlichen zwei Ansichten vertreten:

1. Das EG-Recht gebietet die Anerkennung als ausländische Gründung im Inland. Darüber hinaus dürfen sie sich nicht auf das Gesellschaftsstatut ihres Gründungssitzes berufen. Für sie gelte deutsches Kapitalgesellschaftsrecht.
2. Es gilt das Recht des jeweiligen Gründungsstaates, welches die Gerichte anzuwenden haben. Ein Rückgriff des deutschen Gesellschaftsrecht kommt nur in Ausnahmefällen

stärkere und vermehrte Zusammenarbeit der nationalen und internationalen Gewerkschaften und Betriebsräte erforderlich.

III. Weitere Zulässigkeitsvoraussetzungen des grenzüberschreitenden Sympathiestreiks

Im vorigen Abschnitt wurde das Problem der Akzessorietät des Sympathiestreiks zum ausländischen Hauptarbeitskampf behandelt und der Frage nachgegangen, nach welcher Rechtsordnung der ausländische Hauptarbeitskampf zu beurteilen ist. Durch die Beantwortung dieser Frage ist aber noch nicht gesagt, ob ein grenzüberschreitender Sympathiestreik überhaupt zulässig ist. Die Frage der Akzessorietät war als selbständige Vorfrage anzusehen, die unabhängig von den weiteren Zulässigkeitsvoraussetzungen zu beurteilen war. Allein die Rechtmäßigkeit des Hauptarbeitskampfes führt nicht zur Rechtmäßigkeit des Sympathiearbeitskampfes. Hierzu bedarf es weiterer Voraussetzungen.
Unstreitig dürfte sein, dass der Sympathiestreik zur Unterstützung eines ausländischen Hauptarbeitskampfes sämtliche Zulässigkeitsvoraussetzungen erfüllen muss, die auch ein inländischer Sympathiestreik erfüllen muss. Dazu gehören unter anderem die gewerkschaftliche Führung und die Einhaltung des Verhältnismäßigkeitsgrundsatzes. Das Erfordernis des Abschlusses eines Tarifvertrages ist nicht notwendig, da wie bereits oben dargestellt, der Tarifautonomie ausreichend dadurch Rechnung getragen wird, dass der Sympathiestreik zumindest mittelbar dem Abschluss eines Tarifvertrages dient. Zwei Aspekte sollen im Folgenden hervorgehoben werden, die für eine rechtliche Beurteilung von grenzüberschreitenden Arbeitskämpfen von Relevanz sind. Zum Einen die Frage nach den Einwirkungsmöglichkeiten der aus Sympathie Streikenden und zum Anderen die Frage nach der Reichweite des Art. 9 Abs. 3 GG. Zum Schluss wird kurz auf Paritätsstörungen im grenzüberschreitenden Arbeitskampf eingegangen.

---

in Betracht, so im Rahmen des Art. 46 EG, nach Maßgabe des „Vier-Kriterien-Tests" des EuGH sowie bei der Anwendung des Art. 6 EGBGB (Ordre public).
Die Vier Kriterien des EuGH besagen, dass nationale Maßnahmen, welche die Ausübung der durch den EG-Vertrag garantierten Grundfreiheiten behindern oder weniger attraktiv machen, nur gerechtfertigt sind, wenn sie vier Voraussetzungen erfüllen: Sie müssen in nicht diskriminierender Weise angewandt werden, sie müssen aus zwingenden Gründen des Allgemeininteresses gerechtfertigt sein, sie müssen zur Erreichung des verfolgten Ziels geeignet sein, und sie dürfen nicht über das hinausgehen, was zur Erreichung dieses Ziels erforderlich ist. Über die Lösung dieses Problems herrscht noch keine Einigkeit. Eine umfassende Auseinandersetzung verbietet sich jedoch im Rahmen dieser Arbeit von selbst. Vgl. hierzu insbesondere die Aufsätze von Altmeppen „Schutz vor europäischen Kapitalgesellschaften", NJW 2004, 97 und Ulmer „Gläubigerschutz bei Scheinauslandsgesellschaften", NJW 2004, 1201.

1. Einwirkungsmöglichkeiten des Sympathiestreiks auf den ausländischen Hauptarbeitskampf

Ein Sympathiestreik ist darauf gerichtet, einen bereits bestehenden Streik, den Hauptstreik, zu unterstützen. Bereits streikende Arbeitnehmer sollen in ihren Forderungen bestärkt werden, und es soll der Eindruck von Geschlossenheit und Verbundenheit vermittelt werden. Die Möglichkeit der Unterstützung wird bei einem im Inland geführten Haupt- und Sympathiestreik durch gewisse Einwirkungsmöglichkeiten der vom Sympathiestreik betroffenen Arbeitgeber untermauert. Derartige Einwirkungsmöglichkeiten können unterschiedlichster Art sein. Sie können sich aus wirtschaftlichen, unternehmerischen oder persönlichen Verflechtungen ergeben, aus der Zugehörigkeit zum selben Arbeitgeberverband oder sie können rein finanzieller Natur sein und durch die Belastung der Kampfkassen ihre Wirkung zeigen. Dass Einwirkungsmöglichkeiten dem Grunde nach bestehen, wurde bereits dargelegt.[901] Im Rahmen der Verhältnismäßigkeitsprüfung wird man in derartigen Fällen nicht ohne weiteres zu einer Ungeeignetheit des Sympathiestreiks kommen können. Die Geeignetheit wird letztlich bereits dann bejaht, wenn der gewünschte Erfolg gefördert wird oder zumindest näherrückt.

Es ist nicht leicht feststellbar, ob eine derartige Einflussnahme auf europäischer oder internationaler Ebene vorliegt. Auch dürfte es ungleich schwerer sein, einen Sympathiestreik zu Gunsten eines ausländischen Hauptarbeitskampfes zu organisieren, als zu Gunsten eines inländischen Streiks. So dürfte die Vermutung *Gitters*[902], dass die Anzahl der Fälle, bei denen ein grenzüberschreitender Sympathiestreik die Kampfposition der Streikenden verbessert, geringer sei als bei rein inländischen Sachverhalten, durchaus zutreffen. Andere Autoren[903] dagegen verneinen generell gewisse Einwirkungsmöglichkeiten der aus Sympathie Streikenden auf ihre ausländischen Kollegen und kommen mit einer derartigen Argumentation zu einer Verneinung des grenzüberschreitenden Sympathiestreiks.

Eine derartig begrenzte Sichtweise verschließt die Augen vor der wirtschaftlichen Entwicklung und der immer stärker werdenden Globalisierung. Gerade in den letzten Jahren haben sich immer mehr Unternehmen zu einem Konzernverbund zusammengeschlossen oder den Konzern erweitert. Unternehmen unterhalten zahlreiche Niederlassungen und Tochtergesellschaften auf der ganzen Welt, in denen produziert werden kann. Gerade andere europäische oder asiatische Länder bieten für Unternehmen die profitable Möglichkeit, billiger und womöglich schneller zu produzieren. Bereits angesprochen wurde die

---

901 Dazu oben 2. Teil V.

902 Gitter ZfA 1971, 150.

903 Vgl. die Nachweise bei Hergenröder S. 274 Fn. 61 und Fn. 62.

neuerdings vom Europäischen Gerichtshof geschaffene Möglichkeit der Europäischen Aktiengesellschaft. Die Welt AG oder multinationale Unternehmen sind keine Ausnahmeerscheinung mehr, und ein Ende ist nicht in Sicht. Was die Frage der Relevanz grenzüberschreitender Sympathiestreiks betrifft, sollte vor allem auf derartige Unternehmen und Konzerne ein besonderes Augenmerk gelegt werden.[904] In diesen Fällen ist vor allem die Möglichkeit zur Druckausübung durch den Sympathiestreik gegeben. Gerade bei derartigen Unternehmensstrukturen könnte der grenzüberschreitende Sympathiestreik in Zukunft einen seiner Hauptanwendungsgebiete haben. Zur Verdeutlichung folgendes Beispiel:

> Der Automobilzubehörhersteller X mit Hauptsitz in Berlin unterhält innerhalb Deutschland noch Zweigstellen in Frankfurt und Köln sowie eine Niederlassung in Schweden. Die schwedischen Arbeitnehmer führen in ihrem Werk einen zulässigen Arbeitskampf durch, um eine Verbesserung ihrer Arbeitsbedingungen zu erreichen. Die Werke in Frankfurt und München möchten den Streik ihrer schwedischen Kollegen unterstützen und legen die Arbeit aus Sympathie für den Zeitraum von 4 Stunden nieder.

Durch die Arbeitsniederlegung der deutschen Kollegen wird der Druck auf das Unternehmen X erhöht. Einwirkungsmöglichkeiten des vom Sympathiestreik betroffenen Arbeitgebers auf die Unternehmensführung sind in derartigen Fallkonstellationen zu bejahen. Wenn neben dem Werk in Schweden die Produktion zumindest zeitweise auch in den deutschen Werken eingestellt wird, kann der Druck auf das Gesamtunternehmen deutlich erhöht werden. Die Unternehmensführung wird ein Interesse daran haben, sämtliche Arbeitsniederlegungen in den einzelnen Betrieben so schnell wie möglich zu beenden, um den wirtschaftlichen Schaden für das Gesamtunternehmen so gering wie möglich zu halten. Es ist in derartigen Fällen davon auszugehen, dass sich die Unternehmensführung durch den Sympathiestreik beeindruckt sieht und mit großer Wahrscheinlichkeit auf eine schnelle(re) Beendigung des Arbeitskampfes hinwirken wird. Die rasche Beendigung des schwedischen Arbeitskampfes kann dann zugleich als Erfolg des Sympathiestreiks gewertet werden und kommt sowohl den Arbeitnehmern als auch dem Arbeitgeber zu Gute.

Das eben dargestellte Beispiel lässt sich auch auf Konzerne und multinationale Unternehmen umwandeln:

---

904 Auch Wintrich S. 156 hebt derartige Unternehmensverbindungen hervor.

Der Konzern Y mit der Konzernspitze in Amerika unterhält zahlreiche Unternehmen in verschiedenen Teilen der Welt, darunter Amerika, China, Rumänien und auch Deutschland. In dem chinesischen Werk sind in der Vergangenheit zahlreiche Arbeitsunfälle vorgekommen, die auf mangelnde Schutzvorrichtungen im Betrieb zurückzuführen sind. Um weitere Unfälle zu verhindern, treten die chinesischen Arbeitnehmer in den Streik und fordern bessere Schutzmaßnahmen. Die deutschen Arbeitnehmer treten aus Solidarität in einen Sympathiestreik, um die Forderungen der chinesischen Arbeitnehmer zu unterstützen.

Abwandlung:

Auf Grund des Streiks in dem chinesischen Werk beschließt die Konzerführung die Arbeiten in Deutschland ausführen zu lassen, da im deutschen Werk noch Kapazitäten frei sind. Die deutschen Arbeitnehmer verweigern diese Arbeiten und legen auch bezüglich anderer Tätigkeiten die Arbeit nieder, um den Forderungen der chinesischen Arbeitnehmer Nachdruck zu verleihen.

Die Abwandlung weist zunächst Ähnlichkeiten mit der Verweigerung von Streikarbeit auf. Zur Verrichtung von Streikarbeit sind die deutschen Arbeitnehmer nicht verpflichtet. Es kann ihnen nicht zugemutet werden, ihren ausländischen Kollegen „in den Rücken zu fallen“. Zu beachten ist aber, dass die deutschen Arbeiter nicht nur die ausgelagerten Arbeiten verweigern, sondern sämtliche Arbeiten. Dies entspricht dann dem Ausgangssachverhalt.
Auch in einem international tätigen Unternehmen dürfte es schwer sein, abzustreiten, dass ein Sympathiestreik in einem anderen Betrieb/Unternehmen in einem anderen Land geeignet ist, den Hauptstreik zu unterstützen. Letztlich sind zwar die einzelnen Betriebe/Unternehmen betroffen, aber die verstärkte Druckausübung richtet sich im Ergebnis auf die Führungsspitze des transnationalen Unternehmens. Es geht darum, einen einheitlichen Kampfgegner zu treffen, was in derartigen Konstellationen der Fall ist. Die einzelnen betroffenen Betriebe/ Unternehmen werden sich an die Konzernspitze wenden und damit den Druck auf die Führung erhöhen. Die Verbindung der Unternehmen bietet hier die erforderliche Druckmöglichkeit. Deutlich wird, dass über die Druckausübung auf die einzelnen nationalen Tochtergesellschaften ein Verhalten der Konzernmuttergesellschaft unmittelbar erzwungen werden soll und kann.
Unter dem Gedanken derartiger grenzüberschreitender Sympathiearbeitskampfmaßnahmen – zunächst hier beschränkt auf Konzerne und multinationale Unternehmen – bekommt der Weltkonzern oder die Welt AG eine ganz andere Bedeutung.

An diesem Punkt kann man sich nicht dem Problem verschließen, wie denn Fälle zu beurteilen sind, in denen keine Unternehmensverbindungen oder sonstige wirtschaftliche Verflechtungen bestehen. Hier lässt sich keine pauschale Antwort finden. Abzustellen ist hier immer auf den Einzelfall. Inländische Sympathiestreiks zur Unterstützung ausländischer Arbeitskämpfe unterliegen den Voraussetzungen der Verhältnismäßigkeit. Folglich müssen sie auch geeignet sein, den ausländischen Hauptstreik zu unterstützen. Bei multinationalen Unternehmen und Konzernen wirft dies in der Regel weniger Probleme auf, da eine Beziehung zwischen den einzelnen Unternehmen besteht. Das gleiche muss für die Europäische Aktiengesellschaft gelten, die in mehreren Ländern eine Zweigniederlassung unterhält. Bestehen zwischen dem ausländischen und dem inländische Unternehmen aber offenkundig keinerlei Beziehungen, wird man die Rechtmäßigkeit der Unterstützung verneinen müssen. Das deutsche Unternehmen wird dann einem Streik ausgesetzt, ohne Einflussmöglichkeiten auf das ausländische Unternehmen zu haben. Ein derartiger Sympathiestreik würde lediglich ein solidarisches Verhalten demonstrieren, nicht aber zu einem Erfolg beitragen.[905] Die Geeignetheit im Rahmen einer Verhältnismäßigkeitsprüfung wäre in diesen Fällen zu verneinen.

Der immer stärker und häufiger auftretende Trend der Unternehmen, im billigeren Ausland zu investieren, dort neue Produktionsstätten aufzubauen oder endgültig ins Ausland abzuwandern und die Möglichkeit, Betriebe und Länder gegeneinander auszuspielen, wirft die Frage nach der Notwendigkeit von Sympathiestreiks im folgenden Beispielsfalls auf:

> Das Konzernunternehmen Z besitzt zahlreiche Niederlassungen im europäischen Wirtschaftsraum, in denen Textilien hergestellt werden. Dazu gehören unter anderem Deutschland, Frankreich, Polen und Ungarn. Die Produktion in Frankreich ist auf Grund der hohen Lohn- und Lohnnebenkosten für die Unternehmensführung unprofitabler als in den anderen Betrieben. Die Unternehmensführung beschließt daher, den Standort in Frankreich zu schließen und ein neues Werk in der Slowakei aufzubauen. Die Arbeitnehmer im betroffenen Betrieb sollen mit der Betriebsschließung entlassen werden. Um eine Schließung des Standorts zu verhindern, legen die französischen Arbeitnehmer die Arbeit nieder. Da die Betriebe in Deutschland annähernd gleich hohe Löhne und Lohnnebenkosten haben, sehen sie die Gefahr, dass auch ihre Betrieb geschlossen und ins

[905] Dies gilt, wie bereits beschrieben, auch für rein nationale Sachverhalte. Hier wird man aber durchaus schwerer zu einer Verneinung der Geeignetheit der Druckausübung kommen, da viele Unternehmen und Betriebe allein schon auf Grund der gemeinsamen Zugehörigkeit zu einem Arbeitverband eine gewisse Verbundenheit aufweisen. Aber auch hier wird immer eine Entscheidung am Einzelfall vorzunehmen sein, eine pauschale Behauptung verbietet sich.

billigere Ausland verlagert werden. Folglich haben sie Verständnis für die Forderungen der französischen Arbeitnehmer und legen aus Solidarität ebenfalls die Arbeit nieder.

Vorab soll klargestellt werden, dass der Umstand, dass die streikenden deutschen Arbeitnehmer ein gewisses Eigeninteresse an der Arbeitsniederlegung haben, unerheblich ist und die Arbeitsniederlegung nicht zu einem Hauptstreik macht. Es handelt sich nicht um ein unmittelbares, sondern lediglich um ein mittelbares eigenes Interesse. Die aus Sympathie streikenden Arbeitnehmer ernten nicht unmittelbar die Früchte eines möglicherweise erfolgreichen Arbeitskampfes. Das Beispiel zeigt, dass sich die Konzernführung durch einen französischen Streik unbeeindruckt lassen wird. Erst die Unterstützung der ausländischen Kollegen und die Verbindung der Unternehmen vermag den erforderlichen Druck auszuüben. Gerade aber derartige Fälle erscheinen als äußerst praxisrelevant. Zahlreiche Unternehmen wandern ins Ausland ab und schließen Betriebe im Inland. Dies betrifft vor allem Länder mit hohen Lohn- und Lohnnebenkosten. Dazu gehört auch die Bundesrepublik Deutschland. Ein aktuelles anschauliches Beispiel bieten dafür die Arbeitsniederlegungen im AEG Werk in Nürnberg.[906] Auch im Rahmen der beabsichtigten Schließung des Opel Werkes im portugiesischen Azambuja im Juni 2006 ist es erforderlich, dass sich auch deutsche Standorte gegen die drohende Schließung wenden. Nur durch gemeinsame grenzüberschreitende Aktionen ist es möglich, zumindest Verhandlungen über die geplante Schließung mit der Konzernführung zu erreichen.

Bereits in der Vergangenheit besaßen Arbeitskämpfe im internationalen Konzern eine praktische Relevanz. Auf Grund der starken Vermehrung multinationaler Unternehmen und der immer größer werdenden Internationalisierung der Wirtschaft muss gerade derartigen Arbeitskämpfen ein hoher Stellenwert beigemessen werden. Im Folgenden sollen einige in der Vergangenheit stattgefundenen Arbeitskämpfe in internationalen Konzernen, welche über die nationalen Grenzen eines Landes hinaus gegangen sind, dargestellt werden, um explizit zu zeigen, dass gerade bei derartigen Gesellschaftsformen ein Sympathiestreik effektiv auf den Gegner einwirken kann.[907]

- Dunlop-Pirelli -

Grenzüberschreitende Solidarität zeigte sich im Fall Dunlop-Pirelli im Jahre 1972.[908] Aus Protest gegen Kurzarbeit und Entlassungen legten in Italien die

---

[906] Dazu oben 3. Teil V 4.
[907] Vgl. zu weiteren, hier nicht genannten, Beispielen Zaum S. 71 ff.; Hergenröder S. 362 ff..
[908] Dazu Zaum S. 73; Hergenröder S. 360 f.; Fröhlich S. 187.

Arbeitnehmer dieses Unternehmens die Arbeit nieder. Damit verband sich eine Demonstration der Solidarität englischer und italienischer Arbeiter der Gruppe. Von rund 54.000 englischen Arbeitnehmern legten rund 7.500 Arbeitnehmer in mehreren Betrieben für einen Tag und ca. 80 % der italienischen Beschäftigten für die Dauer von 2 Stunden die Arbeit nieder. Dieser Streik wurde unabhängig von der Internationalen Gewerkschaftsbewegung durchgeführt.

- Akzo -

Der in mehreren Ländern durchgeführte Arbeitskampf gegen den Chemiekonzern Akzo zeigt ebenfalls anschaulich, dass internationale Solidarität besteht und wirksam ist.[909] Die Konzernleitung von Akzo plante 1972 die Schließung mehrerer Niederlassungen in Deutschland, Niederlande, Belgien und der Schweiz. Mit den Betriebsschließungen sollten zugleich 6.000 Beschäftigte entlassen werden. Kurz nach Bekanntgabe des Beschlusses der Konzernzentrale traten niederländische und deutsche Arbeitnehmer in den Streik. In der Folgezeit allerdings starteten 14 Gewerkschaften in Ländern mit Akzo-Betrieben Solidaritätsaktionen zu Gunsten der betroffenen Betriebe. Daraufhin gab die Konzernleitung nach und verzichtete auf die Entlassungen.
In diesem Arbeitskampf, der in sämtlichen Staaten immer denselben Arbeitgeber betrifft – nämlich die Konzernführung von Akzo, welche die Rationalisierungsmaßnahmen durchführen wollte und damit der eigentliche Adressat der Arbeitskampfmaßnahmen war – zeigte sich, dass gerade bei multinationalen Unternehmen ein Sympathiestreik ein wirksames und effektives Mittel ist, um einen Streik zu unterstützen.

- Nabisco -

Ein Fall vergleichbarer Solidarität ereignete sich im Nabisco-Konzern (National Biscuit Company).[910] In den USA streikten bereits seit ca. einem Monat 13 Betriebe des Nabisco-Konzerns mit 9.000 Arbeitern, ohne dass die Konzernführung nachgeben wollte. Die Internationale Union der Lebens- und Genussmittelarbeiter-Gewerkschaft rief daraufhin international zur Unterstützung der Streikenden auf. Daraufhin traten die beiden Nabisco-Werke in Italien in den Streik. Letztlich lenkte die Konzernführung ein und erkannte die Forderungen der amerikanischen Arbeiter an.

[909] Dazu Zaum S. 75 ff.; Hergenröder S. 361 f..
[910] Gallin in Tudyka S. 227.

- St. Gobain -

Ein anderes Beispiel grenzüberschreitender Zusammenarbeit der Gewerkschaften zeigte sich im Fall des französischen Glaskonzerns St. Gobain.[911] In den Jahren 1970/1971 liefen in vier Ländern mit St. Gobain Betrieben – Deutschland, Frankreich, Italien und USA – fast gleichzeitig die Tarifverträge aus. Um möglichst geringe Erhöhungen zu zahlen, wiesen die Arbeitgeber auf die ungünstige Ertragslage des Unternehmens hin. Um in der Folgezeit einen Übernahmeversuch auf dem Aktienmarkt zu verhindern, sah sich der Gesamtkonzern jedoch gezwungen, Einblick in die wahre Ertragssituation des Unternehmens zu gewähren. Dabei stellte sich heraus, dass der Gesamtkonzern weltweit beträchtliche Gewinne erzielte. Daraufhin solidarisierten sich die vier nationalen Einzelgewerkschaften und machten aus, dass sie die Tarifverträge nur dann unterschreiben werden, wenn Lohnerhöhungen auch in den Ländern zugestimmt werde, die tatsächlich Verluste hinnehmen mussten. Gestreikt wurde diesbezüglich in Italien und den USA.[912]

In dieser Konstellation handelt es sich vordergründig nicht um einen Sympathiestreik, denn sämtliche Gewerkschaften erstrebten für sich einen eigenen Tarifvertrag und damit einen unmittelbaren Vorteil, der ihnen zu Gute kam. Von Interesse ist allerdings, dass bei den Lohnverhandlungen nicht auf den Umsatz der einzelnen Betriebe, sondern auf den Umsatz des Konzerns im Ganzen abgestellt wurde. Der Konzern wurde hier als wirtschaftliche Einheit gesehen und bewertet. Gleichzeitig wird darin die erfolgreiche Koordinierung von Tarifverhandlungen verschiedener einzelner Gewerkschaften in verschiedenen Ländern dokumentiert.

In diesen Beispielen kommt deutlich zum Ausdruck, dass grenzüberschreitende Arbeitskampfaktionen durchaus Einwirkungsmöglichkeiten besitzen und einem Streik zum Erfolg verhelfen können. Die Ansicht, die der Auffassung ist, Einwirkungsmöglichkeiten bei grenzüberschreitenden Arbeitskämpfen seien nicht vorhanden, ist damit eindeutig eine Absage zu erteilen. Einwirkungsmöglichkeiten bestehen vor allem bei Konzernen und multinationalen Unternehmen. Dennoch ist nicht zu verkennen, dass es sich lediglich um Ausnahmeerscheinungen handelt, die nicht an der Tagesordnung sind.

911 Dazu Zaum S. 73 f.; Hergenröder S. 358 f.; Fröhlich S. 185 f..
912 Ein Jahr nach dem Streik in den USA wurde der amerikanische Betrieb auf Grund der dort tatsächlich schlechten Lage verkauf. Vgl. Fröhlich S. 186.

2. Die Reichweite des Art. 9 Abs. 3 GG bei grenzüberschreitenden Arbeitskampfmaßnahmen

In der deutschen Rechtsordnung besteht weder ein Arbeitskampfgesetz, noch gibt es anderweitige gesetzliche Normen, welche die Zulässigkeit, die Voraussetzungen und die Rechtsfolgen von Streik, Aussperrung etc. regeln. Einigkeit besteht jedoch, dass der Streik durch Art. 9 Abs. 3 GG geschützt ist. Art. 9 Abs. 3 GG ist ein Grundrecht der Bundesrepublik Deutschland und folglich zunächst national geprägt. Das Arbeitsgericht Wuppertal hat mit einer derartigen Begründung festgestellt, dass ein grenzüberschreitender Sympathiestreik nicht mehr durch die Vorschrift des Art. 9 Abs. 3 GG geschützt sei, da er die nationalen Grenzen überschreite: „*Ebenso wie aber das Grundgesetz nicht außerhalb der nationalen Grenzen der Bundesrepublik gilt, können auch nicht Rechte, die sich aus dem Grundgesetz ergeben oder dort ihre Wurzeln haben, über die nationalen Grenzen unseres Staates hinaus angewandt werden.*"
Diese Argumentation kann nicht überzeugen. Art. 9 Abs. 3 GG kann nicht dahingehend verstanden werden, dass es nur das nationale Koalitions- und Arbeitskampfrecht garantiert. Auch überstaatliche internationale Gewerkschaftstätigkeiten müssen unter den Schutz dieser Vorschrift fallen. Dazu gehört auch die Unterstützung ausländischer Arbeitskämpfe.[913] Kritik in diese Richtung wurde bereits unmittelbar nach dem Urteil des Arbeitsgerichts Wuppertal laut. In diesem Zusammenhang wurde auch teilweise auf anderweitige internationale Abkommen verwiesen, wie z.B. Art. 5 des IAO Übereinkommens Nr. 87 oder auf die ESC (Teil II Art. 5 i.V.m. Art. 6 Nr. 4).[914]
Gegen eine Beschränkung der Vorschrift des Art. 9 Abs. 3 GG auf lediglich rein nationale Sachverhalte sprechen vor allem zwei grundlegende Argumente:

1. Das Erfordernis eines internationalen Arbeitskampfes gewinnt im Zeitalter der Globalisierung immer mehr an Bedeutung.

2. Das Grundgesetz wird durch zahlreiche internationale Normen, wie die IAO Übereinkommen, die ESC oder die EMRK beeinflusst und ist völkerrechtsfreundlich auszulegen. Es muss im Lichte dieser Normen, vor allem bei der Ausfüllung von Lücken, interpretiert und bestimmt werden.

Die Globalisierung und die technischen Entwicklungen und Möglichkeiten haben gezeigt, dass für Unternehmen heutzutage, mehr als je zuvor, nationale Grenzen keine Rolle mehr spielen. Die Welt und vor allem die Mitgliedstaaten

---

[913] Bieback in Däubler Rn. 398.
[914] Herschel BB 1960, 443 f.; Haupt S. 140; Bieback in Däubler Rn. 398; Nipperdey in FG Küchenhoff 1967, 144; Erdsiek NJW 1959, 2198; Löwisch RdA 1962, 316; Mitscherlich S. 141 mit Fn. 466.

der europäischen Union wachsen zu einer wirtschaftlichen und politischen Gemeinschaft zusammen. Die Strukturen europaweit tätiger Unternehmen verändern sich. Durch Zusammenschlüsse und Fusion bilden sich immer größer werdende Unternehmenseinheiten, die sich auf dem gesamten europäischen Markt betätigen. Auch die Zusammenarbeit von rechtlich und wirtschaftlich selbständigen Unternehmen nimmt auf Europaebene ständig zu.[915] Das gesamte Wirtschafts- und Arbeitsleben ist international geprägt. Zahlreiche Unternehmen produzieren auf allen Teilen der Welt, deutsche Arbeitnehmer werden von deutschen Firmen ins Ausland geschickt etc.. Die wirtschaftliche Verflochtenheit und Verbundenheit muss auch dazu führen, dass sich Arbeitnehmer untereinander in den verschiedenen Ländern zusammenfinden und verständigen können. Art. 9 Abs. 3 GG schützt die Gewerkschaften nicht nur in ihrem Bestand, sondern auch in ihrer Betätigung. Die gewerkschaftliche Arbeit auf internationaler, vor allem europäischer Ebene wird in Zukunft immer mehr an Relevanz gewinnen. Dies betrifft keineswegs nur Arbeitskämpfe. Das gesamte Arbeitsrecht gewinnt immer mehr an Internationalität. Damit einher geht auch eine verstärkte internationale Ausrichtung der im Betrieb angesiedelten Betriebsräte aber auch der Gewerkschaften. Diese internationale Tätigkeit ist auch von Art. 9 Abs. 3 GG als geschützt anzuerkennen.[916] Die Anwendbarkeit des Art. 9 Abs. 3 GG auf rein nationale Sachverhalte zu beschränken, wäre zu kurzsichtig und würde diesem Grundrecht nicht ausreichend Rechnung tragen.
Dafür spricht vor allem auch das zweite oben genannte Argument, nämlich die Beeinflussung des Grundgesetzes durch internationale Normen. Auf europäischer und internationaler Ebene gibt es mehrere Normen, die herangezogen werden können. Erwähnt seien die Übereinkommen der ILO, die ESC, die EMRK und die Grundrechte Charta. Diese Normen machen nicht halt an den nationalen Grenzen eines Staates, sondern betreffen mehrere Länder und Nationen. Das Grundgesetz ist, wie vom Bundesverfassungsgericht bereits festgestellt, im Zusammenhang mit diesen völkerrechtlichen Normen auszulegen.[917] Das Grundgesetz wird folglich auch von diesen internationalen Normen bestimmt, in ihrem Sinne ausgelegt und interpretiert. Dies betrifft vor allem auch die Vorschrift des Art. 9 Abs. 3 GG in großem Maße, da in ihr zum Streikrecht explizit keine Aussage getroffen wird. Die Erkenntnisse, die uns heutzutage zum Arbeitskampfrecht vorliegen, sind reines Richterrecht und nicht gesetzlich festgeschrieben.
Im Zusammenhang mit der ESC weist *Mitscherlich*[918] darauf hin, dass Hintergrund der Schaffung der ESC die zunehmende wirtschaftliche Verflechtung der Unterzeichnerstaaten war. Dann liege es aber auch nahe, dass die Sozialcharta

[915] Krimphove S. 78.
[916] Herschel BB 1960, 443.
[917] Dazu bereits oben im Rahmen der Berücksichtigung der IAO Übereinkommen; 2. Teil 5.
[918] Mitscherlich S. 141.

diejenigen Gefahren, die sich für die Arbeitnehmer aus dieser Verflechtung ergeben, berücksichtigen wolle. Um aber etwa Produktionsverlagerungen in andere Länder während eines Arbeitskampfes zu verhindern, bedürfe es des grenzüberschreitenden Unterstützungsarbeitskampfes. Auch der Wortlaut des Art. 28 der Grundrechte Charta[919] spricht eher für als gegen die Zulässigkeit grenzüberschreitender Arbeitskampfmaßnahmen. „*Die Arbeitnehmerinnen und Arbeitnehmer sowie die Arbeitgeberinnen und Arbeitgeber oder ihre jeweiligen Organisationen haben nach dem Gemeinschaftsrecht und den einzelstaatlichen Rechtsvorschriften und Gepflogenheiten das Recht, Tarifverträge auf den geeigneten Ebenen auszuhandeln und zu schließen sowie bei Interessenkonflikten kollektive Maßnahmen zur Verteidigung ihrer Interessen, einschließlich Streiks, zu ergreifen*". Der Text verweist nicht ausdrücklich auf die europäische Ebene, sondern lediglich auf die geeignete Ebene. Was diese Wortwahl besagt, ist nicht eindeutig festgelegt. Zumindest aber kann dies die europäische Ebene mit einschließen. Auch wenn die Formulierung unklar ist, spricht sie nicht gegen grenzüberschreitende Arbeitskampfmaßnahmen, wie etwa einen Sympathiestreik. Auch Art. 5 des IAO Übereinkommens Nr. 87 gewährleistet Organisationen, Verbänden und Zentralverbänden das Recht, sich internationalen Organisationen der Arbeitnehmer und der Arbeitgeber anzuschließen.

Unabhängig von einem Bezug zum internationalen Arbeitskampfrecht ist das deutsche Recht insgesamt und die Gestaltung der Lebens- und Arbeitsbedingungen für die europäischen Arbeitnehmer heutzutage sehr stark von Europa und von europäischen Normen geprägt. Dies erscheint auch notwendig, weil ein starkes Europa einer Rechtsvereinheitlichung und Harmonisierung der Wirtschafts- und Wettbewerbsbedingungen bedarf. Anderenfalls besteht die Gefahr, dass Unternehmen auf Niedriglohnländer ausweichen, da sich im Binnenmarkt die Produktionsfaktoren zu denjenigen mitgliedstaatlichen Standorten bewegen, an denen die Produktionskosten am geringsten sind. Um einem Sozialdumping entgegenzuwirken, muss das Arbeitsrecht der einzelnen Mitgliedstaaten einer einheitlichen europäischen Lösung zugeführt werden.
Das Gemeinschaftsrecht und das nationale Recht stehen sich nicht isoliert gegenüber, sondern durchdringen sich gegenseitig und sind voneinander abhängig. Einigkeit besteht darüber, dass dem Gemeinschaftsrecht vor dem nationalen Recht Vorrang zukommt. Es gilt hier der Grundsatz des Anwendungsvorrangs und nicht der Grundsatz des Geltungsvorrangs. Dies bedeutet, dass Gemeinschaftsrecht entgegenstehendes nationales Recht nur hinsichtlich der Anwendung im Kollisionsfall verdrängt und nicht endgültig nichtig macht.[920] Neben dem primären Gemeinschaftsrecht (Gründungsverträge, Protokolle zu den

---

[919] Die Grundrechte Charta entspricht Teil II des EU-Verfassungsvertrages.
[920] Streinz Rn. 168 ff.; Herdegen Rn. 228 ff..

Verträgen, Allgemeine Rechtsgrundsätze des Gemeinschaftsrechts), spielt das sekundäre Gemeinschaftsrecht für die Mitgliedstaaten eine große Rolle. Das sekundäre Gemeinschaftsrecht umfasst die Rechtsakte der Gemeinschaftsorgane, die auf Grund der Gemeinschaftsverträge oder auf Grund einer Ermächtigung durch einen anderen Rechtsakt erlassen worden sind. Hierbei werden Verordnungen, Richtlinien und Entscheidungen erlassen, Empfehlungen ausgesprochen und Stellungnahmen abgegeben. Die Mitgliedstaaten werden vor allem durch den Erlass von Verordnungen und die Umsetzung von Richtlinien an europäisches Recht gebunden.[921] Die Verordnung hat allgemeine Geltung, ist in all ihren Teilen verbindlich und gilt unmittelbar in jedem Mitgliedstaat. Die Mitgliedstaaten haben EU-Verordnungen durch ihre nationalen Behörden und Gerichte zu beachten und zu vollziehen. So wirken Verordnungen unmittelbar auf das nationale Arbeitsrecht ein. Richtlinien dagegen sind grundsätzlich nicht unmittelbar anwendbar.[922] Gemäß § 249 Abs. 3 EG ist die Richtlinie für die Mitgliedstaaten, an die sie gerichtet ist, hinsichtlich des zu erreichenden Ziels verbindlich, überlässt es aber den innerstaatlichen Stellen, die Form und die Mittel auszuwählen, die sie für die Erreichung des Zieles als geeignet ansehen. Die Mitgliedstaaten haben eine Richtlinie vollständig, genau und innerhalb der in der Richtlinie gesetzten Frist umzusetzen. Ein Mitgliedstaat kann sich dabei nicht auf Bestimmungen, Übungen oder Umstände seiner internen Rechtsordnung berufen, um die Nichtbeachtung der in den Richtlinien aufgestellten Verpflichtungen und Fristen zu rechtfertigen. Zahlreich wird der deutsche Gesetzgeber verpflichtet, europäische Richtlinien ins deutsche Recht umzusetzen. Die Richtlinienumsetzung zieht sich durch das gesamte Arbeitsrecht. Jüngstes Beispiel ist die Umsetzung von vier europäischen Richtlinien zur Schaffung eines Antidiskriminierungsgesetzes.[923]

---

[921] Entscheidungen, Empfehlungen und Stellungnahmen stellen keine allgemeinen, generellen Rechtsnormen dar. Entscheidungen sind vergleichbar mit Verwaltungsakten und richten sich lediglich an einen bestimmten Adressaten, für den sie verbindlich sind. Empfehlungen und Stellungnahmen enthalten gem. Art. 249 Abs. 5 EG keinerlei Rechtverbindlichkeiten, begründen damit keine unmittelbare rechtliche Verpflichtung. Sie können allerdings zur Auslegung herangezogen werden.

[922] Unter bestimmten Umständen können auch Richtlinien eine unmittelbare Wirkung entfalten. Eine Richtlinienbestimmung ist unmittelbar anwendbar, wenn die Umsetzungsfrist abgelaufen ist, die Richtlinie nicht oder unzulänglich umgesetzt wurde, die Richtlinienbestimmung inhaltlich unbedingt und hinreichend genau ist und auf die Begründung individueller Recht abzielt; Folge der unmittelbaren Wirkung einer Richtlinie ist, dass sich der Einzelne gegenüber mitgliedstaatlichen Behörden und Gerichten darauf berufen kann. Dazu Streinz Rn. 394 ff.; Herdegen Rn. 183 ff..

[923] Umzusetzen sind folgende vier Richtlinien: EU-Richtlinie 2000/43/EG zur Anwendung des Gleichbehandlungsgrundsatzes ohne Unterschied der Rasse und der ethnischen Herkunft, EU-Richtlinie 2000/78/EG zur Festlegung eines allgemeinen Rahmens für die Verwirklichung der Gleichbehandlung in Beschäftigung und Beruf, EU-Richtlinie 2004/113/EG zur Verwirklichung des Grundsatzes der Gleichbehandlung von Männern und Frauen beim

Einen besonders gewichtigen Einfluss besitzt die Rechtsprechung des Europäischen Gerichtshofs auf das nationale Recht eines jeden Mitgliedstaates. Mit seinen Urteilen beeinflusst der Europäische Gerichtshof immer wieder die nationale Rechtsprechung.[924]

Es zeigt sich also, dass das deutsche Recht von internationalen und europäischen Normen geprägt wird. Man würde diesen großen Einfluss verkennen, wenn man Arbeitnehmer und die Arbeitnehmervertretungen bezüglich ihrer Rechte und erforderlichen Maßnahmen auf das Gebiet der Bundesrepublik Deutschland beschränken würde. Arbeitnehmer müssen ihre Interessen auch über die nationalen Grenzen hinaus durchsetzen können. Das Arbeitsrecht und auch das Arbeitskampfrecht müssen sich der Europäisierung der Unternehmen anpassen. Dies wurde von den arbeitsrechtlichen Parteien bereits erkannt. Hingewiesen sei z.B. auf den Europäischen Gewerkschaftsbund und die Errichtung von Europäischen Betriebsräten. Solange keine konkreten auf Europaebene erlassenen Normen zum europäischen Arbeitskampfrecht bestehen, die wünschenswert wären, muss diese Lücke durch Art. 9 Abs. 3 GG geschlossen werden.

Zugang zu und bei der Versorgung mit Gütern und Dienstleistungen, EU-Richtlinie 2002/73/EG zur Änderung der Richtlinie 76/207/EG zur Verwirklichung des Grundsatzes der Gleichbehandlung von Männern und Frauen hinsichtlich des Zugangs zur Beschäftigung, zur Berufsbildung und zum beruflichen Aufstieg sowie in Bezug auf die Arbeitsbedingungen. Die Fristen für die Umsetzung der genannten Richtlinien sind teilweise bereits am 19.07.2003 (Richlinie 2000/43/EG) und am 02.12.2003 (Richtlinie 2000/78/EG) abgelaufen. Am 28.04.2005 verkündete der EuGH (Rechtssache C-329/04) sein Urteil, Deutschland habe gegen EU-Recht verstoßen, indem es die europäische Richtlinie 2000/43/EG nicht in vollem Umfang umgesetzt habe. Der Entwurf des Antidiskriminierungsgesetzes hat sowohl Wirtschaft als auch Politik gespalten. Auf der einen Seite wird es wegen des erstrebenswerten Ziels gelobt, auf der anderen Seite wegen der doch noch zahlreichen Unklarheiten stark bekämpft. Das Antidiskriminierungsgesetz wurde am 17.06.2005 im Bundestag mit rot-grüner Mehrheit und den Stimmen der PDS verabschiedet. Der Bundesrat hat daraufhin den Vermittlungsausschuss angerufen (BT-Drucks. 15/5915); dieser hat die Beratungen über das Antidiskriminierungsgesetz am 05.09.2005 vertagt. Die Union hatte bemängelt, dass zahlreiche Regelungen über die Richtlinien hinausgehen. Mit der am 18.09.2005 stattgefundenen Neuwahl ist das Antidiskriminierungsgesetz gescheitert, da sich mit den Neuwahlen sämtliche noch im Gesetzgebungsverfahren befindliche Vorhaben erledigt haben. Im Koalitionsvertrag vereinbarte die nun schwarz-rote Bundesregierung, dass die Richtlinie lediglich 1:1 umgesetzt werden. Nunmehr hat das Bundeskabinett jedoch einen „Gesetzesentwurf für eine Allgemeines Gleichbehandlungsgesetz" gebilligt, der weitgehend dem damaligen Entwurf von rot-grün entspricht.

[924] Vgl. die Beispiele bei Krimphove Rn. 118 ff..

3. Paritätsstörung

Sympathiearbeitskämpfe sind lediglich zum Ausgleich von Paritätsstörungen als zulässige Kampfmaßnahme der Arbeitnehmerseite anzuerkennen. Sie stellen das notwendige Gleichgewicht zwischen den Tarifvertragsparteien wieder her. Sieht man die Kampfparität als tragendes Argument nationaler Sympathiestreiks an, so muss dies auch für grenzüberschreitende Sympathiestreiks gelten.
Bereits bei dem Versuch, die Arbeitskampfparität innerhalb eines Tarifgebietes zu bestimmen, treten zahlreiche Schwierigkeiten auf. Es besteht keine Klarheit darüber, nach welchen Kriterien die Parität zu bestimmen ist, und wann diese überhaupt gestört ist. Diese Schwierigkeiten bestehen ferner bei einem grenzüberschreitenden Arbeitskampf, da hier zu Recht die Frage aufgeworfen werden kann, ob es überhaupt eine internationale Arbeitskampfparität gibt. Hier ist allerdings zu bedenken, dass den Unternehmen heutzutage zahlreiche Möglichkeiten zustehen, einen nationalen Streik ins Leere laufen zu lassen. Dies ist bedingt durch die Möglichkeit, die Produktion kurzfristig auf andere Betriebe im In- und Ausland zu verlagern oder die streikende Belegschaft kurzfristig durch anderer Arbeitnehmer zu ersetzen. Gerade eine derartige Verhaltensweise bedingt eine Produktionsstörung im Inland. Wenn sich die Unternehmen nunmehr auch ausländischen Betrieben bedienen, um Streiks zu unterlaufen, so stört dies das Gleichgewicht der Sozialpartner. Die Unternehmen nutzen diese Möglichkeiten und verschaffen sich dadurch kampftaktische Vorteile. In diesen Fällen muss der Arbeitnehmerseite die Möglichkeit zu grenzüberschreitenden Aktionen zustehen.[925] Sympathiestreiks über die Grenzen eines Landes hinaus könnten in der Lage sein, gegenüber den internationalen Aktivitäten der Unternehmen ein Gegengewicht aufzubauen.[926] Hierbei wird es sich überwiegend noch um Ausnahmeerscheinungen handeln, denen aber, sollten sie eintreten, nicht die rechtliche Zulässigkeit abzusprechen ist.

IV. Ergebnis

Als Ergebnis ist festzuhalten, dass grenzüberschreitenden Sympathiestreiks nicht die rechtliche Zulässigkeit abzusprechen ist. Der Umstand, dass ein ausländischer Hauptstreik unterstützt wird, ist auf Grund der zahlreichen wirtschaftlichen und geschäftlichen Verbindungen der Unternehmen unerheblich. Dies betrifft vor allem Konstellationen in denen multinationale Konzerne betroffen sind. Art. 9 Abs. 3 GG steht dem nicht entgegen. Allerdings kann auch kein Zweifel darin bestehen, dass derartige Arbeitskampfmaßnahmen nur in gewissen

[925] So auch Hergenröder S. 285; Bieback in Däubler Rn. 398.
[926] Bieback in Däubler Rn. 397.

Ausnahmefällen zulässig sein werden. Besondere Beachtung verdient dabei die Möglichkeit der Einwirkung auf den im Hauptstreik stehenden Arbeitgeber sowie das Vorliegen einer Paritätsstörung. Die Erforderlichkeit einer grenzüberschreitenden Unterstützung wird vor allem in den Fällen vorliegen, in denen es den Arbeitgebern gelingt, mittels Produktionsverlagerungen oder Ersetzung der Belegschaften die Streikwirkungen effektiv zu unterlaufen. Ferner dürften grenzüberschreitende Kampfmaßnahmen eine wesentliche Rolle bei beabsichtigten Betriebsschließungen in Westeuropa im Zusammenhang mit dem Aufbau eines neuen Werkes in Niedriglohnländern spielen. Im Hinblick auf eine klare Rechtslage wäre eine gesetzliche Regelung oder eine höchstrichterliche Entscheidung zu der Frage der grenzüberschreitenden Sympathiestreiks notwendig und wünschenswert.

Fünfter Teil

Schluss

Die Frage der Rechtmäßigkeit des Sympathiestreiks und die in dieser Untersuchung dazu gefundenen Ergebnisse werden an dieser Stelle noch einmal thesenartig zusammengefasst. Zum Abschluss erfolgt ein kurzer Ausblick.

I. Zusammenfassung der wichtigsten Ergebnisse

Klassisches Mittel der Ausübung wirtschaftlichen Drucks ist der Streik. Durch die Niederlegung der Arbeit soll der Betriebsablauf gestört werden, um damit den Forderungen der Arbeitnehmer Nachdruck zu verleihen. Der Sympathiestreik ist ein Streik, der einen bereits stattfindenden fremden Arbeitskampf unterstützen soll. Die aus Sympathie streikenden Arbeitnehmer wollen keine eigenen Forderungen für sich selbst durchsetzen, sondern durch den Druck auf den Arbeitgeber die Forderungen anderer Arbeitnehmer unterstützen.

In der Bundesrepublik Deutschland besteht kein gesetzliches Arbeitskampfrecht. Dementsprechend ist weder der Streik noch der Sympathiestreik gesetzlich geregelt. Das geltende Arbeitskampfrecht beruht vor allem auf richterlichen Konkretisierungen. Insbesondere durch die Rechtsprechung des Bundesarbeitsgerichts ist das Streik- und Aussperrungsrecht geregelt worden. Allgemein anerkannt ist, dass der Streik durch Art. 9 Abs. 3 GG verfassungsrechtlich geschützt wird.

Der Sympathiestreik setzt einen rechtmäßigen Hauptarbeitskampf voraus, der unterstützt werden soll. Die Unterstützung eines rechtswidrigen Streiks kann nicht rechtmäßig sein. Weiterhin zeichnet sich der Sympathiestreik dadurch aus, dass bei den Streikenden der Wille und die Absicht bestehen muss, den Hauptstreik zu fördern. Die aus Sympathie Streikenden dürfen nicht um eigene Ziele oder Forderungen streiken. Dies würde den Sympathiestreik zu einem Hauptstreik machen. Ein bloßes mittelbares Interesse der Streikenden steht dem nicht entgegen.

Der Sympathiestreik ist von dem Schutz des Art. 9 Abs. 3 GG umfasst, soweit er gewisse Grenzen nicht überschreitet. Der Umstand, dass der Sympathiestreik nicht dem unmittelbaren Abschluss eines Tarifvertrages dient, ist für seine rechtliche Zulässigkeit unerheblich. Art. 9 Abs. 3 GG gebietet es nicht, das Streikrecht nur zum unmittelbaren Abschluss eines Tarifvertrages zu gestatten. Dies lässt sich weder dem Wortlaut der Vorschrift entnehmen, noch ist diese

Ansicht mit internationalen Normen vereinbar. Insbesondere Art. 6 Nr. 4 ESC als auch das IAO Übereinkommen Nr. 87 stehen gegen eine Beschränkung des Streikrechts auf tariflich regelbare Ziele. Zudem wird der Tarifautonomie ausreichend Rechnung getragen wird, in dem der Sympathiestreik zumindest mittelbar dem Abschluss eines Tarifvertrages dient.

Bei der Auslegung und Interpretation der Vorschrift des Art. 9 Abs. 3 GG sind von den Gerichten Bestimmungen des Europarechts sowie anderer internationaler Vereinbarungen heranzuziehen. Besondere zu berücksichtigen sind hierbei die ESC, die IAO Überkommen sowie die dazu ergangenen Stellungnahmen und Empfehlungen der Sachverständigenausschüsse, die sich für eine Zulässigkeit des Sympathiestreiks aussprechen.

Der grundsätzlichen Zulässigkeit des Sympathiestreiks kann nicht das Argument entgegengehalten werden, dass der falsche soziale Gegenspieler bestreikt werde, da der vom Sympathiestreik betroffene Arbeitgeber die Forderungen der Streikenden nicht erfüllen könne und daher sozial schutzwürdiger sei. Hierbei bleibt unberücksichtigt, dass ein Arbeitskampf auf zahlreiche Parteien Auswirkungen und Folgen hat, die nicht am Arbeitskampf beteiligt sind. Dies ist z.B. die Allgemeinheit und nicht streikende Arbeitnehmer – sei es im umkämpften oder nicht umkämpften Tarifgebiet –, die ausgesperrt werden können. Das Bundesarbeitsgericht hat sich zudem dafür ausgesprochen, dass ein nicht verbandszugehöriger Arbeitgeber im Rahmen eines Streiks um einen Verbandstarifvertrag bestreikt werden kann. Der nichtverbandsangehörige Arbeitgeber hat aber keinen Einfluss auf den Arbeitgeberverband, da er diesem nicht angehört. Er hat damit auch nicht die Möglichkeit, den Arbeitskampf zu beenden. Dennoch wird ein Arbeitskampf gegen ihn als rechtmäßig angesehen.

Die lange Anerkennung der Zulässigkeit des Sympathiestreiks in der Vergangenheit vermag keine Begründung für eine heutige Rechtfertigung zu liefern. Historisch überkommene Kampfmittel sind der Streik, die Aussperrung und der Boykott. Der Sympathiestreik ist ein selten auftretendes Phänomen, das in den letzten 50 Jahren wenig Beachtung gefunden hat. Die rechtliche Bewertung des gesamten Arbeitskampfrechts hat sich seit der Weimarer Republik grundlegend verändert, so dass ein Rückgriff auf alte Bewertungen – die ohnehin seit langem umstritten sind – nicht zu überzeugen vermag.

Neue Gegebenheiten können – insbesondere im Hinblick auf die Notwendigkeit eines effektiven Arbeitskampfes – andere Kampfmittel erforderlich machen. Der Sympathiestreik kann aber nicht mit einem Rückgriff auf den Grundsatz der freien Wahl der Kampfmittel legitimiert werden. Dieser Grundsatz beschränkt die Auswahl der Kampfmittel der Arbeitnehmer auf rechtlich zulässige

Maßnahmen der Arbeitnehmer und gewährt ihnen die Möglichkeit, unter mehreren rechtmäßigen Mitteln das ihrer Ansicht nach wirkungsvollste auszuwählen. Aussagen über die Rechtmäßigkeit der ergriffenen Arbeitskampfmittel werden damit nicht getroffen. Die tariffähigen Parteien können nicht bestimmte Maßnahmen unter Berufung auf diesen Grundsatz als zulässige Kampfmittel qualifizieren.

In der Vergangenheit – vor allem in der Zeit der Weimarer Republik – wurde die Rechtmäßigkeit des Sympathiestreiks überwiegend mit dem Solidaritätsgedanken begründet. Unbestritten ist, dass sich sowohl Arbeitnehmer als auch Arbeitgeber solidarisch verhalten. Der stärkste Ausdruck der Solidarität dürfte die Durchführung eines Sympathiestreik sein. Die Solidarität ist aber kein anerkannter Rechtsgrundsatz, mit dem Arbeitskampfmaßnahmen gerechtfertigt werden können, daher vermag sie keine Rechtfertigung für den Sympathiestreik zu liefern.

Der Grundsatz der Kampfparität ermöglicht, dass sich Arbeitnehmer und Arbeitgeber in einem Arbeitskampf gleichgewichtig gegenüberstehen. Die Rechtsordnung darf keiner Seite so starke Kampfmittel zur Verfügung stellen, dass dem sozialen Gegenspieler keine gleichwertige Verhandlungschance bleibt, kein kollektives Betteln entsteht. Voraussetzung ist, dass beide Seiten annähernd gleich stark in die Verhandlungen gehen. Im Rahmen der Paritätsbewertung sind auch Faktoren des Wirtschaftslebens zu berücksichtigen. Dazu gehören insbesondere die Massenarbeitslosigkeit, technologische Entwicklungen, die Kampfbereitschaft von Arbeitnehmern und Arbeitgeber, die öffentliche Meinung sowie die Auswirkungen der Globalisierung auf die Unternehmen und die Beschäftigten.

Die Massenarbeitslosigkeit in der Bundesrepublik Deutschland stellt eine Gefährdung für die gewerkschaftliche Arbeitskampffähigkeit dar. Hohe Arbeitslosigkeit verunsichert die Arbeitnehmer, begründet Sorgen um den Erhalt des Arbeitsplatzes und führt zu individuellen Anpassungsleistungen. Arbeitskämpfe sind in diesen Zeiten schwerer zu organisieren, zumal die Massenarbeitslosigkeit zugleich Auswirkungen auf den Mitgliederbestand der Gewerkschaften hat.

Die Arbeitnehmer sind bei einem Streik oder einer Aussperrung einer höheren Belastung ausgesetzt als die Arbeitgeber. Dies bedingt zum Einen der Verdienstausfall und zum Anderen das mit einem Arbeitskampf einhergehende Risiko des Verlustes des Arbeitsplatzes. Die Risiken des Verdienstausfalls betreffen vor allem Arbeitnehmer, die nicht in der Gewerkschaft organisiert und während der Dauer eines Arbeitskampfes auf Sozialhilfe angewiesen sind. Feststellungen, dass Arbeitgeber auf Grund eines Arbeitskampfes ihren Betrieb schließen mussten, gibt es dagegen nicht.

Technologische Veränderungen haben Auswirkungen auf die Streikdurchführung in Betrieben. Durch den vermehrten Einsatz von Maschinen wird die Fortführung der Produktion im bestreikten Unternehmen zumindest übergangsweise begünstigt. Der Einsatz neuer Technologien führt zu einem Wegfall des Personalbedarfs. Ganze Zwischenabteilungen werden nicht mehr benötigt und entfallen. Arbeitsplätze sind zunehmend leichter austauschbar. Der Einwand, auf Grund der fortschreitenden Technologie sei die Produktion störanfälliger geworden, greift nur bedingt.

Der technisch-wirtschaftliche Strukturwandel mit der Möglichkeit der Informations- und Kommunikationstechnologie, neue Logistiksysteme sowie die Internationalisierung der Produktion und der Märkte führen insgesamt zu einer stärkeren Ortsungebundenheit. Nationale Grenzen existieren nicht mehr. Unternehmen bauen parallele Produktionsstätten im In- und Ausland auf und sind leichter in der Lage, streikausfallbedingte Produktionen ins Ausland zu verlagern. Auf diese Art und Weise kann kurzfristig und flexibel auf Produktionsschwankungen und Produktionsstörungen reagiert werden.

Die Reaktionsmöglichkeiten der Arbeitgeberseite auf einen Streik haben sich im Zusammenhang mit der Massenarbeitslosigkeit, der technologischen Entwicklung und der Globalisierung verbessert. Gelingt es der Arbeitgeberseite, die beabsichtigten Streikwirkungen zu unterlaufen oder zumindest für eine gewisse Zeit zu verzögern, ist der Streik alleine kein wirksames Arbeitskampfmittel der Arbeitnehmerseite mehr. Dies gilt vor allem in den Bereichen, in denen die Ersetzung ganzer Belegschaften eine Kompensation der Streikwirkungen ermöglicht und es dem Arbeitgeber auf Grund technologischer Entwicklungen gelingt, den Betriebsablauf trotz eines Streiks weitgehend aufrecht zu erhalten.

Die Verneinung einer Paritätsstörung unter Berufung auf die Erfolge der Gewerkschaften in bisherigen Tarifrunden und die Entwicklung der Lohnquote verbietet sich. Die Einflussfaktoren auf diese Ergebnisse sind so vielfältig, dass ohne Spekulationen und Mutmaßungen keine geeigneten Rückschlüsse auf das Kräfteverhältnis der Tarifvertragsparteien zu ziehen sind.

Der Sympathiestreik muss sich an den Grundsätzen der Verhältnismäßigkeit messen lassen, insbesondere muss er geeignet sein, den Hauptarbeitskampf zu unterstützen. Eine Gewerkschaft wird nur zu einem Sympathiestreik aufrufen, wenn sie sich davon einen gewissen Erfolg verspricht. Dies wird in der Regel dann der Fall sein, wenn gewisse Einwirkungsmöglichkeiten auf den im Hauptarbeitskampf stehenden Arbeitgeber bestehen. Diese Einwirkungsmöglichkeiten können unterschiedlichster Art sein. Sie können sich aus persönlichen, geschäftlichen oder wirtschaftlichen Beziehungen der Arbeitgeber untereinander ergeben. Vor allem bei multinationalen Unternehmen und Konzernen kommt dem Sympathiestreik große Bedeutung zu, da auf Grund der Verflechtungen und Verbindungen der einzelnen Konzernunternehmen und dem Mutterkonzern zueinander Einwirkungsmöglichkeiten bestehen.

Ein Sympathiestreik inländischer Arbeitnehmer zur Unterstützung eines ausländischen Arbeitskampfes setzt voraus, dass der unterstützte ausländische Hauptarbeitskampf rechtmäßig ist. Umstritten ist, welche Rechtsordnung über die Rechtmäßigkeit des Hauptarbeitskampfes zu bestimmen hat. Im Ergebnis ist der ausländische Hauptarbeitskampf nach der Rechtsordnung des Landes zu beurteilen, in dem er stattfindet. Eine Korrektur über die ordre public Klausel scheidet in der Regel aus. Lediglich in extremen Ausnahmefällen, die eine Prüfung anhand des Einzelfalls erfordern, kann eine Anwendbarkeit bejaht werden. Der Sympathiestreik ist nach der Rechtsordnung zu beurteilen, in der er stattfindet.
Der Durchführung eines grenzüberschreitenden Sympathiestreiks steht Art. 9 Abs. 3 GG als nationale Norm nicht entgegen. In Anbetracht der starken wirtschaftlichen Verflechtungen der Unternehmen im In- und Ausland, sind grenzüberschreitende Aktivitäten der Unternehmen – und damit einhergehend auch der Arbeitnehmer – nicht mehr wegzudenken. Art. 9 Abs. 3 GG wird durch zahlreiche europäische und internationale Vorschriften geprägt und soll in diesem Rahmen ausgelegt und angewendet werden.

II. Ausblick

Der Arbeitskampf ist fester Bestandteil unserer Arbeits- und Wirtschaftsordnung. Er ist trotz fehlender gesetzlicher Regelung rechtlich anerkannt. Seine Rechtsgrundlage findet sich in der Vorschrift des Art. 9 Abs. 3 GG. Zahlreiche Fragen des Arbeitskampfrechts sind noch umstritten und werden sowohl in der Rechtsprechung als auch in der Literatur kontrovers behandelt. Eine diese Fragen ist die nach der Rechtmäßigkeit oder Rechtswidrigkeit des Sympathiestreiks. Man wird hier klar sagen können, dass der überwiegende Teil der Literatur und Rechtsprechung einer derartigen Streikform eine Absage erteilt.
Die Vergangenheit hat gezeigt, dass Sympathiestreiks nicht an der Tagesordnung sind. Dies mag unterschiedliche Gründe haben. Zum Einen handelt es sich bei der Bundesrepublik Deutschland im Vergleich zu anderen europäischen Staaten um ein streikarmes Land, und zum Anderen herrscht in vielen Köpfen die Auffassung vor, der Sympathiestreik sei unzulässig.

Dennoch wäre es verfrüht und übereilt, Sympathiestreiks ihre Bedeutung abzusprechen. Eine Verneinung der rechtlichen Anerkennung des Sympathiestreiks mit den Argumenten des Bundesarbeitsgerichts überzeugt nicht und kann daher nicht vorgenommen werden. Der Sympathiestreik ist als zulässige Kampfform anzuerkennen, wenn er geeignet, erforderlich und angemessen ist, um Paritätsstörungen im Kampfgebiet auszugleichen. Vor allem in den Branchen, in denen durch die kurzfristige Ersetzung ganzer Belegschaften eine Kompensationswirkung der Streikwirkungen ermöglicht wird, oder in denen Produktionsverlagerungen die gleichen Wirkungen zeigen, ist die Durchführung eines Sympathiestreiks notwendig und steht im Einklang mit dem Verhältnismäßigkeitsgrundsatz. Unstreitig dürfte sein, dass es den Gewerkschaften in den momentanen Zeiten schwer fällt, Arbeitnehmer zu einem Arbeitskampf zu mobilisieren. Bedenkt man, dass sich die Mobilisierung der Arbeitnehmer nun auch noch auf einen Sympathiestreik bezieht, einem Streik also, der noch nicht einmal zur Durchsetzung eigener Interesse geführt wird, so erscheint diese Aufgabe noch schwerer.
Gerade dies kann sich aber im Zeitalter der Globalisierung, in dem Unternehmen zahlreich ins Ausland abwandern, neue Produktionsstätten im Ausland aufbauen und Standorte wirksam gegeneinander ausspielen, gravierend ändern. Auf Grund der bundes-, europa- und weltweiten Verflechtung der Unternehmen untereinander könnte gerade dem Sympathiestreik größere Bedeutung zukommen. Es wird hilfreich sein, dass sich streikende Arbeitnehmer der Unterstützung anderer Arbeitnehmer bewusst sind. Die gegenseitige Unterstützung ist vor allem auch bei grenzüberschreitenden Unternehmen erforderlich. Was die Zukunft bringen wird, bleibt abzuwarten. Fest steht, dass im Rahmen der zunehmenden Globalisierung der Sympathiestreik für die Gewerkschaften an Interesse und Relevanz gewinnt.

Festzuhalten ist, dass es keine eindeutigen gesetzlichen oder vergleichbaren Regelungen über grenzüberschreitende Arbeitskampfmaßnahmen, insbesondere für die hier interessierenden Sympathiestreiks, gibt. Die eindeutige Rechtlage bleibt damit unklar. Es obliegt der Europäischen Gemeinschaft, zumindest für den Bereich des europäischen Wirtschaftsraums, deutliche und klarstellende Regelungen bezüglich grenzüberschreitender Kampfmaßnahme zu schaffen. Hier sollte nicht aus den Augen verloren werden, dass nationale Grenzen für Unternehmen keine Rolle mehr spielen und dass europäische Regelungen zunehmend die deutsche Rechtsprechung beeinflussen. Die zunehmende Verzahnung der Wirtschaft und der Unternehmen machen es erforderlich, den Arbeitsvertragsparteien klare Regeln vorzugeben und ihnen die Wahrung ihrer Rechte zu ermöglichen, die auch für den Fall der Produktionsverlagerung ins Ausland effektiv sind. Vielleicht wird diese Diskussion eines Tages durch aktuelle erfolgreiche grenzüberschreitende Gewerkschaftsaktionen ausgelöst.

Wenn in der Literatur vermehrt die Frage gestellt wird, ob Arbeitskämpfe an sich noch ein adäquates Mittel zur Lösung tariflicher Konflikte sind oder ob sie nicht besser ganz verboten werden sollen, ist dieser Ansicht eindeutig eine Absage zu erteilen. Der Streik ist nötig, um die Unterlegenheit der Arbeitnehmer und ihrer Gewerkschaften abzumildern. Streiks sollen die einseitige Festsetzung der Arbeits- und Wirtschaftsbedingungen durch die Unternehmer verhindern. Sie tragen weiterhin zu einer Verbesserung der Arbeits- und Lebensbedingungen bei.

Dennoch sollte – unabhängig von der in dieser Arbeit geführten Diskussion um die Zulässigkeit und Relevanz des Sympathiestreiks – nicht aus den Augen verloren werden, dass das oberste Ziel bei Tarifverhandlungen immer eine gütliche Einigung und die Vermeidung eines Arbeitskampfes sein sollte. Arbeitskämpfe dürfen nur als letztes Mittel eingesetzt werden und sollten nicht unbedacht und leichtsinnig durchgeführt werden. Letztlich bedeutet jeder Arbeitskampf einen Eingriff in den eingerichteten und ausgeübten Gewerbebetrieb des Unternehmers, der unter Umständen zu einem nicht unbeträchtlichen Schaden, sowohl beim Arbeitgeber als auch beim Arbeitnehmer, führen kann. Arbeitskämpfe können unter Umständen weitreichende Folgen für die Allgemeinheit, für Nichtbetroffene und die Volkswirtschaft haben. Es sollte versucht werden, kampfweise Auseinandersetzungen so gut es geht zu vermeiden. Es obliegt den Tarifvertragsparteien daher, bereits im Vorfeld gerechte Lösungen für beide Seiten zu finden, wobei Kompromisse auf beiden Seiten gemacht werden müssen. Hier könnte für die Praxis vor allem dem Schlichtungswesen eine entscheidende Bedeutung zukommen. Klar sein muss aber, dass nicht nur die Arbeitnehmer Abstriche in Kauf nehmen müssen, sondern das auch die Arbeitgeber Zugeständnisse machen müssen. Das Ziel muss es sein, alle Möglichkeiten zur friedlichen Verständigung auszuschöpfen, um Arbeitskämpfe möglichst zu vermeiden. Mit gutem Gewissen kann man sagen, dass dies die Tarifvertragsparteien in der Bundesrepublik Deutschland anerkannt haben. Arbeitskämpfe dürfen und sollten nur in Ausnahmefällen geführt werden, wenn sich eine gütliche Einigung unter keinen Umständen mehr erzielen lässt. Für bestimmte Fallkonstellationen ist dann aber auch der Sympathiestreik als rechtmäßig anzusehen.

Literaturverzeichnis

Adomeit, Klaus	Das Günstigkeitsprinzip – neu verstanden, NJW 1984, S. 26.
Alpmann Schmidt F.A. Brockhaus	Fachlexikon Recht, Mannheim 2004
Altmeppen, Holger	Schutz vor „europäischen" Kapitalgesellschaften, NJW 2004, S. 97
Annuß, Georg Thüsing, Gregor (Hrsg.)	Teilzeit- und Befristungsgesetz Kommentar, Heidelberg 2002 (zit. Annuß/Thüsing)
Auffarth, Fritz	Der gegenwärtige Stand des Arbeitskampfrechts in der Bundesrepublik Deutschland unter besonderer Berücksichtigung des Streikrechts, RdA 1977, S. 129
Badura, Peter	Verfassungsfragen des nicht koalitionsmäßigen Streiks, DB 1985, Beilage 14
Bauer, Jobst-Hubertus	Betriebliche Bündnisse für Arbeit vor dem Aus?, NZA 1999, S. 957
Bauer, Jobst-Hubertus Krieger, Steffen	„Firmentarifsozialplan" als zulässiges Ziel eines Arbeitskampfes?, NZA 2004, S. 1019
Belling, Detlev W.	Die Zulässigkeit freiwilliger Sonderzahlungen als Mittel der Streikabwehr, NZA 1990, S. 214
Benda, Ernst	Sozialrechtliche Eigentumspositionen im Arbeitskampf, Baden-Baden 1986 (zit. Benda)
Berg, Peter Platow, Helmut Schoof, Christian Unterhinninghofen, Hermann	Tarifvertragsgesetz und Arbeitskampfrecht Basiskommentar, Frankfurt am Main 2005 (zit. Berg/Platow/Schoof/Unterhinninghofen)

Berger-Delhey, Ulf	Anmerkung zu ArbG Bonn 09.03.1989, AfP 1989, S. 785
Bertelsmann, Klaus	Aussperrung, Eine Untersuchung ihrer Zulässigkeit unter besonderer Berücksichtigung ihrer geschichtlichen Entwicklung und Handhabung in der Praxis, Berlin 1979 (zit. Bertelsmann)
Bieback, Karl-Jürgen Mayer, Udo Mückenberger, Ulrich Zachert, Ulrich Seegert, Christian	Anwendungsproblem des neuen § 116 AFG, BB 1987, S. 676
Birk, Rolf	Zur Haftung einer internationalen Gewerkschaftsvereinigung für Arbeitskampfmaßnahmen nationaler Mitgliedsgewerkschaften, AuR 1975, S. 193
ders.	Tarifrechtlicher Vorvertrag und arbeitsrechtlicher Boykott im Ausland, AuR 1977, S. 235
ders.	Die Rechtmäßigkeit gewerkschaftlicher Unterstützungskampfmaßnahmen, Stuttgart 1978 (zit Birk)
ders.	Das Arbeitskollisionsrecht der Bundesrepublik Deutschland, RdA 1984, S. 129
Birk, Rolf Konzen, Horst Löwisch, Manfred Raiser, Thomas Seiter, Hugo	Gesetz zur Regelung kollektiver Arbeitskonflikte, Tübingen 1988 (zit. Professorenentwurf)
Blake, H. David	Strategie als Mittel der Anpassung oder der Veränderung, in: Kurt P. Tudyka (Hrsg.), Multinationale Konzerne und Gewerkschaftsstrategie, Hamburg 1974, S. 252

Blanquet, Francoise	Das Statut der Europäischen Aktiengesellschaft (Societas Europaea „SE“) – Ein Gemeinschaftsinstrument für die grenzübergreifende Zusammenarbeit im Dienst der Unternehmen, ZGR 2002, S. 21
Bora, Fahri	Der Sympathiestreik nach türkischem und deutschem Recht, München 1973 (zit. Bora)
Brecht, Holger	Die Umsetzung von Tarifverträgen auf Betriebsebene – Das Verhältnis betrieblicher und tariflicher Rechtssetzung auf der Grundlage rechtstatsächlicher Erkenntnisse, Berlin 2003 (zit. Brecht)
Brox, Hans Rüthers, Bernd	Arbeitskampfrecht, 2. Auflage, Stuttgart etc. 1982 (zit. Brox/Rüthers)
Buchner, Herbert	Das Arbeitskampfrecht unter den Anforderungen der Verhandlungsparität und der Staatsneutralität, RdA 1986, S. 7
ders.	Der Arbeitskampf im Medienbereich – eine Sonderform des allgemeinen Arbeitskampfrechts?, RdA 1987, S. 209
ders.	Betriebsräte auf schwierigem Terrain – die Viessmann-Entscheidung des Arbeitsgerichts Marburg, NZA 1996, S. 1304
ders.	Beschäftigungssicherung unter dem Günstigkeitsprinzip, DB 1996, Beilage Nr. 12
ders.	Unterlassungsanspruch der Gewerkschaften – Stabilisierung oder Ende des Verbandstarifvertrages, NZA 1999, S. 897
Bulla, Gustav Adolf	Sympathie-Maßnahmen im Arbeitskampf, in: Festschrift für Erich Molitor, München/Berlin 1962, S. 293 (zit. Bulla in FS Molitor 1962)

Bunge, Thomas	Tarifinhalt und Arbeitskampf, Königstein 1980 (zit. Bunge)
Chaldoupis, Charis	Auswirkungen neuer Technologien auf die Tarifautonomie, Frankfurt am Main 2003 (zit. Chaldoupis)
Coester, Michael	Drittbezogene Arbeitskampfmaßnahmen in den USA, Frankreich und der Bundesrepublik, RdA 1976, S. 282
Colneric, Ninon	Arbeitskampf und Arbeitsförderung, AuR 1986, S. 8
Czerweny von Arland, Katharina	Die Arbeitskampfmittel der Gewerkschaft und der Verhältnismäßigkeitsgrundsatz, Frankfurt am Main 1993 (zit. Czerweny von Arland)
Däubler, Wolfgang	Die unverhältnismäßige Aussperrung – BAG AP, Art. 9 GG – Arbeitskampf – Nr. 43, JuS 1972, 642
ders.	Das Grundrecht auf Streik – eine Skizze, ZfA 1973, S. 219
ders. (Hrsg.)	Arbeitskampfrecht, 2. Auflage, Baden – Baden 1987 (zit. Bearbeiter in Däubler)
ders.	Neue Grundsätze im Arbeitskampf?, AuR 1988, S. 144
ders.	Gewerkschaftsrechte im Betrieb, 9. Auflage, Neuwied/Kriftel 1998 (zit. Däubler „Gewerkschaftsrechte“)
ders.	Das unbekannte Arbeitsrecht, NJW 1999, S. 3537

Däubler, Wolfgang; Kittner, Michael; Lörcher, Klaus (Hrsg.) — Internationale Arbeits- und Sozialordnung Köln 1990 (zit. Däubler/Kittner/Lörcher)

Däubler, Wolfgang; Wolter, Henner — Die rechtswidrige Aussperrung – Zur wettbewerbsorientierten Arbeitskampf-arithmetik des BAG, AuR 1982, S. 144.

Dietrich, Bernd — Rechtliche Zulässigkeit von Solidaritäts-streiks, Lohmar-Köln 2003 (zit. Dietrich)

Dieterich, Thomas; Hanau, Peter; Schaub, Günther — Erfurter Kommentar zum Arbeitsrecht, 6. Auflage, München 2006 (zit. Bearbeiter in Erf-Komm)

Döhner, Marita — Der Sympathiearbeitskampf, München 1966 (zit. Döhner)

Dorndorf, Eberhard — Zulässigkeit von Warn- und Solidaritäts-streiks, in: Gerd Muhr (Hrsg.) Streikrecht, Demokratie und Sozialstaat, Köln 1987, S. 148 (zit. Dorndorf in Muhr)

Dreier, Horst (Hrsg.) — Grundgesetz Kommentar Band II Art. 20-82, Tübingen 1998 (zit. Bearbeiter in Dreier)

Dütz, Wilhelm — Die Grenzen von Aussperrung und arbeits-kampfbedingter Entgeltverweigerung nach Risiko-Prinzipien und Kurzarbeitsregeln, DB 1979, Beilage 14

Eichmanns, Max — Der Grundsatz der Kampfparität – der augenblickliche Stand der Debatte, RdA 1977, S. 135

Erdsiek — Umwelt und Recht – Sympathiestreik bei ausländischem Arbeitskampf –, NJW 1959, S. 2198

Eser, Gisbert — Das Arbeitsverhältnis im Multinationalen Unternehmen, Heidelberg 1996 (zit. Eser)

Farhauer, Oliver — Qualifizierung, Betriebsspezifität und Arbeitslosigkeit, Baden-Baden 2003 (zit. Farhauer)

Feudner, Bernd W. — Verlagerung von Arbeit ins Ausland: Grenzen des unternehmerischen Handlungsspielraums, DB 2004, S. 982

Franke, Christian / Geraats, Herbert — Zulässigkeit von politisch motivierten Arbeitskampfmaßnahmen, NZA 1986, S. 965

Freihube, Dirk — Die einzelvertragliche Umsetzung von Beschäftigungsbündnissen, DB 2000, S. 1022

Freund, Ferdinand — Begriff, Erscheinungsformen, grundsätzliche Zulässigkeit und Grenzen der Rechtmäßigkeit von Sympathieaussperrungen, Tübingen 1969 (zit. Freund)

Friauf, Karl Heinrich — Die verfassungsrechtlichen Vorgaben einer gesetzlichen oder tarifvertraglichen Arbeitskampfordnung, RdA 1986, S. 188

Fröhlich, Friedrich Wilhelm — Multinationale Unternehmen – Entstehung, Organisation und Management, Baden-Baden 1974 (zit. Fröhlich)

Gallin, Dan — Gegenstrategie: Aus der Praxis der Internationalen Union der Lebens- und Genussmittelarbeiter-Gewerkschaften in: Kurt P. Tudyka (Hrsg.), Multinationale Konzerne und Gewerkschaftsstrategie, Hamburg 1974, S. 225 (zit. Gallin in Tudyka)

Gattermann-Kasper, Maike — Gestaltungsperspektiven der Telearbeit, Lohmar u.a. 2003 (zit. Gattermann-Kasper)

Gamillscheg, Franz — Die Grundrechte im Arbeitsrecht, AcP 164 (1964), S. 385

ders. — Kollektives Arbeitsrecht Band I, München 1997 (zit. Gamillscheg)

Gaudecki, Christoph — Schadensbegrenzung im Arbeitskampfrecht, Frankfurt am Main 1991 (zit. Gaudecki)

Gebhardt, Katharina — Außenseiter im Arbeitskampf in Deutschland und im Ausland, Frankfurt am Main 1999 (zit. Gebhardt)

Gegenwart, Peter — Arbeitskampf im Medienbereich, Frankfurt am Main 1988 (zit. Gegenwart)

Geib, Heinz – Jürgen — Begriff, Formen und Zulässigkeit des Sympathiearbeitskampfes unter besonderer Berücksichtigung des Begriffs und der Formen der Solidarität und unter Einschluss des Begriffs und der Zulässigkeit des Hilfsarbeitskampfes, Frankfurt am Main 1971 (zit. Geib)

Geldern, Alfons van — Ein neues Arbeitskampfrecht?, AuR 1972, S. 97

Gentz, Manfred — Das Arbeitskampfrecht in Deutschland und der internationale Wettbewerb, in: Thomas Klebe/Peter Wedde/Martin Wolmerath (Hrsg.), Recht und soziale Arbeitswelt, Festschrift für Wolfgang Däubler, Frankfurt am Main 1999, S. 421 (zit. Gentz in FS Däubler 1999)

Gisbertz, Ulrike — Parität im Firmenarbeitskampf, Baden-Baden 2004 (zit. Gisbertz)

Gitter, Wolfgang — Problem des Arbeitskampfes in supranationaler, internationaler und internationalprivatrechtlicher Sicht, ZfA 1971, S. 127

Goll, Ulrich — Arbeitskampfparität und Tariferfolg, Berlin 1980 (zit. Goll)

Hanau, Peter Adomeit, Klaus	Arbeitsrecht, 13. Auflage, München 2005 (zit. Hanau/Adomeit)
Haßkamp, Peter	Schadensersatzverpflichtung einzelner Arbeitnehmer beim Streik, Köln 1966 (zit. Haßkamp)
Hartje, Jürgen	Der Sympathiearbeitskampf, Freiburg 1971 (zit. Hartje)
Hartwich, Hans-Hermann	Streikfähigkeit als Voraussetzung für Tarifautonomie und Demokratie, in: Gerd Muhr (Hrsg.) Streikrecht, Demokratie und Sozialstaat Köln 1987, S. 23 (zit. Hartwich in Muhr)
Haupt, Volkmar	Begriff, Erscheinungsformen, Rechtsnatur und Grenzen der Zulässigkeit des Sympathiestreiks, Köln 1966 (zit. Haupt)
Heenen, Norbert	Kampfparität und bilaterales Monopol, Heidelberg 1988 (zit. Heenen)
Heilmann, Joachim Menke, Arno	Das Urteil des Bundesverfassungsgerichts zu § 116 AFG, AuR 1996, S. 11
Heinze, Meinhard	Konfliktlösungsmechanismen – Wie können Streik und Aussperrung überwunden werden?, in: Thomas Klebe/Peter Wedde/ Martin Wolmerath (Hrsg.), Recht und soziale Arbeitswelt, Festschrift für Wolfgang Däubler, Frankfurt am Main 1999, S. 431 (zit. Heinze in FS Däubler 1999)
Hellenthal, Markus	Zur Rechtwidrigkeit von sogenannten Betriebsbesetzungen, NZA 1987, S. 52
Henssler, Martin Suckow, Jens	Anmerkung zu BVerfG 04.07.1995, EzA Nr. 5 zu § 116 AFG

Hensche, Martin | Zu Praktikabilität und Nutzen des arbeitskampfrechtlichen Paritätsprinzips, RdA 1996, S. 293

Herdegen, Matthias | Europarecht, 6. Auflage, München 2004 (zit Herdegen)

Hergenröder, Curt W. | Der Arbeitskampf mit Auslandsberührung, Berlin 1987 (zit. Hergenröder)

Herkenrath, Mark | Transnationale Konzerne im Weltsystem – Globale Unternehmen, nationale Wirtschaftspolitik und das Problem nachholender Entwicklung, Wiesbaden 2003 (zit. Herkenrath)

Herrigel, Gary | Großunternehmen und Regionen: Neue Formen des Engagements, in: Ulrich Mückenberger/Marcus Menzl (Hrsg.), Der Global Player und das Territorium, Opladen 2002, S. 226

Herschel, Wilhelm | Anmerkung zu Arbeitsgericht Wuppertal 24.11.1959, BB 1960, S. 443

Herzog, Günther | Der unbestreikbare Betrieb, Der Arbeitgeber 1962, S. 616

Hickel, Rudolf | Streikfähigkeit der Gewerkschaften unter erschwerten wirtschaftlichen Rahmenbedingungen, in: Gerd Muhr (Hrsg.), Streikrecht, Demokratie und Sozialstaat, Köln 1987, S. 36 (zit. Hickel in Muhr)

Hindrichs, Wolfgang; Mäulen, Claus; Scharf Günther | Zunehmende Erschwerung gewerkschaftlicher Streikfähigkeit aus sozialwissenschaftlicher Sicht, in: Gerd Muhr (Hrsg.), Streikrecht, Demokratie und Sozialstaat, Köln 1987, S. 57 (zit. Hindrichs/Mäulen/Scharf in Muhr)

dies.	Neue Technologien und Arbeitkampf, Opladen 1990 (zit: Hindrichs/Mäulen/Scharf)
Höfling, Wolfram Burkiczak, Christian	Das Günstigkeitsprinzip – ein grundrechtsdogmatischer Zwischenruf, NJW 2005, S. 469
Hohenester, Hermann	Die Grenzen der Streikfreiheit im Hinblick auf die Arbeitsniederlegung als solche, München 1956 (zit. Hohenester)
Hohenstatt, Klaus-Stefan Schramm, Nils	Erstreikbarkeit von „tariflichen Sozialplänen?, DB 2004, S. 2214
Hoyningen-Huene, Gerrick v.	Rechtmäßigkeitsvoraussetzungen aktueller Arbeitskampfmittel der Gewerkschaften, JuS 1987, S. 505
Hromadka, Wolfgang Maschmann, Frank	Arbeitsrecht Band 2, 3. Auflage, Berlin Heidelberg 2004 (zit. Hromadka/Maschmann)
Hueck, Alfred	Grenzen des rechtmäßigen Streik, in: Festschrift für Wilhelm Herschel, Stuttgart 1955, S. 27 (zit. Hueck in FS Herschel 1955)
Hueck, Alfred Nipperdey, Hans Carl	Lehrbuch des Arbeitsrechts II/1, 7. Auflage, Berlin/Frankfurt a.M. 1976 (zit. Hueck/Nipperdey II 1)
dies.	Lehrbuch des Arbeitsrechts, II/2, 7. Auflage, Berlin/Frankfurt a.M. 1970 (zit. Hueck/Nipperdey II 2)
Internationale Gewerkschaftsbewegung	Gewerkschaftliche Interessenvertretung in den Ländern der EU, Stand Mai 2002, Nachdruck Oktober 2002 Abzurufen unter: www.voegb.at/bildungsangebot/skripten/ig/IG-06.pdf.

Ipsen, Knut	Völkerrecht, 5. Auflage, München 2004 (zit. Ipsen)
Jungnickel, Rolf	Neue Technologien und Produktionsverlagerungen, Hamburg 1990 (zit. Jungnickel)
Junker, Abbo	Internationales Arbeitsrecht im Konzern, Tübingen 1992 (zit. Junker „Internationales Arbeitsrecht")
ders.	Internationales Privatrecht, München 1998 (zit. Junker)
Kämereit Peter	Pressefreiheit und Arbeitskampf, Berlin 1995 (zit. Kämereit)
Kast, Matthias Stuhlmann, Christian	Sind betriebliche Bündnisse für Arbeit noch durchführbar?, BB 2000, S. 614
Kempen, Otto Ernst	Das ökonomische Kalkül in der Aussperrungsrechtsprechung des BAG, AuR 1982, S. 73.
ders.	Warnstreik, Sympathiestreik und gewerkschaftliche Demonstration im grundgesetzlichen Arbeitsverfassungsrecht, AuR 1990, S. 237
Kempen, Otto Ernst Zachert, Ulrich	Tarifvertragsgesetz, Kommentar für die Praxis, 3. Auflage, Köln 1997 (zit. Kempen/Zachert TVG)
Kissel, Otto Rudolf	Arbeitskampfrecht, München 2002 (zit. Kissel)
Kittner, Michael	Aktuelle Fragen des Arbeitskampfrechts, AuR 1981, S. 289
ders.	Arbeitskampf – Geschichte, Recht, Gegenwart München 2005 (zit. Kittner)

Kittner, Michael Unterhinninghofen, Hermann	Zur geplanten Änderung des § 116 AFG, AuR 1986, S. 5
Klebe, Thomas Roth, Siegfried	Informationen ohne Grenzen – Globaler EDV Einsatz und neue Machtstrukturen, in: Thomas Klebe/Siegfried Roth (Hrsg.), Information ohne Grenzen; Computernetze und internationale Arbeitsteilung, Hamburg 1987, S. 7
dies.	Die Verursacher in der Rolle des Opfers, in: Wolfgang Apitsch/Thomas Klebe/Manfred Schumann (Hrsg.), § 116 AFG Kampf um das Streikrecht, Hamburg 1986, S. 27
Klimpe-Auerbach, Wolf	Entsolidarisierende Tendenzen in der neueren Arbeitskampfrechtsprechung des BAG, DuR 1986, S. 203
Konzen, Horst	Übernahme und Unterstützung wilder Streiks durch Gewerkschaften – zugleich ein Beitrag zur Theorie vom einheitlichen Streikgeschehen -, ZfA 1970, S. 159
ders.	Der Arbeitskampf im Verfassungs- und Privatrechtssystem, AcP 177 (1977), S. 473
ders.	Gemeinsame Anmerkung zu BAG, EzA Nr. 75,76 und 91
ders.	Europäische Sozialcharta und ultima ratio-Prinzip, JZ 1986, S. 157
ders.	Streikrecht und Boykott, in: Franz Gamillscheg / Bernd Rüthers/ Eugen Stahlhacke (Hrsg.), Sozialpartnerschaft in der Bewährung, Festschrift für Karl Molitor, München 1988, S. 181 (zit. Konzen in FS Molitor 1988)

ders.	Der Sympathiestreik bei inkongruenter Tarifzuständigkeit der Tarifparteien, DB 1990, Beilage 6
ders.	Anmerkung zu BVerfG 04.07.1995, SAE 1996, S. 216
ders.	Gemeinsame Anmerkung zu BAG AP Nr. 137, 138, 139 zu Art. 9 GG Arbeitskampf
ders.	Fünfzig Jahre richterliches Arbeitskampfrecht, in: Hartmut Oetker/Ulrich Preis/ Volker Rieble (Hrsg.), Festschrift 50 Jahre Bundesarbeitsgericht, München 2004, S. 515 (zit. Konzen in FS 50 Jahre Bundesarbeitsgericht 2004)
Kort, Michael	Arbeitszeitverlängerndes Bündnis für Arbeit zwischen Arbeitgeber und Betriebsrat – Verstoß gegen die Tarifautonomie?, NJW 1997, S. 1476
Körner-Dammann, Marita	Bedeutung und faktische Wirkung von ILO-Standards, Baden-Baden 1991 (zit. Körner-Dammann)
Koubek, Norbert	Erfordernis flexibler Kampfmittel der Gewerkschaften durch neue Produktionsmöglichkeiten, in: Gerd Muhr (Hrsg.), Streikrecht, Demokratie und Sozialstaat, Köln 1987, S. 142 (zit.Koubek in Muhr)
Kreßel, Eckhard	Neutralität des Staates im Arbeitskampf, NZA 1995, S. 1121
Krichel, Ulrich	Zur Rechtslage bei politischen Streiks, NZA 1987, S. 297
Krimphove, Dieter	Europäisches Arbeitsrecht, 2. Auflage, München 2001 (zit. Krimphove)

Kühling, Jürgen Bertelsmann, Klaus	Tarifautonomie und Unternehmerfreiheit, NZA 2005, S. 1017
Leinemann, Wolfgang (Hrsg.)	Kasseler Handbuch zum Arbeitsrecht – Band 2, 2. Auflage, Neuwied, Kriftel 2000 (zit. Bearbeiter in Ka-Hb)
Leinemann, Wolfgang Schütz, Friedrich	Die Bedeutung internationaler und europäischer Arbeitsrechtsnormen für die Arbeitsgerichtsbarkeit, BB 1993, S. 2519
Lesch, Hagen	Dezentralisierung der Tarifpolitik und Reform des Tarifrechts, DB 2000, S. 322
Lieb, Manfred	Die Zulässigkeit von Demonstrations- und Sympathiearbeitskämpfen, ZfA 1982, S. 113
ders.	Anmerkung zu BAG 05.03.1985, SAE 1986, S. 64
ders.	Zur Rechtmäßigkeit von Unterstützungskämpfen insbesondere im Druck- und Verlagsbereich, RdA 1991, S. 145
ders.	Mehr Flexibilität im Tarifvertragsrecht? „Moderne" Tendenzen auf dem Prüfstand, NZA 1994, S. 289
ders.	Die Rechtsstellung des Außenseiterarbeitgebers im Arbeitskampf, in: Manfred Heinze/Alfred Söllner (Hrsg.), Arbeitsrecht in der Bewährung, Festschrift für Otto Rudolf Kissel, München 1994, S. 653 (zit. Lieb in FS Kissel)
ders.	Anmerkung zu BVerfG 04.07.1995, JZ 1995, S. 1174
ders.	Arbeitsrecht, 7. Auflage, Heidelberg 2000 (zit. Lieb „Arbeitsrecht")

Lörcher, Klaus	Die Normen der Internationalen Arbeitsorganisation und des Europarats – Ihre Bedeutung für das Arbeitsrecht der Bundesrepublik –, AuR 1991, S. 97
ders.	Die Normen der Internationalen Arbeitsorganisation (IAO) und das Arbeitsrecht der Bundesrepublik, RdA 1994, S. 285
Lorenz, Frank	Anmerkung zu ArbG Gelsenkirchen 13.03.1998, AiB 1998, S. 656
Löwisch, Manfred	Probleme der Zulässigkeit von Sympathiestreik und Sympathieaussperrung, RdA 1962, S. 314
ders.	Rechtsfragen des Sympathieboykotts, RdA 1977, S. 356
ders.	Besteht ein Grund, die Rechtsprechung des Bundesarbeitsgerichts zur Aussperrung zu ändern?, RdA 1980, S. 1
ders.	Empfiehlt es sich, die Geltung des Ultima-Ratio Grundsatzes im Arbeitskampfrecht gesetzlich zu regeln?, ZfA 1985, S. 53
ders. (Hrsg.)	Arbeitskampf- und Schlichtungsrecht, Heidelberg 1997 (zit. Löwisch)
ders.	Deliktsschutz gegen abtrünnige Mitglieder?, BB 1999, S. 2080
Löwisch, Manfred Rieble, Volker	Tarifvertragsgesetz Kommentar, 2 Auflage, München 2004 (zit. Löwisch/Rieble TVG)
Lübbe-Wolf Gertrude	Zur verfassungskonformen Interpretation des § 823 BGB im Zusammenhang mit aktiv produktionsbehindernden Arbeitskampfmaßnahmen, DB 1988, Beilage Nr. 9

Lucy, Herbert	Minimax, kalte Aussperrung und § 116 AFG, in: Wolfgang Apitsch/Thomas Klebe/Manfred Schumann (Hrsg.), § 116 AFG Kampf um das Streikrecht, Hamburg 1986, S. 37
Luke, Joachim	§ 615 S. 3 BGB – Neuregelung des Betriebsrisikos?, NZA 2004, S. 244
Martens, Klaus-Peter	Kurzanmerkung zu BAG 05.03.1985, EWiR 1985, S. 879
Massa-Wirth, Heiko Seifert, Hartmut	Betriebliche Bündnisse für Arbeit nur mit begrenzter Reichweite?, WSI-Mitteilungen 5/2004 S. 246
Maunz, Theodor Dürig, Theodor	Grundgesetz Kommentar, Band II Art. 6 – Art. 16a Loseblattsammlung, 35. Lieferung Feb. 1999 (zit. Bearbeiter in Maunz Düring)
dies.	Grundgesetz Kommentar, Band. III Art. 17 – Art. 27, Loseblattsammlung, 42 Lieferung Feb. 2003 (zit. Bearbeiter in Maunz Düring)
Mayer-Maly, Theo	Zum Verständnis der Kampfparität, RdA 1968, S. 432.
ders.	Aussperrung und Parität, DB 1979, S. 95
ders.	Anmerkung zu BAG 12.01.1988, SAE 1988, S. 310
Melot de Beauregard, Paul	Das Arbeitskampfrecht im Spiegel der jüngeren Rechtsprechung, NZA–RR 2003, S. 617
Miegel, Meinhard Wahl, Stefanie	Arbeitsmarkt und Arbeitslosigkeit, München 2001 (zit. Miegel/Wahl)

Mitscherlich, Matthias — Das Arbeitskampfrecht der Bundesrepublik Deutschland und die Europäische Sozialcharta, Baden-Baden 1977 (zit. Mitscherlich)

Morhard, Thilo — Die Rechtsnatur der Übereinkommen der Internationalen Arbeitsorganisation, Frankfurt am Main 1988 (zit. Morhard)

Muhr, Gerd — Die Arbeits- und Sozialordnung der Internationalen Arbeitsorganisation, in: Wolfgang Däubler/Manfred Bobke/Karl Kehrmann (Hrsg.), Arbeit und Recht, Festschrift für Abrecht Gnade, Köln 1992, S. 699 (zit. Muhr in FS Gnade 1992)

Mückenberger, Ulrich — Der Demonstrationsstreik, KJ 1980, S. 258

ders. — Produktionsverflechtung und Risikoverantwortung: Verfassungsfragen zur Neufassung von § 116 AFG, Baden-Baden 1992 (zit. Mückenberger)

Müller, Gerhard — Arbeitskampf und Recht: Grundsätze der Tarifvertragsautonomie, Frankfurt am Main 1987 (zit. Müller)

Nauditt, Barbara — Die Eingriffsbefugnisse der Polizei im Arbeitskampf, AuR 1987, S. 153

Neubeck, Xenia — Die Europäische Sozialcharta und deren Protokolle, Frankfurt am Main 2002 (zit. Neubeck)

Nikisch, Arthur — Arbeitsrecht II Band, 2. Auflage, Tübingen 1959 (zit. Nikisch II)

Nipperdey, Hans Carl — Zur Frage des Boykotts der billigen Flaggen, in: Franz Mayer (Hrsg.), Staat und Gesellschaft, Festgabe für Günther Küchenhoff, Göttingen 1967, S. 133 (zit. Nipperdey in FG Küchenhoff 1967)

Oertmann, Paul	Zur Lehre vom Sympathiestreik, ZHR 1928, S. 38
Palandt, Otto	Bürgerliches Gesetzbuch, 65 Auflage, München 2006 (zit. Bearbeiter in Palandt)
Papier, Hans-Jürgen	Schutz des sozialen Eigentums und Neutralität im Arbeitskampf, DVBL 1986, S. 577
Pfarr, Heide M. Kittner, Michael	Solidarität im Arbeitsrecht, RdA 1974, S. 284
Plander, Harro	Der Sympathiestreik in der neueren Rechtsprechung des BAG, AuR 1986, S. 193
ders.	Arbeitslosigkeit, Neue Technologien und gewerkschaftliche Streikfähigkeit, DB 1987, Beilage Nr. 13
ders.	Solidaritätsverbot durch Solidaritätsstreikverbot?, ZTR 1989, S. 135
ders.	Flucht aus dem Normalarbeitsverhältnis: An den Betriebs- und Personalräten vorbei?, Baden-Baden 1990 (zit. Plander „Normalarbeitsverhältnis“)
Preis, Ulrich	Anmerkung zu BAG 12.01.1988, EzA Nr. 73 zu Art. 9 GG Arbeitskampf
Raiser, Thomas	Die Aussperrung nach dem Grundgesetz, Berlin 1975 (zit. Raiser)
ders.	Die Neutralitätspflicht der Bundesanstalt für Arbeit im Arbeitskampf, NZA 1984, S. 369
Ramm, Thilo	Der Arbeitskampf und die Gesellschaftsordnung des Grundgesetzes, Stuttgart 1965 (zit. Ramm)

ders.	Arbeitgeber und Arbeitskampf, in: Heinz Maus (Hrsg.), Gesellschaft, Recht und Politik, Festschrift für Wolfgang Abendroth, Neuwied Berlin 1968, S. 275 (zit. Ramm in FS Abendroth 1968)
ders.	Der nichtgewerkschaftliche Streik, AuR 1971, S. 65
Rebmann, Kurt Säcker, Franz Jürgen Rixecker, Roland (Hrsg.)	Münchner Kommentar zum Bürgerlichen Gesetzbuch Band 5, 3. Auflage, München 1997 (zit. Bearbeiter in MüKo)
dies.	Münchener Kommentar zum Bürgerlichen Gesetzbuch Band 10, 4. Auflage, München 2006 (zit. Bearbeiter in MüKo)
Reichhold, Hermann	Zulässigkeitsgrenzen eines Arbeitskampfes zur Standortsicherung, BB 2004, S. 2814
Reinermann, Heinz	Der Sympathiestreik als rechtswidriges Verhalten gegenüber dem betroffenen Arbeitgeber, Marburg 1964 (zit. Reinermann)
Richardi, Reinhard Wlotzke, Otfried (Hrsg.)	Münchner Handbuch zum Arbeitsrecht Band 3 Kollektives Arbeitsrecht, 2. Auflage, München 2000 (zit. Bearbeiter in Mü-Hb)
Richter, Marcus	Grenzen aktiver Produktionsbehinderung im Arbeitskampf, Frankfurt am Main 2005 (zit. Richter)
Rolfs, Christian Clemens, Fabian	Entwicklung und Fehlentwicklung im Arbeitskampfrecht, NZA 2004, S. 410
Rose, Franz-Josef	Das Streikrecht der nichtorganisierten und der andersorganisierten Arbeitnehmer im Arbeitskampf, Frankfurt am Main 1995 (zit. Rose)

Ruhland, Klaus	Arbeitskampfparität, Frankfurt am Main 2001 (zit. Ruhland)
Rüthers, Bernd	Zur Rechtmäßigkeit von Sympathie – Arbeitskämpfen, BB 1964, S. 312
ders.	Die Zulässigkeit von Sympathiearbeitskämpfen im Medienbereich, BB 1990, Beilage 25
ders.	Beschäftigungskrise und Arbeitsrecht – Zur Arbeitsmarktpolitik der Arbeitsgerichtsbarkeit, Bad Homburg 1996 (zit. Rüthers „Beschäftigungskrise")
ders.	Rechtstheorie, Begriff Geltung und Anwendung des Rechts, München 1999 (zit. Rüthers „Rechtstheorie")
Rüthers, Bernd Berghaus, Michael	Anmerkung zu BAG 12.01.1988, AP Nr. 90 zu Art. 9 GG Arbeitskampf
Sachs, Michael (Hrsg.)	Grundgesetz Kommentar, 3. Auflage, München 2002 (zit. Bearbeiter in Sachs)
Salowsky, Heinz	Arbeitskämpfe im Zeitraum 1970/88 – Die Streikfähigkeit nimmt ab –, RdA 1990, S. 119
Schaub, Günther Koch, Ulrich Linck, Rüdiger	Arbeitsrechtshandbuch, 11. Auflage, München 2005 (zit. Schaub)
Scherer, Andreas Georg	Mutinationale Unternehmen und Globalisierung, Heidelberg 2003 (zit. Scherer)
Schierbaum, Bruno	Telearbeit, Frankfurt am Main 2003 (zit. Schierbaum)
Schmidt-Bleibtreu, Bruno Klein, Franz	Kommentar zum Grundgesetz, 10. Auflage, München 2004 (zit. Bearbeiter in Schmidt-Bleibtreu/Klein)

Schnabel, Claus — Gewerkschaften und Arbeitgeberverbände: Organisationsgrade, Tarifbindung und Einflüsse auf Löhne und Beschäftigung, Mai 2005, abzurufen unter: http://opus.zbw-kiel.de/volltexte/2005/3398 (zit. Schnabel)

Schneider, Egbert — Die Vereinbarkeit des deutschen Arbeitskampfrechts mit den Übereinkommen Nr. 87 und 98 der Internationalen Arbeitsorganisation, Bonn 1998 (zit. Schneider)

Simitis, Konstantin — Gute Sitten und ordre public, Marburg 1960 (zit. Simitis)

Scholz, Rupert
Konzen, Horst — Die Aussperrung im System von Arbeitsverfassung und kollektivem Arbeitsrecht, Berlin 1980 (zit. Scholz/Konzen)

Seiter, Hugo — Streikrecht und Aussperrungsrecht, Tübingen 1975 (zit. Seiter)

ders. — Anmerkung zu BGH 19.01.1978, EzA Nr. 21 zu Art. 9 GG Arbeitskampf

ders. — Die neue Aussperrungsrechtsprechung des Bundesarbeitsgerichts, RdA 1981, S. 66

ders. — Die neue Betriebsrisiko- und Arbeitskampfrisikolehre, DB 1981, S. 578

ders. — Zur Gestaltung der Arbeitskampfordnung durch den Gesetzgeber, RdA 1986, S. 165

ders. — Das Gesetz zur Sicherung der Neutralität der Bundesanstalt für Arbeit in Arbeitskämpfen, NJW 1987, S. 1

Siebrecht, Fritz — Das Recht im Arbeitskampf, 3. Auflage, Köln 1964 (zit. Siebrecht)

Stadler, Hubert — Sympathie – Arbeitskampf, BB 1976, S. 719

Staudinger, Julius v.	Kommentar zum Bürgerlichen Gesetzbuch, 2. Buch, §§ 611-615, 13. Bearbeitung, Berlin 1999 (zit. Bearbeiter in Staudinger)
Söllner, Alfred Waltermann, Raimund	Grundriss des Arbeitsrecht, 13. Auflage, München 2003 (zit. Söllner/Waltermann)
Steiert, Robert	Multinationale Unternehmen – bleibende Herausforderung für die Gewerkschaften, in: Thomas Klebe/Siegfried Roth (Hrsg.), Information ohne Grenzen; Computernetze und internationale Arbeitsteilung, Hamburg 1987, S. 168 (zit. Steiert in Klebe/Roth)
Steinkühler, Franz	Gewerkschaften und neue internationale Konzernstrategien, in: Thomas Klebe/ Siegfried Roth (Hrsg.), Information ohne Grenzen; Computernetze und internationale Arbeitsteilung, Hamburg 1987, S. 225 (zit. Steinkühler in Klebe/Roth)
Streinz, Rudolf	Europarecht, 6. Auflage, Heidelberg 2003 (zit. Streinz)
Thüsing, Gregor	Der Außenseiter im Arbeitskampf, Berlin 1996 (zit. Thüsing)
Trappehl, Bernhard Lambrich, Thomas	Unterlassungsanspruch der Gewerkschaften – das Ende für betriebliche "Bündnisse für Arbeit"?, NJW 1999, S. 3217
Treber, Jürgen	Aktiv produktionsbehindernde Maßnahmen, Berlin 1996 (zit. Treber)
Ulmer, Peter	Gläubigerschutz bei Scheinauslandsgesellschaften, NJW 2004, S. 1201
Wagner, Joachim	Die „Just-in-time"-Produktion, Anlass zum Überdenken des Arbeitgeber- und des Betriebsbegriffs, AuR 1990, S. 245

Wank, Rolf — Grundlagen des Arbeitskampfrechts, in: Meinhard Heinze/Alfred Söllner (Hrsg.), Arbeitsrecht in der Bewährung, Festschrift für Otto Rudolf Kissel, München 1994, S. 1225 (zit. Wank in FS Kissel 1994)

Weiss, Manfred — Arbeitskampfbedingte Störungen in Drittbetrieben und Lohnanspruch der Arbeitnehmer, AuR 1974, S. 37

ders. — Anmerkung zu BAG 05.03.1985, EzA Nr. 57 zu Art. 9 Abs. 3 GG Arbeitskampf

Wiedemann, Herbert — Die deutschen Gewerkschaften - Mitgliederverband oder Berufsorgan?, RdA 1969, S. 321

ders. (Hrsg.) — Tarifvertragsgesetz, 6 Auflage, München 1999 (zit. Bearbeiter in Wiedemann)

Wintrich, Bernd — Die rechtliche Beurteilung von Streiks mit Auslandsberührung, Frankfurt a.M. 1970 (zit. Wintrich)

Wohlgemuth, Hans Hermann — Staatseingriff und Arbeitskampf, Köln 1977 (zit. Wohlgemuth)

ders. — Kampfparität und öffentliche Meinung, AuR 1978, S. 325

ders. — Aussperrung und Grundgesetz, BB 1979, S. 114

ders. — Rechtsfragen des Solidaritätsstreiks, AuR 1980, S. 33

ders. — Aktuelle Probleme des Arbeitskampfrechts, AuR 1991, S. 108

Wolf, Manfred	Tarifautonomie, Kampfparität und gerechte Tarifgestaltung, ZfA 1971, S. 151.
Wolter, Henner	Aussperrung, Parität und Verhältnismäßigkeit, AuR 1979, S. 193
ders.	Richterrecht und gewerkschaftliche Streikfähigkeit, AuR 1988, 357
Zachert, Ulrich	Anmerkung zu BAG 12.01.1988, AiB 1988, S. 182
ders.	Die Aktualität des „Streikparagraphen" § 116 AFG/§ 146 SGB III, AuR 2000, S. 53.
ders.	„Wilder Streik" – noch zeitgemäß?, AuR 2001, S. 401
Zachert, Ulrich Metzke, Maria Hamer, Wolfgang	Die Aussperrung, WSI-Studie zur Wirtschafts- und Sozialforschung Nr. 36, Köln 1978 (zit. Zachert/Metzke/Hammer)
Zaum, Hans	Rechtstatsächliche und rechtspolitische Aspekte zum internationalen Arbeitskampf gegenüber multinationalen Unternehmen, Köln 1974 (zit. Zaum)
Zechlin, Lothar	Streik, Strafrecht, Polizei, Köln 1986 (zit. Zechlin)
ders.	Streikposten und Nötigung – ein verfassungs- und strafrechtlicher Problemaufriss, AuR 1986, S. 292
Zimmer, Stefan	Jenseits von Arbeit und Kapital? Unternehmerverbände und Gewerkschaften im Zeitalter der Globalisierung, Opladen 2002 (zit. Zimmer)
Zöllner, Wolfgang	Die Fortentwicklung des Richterrechts zum Arbeitskampf, insbesondere zur Aussperrung, DB 1985, S. 2450

Zöllner, Wolfgang / Loritz, Karl-Georg — Arbeitsrecht, 5. Auflage, München 1998 (zit. Zöllner/Loritz)

Studien zum Arbeitsrecht und zur Arbeitsrechtsvergleichung

Herausgegeben von Manfred Weiss und Spiros Simitis

Band 1 Sebastian Fritzsche: Die Vereinbarkeit des Arbeitnehmer-Entsendegesetzes sowie der erfassten Tarifverträge mit höherrangigem Recht. 2001.

Band 2 Arnd Hermann: Outplacement. Eine Untersuchung der individualvertraglichen Gestaltung und kollektivarbeitsrechtlichen Aspekte eines neuen Instruments des Personalabbaus. 2001.

Band 3 Christoph Schmid: Das Personalrecht der Europäischen Zentralbank. Grundlagen und Grenzen der rechtlichen Bindungen der Europäischen Zentralbank unter besonderer Berücksichtigung der Bereiche Arbeitnehmervertretung, Kündigungsschutz und Datenschutz. 2002.

Band 4 Charis Chaldoupis: Auswirkungen neuer Technologien auf die Tarifautonomie. Funktionsfähigkeit und Legitimität qualitativer Tarifpolitik anhand der Rationalisierungsentwicklungen im industriellen Produktionsbereich. 2003.

Band 5 Robert Kretzschmar: Die Rolle der Koalitionsfreiheit für Beschäftigungsverhältnisse jenseits des Arbeitnehmerbegriffs. Zur Abgrenzung abhängiger von selbständiger Beschäftigung und zur Eröffnung kollektiver Handlungsformen für selbständig Beschäftigte durch Art. 9 Abs. 3 GG. 2003.

Band 6 Thilo Mahnhold: Compliance und Arbeitsrecht. Insiderrechtliche Verhaltenskonzepte im nationalen und multinationalen Unternehmen. 2004.

Band 7 Nicole Löblich: Transformation des kollektiven Arbeitsrechts in der Tschechischen Republik. 2004.

Band 8 Lena Huth: Voraussetzungen und Grenzen nachträglicher Sozialplanänderungen. 2004.

Band 9 Nisha Biswas: Vertrauensarbeitszeit und Arbeitszeitfreiheit im arbeitszeitrechtlichen und betriebsverfassungsrechtlichen Kontext. 2004.

Band 10 Dirk Schäfer: Der europäische Rahmen für Arbeitnehmermitwirkung. 2005.

Band 11 Jochen A. Keilich: Die Auswirkungen der Grundrechte / Menschenrechte für das Arbeitsrecht in Deutschland und England. 2004.

Band 12 Boris Kaehler: Rechtsprobleme betrieblicher Personalauswahl. Die Zulässigkeit eignungsdiagnostischer Maßnahmen im arbeitsvertraglichen Anbahnungsverhältnis. 2005.

Band 13 Natascha Ahmad: Rechtsschutz für und durch Gewerkschaften bei tarifwidrigem Arbeitgeberverhalten in Deutschland und Frankreich. 2005.

Band 14 Volker Güntzel: Die Richtlinie über die Arbeitnehmerbeteiligung in der Europäischen Aktiengesellschaft (SE) und ihre Umsetzung in das deutsche Recht. 2006.

Band 15 Peter Gumnior: Die Rechtmäßigkeit des Sympathiestreiks. 2007.

www.peterlang.de

Robert Oswald

Streikrecht im kirchlichen Dienst und in anderen karitativen Einrichtungen

Frankfurt am Main, Berlin, Bern, Bruxelles, New York, Oxford, Wien, 2005.
VIII, 265 S.
Adnotationes in Ius Canonicum.
Herausgegeben von Elmar Güthoff und Karl-Heinz Selge. Bd. 35
ISBN 978-3-631-54009-1 · br. € 51.50*

Diese Arbeit befasst sich mit der Frage, ob Arbeitnehmerinnen und Arbeitnehmern in kirchlichen karitativen Einrichtungen ein Streikrecht zusteht. Ein besonderes Augenmerk gilt dabei der verfassungsrechtlichen Verankerung des kirchlichen Selbstbestimmungsrechts in Art. 140 GG in Verbindung mit Art. 137 Abs. 3 WRV, das dem Streikrecht der Beschäftigten aus Art. 9 Abs. 3 GG entgegengehalten wird. Bei der Abwägung der Verfassungsgüter kommt der Autor zu dem Schluss, dass zwar das Streikrecht durch das Verfahren des so genannten *Zweiten Weges*, nicht aber durch das Verfahren des so genannten *Dritten Weges* ausgeschlossen sein kann. Der *Dritte Weg* ist in seiner gegenwärtigen Ausgestaltung nicht geeignet, ein Verhandlungsgleichgewicht zwischen Arbeitnehmer- und Arbeitgeberseite herzustellen.

Aus dem Inhalt: Das Streikrecht · Das Streikrecht in weltlichen karitativen Einrichtungen · Das Streikrecht in kirchlichen karitativen Einrichtungen

Kolibri 360 GmbH
Ferdinand-Jühlke-Straße 7
99095 Erfurt, Deutschland
produktsicherheit@kolibri360.de

Druck:
CPI Druckdienstleistungen GmbH
im Auftrag der
Kolibri 360 GmbH
Ferdinand-Jühlke-Str. 7
99095 Erfurt